원쌤의
Vue.js 퀵스타트

Vue.js 3.x 빠르게 배워서 바르게 적용하는
원쌤의 Vue.js 퀵스타트

초판 발행 2023년 05월 14일
2판 발행 2024년 01월 16일
3판 발행 2024년 09월 1일
4판 발행 2025년 07월 1일

지음 원형섭

발행인 한창훈
펴낸곳 쌤즈
출판등록 2013년 11월 6일(제 385-2013-000053호)
주 소 경기도 부천시 길주로 284 913호

강의 문의 032_322_6754
도서 문의 031_8039_4526
쌤즈 홈페이지 www.ssamz.com
루비페이퍼 홈페이지 www.RubyPaper.co.kr
ISBN 979-11-93083-02-4

이 책은 저작권법에 따라 보호받는 저작물이므로 무단 전재와 무단 복제를 금하며,
이 책 내용의 전부 또는 일부를 이용하려면 저작권자와 루비페이퍼의 서면 동의를 받아야 합니다.

책값은 뒤표지에 있습니다.

잘못된 책은 구입처에서 교환해 드리며, 관련 법령에 따라서 환불해 드립니다.

단 제품 훼손 시 환불이 불가능 합니다.
쌤즈는 루비페이퍼의 강의 전문 출판 브랜드입니다.

저자 서문

현재 프런트엔드 프레임워크 시장은 가장 빠르게 변화는 IT 영역 중의 하나일 것입니다. 무수히 많은 프레임워크가 나타났다가 사라지고, 기존 프레임워크를 바탕으로 다양한 기능이 보강된 관련 프레임워크가 등장하기도 합니다. 이러한 빠른 변화 속에서도 Vue는 계속 발전하면서 시장에서 그 입지를 넓혀가고 있습니다.

필자는 2017년에 Vue 2.x 버전 기반의 "Vue.js 퀵스타트"를 출간했었습니다. 그동안 Vue도 메이저 버전업과 무수히 많은 마이너 버전업이 진행되었고 관련된 개발 도구와 생태계에서도 많은 변화가 있었지만 바쁘다는 핑계로 이제서야 새로운 버전의 Vue.js를 집필하게 되었습니다.

특히 자바스크립트, HTML 기초를 학습한 개발자, 퍼블리셔, 디자이너가 Vue 개발자가 되기 위해 반드시 알아야 할 내용을 담으려고 노력했으며 다음과 같이 구성했습니다.

- **1~2장**
  Vue 개발에 필요한 개발 환경을 설정하는 방법과 Vue 개발에 필요한 ES6(ECMAScript 6) 문법을 학습합니다.

- **3~6장**
  단일 파일 컴포넌트 기반으로 개발하지 않고, 단순히 HTML 파일에 〈script〉 태그만으로 코드를 작성하도록 하여 Vue의 기초인 템플릿을 작성하는 방법, Vue 인스턴스를 구성하고 메서드, 이벤트를 구성하고 사용하는 방법을 쉽게 이해할 수 있도록 정리했습니다.

- **7~9장**
  7~8장에서는 단일 파일 컴포넌트(Singe File Component) 기반으로 Vue 애플리케이션을 개발하는 방법을 학습합니다. 컴포넌트들을 트리 구조로 조합하여 전체 앱의 기능과 UI를 만드는 방법, 컴포넌트 간의 정보 전달, 상호 작용 방법을 정확히 이해할 수 있도록 내용을 구성했습니다.

  9장에서는 Vue 3에서 새롭게 추가된 Composition API를 사용하는 방법을 학습합니다. Vue 컴포넌트를 작성할 때 개발자는 Option API와 Composition API 중 한 가지 방법을 선택할 수 있습니다. 기존의 Option API와 비교해 다양한 장점이 있어 최근 많이 사용되고 있습니다.

- **10~12장**

10장에서는 Vue Router를 이용해 URI 경로를 이용해 화면을 전환하는 라우팅 기능의 구현 방법을 학습합니다. Vue를 이용해 SPA(Single Page Application)를 개발할 때 필수적으로 사용하는 라이브러리이므로 상세하게 예제 중심으로 설명합니다.

11장에서는 axios라는 라이브러리를 이용해 HTTP 통신을 수행하는 방법을 학습합니다. 미리 제공되는 백엔드 API를 이용해 곧바로 Vue 애플리케이션에서 백엔드와 통신하는 방법을 학습할 수 있습니다.

이렇게 학습한 내용은 12장에서 바로 실전 예제를 작성하면서 정리합니다.

- **13장**

13장에서는 Vue의 새로운 상태 관리 라이브러리인 Pinia를 이용해 애플리케이션 수준의 상태를 효과적으로 관리하는 방법을 학습합니다. SPA 개발을 할 때 중요하게 다뤄지는 두 개의 축이 10장에서 학습하는 라우팅 기능과 13장의 상태 관리입니다. 이 장의 마지막에서 12장에서 작성했던 예제를 Pinia를 적용한 예제로 리팩토링하면서 학습 내용을 정리합니다.

마지막으로 이 책이 프런트엔드 개발자를 꿈꾸는 많은 이에게 도움이 될 수 있기를 기대합니다.

2023년 봄

원형섭

이 책을 읽기 전에

이 책은 자바스크립트를 이미 알고 있다는 전제하에 ES6를 빠르게 학습하고 Vue 애플리케이션 개발 방법을 학습할 수 있도록 구성했습니다. 만일 프로그래밍 언어를 학습한 적이 없다면 HTML, CSS, 자바스크립트에 대한 기초 지식을 학습하고 이 책을 보는 것을 권장합니다.

또한, 이 책에서는 백엔드 기술을 직접 다루지 않습니다. 하지만 11장에서 axios를 이용해 HTTP 통신을 수행하는 방법을 학습할 때 node.js로 작성된 샘플용 백엔드 API를 제공합니다.

예제 파일

예제 파일은 장별로 제공하며, 다음 깃허브에서 제공됩니다.

- https://github.com/stepanowon/vue3-quickstart

깃허브에 있는 각 예제 폴더의 마지막 숫자는 절을 의미합니다. ch11의 axios-test-app63 폴더는 11.6.3절의 예제라는 뜻입니다.

문의 사항 및 오탈자

문의 사항이 있거나 오탈자를 발견하면 깃허브에 이슈를 남기거나 이메일로 연락 바랍니다.

- 깃허브 이슈 페이지: https://github.com/stepanowon/vue3-quickstart/issues
- 이메일: stepanowon@hotmail.com

라이브러리 버전

빠르게 변화하는 프런트엔드 기술의 특성 때문에 버전업되는 라이브러리의 내용을 책에 곧바로 반영하기 어렵습니다. 따라서 이 책에서 사용한 버전을 아래에서 확인하고 예제를 작성하고 실행해주세요. 새로운 버전이 사용되면서 변경되는 내용이 있다면 깃허브에 공지하겠습니다.

- node.js : 18.x.x
- bootstrap : 5.2.x
- axios : 1.2.x
- vue : 3.2.x
- vue-route : 4.1.x
- pinia : 2.0.x
- vite : 4.0.x
- youtube-vue3 : 0.1.15

01
Vue.js 소개

1.1 Vue.js란?	1
1.2 개발 환경 설정	4
1.2.1 Node.js 설치	5
1.2.2 Visual Studio Code 설치	6
1.2.3 크롬 브라우저 및 Vue.js Devtools 설치	8
1.3 첫 번째 Vue.js 애플리케이션	10
1.4 마무리	13

02
Vue.js를 위한 ES6

2.1 ES6 소개	15
2.1.1 ES6를 반드시 학습해야 하는 이유	16
2.1.2 ES6를 학습하기 위해 사용하는 도구	17
2.2 ES6를 사용하기 위한 프로젝트 설정	18
2.3 let과 const	24
2.4 기본 파라미터와 가변 파라미터	30
2.5 구조분해 할당	31
2.6 화살표 함수	34
2.6.1 화살표 함수의 형식	34
2.6.2 자바스크립트의 this	35
2.6.3 화살표 함수에서의 this	38
2.7 새로운 객체 리터럴	40

2.8 템플릿 리터럴	42
2.9 모듈	43
2.10 Promise	46
2.11 전개 연산자	51
2.12 Proxy	52
2.13 마무리	56

03

Vue.js 기초와 Template

3.1 보간법	57
3.2 기본 디렉티브	59
3.2.1 v-text, v-html 디렉티브	59
3.2.2 v-bind 디렉티브	61
3.3 v-model 디렉티브	63
3.3.1 기본 사용법	63
3.3.2 수식어	68
3.3.3 v-model의 한글처리 문제	70
3.4 조건 렌더링 디렉티브	71
3.4.1 v-show	71
3.4.2 v-if	73
3.4.3 v-else, v-else-if 디렉티브	74

3.5 반복 렌더링 디렉티브 75
3.5.1 v-for 디렉티브 75
3.5.2 여러 요소를 묶어서 반복 렌더링하기 79
3.5.3 v-for 디렉티브와 key 특성 81
3.5.4 데이터 변경 시 주의사항 83

3.6 기타 디렉티브 86
3.6.1 v-pre 디렉티브 86
3.6.2 v-once 디렉티브 88
3.6.3 v-cloak 디렉티브 88

3.7 동적 아규먼트(Dynamic Argument) 89

3.8 마무리 92

04 Vue 인스턴스

4.1 Vue 인스턴스 개요 93
4.2 data 옵션 95
4.3 계산된 속성(Computed Property) 97
4.4 메서드 101
4.5 관찰 속성 103
4.6 생명주기 메서드 111
4.7 마무리 116

05 이벤트 처리

5.1	이벤트 개요	117
5.2	인라인 이벤트 처리	117
5.3	이벤트 핸들러 메서드	119
5.4	이벤트 객체	123
5.5	기본 이벤트	126
5.6	이벤트 전파와 버블링	128
5.7	이벤트 수식어	133
	5.7.1 once 수식어	133
	5.7.2 키코드 관련 수식어	134
	5.7.3 마우스 관련 수식어	137
	5.7.4 exact 수식어	140
5.8	마무리	141

06 스타일 적용

6.1	HTML의 스타일 적용	143
6.2	인라인 스타일	146
6.3	CSS 클래스 바인딩	150
	6.3.1 CSS 클래스명 문자열을 바인딩하는 방법	150
	6.3.2 true/false 값을 가진 객체를 바인딩하는 방법	153

6.4 동적 스타일 바인딩 156

6.5 TodoList 예제 158
 6.5.1 화면 시안 작성 & 확인 158
 6.5.2 데이터와 메서드 정의 161
 6.5.3 템플릿 작성 163

6.6 마무리 165

07

단일 파일 컴포넌트를 이용한 Vue 애플리케이션 개발

7.1 프로젝트 설정 도구 167
 7.1.1 Vue CLI 도구 167
 7.1.2 Vite 기반의 도구 169

7.2 생성된 프로젝트 구조 살펴보기 173
 7.2.1 프로젝트 생성과 시작 진입점 살펴보기 173
 7.2.2 단일 파일 컴포넌트 살펴보기 175
 7.2.3 간단한 단일 파일 컴포넌트 작성과 사용 176

7.3 컴포넌트의 조합 180

7.4 속성 181
 7.4.1 속성을 이용한 정보 전달 181
 7.4.2 속성을 이용해 객체 전달하기 184
 7.4.3 속성의 유효성 검증 188

7.5 사용자 정의 이벤트 196
 7.5.1 사용자 정의 이벤트를 이용한 정보 전달 196
 7.5.2 이벤트 유효성 검증 200

7.6 이벤트 에미터 사용 202

7.7	**TodoList 예제 리팩토링**	207
	7.7.1 컴포넌트 분할과 정의	207
	7.7.2 속성과 이벤트를 조합한 리팩토링	211
	7.7.3 이벤트 에미터 적용하기	217
7.8	**마무리**	221

08 컴포넌트 심화

8.1	**단일 파일 컴포넌트에서의 스타일**	223
	8.1.1 범위 CSS	223
	8.1.2 CSS 모듈	227
8.2	**슬롯**	229
	8.2.1 슬롯 사용 전의 컴포넌트	229
	8.2.2 슬롯의 기본 사용법	232
	8.2.3 명명된 슬롯	235
	8.2.4 범위 슬롯	243
8.3	**동적 컴포넌트**	247
8.4	**컴포넌트에서의 v-model 디렉티브**	252
8.5	**provide, inject를 이용한 공용데이터 사용**	256
8.6	**텔레포트**	263
8.7	**비동기 컴포넌트**	267
8.8	**마무리**	273

09

Composition API

9.1	Composition API란?	275
9.2	setup 메서드를 이용한 초기화	279
9.3	반응성을 가진 상태 데이터	282
	9.3.1 ref	283
	9.3.2 reactive	284
9.4	computed	286
9.5	watch와 watchEffect	287
	9.5.1 watch	287
	9.5.2 watchEffect	292
	9.5.3 감시자 설정 해제	294
9.6	생명주기 훅(Life Cycle Hook)	295
9.7	TodoList App 리팩토링	296
9.8	〈script setup〉 사용하기	300
	9.8.1 〈script setup〉이 기존과 다른 점	300
	9.8.2 TodoList 앱에 〈script setup〉 적용하기	301
9.9	마무리	305

10

vue-router를 이용한 라우팅

10.1 vue-router란?	307
10.2 vue-router의 기본 사용법	308
10.3 router 객체와 currentRoute 객체	317
10.4 동적 라우트	320
10.5 중첩 라우트	327
10.6 명명된 라우트와 명명된 뷰	336
10.6.1 명명된 라우트	336
10.6.2 명명된 뷰	342
10.7 프로그래밍 방식의 라우팅 제어	344
10.7.1 라우터 객체의 메서드	344
10.7.2 내비게이션 가드	347
10.7.3 내비게이션 가드 적용하기	352
10.8 히스토리 모드와 404 라우트	357
10.8.1 히스토리 모드	357
10.8.2 404 라우트	361
10.9 라우트 정보를 속성으로 연결하기	363
10.10 지연 로딩	366
10.10.1 지연 로딩 적용하기	368
10.10.2 Suspense 컴포넌트	369
10.10.3 청크 스플릿팅	373

10.11 라우팅과 인증 처리	374
10.11.1 토큰 기반 인증 개요	374
10.11.2 내비게이션 가드를 이용한 로그인 화면 전환	377
10.12 마무리	387

11

axios를 이용한 HTTP 통신

11.1 axios란?	389
11.2 테스트용 백엔드 API 소개	390
11.3 프로젝트 생성과 크로스 오리진 오류 발생	392
11.4 크로스 오리진 문제란?	394
11.5 크로스 오리진 문제 해결 방법	396
11.5.1 CORS	396
11.5.2 프록시를 이용한 우회	397
11.6 axios 라이브러리 사용법	401
11.6.1 Promise와 async~await	401
11.6.2 axios 라이브러리 사용 방법	406
11.6.3 에러 처리	410
11.7 마무리	412

12
vue-router와 axios를 사용한 예제

12.1	애플리케이션 아키텍처와 프로젝트 생성	413
	12.1.1 작성할 화면들	413
	12.1.2 컴포넌트 계층 구조	414
	12.1.3 프로젝트 생성	416
12.2	1단계 예제 작성	417
12.3	2단계 axios 적용	427
	12.3.1 백엔드 API 실행과 프록시 설정	427
	12.3.2 App 컴포넌트 변경	429
12.4	3단계 지연 시간에 대한 스피너 UI 구현	434
12.5	마무리	438

13
pinia를 이용한 상태 관리

13.1	pinia란?	439
13.2	pinia 아키텍처와 구성 요소	442
	13.2.1 pinia 아키텍처	442
	13.2.2 스토어 정의	443
	13.2.3 pinia를 사용하도록 Vue 애플리케이션 인스턴스 설정	444
	13.2.4 컴포넌트에서 스토어 사용	445
13.3	간단한 pinia 예제 작성	447

13.4 todolist-app-router 예제에 pinia 적용하기   453
    13.4.1 기존 예제 구조 검토   453
    13.4.2 백엔드 API 서버 실행   454
    13.4.3 기초 작업   454
    13.4.4 스토어 작성   455
    13.4.5 App 컴포넌트 변경   459
    13.4.6 TodoList, TodoItem 컴포넌트 변경   460
    13.4.7 AddTodo, EditTodo 컴포넌트 변경   461

13.5 마무리   464

01

Vue.js 소개

1.1 Vue.js란?

Vue.js는 Google Creative Lab에서 일하던 에반 유〈Evan you〉가 2013년 12월에 웹 애플리케이션의 UI를 빠르게 개발하기 위해서 만들었습니다. 그렇기 때문에 Vue.js는 웹 화면 작성에 최적화된 프레임워크라고 할 수 있습니다.

Vue.js는 최근 가장 빠르게 발전하고 확산되고 있는 자바스크립트 프레임워크입니다. React나 Angular에 비해 뒤늦게 탄생했지만 빠르게 성장하고 있고, 선두 주자인 React를 맹렬히 추격하고 있습니다. Vue의 인기는 Github Star, Google Trend로도 확인할 수 있으며, Stackoverflow에서 매년 실시하는 조사 결과를 봐도 알 수 있습니다.

1	React A declarative, efficient, and flexible JavaScript library for buildi...	+18.5k☆
2	Vue.js A progressive, incrementally-adoptable framework for building ...	+14.3k☆
3	Svelte Cybernetically enhanced web apps	+13.6k☆
4	Angular The modern web developer's platform	+9.3k☆
5	Solid A declarative, efficient, and flexible JavaScript library for buildin...	+8.5k☆

그림 01-01 https://risingstars.js.org/2021/en/#section-framework 참조

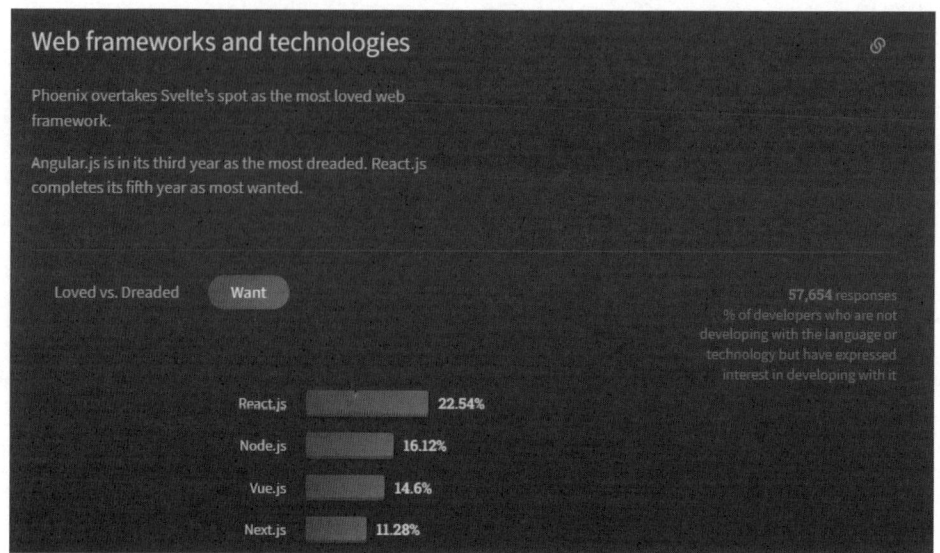

그림 01-02 https://survey.stackoverflow.co/2022 참조

Vue.js는 다른 프레임워크와는 달리 대단히 유연하고 가볍습니다. Angular와 같이 전체 아키텍처를 새롭게 구성할 필요 없이 기존 웹 애플리케이션의 일부 UI 화면만 적용하는 것이 가능하며, SPA(Single Page Application: 단일 페이지 애플리케이션) 아키텍처 구성을 위해 필수적으로 필요한 라우터(Router) 기능도 에코시스템을 통해 효과적으로 지원합니다. 또한 라이브러리 사이즈도 다른 프레임워크에 비해 가볍습니다.

Vue.js는 다른 라이브러리, 프레임워크에 비해 배우기가 쉽습니다. 필자는 이 점이 대단히 중요하다고 생각합니다. Angular 1(AngulaJs) 개발자들이 Angular 2(Angular)로 쉽게 전환하지 못하는 이유는 학습 곡선이 너무 가파르기 때문이며, 개발 환경 설정에 필요한 패키지들이 지나치게 많으며 TypeScript와 Webpack, Gulp와 같은 번들링 툴이나 태스크 러너 등 알아야 할 기술이 너무 많기 때문입니다.

React도 Angular와 비슷한 상황입니다. ECMAScript 6를 배워야 하고, UI를 템플릿으로 처리하지 않고 Javascript 코드로 처리하기 때문에 Javascript를 능숙히 다룰 줄 알아야 합니다. 또한 Webpack과 같은 도구들에 익숙해야 합니다. 이러한 것들을 모두 준비하기까지는 꽤 많은 노력과 시간을 할애해야 하기 때문에 진입 장벽이 높다고 할 수 있습니다.

이에 비해 Vue.js는 상대적으로 학습 곡선이 완만합니다. 웹퍼블리셔가 작성한 템플릿을 최대한 활용해서 개발할 수 있으므로 이식성과 생산성이 높다고 할 수 있습니다. HTML 코드만 확보하고 있다면 손쉽게 Vue.js 코드로 변경이 가능합니다. 특히 처음 프런트엔드 프레임워크(Front-end Framework)를 접하는 사람들에게 Vue.js는 아주 좋은 선택지입니다.

Vue.js는 전형적인 MVVM 패턴을 따르고 있습니다. MVVM 패턴은 Model - View - ViewModel를 의미합니다. MVVM 패턴은 애플리케이션 로직과 UI의 분리를 위해 설계된 패턴입니다. View는 HTML과 CSS로 작성하게 됩니다. ViewModel은 View의 실제 논리 및 데이터 흐름을 담당합니다. View는 ViewModel만 알고 있으면 될 뿐, 그 외의 요소는 신경 쓰지 않아도 됩니다. 비즈니스 로직에서는 ViewModel의 상태 데이터만 변경하면 즉시 View에 반영됩니다.

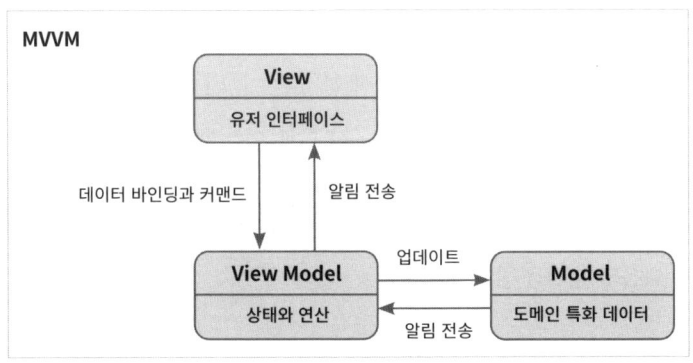

그림 01-03 MVVM 아키텍처

MVVM 패턴은 엑셀의 스프레드시트와 차트의 관계로 비유할 수 있습니다. 여러분은 엑셀 시트 상의 데이터를 이용해 차트를 생성해 본 경험이 있을 것입니다. MVVM 패턴에서는 Model의 데이터를 이용해 View라는 UI를 생성합니다. 엑셀 시트상의 데이터를 변경하면 차트가 다시 그려지듯이 Model의 데이터가 변경되면 View의 화면이 다시 그려집니다. View Model은 Model의 데이터 변경 사실에 대한 알림을 받고 바인딩 기법을 통해 미리 정해진 템플릿 규칙에 따라 View를 다시 그려냅니다.

Vue.js는 React와 마찬가지로 가상 DOM을 지원하므로 빠른 UI 렌더링 성능을 제공합니다. 가상 DOM은 브라우저 메모리에서 관리되는 DOM에 대한 추상 객체입니다. 가상 DOM에 대한 업데이트는 브라우저 DOM보다 훨씬 빠르게 수행됩니다. 브라우저 DOM은 화면에 직접 그리는 작업을 수행해야 하지만 가상 DOM은 변경된 부분을 탐지하는 것이 목적이기 때문입니다.

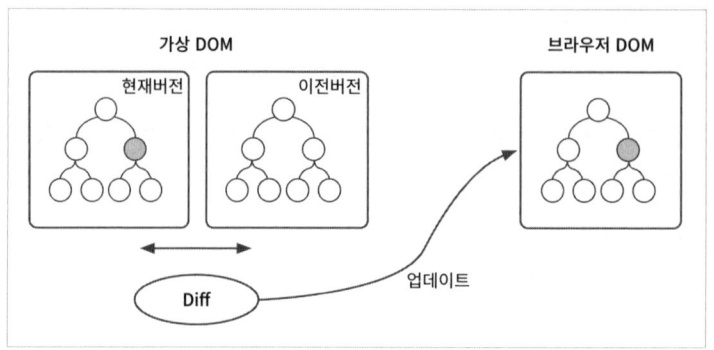

그림 01-04 가상 DOM

최근 벤치마크 테스트 결과를 보면 Vue의 성능은 React에 비해 보편적으로 빠른 성능을 제공한다는 점을 알 수 있습니다. 한 가지 기억해야 할 것은 가상 DOM을 사용하는 것이 절대적으로 빠르지는 않다는 점입니다. 가상 DOM을 사용하는 것은 메모리를 추가적으로 더 사용하는 것입니다. 초기 화면을 렌더링(브라우저 화면에 그려주는 작업)하는 경우라면 빠르지 않을 수 있으며, 일반적으로 기존 화면의 일부분을 갱신하는 경우에 더 좋은 성능을 냅니다. Vue의 성능에 대해서는 다음의 문서를 참조합니다.

- https://fireart.studio/blog/vue-vs-react-in-2022/
- https://medium.com/@danialeshete/comparative-web-performance-evaluation-benchmarking-of-vue-react-using-jswfb-a76982097225

이 책에서는 우선 ES6(ECMAScript 6) 문법을 먼저 다룹니다. Vue.js가 버전 2에서 버전 3으로 업데이트되면서 ES6 문법은 반드시 익혀야 합니다. 이후에 Vue.js의 구체적인 내용을 단일 HTML 파일 수준에서 학습합니다. 8장에서 Vite 기반의 create-vue 도구의 사용법을 학습한 후부터는 이 도구를 이용해 프로젝트를 생성하고 SPA(Single Page Application) 기반으로 대규모 앱을 개발하는 방법을 익히는 방향으로 학습을 이어나갈 것입니다.

1.2 개발 환경 설정

Vue.js를 학습하기 위해서는 적절한 개발 환경이 필요합니다. 이 책에서 사용할 도구는 다음과 같습니다.

- **Node.js**: 서버 측 자바스크립트 언어이자 플랫폼입니다.
- **npm**: 앱의 의존성 관리를 위해 사용하는 노드 패키지 관리자(node package manager)입니다.
- **Visual Studio Code**: 이 책에서 사용할 코드 편집 도구입니다.
- **Vue.js devtools**: Vue.js devtools는 크롬 브라우저 기반에서 작동하는 Vue.js 전용 디버깅, 개발 도구입니다.

1.2.1 Node.js 설치

Node.js는 Google V8 엔진을 기반으로 만들어진 서버 측 자바스크립트 언어이자 플랫폼입니다. 이 책에서는 Node.js와 함께 설치되는 npm(node package manager)을 이용해 Vue.js 관련 도구를 설치하고 앱의 의존성 라이브러리를 관리하게 됩니다. 또한 Node.js와 함께 Express라는 웹프레임워크를 이용해서 Vue.js 애플리케이션이 액세스하는 백엔드 API 서비스를 작성합니다. 따라서 먼저 Node.js를 설치해야 합니다.

우선 Node.js를 다운로드하여 설치합니다. Node.js 홈페이지(https://nodejs.org/ko/)에 접속해서 다운로드하고 기본 옵션으로 실행하면 설치가 완료됩니다. 가능하다면 안정적인 LTS 버전을 설치하는 것을 권장합니다.

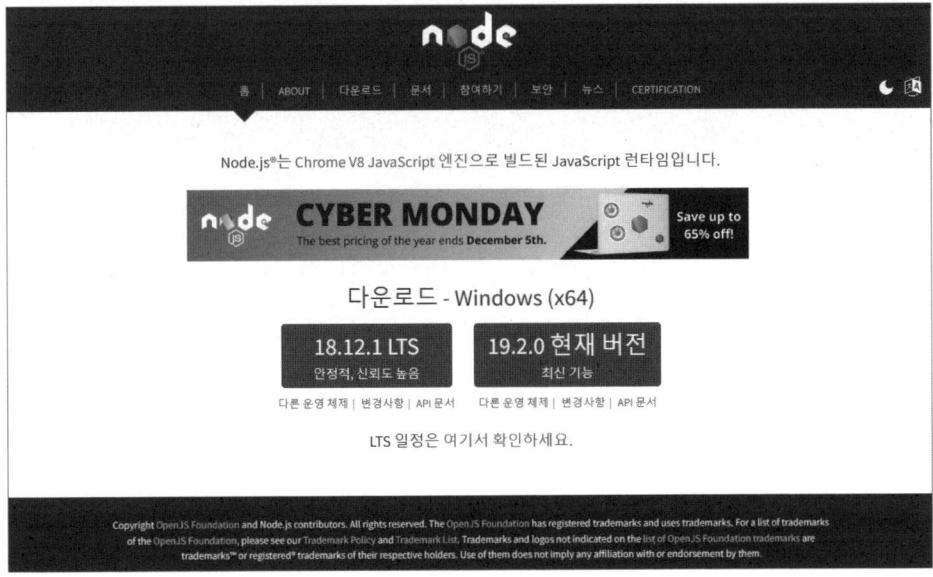

그림 01-05 Node.js 다운로드

설치가 끝나면 명령창(macOS에서는 터미널 창)에서 다음 명령어를 실행하여 npm을 최신 버전으로 업그레이드할 것을 권장합니다.

- `npm install -g npm` (Windows)
- `sudo npm install -g npm` (macOS에서는 Root 권한으로 설치해야 합니다.)
  -g 옵션은 Global 옵션입니다. 어느 곳에서나 터미널을 통해 실행할 수 있도록 합니다. -g 대신에 —global을 사용해도 됩니다.

1.2.2 Visual Studio Code 설치

Vue.js 개발을 편하게 하기 위해 이 책에서는 Visual Studio Code(이하 VSCode)라는 도구(IDE)를 사용합니다. SublimeText, Bracket, Atom, WebStorm 등과 같은 훌륭한 도구들이 많지만 무료로 사용할 수 있을 뿐만 아니라 강력한 기능을 제공하고 있어서 VSCode를 선택했습니다. 만일 자신에게 익숙한 도구가 있다면 그것을 사용해도 좋습니다. VSCode를 설치하기 위해서는 https://code.visualstudio.com을 방문해 다운로드합니다.

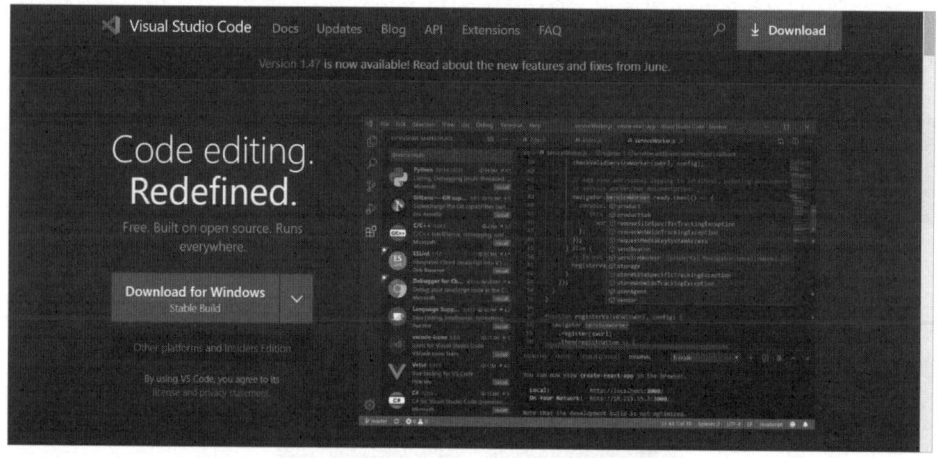

그림 01-06 VSCode 내려받기

다운로드한 파일을 실행하여 설치를 진행합니다. 설치 중에 나타나는 옵션은 모두 기본값으로 설정하고 진행하면 됩니다. 설치가 모두 완료되고 나면 VSCode를 실행한 후 다음 몇몇 유용한 확장 프로그램을 설치합니다. 이 확장 프로그램은 반드시 설치해야 하는 것은 아니지만 좀 더 편리하게 개발할 수 있도록 도와주기 때문에 권장합니다.

- **Korean Language Pack for Visual Studio Code**: Visual Studio Code의 메뉴명과 같은 것들을 모두 한글로 설정해줍니다.
- **Vue Language Features(Volar)**: Vue.js 코드에 대한 문법 강조(Syntax highlighting), 코드 자동완성 기능 등을 제공하는 Vue 언어 지원 확장 도구입니다.
- **view-in-browser**: 웹서버 없이 HTML 페이지를 바로 브라우저로 보여줄 수 있는 도구입니다. 코드 에디터 화면에서 마우스 오른쪽 클릭하여 View In Browser를 실행하면 됩니다.
- **Vue VSCode Snippets**: vue 언어용 코드 조각 모음을 제공합니다. 예를 들어 .vue 파일에서 vbase-css라고 타이핑하고 엔터키를 누르면 Vue 단일 파일 컴포넌트에서 필요한 구성요소 스캐폴딩 코드를 생성합니다.
- **ESLint**: 자바스크립트 코드 스타일, 문법 체크 기능을 제공합니다.

VSCode를 실행한 후 메뉴에서 [보기] → [확장]을 클릭하거나 CTL+SHIFT+X키를 눌러서 확장 탭이 나타나면 설치할 확장프로그램의 이름을 입력하고 검색한 다음 설치 버튼을 누르면 됩니다. 설치가 끝나면 [다시 로드] 버튼을 클릭하여 VSCode를 재시작합니다.

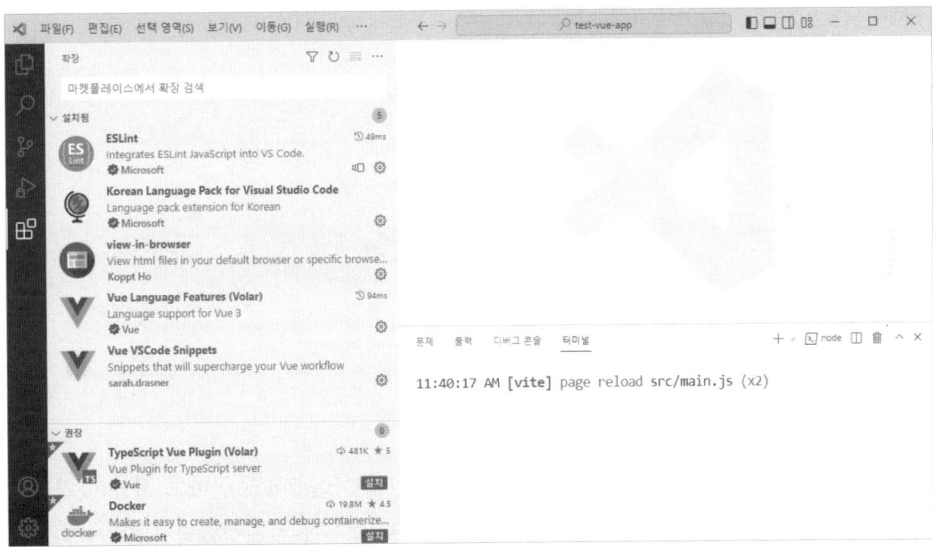

그림 01-07 VSCode 확장 프로그램 설치

이 밖에도 많은 확장 프로그램이 있습니다만, 편리한 도구 몇 가지만 소개해보았습니다. 이 중에서도 Vue VSCode Snippets, Korean Language Pack 정도만 설치해도 학습하기에 충분합니다.

1.2.3 크롬 브라우저 및 Vue.js Devtools 설치

간단한 Vue.js 애플리케이션을 개발한다면 사용할 일이 많지 않겠지만, 대규모 애플리케이션을 개발한다면 디버깅 기능이 필수입니다. 디버깅을 돕기 위해서 Vue.js devtools라는 확장 툴을 설치하도록 합니다. 이 확장 툴은 크롬, 파이어폭스에 설치할 수 있습니다. 이 책에서는 크롬 브라우저를 사용합니다.

크롬 브라우저를 설치하고 실행한 다음 기본 브라우저로 설정합니다. 그후 크롬 웹스토어를 검색하여 접속한 후 Vue.js devtools로 검색한 다음 그림 01-08처럼 Vue.js devtools를 설치합니다. Devtools 5.x은 Vue 2.x 버전을 위한 것이고 Devtools 6.x이 Vue 3.x 버전을 위한 것입니다. 반드시 버전을 확인하고 설치합니다.

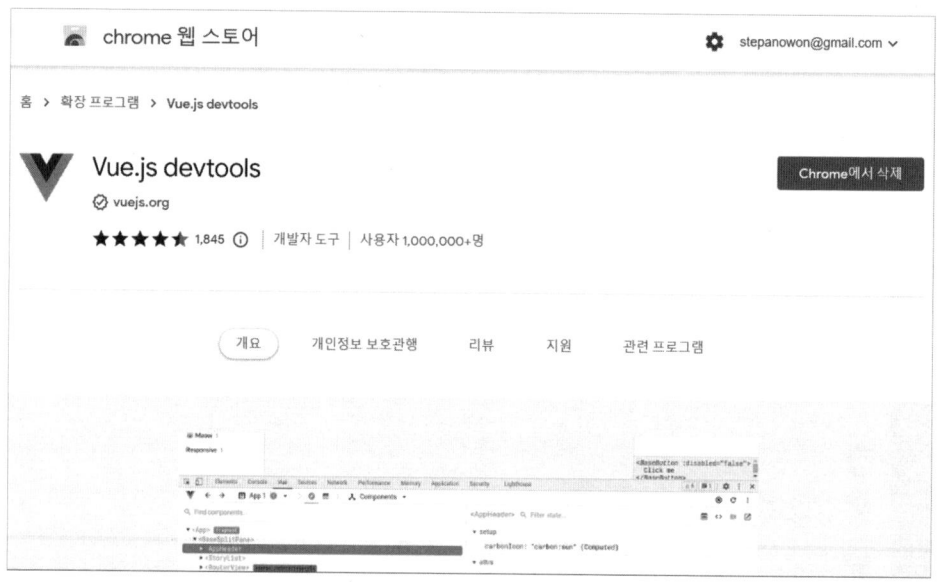

그림 01-08 Vue.js Devtools 설치

Vue.js devtools은 애플리케이션을 웹서버에 호스팅하여 실행하면 곧바로 사용이 가능하지만 웹서버 없이 html 파일을 직접 열어서 실행하는 경우에는 활성화되지 않습니다. 활성화시키기 위해서는 약간의 설정이 필요합니다. 그림 01-09와 같이 크롬 브라우저에서 chrome://extensions/로 이동하여 Vue.js devtools을 찾은 다음 '세부 정보' 화면으로 이동합니다. 그런 다음 그림 01-10과 같이 '파일 URL에 대한 액세스 허용' 기능을 활성화하면 됩니다. 이제 Vue.js devtools을 설치한 다음 Vue로 작성된 애플리케이션을 실행하고 개발자 도구를 실행하면 Vue라는 탭을 사용할 수 있습니다. 그림 01-11은 Vue 탭을 열어본 화면입니다.

그림 01-09 chrome://extensions/ 화면

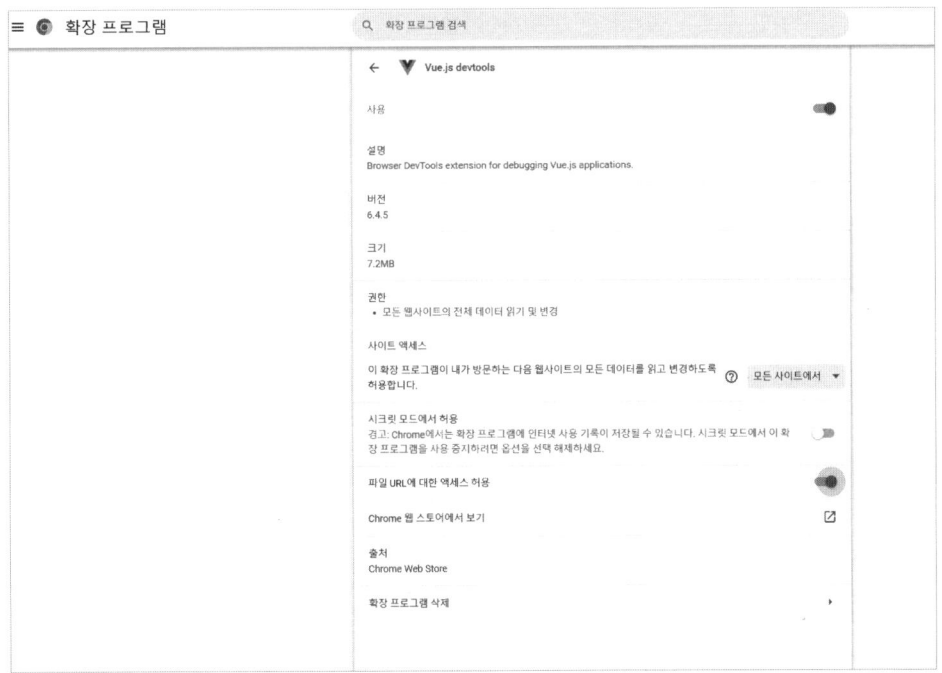

그림 01-10 Vue.js devtools 세부 정보 화면

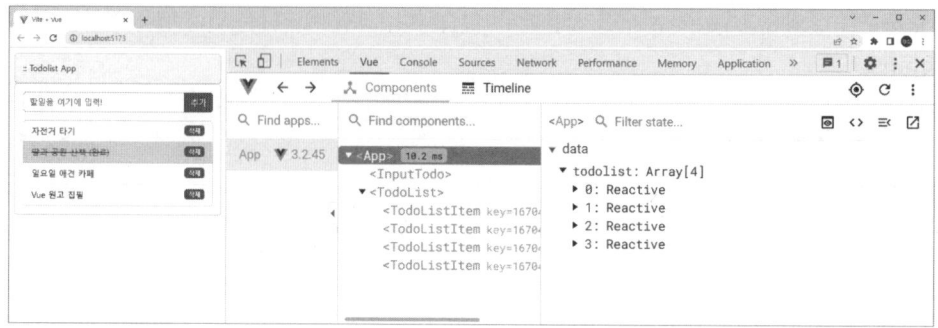

그림 01-11 Vue.js Devtools 실행 화면

자세한 사용 방법은 각 장을 학습하면서 알아보도록 합니다.

1.3 첫 번째 Vue.js 애플리케이션

먼저 ⟨script⟩ 태그로 직접 Vue.js 라이브러리를 참조하여 HTML 파일로 작성합니다. 임의의 디렉터리를 생성한 후에 VSCode를 실행하여 [폴더 열기]를 이용해 생성한 디렉터리를 오픈합니다. 이 책의 3~6장은 이와 같이 HTML 파일로 예제를 작성하고 테스트할 것입니다.

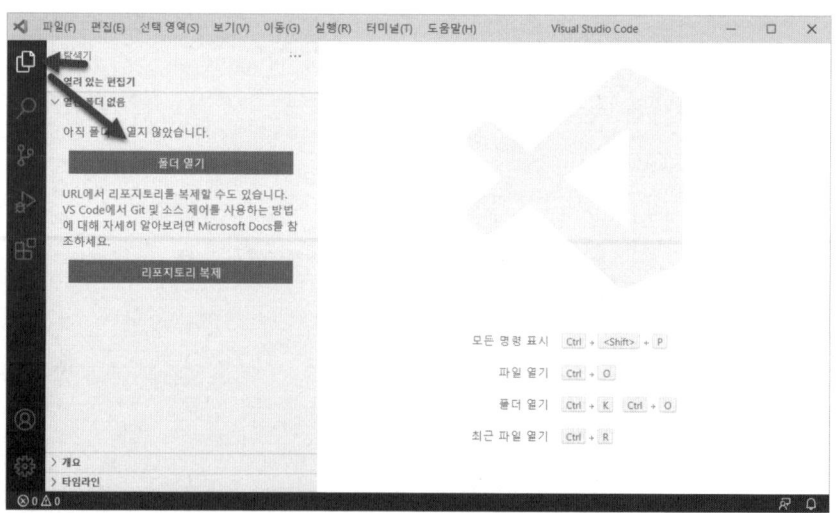

그림 01-12 VSCode에서 디렉터리 열기

이 디렉터리에 index.html 파일을 추가한 다음 예제 01-01을 작성합니다.

예제 01-01

```
01:<!DOCTYPE html>
02:<html lang="en">
03:<head>
04:    <meta charset="UTF-8">
05:    <meta name="viewport" content="width=device-width, initial-scale=1.0">
06:    <title>01-01</title>
07:</head>
08:<body>
09:    <div id="app">
10:        <h2>{{message}}</h2>
11:    </div>
12:    <script type="text/javascript" src="https://unpkg.com/vue"></script>
13:    <script type="text/javascript">
14:    var model = { message:"Hello Vue3!" };
15:    var vm = Vue.createApp({
16:        name : "App",
17:        data() {
18:            return model;
19:        }
20:    }).mount('#app')
21:    </script>
22:</body>
23:</html>
```

이제 작성된 HTML 파일을 실행해볼 차례입니다. VSCode의 index.html 파일에서 마우스 오른쪽 버튼을 클릭한 다음 View In Other Browser를 실행하고 크롬 브라우저로 확인해봅니다. 만일 실행되지 않는다면 view-in-browser 플러그인을 설치하지 않았기 때문입니다. 1.2.2절 "Visual Studio Code 설치"를 확인하고 설치하고 그림 1-13과 같이 기본 브라우저로 설정합니다. 크롬 브라우저가 나타나면 CTRL + SHIFT + I(macOS: ALT + CMD + I) 키를 눌러 개발자 도구를 열어봅니다. 그림 01-13과 같이 나타날 것입니다.

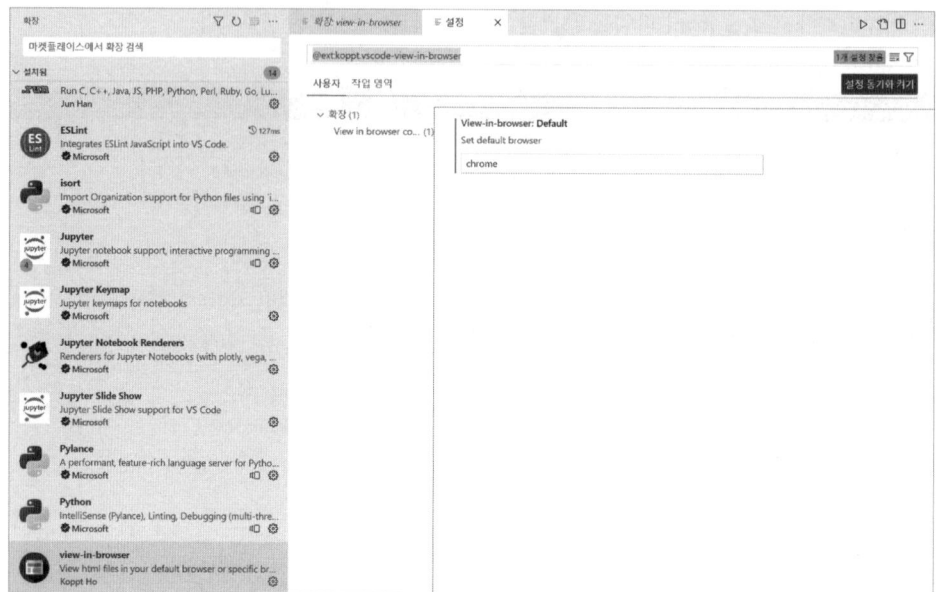

그림 01-13 view-in-browser 플러그인 설정

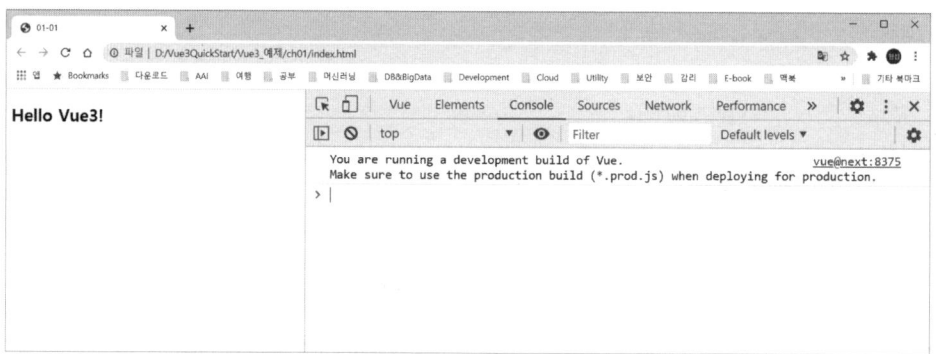

그림 01-14 예제 01-01 실행 결과

크롬 개발자 도구의 콘솔(Console) 탭에서 직접 변수의 값을 변경해볼까요? 그림 01-15와 같이 vm 객체의 message 속성을 직접 변경하면 화면이 바뀌는 것을 확인할 수 있습니다. 다음과 같이 입력해보세요.

```
vm.message = "첫 번째 Vue3 앱입니다"
```

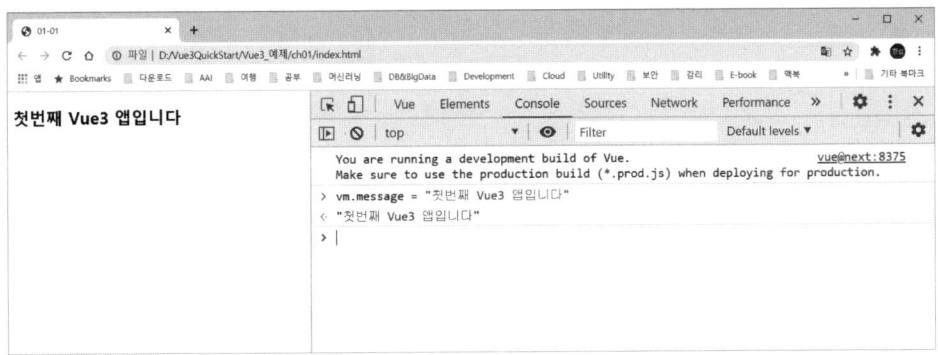

그림 01-15 예제 01-01 실행 결과 두 번째 화면

엑셀 스프레드시트와 차트처럼 데이터를 변경하니 UI가 바뀝니다. 이것이 MVVM 패턴의 의미입니다. 아직 궁금한 점이 많겠지만 차근차근 학습해 나가도록 하겠습니다.

1.4 마무리

이제까지 Vue.js의 개념과 학습, 개발을 위한 환경 설정을 수행해보았습니다. 특히 브라우저의 개발자 도구와 Vue Devtools와 같은 도구는 개발할 때도 필요하지만 학습할 때 더욱 필요합니다. 반드시 미리 설치해주세요. 또한 이 책에서는 Visual Studio Code를 편집기로 사용하지만 WebStorm과 같은 다른 도구도 사용할 수 있습니다. 각 도구들은 Vue 애플리케이션 개발을 돕기 위한 여러 가지 확장 도구들을 가지고 있으므로 적절히 활용하면 생산성 향상에 많은 도움이 됩니다.

원쌤의
Vue.js 퀵스타트

02

Vue.js를 위한 ES6

2.1 ES6 소개

ES6(ECMAScript 6)는 ECMAScript의 6번째 버전이라는 뜻입니다. 줄여서 흔히들 ES6라고 부릅니다. ECMAScript는 ECMA-262 기술 규격에 정의된 표준화된 스크립트 프로그래밍 언어를 말합니다. 이것은 Javascript 언어 등을 표준화하기 위해 만들어졌으며, 이것의 구현체로는 ActionScript, JScript, Javascript 등이 있습니다. Javascript와 ECMAScript는 동일한 것은 아니지만 Javascript를 이해하기 위해서 ECMAScript의 명세를 학습하는 것은 상당한 도움이 됩니다.

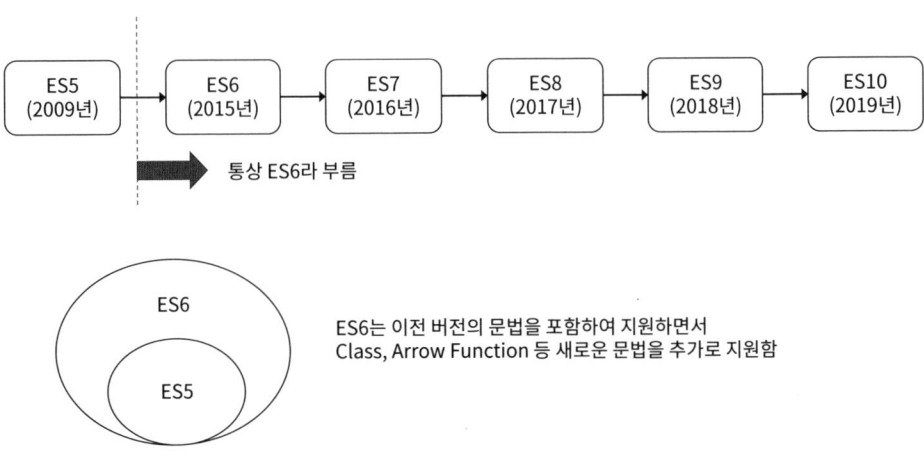

그림 02-01 ES6 소개

그림 02-01과 같이 ES6는 ES5의 문법을 모두 지원하고 추가로 ES6의 새로운 문법을 지원합니다. ES5에서 ES6로 변경되면서 상당히 많은 문법적 요소들이 추가되었고, ES6 이후부터는 조금씩 기능이 추가되고 있습니다. 그래서 ES6 이후의 ES 7,8,9,10을 통상 ES6라고 부르기도 합니다.

최신 브라우저의 경우 ES6 문법 스펙 중 98% 이상을 지원합니다만 개발한 Vue 앱이 브라우저 특성, 버전에 관계없이 실행되도록 하려면 ES6 코드를 ES5와 같은 이전 버전의 코드로 변환하여 배포할 수 있어야 합니다. 또한 최신의 브라우저라 할지라도 브라우저에서 import와 같은 구문은 바로 실행할 수 없습니다. 반드시 코드를 하위 호환성을 가지도록 변환해야 합니다. 이러한 변환 기능을 제공하는 것을 트랜스파일러(Transpiler)라고 부르며 babel, tsc(Typescript 트랜스파일러)가 대표적입니다.

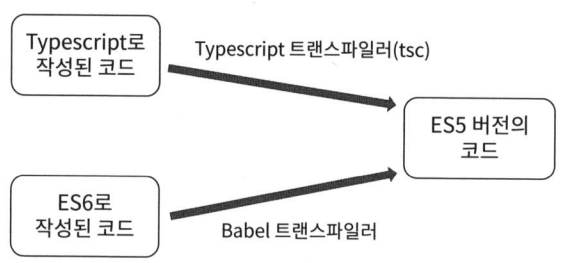

그림 02-02 트랜스파일 개념

여러분이 작성한 ES6 코드는 트랜스파일러에 의해 하위 호환성을 가진 코드로 변환되고 실행될 때는 트랜스파일된 코드가 이용됩니다.

2.1.1 ES6를 반드시 학습해야 하는 이유

Vue 2.x 버전까지는 ES6 문법이 아닌 ES5 문법을 사용해서 개발할 수 있었습니다. 하지만 Vue 3.x 버전부터는 ES6를 반드시 사용해야 합니다. 특히 Vue의 핵심 기능 중인 하나인 반응성이 proxy라는 ES6 기능으로 구현되어 있으므로 ES6 사용이 필수입니다. ES6는 그림 02-01과 같이 ES5의 문법에 새로운 문법과 요소가 추가된 것이므로 이전 자바스크립트 문법을 알고 있다면 그리 어렵지 않게 학습할 수 있습니다.

이 장에서는 ES6가 제공하는 새로운 문법 중에서 Vue 3.x 개발에 필요한 문법만을 다루도록 하겠습니다.

2.1.2 ES6를 학습하기 위해 사용하는 도구

이 장에서는 ES6 문법을 학습하기 위해 Babel REPL이라는 브라우저 기반의 도구를 추가적으로 사용합니다. 이 도구는 ES6 코드를 작성하면 즉시 ES5 코드로 변환을 시도하며 에러메시지도 바로 보여줍니다. Babel REPL 도구를 이용하기 위해서는 다음 주소로 접속하세요.

- https://babeljs.io/repl

모든 ES6 코드의 변환을 강제하기 위해 Babel REPL 도구 화면에서 'FORCE ALL TRANSFORMS'를 체크합니다. 최신 브라우저는 상당수의 ES6 코드를 지원하기 때문에 이 옵션이 비활성화되어 있습니다만, 이 책에서는 ES6 코드가 어떤 ES5 코드로 변환되는지를 살펴보기 위해 이 옵션을 활성화하겠습니다.

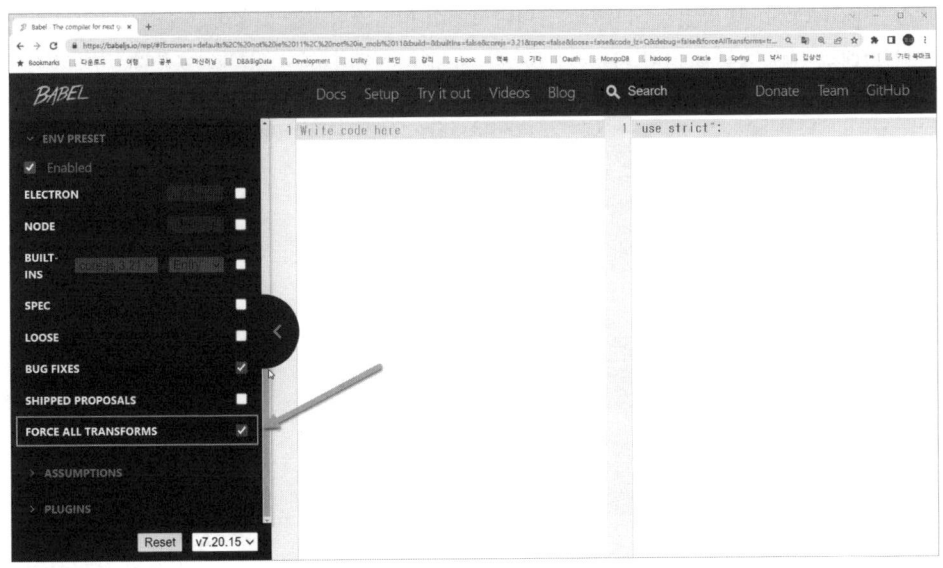

그림 02-03 Babel REPL 도구 설정

import/export와 같은 일부 ES6 문법은 Babel REPL 도구 만으로 테스트할 수 없습니다. 따라서 이 부분을 테스트하기 위해서는 별도의 프로젝트를 구성하고 Babel 트랜스파일러 설정을 직접 해야 합니다. 이를 위해 터미널에서 별도의 프로젝트를 구성하고 VSCode로 코드를 작성하고 트랜스파일한 후 실행하겠습니다.

2.2 ES6를 사용하기 위한 프로젝트 설정

이제 디렉터리를 하나 생성하고 Babel 트랜스파일러와 관련된 문법 체계를 설치하도록 합니다. 우선 프로젝트를 위한 디렉터리를 생성합니다. 필자는 es6test라는 디렉터리(이 디렉터리를 프로젝트 디렉터리라고 부르겠습니다)를 생성하였습니다. 이제 터미널을 실행하여 이 디렉터리로 이동합니다. 터미널을 실행하는 방법은 다음과 같습니다.

- **Window**: 시작 버튼을 클릭하고 Windows PowerShell(x86) 또는 cmd(명령프롬프트)를 입력하고 실행합니다.
- **MacOS**: Command+Space를 누른 후 Spotlight Search 화면에서 Terminal을 입력한 후 앱을 실행합니다.

필자는 power shell 화면을 사용하겠습니다. npm init 명령어를 실행하고 질문이 나오면 기본값 그대로 엔터 키를 눌러서 진행합니다.

```
PS D:\_Vue3QuickStart\Vue3예제\ch02\es6test> npm init
This utility will walk you through creating a package.json file.
It only covers the most common items, and tries to guess sensible defaults.

See `npm help init` for definitive documentation on these fields
and exactly what they do.

Use `npm install <pkg>` afterwards to install a package and
save it as a dependency in the package.json file.

Press ^C at any time to quit.
package name: (es6test)
version: (1.0.0)
description:
entry point: (index.js)
test command:
git repository:
keywords:
author:
license: (ISC)
About to write to D:\_Vue3QuickStart\Vue3예제\ch02\es6test\package.json:

{
  "name": "es6test",
  "version": "1.0.0",
  "description": "",
  "main": "index.js",
  "scripts": {
    "test": "echo \"Error: no test specified\" && exit 1"
  },
  "author": "",
  "license": "ISC"
}

Is this OK? (yes)
PS D:\_Vue3QuickStart\Vue3예제\ch02\es6test> |
```

그림 02-04 npm init 명령어 실행

이제 VSCode를 실행하고 [파일] → [폴더 열기]를 클릭하여 es6test 디렉터리를 열어보면 package.json이 생성된 것을 알 수 있습니다. VSCode의 메뉴에서 [터미널] → [새 터미널]을 실행합니다. 이 기능을 통해 별도의 터미널을 실행하지 않고 VSCode에서 터미널을 실행할 수 있습니다. 자주 사용할 것이므로 단축키를 미리 파악해두세요. 윈도우의 경우 CTRL+SHIFT+' 입니다. 윈도우의 경우 기본적으로 PowerShell 터미널이 실행됩니다.

이제 터미널 화면에서 디렉터리를 확인하고 다음 명령어를 실행하여 babel 요소를 설치합니다.

```
npm install --save-dev @babel/core @babel/cli @babel/preset-env core-js
```

Babel은 개발 중인 경우에만 사용되기 때문에 --save-dev 옵션으로 설치합니다. --save 옵션과의 차이는 실행 중에서 사용되는지 여부입니다. Babel 트랜스파일러는 실행 시에 사용하기 위한 것이 아니므로 개발 의존성 패키지로 설치합니다. 트랜스파일된 코드로 실행할 것이므로 개발 시에만 필요한 것이 '개발의존성(devDependencies)'입니다. 설치가 완료되고 나면 package.json 파일이 다음과 유사한 형식으로 변경될 것입니다. 또한 node_modules 디렉터리에 인터넷상의 npm repository로부터 babel 관련 패키지가 다운로드된 것을 확인할 수 있습니다.

생성된 package.json 예

```
{
  "name": "es6test",
  "version": "1.0.0",
  "description": "",
  "main": "index.js",
  "scripts": {
    "test": "echo \"Error: no test specified\" && exit 1"
  },
  "author": "",
  "license": "ISC",
  "devDependencies": {
    "@babel/cli": "^7.20.7",
    "@babel/core": "^7.20.12",
    "@babel/preset-env": "^7.20.2",
    "core-js": "^3.27.2"
  }
}
```

> **NOTE** **npm 패키지 매니저와 package.json 파일에 대해**
>
> npm install, yarn add 명령어는 Node.js 패키지(라이브러리)를 설치할 수 있는 명령어입니다. 설치 모드는 크게 4가지입니다.
>
> - npm install [패키지명1] [패키지명2]
>
> 이 명령어는 '로컬 모드'로 설치합니다. 로컬 모드는 현재 디렉터리의 node_modules 디렉터리에 패키지를 설치하는 것입니다.
>
> - npm install -g [패키지명1] [패키지명2]
>
> -g 옵션은 패키지를 전역(global)에 설치합니다. 전역으로 설치한 패키지는 현재 컴퓨터 내의 모든 프로젝트에서 이용할 수 있습니다.
>
> - npm install --save [패키지명1] [패키지명2]
>
> —save 옵션은 로컬 모드와 유사하지만 현재 프로젝트의 package.json에 의존성(dependencies)으로 기록합니다. package.json에 의존성이 기록되어 있으면 다른 컴퓨터에 현재의 프로젝트를 이식할 때 'npm install' 명령어로 기록된 의존성 패키지들을 모두 설치할 수 있습니다.
>
> - npm install --save-dev [패키지명1] [패키지명2]
>
> —save-dev 옵션은 로컬 모드와 유사하지만 현재 프로젝트 package.json에 개발 의존성(devDependencies)으로 기록합니다. —save 옵션과 마찬가지로 'npm install' 명령어로 기록된 의존성 패키지들을 모두 설치합니다. —save 옵션과 유사해 보이지만 개발 의존성 패키지들은 개발 시에만 사용된다는 특징이 있습니다. 운영 버전으로 빌드된 이후에는 사용되지 않습니다. 개발 의존성으로 설치된 라이브러리는 npm install 명령어로 설치할 때 —production 옵션을 주면 설치되지 않습니다.
>
> package.json은 현재 작성하고 있는 애플리케이션, 모듈의 의존성 관리를 위해 사용하는 파일이며 JSON 형식을 준수합니다. 이 파일에는 현재 프로젝트가 의존하고 있는 다른 프로젝트를 명시하고 관리할 수 있습니다. 자세한 내용은 공식 문서를 참조하세요(https://docs.npmjs.com/files/package.json).
>
> 다음은 자주 사용하는 npm 명령어들을 정리한 표입니다.

npm 명령어	설명
npm init	프로젝트 초기화
npm install	package.json의 패키지 설치
npm install --save [패키지명]	패키지를 프로젝트 의존성으로 추가
npm install --save-dev [패키지명]	패키지를 프로젝트 개발 의존성 수준으로 추가
npm install --global [패키지명]	패키지를 전역 수준으로 추가
npm update --save	프로젝트 패키지 업데이트
npm run [스크립트명]	package.json의 스크립트 명령 실행
npm uninstall --save [패키지명]	패키지 삭제
npm cache clean	캐시 삭제

Babel 트랜스파일러를 사용하려면 설정 파일이 필요합니다. 설정 파일의 형식은 .babelrc 파일, babel.config.json 파일이 있습니다. 이 책에서는 다음과 같은 간단한 babel.config.json 파일을 작성합니다. 다양한 preset 관련 옵션이 있지만 최대한 간단한 설정을 사용하겠습니다.

babel.config.json
```
{
  "presets": [
    [ "@babel/env" ]
  ]
}
```

이제 프로젝트 디렉터리(es6test)에 src 폴더를 하나 생성하고 다음과 같이 예제를 작성해봅니다. 2번째 줄의 따옴표는 역따옴표라는 점에 주의하세요.

예제 02-01 : src/02-01.js
```
let msg = "World";
console.log(`Hello ${msg}!!`);
```

예제 작성이 완료되었다면 VSCode의 통합 터미널 창에서 다음과 같은 명령어를 실행하세요.
이 명령어는 src 디렉터리 전체의 소스 코드를 트랜스파일한 뒤 build 디렉터리에 동일한 파
일명으로 저장합니다.

```
npx babel src -d build
```

npx 명령어에 대하여

npx(Node Package eXecutor)는 Node 패키지를 실행시키는 도구입니다. 원래 로컬에 설치된 패키지 중에서 실행 가능한 것들은 node_modules/.bin/ 디렉터리에 존재합니다. 따라서 이것을 실행하기 위해서는 node_modules/.bin/babel src -d build 와 같이 실행해야 합니다만 아무래도 불편하죠. npx는 이런 불편한 점을 해결해줍니다. npx는 심지어 현재의 프로젝트 디렉터리 설치하지 않은 패키지도 1회성으로 실행할 수 있게 해줍니다.

앞의 명령어를 매번 실행하기 번거롭다면 package.json의 scripts 섹션에 스크립트명을 지정해 등록하면 npm run [스크립트명]과 같이 실행할 수 있습니다. 다음과 같이 build라는 스크립트명을 지정한다면 npm run build와 같이 실행할 수 있습니다. 스크립트로 등록할 때는 npx를 사용하지 않아야 합니다.

package.json

```
{
  "name": "es6test",
  "version": "1.0.0",
  "description": "",
  "main": "index.js",
  "scripts": {
    "build": "babel src -d build"
  },
  ......
}
```

트랜스파일된 코드 파일은 build 디렉터리에서 확인할 수 있습니다.

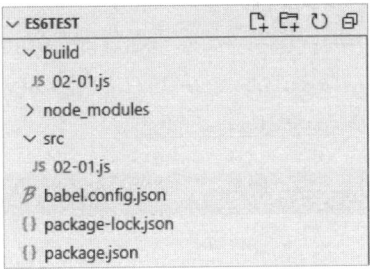

그림 02-05 작성한 코드와 트랜스파일된 코드

```
build/02-01.js
```
```
"use strict";

var msg = "World";
console.log("Hello ".concat(msg, "!!"));
```

예제 02-01에서는 두가지 ES6 문법이 사용되었습니다. let이라는 키워드와 역따옴표로 표현되는 Template literal입니다. 이것은 이전 버전의 브라우저에서도 실행될 수 있도록 트랜스파일되어 var 키워드, ""의 문자열 표현식으로 변환되었습니다. 실행을 위해서 다음 명령과 같이 트랜스파일된 코드를 이용합니다.

```
node build/02-01.js
```

```
PS D:\_Vue3QuickStart\Vue3예제\ch02\es6test> node build\02-01.js
Hello World!!
PS D:\_Vue3QuickStart\Vue3예제\ch02\es6test>
```

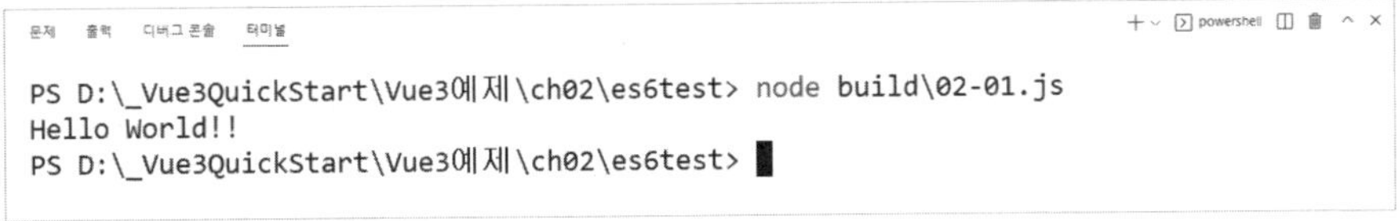

그림 02-06 트랜스파일된 코드 실행

지금까지 프로젝트에서 Babel 트랜스파일러를 사용하기 위한 설정 방법을 살펴보았습니다. 이제 본격적으로 ES6 문법을 살펴보도록 합시다.

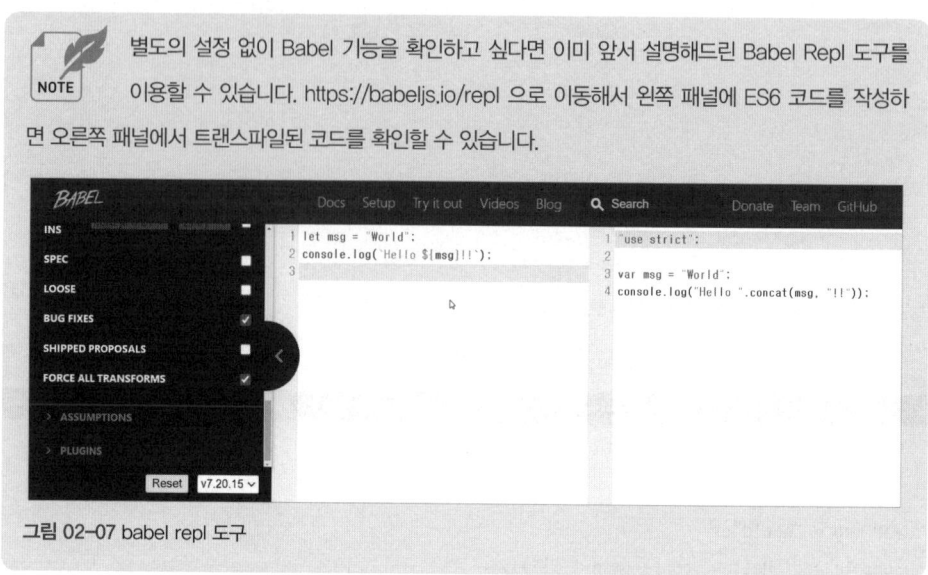

그림 02-07 babel repl 도구

2.3 let과 const

ES6가 등장하기 전까지는 변수를 선언하기 위해 var 키워드를 주로 사용했습니다. 하지만 var 키워드는 호이스팅하기 때문에 초급 개발자들이 자바스크립트를 어려워하는 이유 중의 하나였습니다. 호이스팅이란 실행 컨텍스트가 만들어진 후에 var 키워드가 부여된 변수를 미리 생성하는 것입니다. 이러한 이유로 var 키워드로 변수를 중복 선언해도 오류가 발생하지 않습니다.

호이스팅은 '변수의 선언을 스코프의 최상단으로 옮기는 행위'라고들 말합니다. 하지만 이 설명만으로는 이해하기가 쉽지 않습니다. 좀더 쉽게 이해할 수 있는 것은 코드의 실행을 호이스팅 단계, 실행 단계로 나누어 생각하는 것입니다. 호이스팅 단계에서는 JS 코드를 파싱(Parsing:구문 분석)하고 내부에 var 키워드가 지정된 코드를 찾아서 메모리를 미리 할당합니다(변수를 미리 생성한다라고 해석해도 좋습니다.) 메모리 할당이 끝나면 실행 단계로 들어갑니다. 다음 코드는 에러가 발생할 것 같지만 발생하지 않습니다. 그 이유는 호이스팅 단계에서 A1 변수가 미리 생성되고(값 할당은 이루어지지 않습니다.) 그 이후에 코드를 실행하기 때문입니다. 자바스크립트 변수는 선언만 수행한 경우 undefined 값이 주어지므로 undefined

가 출력될 것입니다. 이 코드를 테스트하려면 메모장과 같은 텍스트 에디터로 작성 후 브라우저 콘솔에 붙여넣고 실행해보세요.

```
console.log(A1);
var A1 = "hello";
```

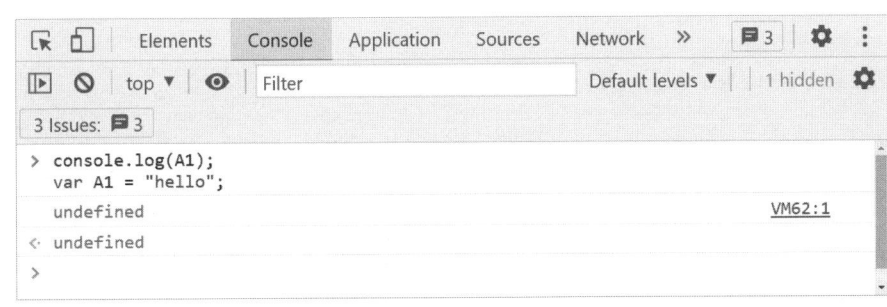

그림 02-08 콘솔 실행 결과

호이스팅은 두 가지 특징이 있습니다.

첫 번째는 함수 단위로 호이스팅한다는 점입니다. 어떤 함수가 호출되면 함수 실행을 위한 실행 컨텍스트를 만들고 함수 내부의 코드 중에서 var가 부여된 것들을 찾아 함수 실행 컨텍스트 내부에 변수를 미리 생성합니다. 이것은 var로 생성된 변수들은 함수 단위의 유효 범위(scope)만을 제공한다는 것을 뜻합니다. **반대로 말하자면 var는 if 문이나 for 문의 중괄호({ })에 의한 블록 수준의 유효 범위를 제공하지 않습니다.**

두 번째는 호이스팅 단계에서 이미 변수가 생성되어 있다면, 변수를 생성하지 않고 건너뜁니다. 즉 다음 코드는 오류를 일으키지 않습니다. 이것을 두고 '자바스크립트는 변수의 중복 선언을 허용한다' 라고 말하기도 합니다. 확인을 위해 다음 코드를 브라우저 콘솔에 붙여넣어보세요.

```
var A1 = 100;
console.log(A1);
var A1 = "hello";
console.log(A1);
```

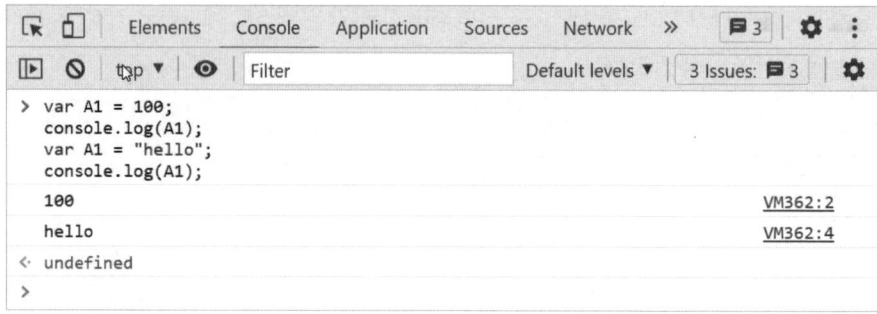

그림 02-09 콘솔 실행 결과

이 코드는 동일한 이름의 변수가 생성되어 오류가 발생할 것 같지만 오류가 발생되지 않습니다. 이와 같은 상황은 개발 시에 문제를 일으킬 수 있습니다. 실수로 다른 이름의 변수로 선언해야 할 것을 동일한 이름으로 지정해도 오류가 발생하지 않을 수 있기 때문입니다. 실행 시에 런타임 오류가 발생하거나 논리 오류(실행은 되지만 잘못된 결과를 출력하는 오류)가 발생할 수 있습니다. 이것은 개발자들에게 혼란스러운 일입니다.

ES6에서는 이러한 문제를 해결하기 위해 let 키워드를 지원합니다. 우선 변수의 유효 범위 문제를 살펴봅니다. 다음 예제를 VSCode에서 작성한 후 npm run build 명령으로 트랜스파일하거나 이 코드를 Babel REPL 도구에 넣어 트랜스파일해봅니다.

예제 02-02 : src/02-02.js

```
01:let msg = "GLOBAL";
02:function outer() {
03:    let msg = "OUTER";
04:    console.log(msg);
05:    if (true) {
06:        let msg = "BLOCK";
07:        console.log(msg);
08:    }
09:}
10:outer();
```

let은 블록 수준의 유효 범위를 지원하므로 3행의 msg와 6행의 msg는 서로 다른 유효 범위에 있습니다. 트랜스파일을 하더라도 유효 범위가 구분될 수 있어야 합니다. 예제 02-02를 트랜스파일한 코드를 살펴보면 다음과 같습니다.

예제 02-02 : build/02-02.js

```
01:"use strict";
02:
03:var msg = "GLOBAL";
04:
05:function outer() {
06:     var msg = "OUTER";
07:     console.log(msg);
08:
09:     if (true) {
10:         var _msg = "BLOCK";
11:         console.log(_msg);
12:     }
13:}
14:
15:outer()
```

10행을 살펴보면 변수명이 _msg로 변경된 것을 볼 수 있습니다. var는 블록 수준의 유효범위를 지원하지 않으므로 변수명을 변경해서 충돌을 회피한 것입니다. 이를 통해 **let은 블록 수준의 유효 범위를 지원한다는 점을 알 수 있습니다**

또한 let은 변수의 중복 선언을 하지 않고 호이스팅하지도 않습니다. let 키워드를 사용한 변수가 중복되면 다음과 같이 오류가 발생합니다.

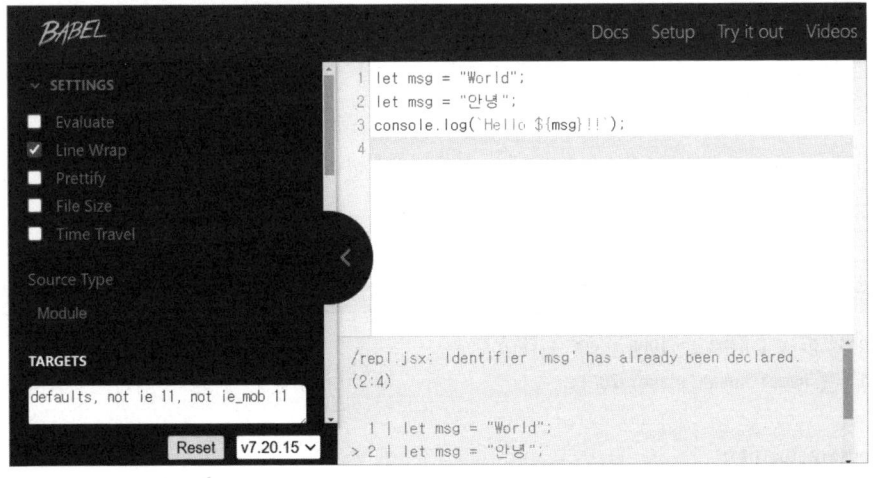

그림 02-10 변수의 중복 선언 오류

const는 선언될 때 값이 할당되면 값을 변경할 수 없는 상수를 만들 때 사용합니다. ES6로 개발할 때는 const를 자주 이용합니다. 하지만 객체를 상수로 선언했을 때는 객체의 내부 속성은 변경할 수 있다는 점에 주의해야 합니다. 다음 코드를 살펴봅시다

예제 02-03 : src/02-03.js

```
const p1 = { name : "john", age : 20 }
p1.age = 22;

console.log(p1);
```

【 실행 결과 】

```
{name: 'john', age: 22}
```

이 코드에서는 const로 선언된 p1 객체 내부의 age 속성을 변경하고 있습니다. 변경할 수 없는 것이 상수라고 했으니 오류가 날 것 같지만 오류는 발생하지 않습니다. 자바스크립트의 객체는 참조형이므로 p1은 실제 객체의 메모리 주소 값을 가지고 있는데 내부의 속성을 변경한다고 해서 객체의 메모리 주소가 바뀌는 것은 아니기 때문입니다.

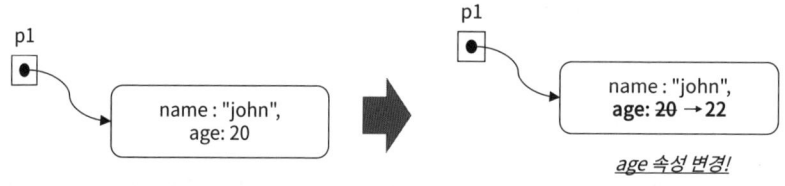

그림 02-11 예제 02-03 실행 구조

하지만 예제 02-04와 같이 p1 객체에 새로운 객체가 할당되는 것은 허용하지 않습니다. 메모리 주소가 바뀌기 때문입니다.

예제 02-04

```
const p1 = { name : "john", age : 20 }
p1 = { name:"susan", age: 20 };

console.log(p1);
```

【 실행 결과 】

```
VM38:2 Uncaught TypeError: Assignment to constant variable.
    at <anonymous>:2:4
```

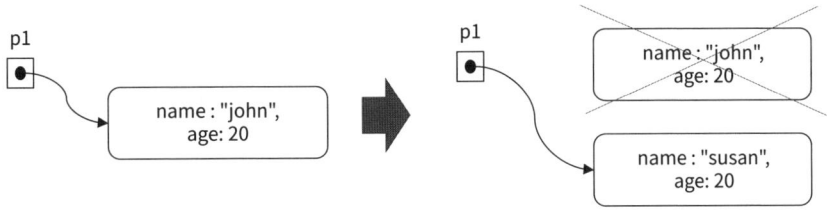

그림 02-12 예제 02-04 실행 관련 그림

예제 02-04를 npm run build 명령 또는 Babel REPL을 이용해 트랜스파일한 코드를 살펴보면 다음과 같이 강제로 오류를 일으키도록 하는 코드를 생성했음을 확인할 수 있습니다.

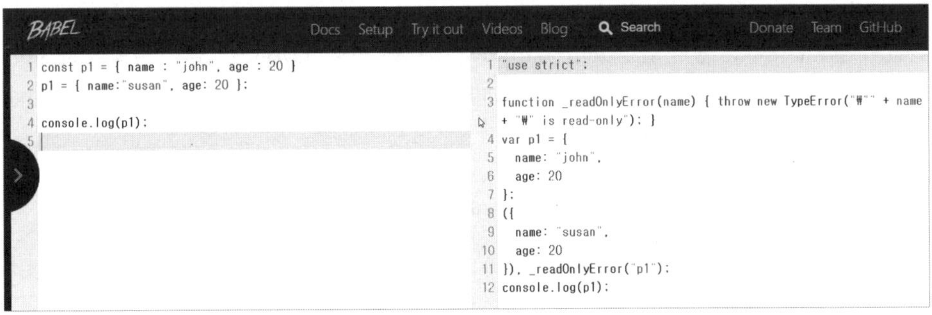

그림 02-13 예제 02-04 트랜스파일 결과

함수나 객체를 만든 후에 이것의 메모리 주소가 바뀌지 않도록 하고 싶다면 const를 사용하면 됩니다. const로 객체를 생성한 경우 객체 내부의 속성이 변경할 수는 있지만 새로운 객체를 생성하여 할당하는 것은 허용하지 않는다는 점을 기억합니다.

2.4 기본 파라미터와 가변 파라미터

ES6에서는 기본 파라미터(Default Parameter)를 이용해 함수 파라미터의 기본값을 지정할 수 있습니다. 예제 02-05를 통해서 확인해보겠습니다. npm run build로 트랜스파일하고 node build/02-05.js로 실행합니다.

예제 02-05 : src/02-05.js

```
01: function addContact(name, mobile, home="없음", address="없음", email="없음") {
02:     var str = `name=${name}, mobile=${mobile}, home=${home},` +
03:               `address=${address}, email=${email}`;
04:     console.log(str);
05: }
06:
07: addContact("홍길동", "010-222-3331");
08: addContact("이몽룡", "010-222-3331", "02-3422-9900", "서울시");
```

addContact 함수의 home, address, email 파라미터는 값을 전달하지 않을 경우 주어진 기본값이 할당됩니다. 7행과 같이 이름(name)과 휴대폰 번호(mobile)만을 전달했을 때 나머지는 모두 '없음'이라는 기본값이 할당됩니다.

```
PS D:\_Vue3QuickStart\Vue3예제\ch02\es6test> npm run build

> es6test@1.0.0 build
> babel src -d build

Successfully compiled 5 files with Babel (792ms).
PS D:\_Vue3QuickStart\Vue3예제\ch02\es6test> node build/02-05.js
name=홍길동, mobile=010-222-3331, home=없음, address=없음, email=없음
name=이몽룡, mobile=010-222-3331, home=02-3422-9900, address=서울시, email=없음
PS D:\_Vue3QuickStart\Vue3예제\ch02\es6test>
```

그림 02-14 예제 02-05의 실행 결과

가변 파라미터(Rest Parameter)는 여러 개의 파라미터 값을 배열로 받을 수 있도록 합니다. 전달하는 파라미터의 개수는 가변적으로 적용할 수 있습니다.

예제 02-06 : src/02-06.js

```
01: function foodReport(name, age, ...favoriteFoods) {
02:     console.log(name + ", " + age);
03:     console.log(favoriteFoods);
04: }
05:
06: foodReport("이몽룡", 20, "짜장면", "냉면", "불고기");
07: foodReport("홍길동", 16, "초밥");
```

파라미터 앞 부분이 …으로 시작하는 favoriteFoods가 가변 파라미터입니다. 6,7행에서 함수를 호출할 때 전달하는 값 중에서 이름(name)과 나이(age)를 제외한 나머지 인자값들은 favoriteFoods에 배열 형태로 전달됩니다. npm run build 명령어로 트랜스파일한 후 실행한 결과는 다음과 같습니다.

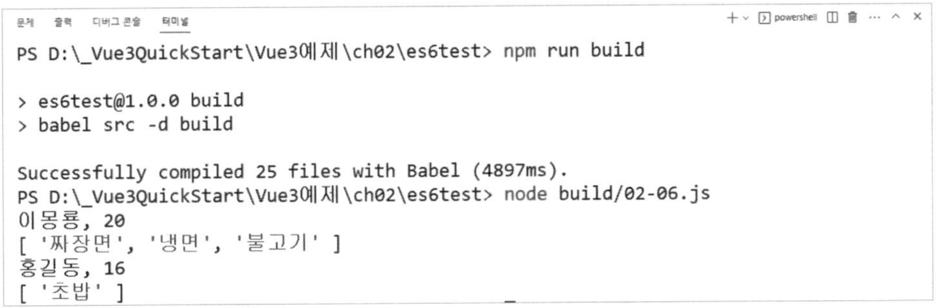

```
PS D:\_Vue3QuickStart\Vue3예제\ch02\es6test> npm run build

> es6test@1.0.0 build
> babel src -d build

Successfully compiled 25 files with Babel (4897ms).
PS D:\_Vue3QuickStart\Vue3예제\ch02\es6test> node build/02-06.js
이몽룡, 20
[ '짜장면', '냉면', '불고기' ]
홍길동, 16
[ '초밥' ]
```

그림 02-15 예제 02-06 실행 결과

2.5 구조분해 할당

ES6에서는 배열, 객체의 값들을 추출하여 한번에 여러 변수에 할당할 수 있는 기능을 제공하는데 이 기능을 구조분해 할당(Destructuring Assignment)이라고 합니다. 예제 02-07를 통해 확인해보겠습니다.

예제 02-07 : src/02-07.js

```
01: let arr = [10,20,30,40];
02: let [a1,a2,a3] = arr;
```

```
03: console.log(a1, a2, a3);
04:
05: let p1 = { name:"홍길동", age:20, gender:"M" };
06: let { name: n, age:a, gender } = p1;
07: console.log(n, a, gender);
```

【 실행 결과 】
```
10 20 30
홍길동 20 M
```

2행은 arr의 배열 값을 순서대로 a1, a2, a3 변수에 각각 10, 20, 30이 할당합니다. 6행의 코드에서는 p1 객체의 name 속성을 변수 n에 할당하고 p1.age를 변수 a에 할당합니다. p1 객체의 속성과 할당하려는 변수의 이름이 동일할 때는 변수명을 생략할 수 있습니다.

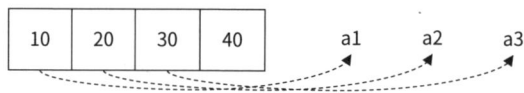

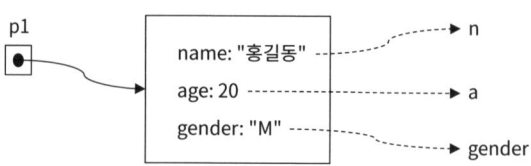

그림 02-16 예제 02-07 코드의 이해

구조분해 할당은 함수의 파라미터에서도 사용할 수 있습니다. 예제 02-08을 확인해보겠습니다.

예제 02-08 : src/02-08.js

```
01: function addContact1({name, phone, email="이메일없음", age=0}) {
02:     console.log(name,phone,email,age);
03: }
04: addContact1({ name : "이몽룡", phone : "010-3434-8989" })
05:
06: function addContact2(contact) {
```

```
07:     if (!contact.email) contact.email = "이메일없음";
08:     if (!contact.age) contact.age = 0;
09:     let { name, phone, email, age} = contact;
10:     console.log(name,phone,email,age);
11: }
12: addContact2({ name : "이몽룡", phone : "010-3434-8989" })
13:
14: function addContact3(name, phone, email="이메일없음", age=0) {
15:     console.log(name,phone,email,age);
16: }
17: addContact3("이몽룡","010-3434-8989")
```

【 실행 결과 】

```
이몽룡 010-3434-8989 이메일없음 0
이몽룡 010-3434-8989 이메일없음 0
이몽룡 010-3434-8989 이메일없음 0
```

예제 02-08에는 동일한 결과를 출력하는 3개의 함수가 포함되어 있습니다. 구조분해 할당 + 기본 파라미터를 결합해서 사용하는 addContact1 함수와 이전의 사용 형태를 비교하기 위해 addContact2, addContact3 함수를 작성해보았습니다.

14행의 addContact3 함수는 기본 파라미터만 적용한 것입니다. 코드는 비교적 간단해 보이지만 17행의 호출 구문은 가독성에 문제가 있습니다. "이몽룡", "010-3434-8989"는 어떤 값인지 금방 알기 어렵습니다(물론 이 예제는 대단히 간단한 함수이므로 직관적으로 알 수 있겠지만 현실적인 코드에서는 금방 알기 어렵습니다).

6행의 addContact2 함수는 인자를 객체로 전달하도록 작성된 것입니다. 12행의 호출 구문은 코드의 가독성이 좋아보입니다. "이몽룡"은 name 속성으로 전달된다는 점을 금방 알 수 있습니다. 하지만 7,8행과 같이 속성이 전달되지 않았을 때를 위해 기본값을 부여하는 코드를 직접 작성해야 합니다.

최종적으로 1행의 addContact1이 가장 바람직해 보입니다. 4행과 같이 호출 구문도 가독성이 좋아 보이면서 기본값을 부여하는 작업도 기본 파라미터를 적용해 간단하게 해결하였습니다. **함수를 호출할 때 전달한 객체를 구조분해 할당으로 받아내면서 기본 파라미터까지 지정한 것입니다.**

2.6 화살표 함수

2.6.1 화살표 함수의 형식

ES6의 화살표 함수(Arrow Function)는 기존 함수 표현식에 비해 간결함을 제공합니다. 또한 **함수를 정의하는 영역의 this를 그대로 전달받을 수 있습니다**. 우선 얼마나 간결한 표현식을 사용하는지 확인해보겠습니다. 아래 3개의 함수는 모두 동일한 기능을 수행합니다.

예제 02-09 : src/02-09.js

```
01: const test1 = function(a,b) {
02:     return a+b;
03: }
04:
05: const test2 = (a,b) =>{
06:     return a+b;
07: };
08:
09: const test3 = (a,b) => a+b;
10:
11: console.log(test1(3,4));
12: console.log(test2(3,4));
13: console.log(test3(3,4));
```

【 실행 결과 】

```
7
7
7
```

1행의 test1 함수는 전통적인 방식의 자바스크립트 함수입니다. 자주 접하던 형태입니다. 5행의 test2가 화살표 함수입니다. test2와 같이 코드의 구현부에 리턴문만 존재하는 경우는 9행의 test3과 같이 중괄호({})를 사용하지 않고 리턴값을 화살표 기호 뒤에 작성하는 형태를 사용하여 코드를 간결하게 할 수 있습니다. 트랜스파일된 결과를 살펴보면 3개의 함수가 모두 동일한 형태로 변환된 것을 볼 수 있습니다.

```
......
var test1 = function test1(a, b) {
  return a + b;
};

var test2 = function test2(a, b) {
  return a + b;
};

var test3 = function test3(a, b) {
  return a + b;
};
......
```

2.6.2 자바스크립트의 this

하지만 주의할 점이 하나 있습니다. 바로 화살표 함수와 전통적인 함수는 서로 다른 this 값이 바인딩될 수 있다는 점입니다. 특히 함수가 중첩되었을 때 이런 상황이 벌어질 수 있습니다. 이 내용을 이해하려면 자바스크립트 언어의 this를 이해해야 합니다. 그 후 화살표 함수에서의 this를 알아봅니다. ECMAScript 스펙에서 this를 어떻게 설명하는지를 여기서 다루지 않겠습니다. 독자분들이 더 쉽게 이해할 수 있는 방법으로 설명하겠습니다.

자바스크립트 언어에서의 this는 this에 언제 객체가 연결(이 과정을 binding이라고 합니다)되는지를 알아야 합니다. 바로 메서드, 함수가 호출될 때마다 현재 호출중인 메서드를 보유한 객체가 this로 연결됩니다. 만일 현재 호출 중인 메서드를 보유한 객체가 없다면 전역 객체(Global Object, 브라우저 환경에서는 window 객체입니다)가 연결됩니다. 이것이 기본 규칙입니다. 다음 예제를 확인해봅니다.

예제 02-10 : src/02-10.js

```
01: var obj = { result: 0 };
02: obj.add = function(x,y) {
03:     this.result = x+y;
04: }
05: obj.add(3,4)
06: console.log(obj)        // { result: 7 }
```

예제 02-10의 5행에서 add 메서드가 호출될 때 이 메서드를 보유한 객체는 obj입니다. 따라서 3행의 this는 obj가 됩니다. 따라서 obj.result에 7이 할당되는 겁니다. 이 코드의 실행을 위해서 트랜스파일할 필요가 없습니다. 바로 node src/02-10.js 명령으로 실행해보세요.

```
문제   출력   디버그 콘솔   터미널

PS D:\_Vue3QuickStart\Vue3예제\ch02\es6test> node src/02-10.js
{ result: 7, add: [Function (anonymous)] }
PS D:\_Vue3QuickStart\Vue3예제\ch02\es6test> █
```

그림 02-17 예제 02-10 실행 결과

하지만 동일한 함수, 메서드를 다른 객체의 메서드 형태로 호출하면 this가 달라집니다. 앞서 설명했지만 this는 함수, 메서드가 호출될 때 연결되기 때문입니다. 다음 예제를 살펴보겠습니다.

예제 02-11 : src/02-11.js

```
01: var obj = { result: 0 };
02: obj.add = function(x,y) {
03:     this.result = x+y;
04: }
05: var add2 = obj.add;
06: console.log(add2 === obj.add)       //true, 동일한 함수
07: add2(3,4)        //전역변수 result에 7이 할당됨.
08: console.log(obj);         // { result: 0 }
09: console.log(result);      // 7
```

예제 02-11의 5행에서 obj.add 메서드를 add2에 할당했습니다. 이때 add 메서드의 메모리 주소가 add2로 복사되므로 obj.add와 add2는 같은 주소를 참조하는 동일한 함수입니다. obj.add(3,4)로 호출하지 않고 add2(3,4)로 호출하면 add2 함수는 특정 객체의 메서드가 아니므로 전역 객체가 this로 연결됩니다. 따라서 전역 변수 result에 7이 할당됩니다. node src/02-11.js 명령으로 트랜스파일하지 않고 실행하세요.

```
문제   출력   디버그 콘솔   터미널
PS D:\_Vue3QuickStart\Vue3예제\ch02\es6test> node src/02-11.js
true
{ result: 0, add: [Function (anonymous)] }
7
PS D:\_Vue3QuickStart\Vue3예제\ch02\es6test> █
```

그림 02-18 예제 02-11 실행 결과

지금까지 살펴본 바와 같이 자바스크립트 함수, 메서드는 어떤 객체의 메서드 형태로 호출되느냐가 this를 결정하는 기본적인 규칙입니다.

기본적인 규칙과 달리 자바스크립트 언어에서 함수, 메서드를 호출할 때 직접 연결할 this를 지정하고 싶다면 다음과 같은 함수 수준의 메서드를 이용할 수 있습니다.

- bind( ): 지정한 객체를 this로 미리 연결한(binding) 새로운 함수를 리턴합니다.
- apply( ), call( ): 지정한 객체를 this로 연결한 후 함수를 직접 호출합니다.

예제 02-12를 통해 확인해보겠습니다.

예제 02-12 : src/02-12.js

```
01: var add = function(x,y) {
02:     this.result = x+y;
03: }
04:
05: var obj = {};
06: //1. apply() 사용
07: //add.apply(obj, [3,4])
08: //2. call() 사용
09: //add.call(obj,3,4)
10: //3. bind() 사용
11: add = add.bind(obj);
12: add(3,4)
13:
14: console.log(obj);       // { result : 7 }
```

예제 02-12에서 1행의 add 함수는 특정 객체의 메서드가 아닙니다. 7,9행과 같이 함수의 apply, call 메서드를 이용해 obj를 this로 직접 연결한 뒤 호출할 수 있습니다. 11행의 코드에서의 bind 메서드는 인자로 전달한 obj를 this로 강제 지정하여 만든 새로운 함수를 리턴합니다. 새로운 함수의 메모리 주소가 다시 add 변수에 다시 할당되기 때문에 12행과 같이 특정 객체의 메서드 형태로 호출하지 않아도 this는 obj입니다.

```
PS D:\_Vue3QuickStart\Vue3예제\ch02\es6test> node src/02-12.js
{ result: 7 }
PS D:\_Vue3QuickStart\Vue3예제\ch02\es6test>
```

그림 02-19 예제 02-12 실행 결과

2.6.3 화살표 함수에서의 this

이제 자바스크립트 언어의 this를 이해했다면 화살표 함수에서의 this에 대해 알아봅시다. 전통적인 함수와 화살표 함수에서의 this의 차이점을 알아보려면 함수가 중첩되는 상황을 살펴보면 됩니다. 다음 예제를 보겠습니다. 실행 결과는 node src/02-13.js 명령과 같이 트랜스파일하지 않고 실행하여 확인하세요.

예제 02-13 : src/02-13.js

```
01: var obj = { result:0 };
02: obj.add = function(x,y) {
03:     function inner() {
04:         this.result = x+y;
05:     }
06:     inner();
07: }
08: obj.add(3,4)
09:
10: console.log(obj)         // { result: 0 }
11: console.log(result)      // 7
```

8행에서의 obj.add(3,4)로 호출결과 2~7행 함수 유효 범위에서의 this는 obj입니다. 하지만 다시 6행에서 inner()와 같이 호출되기 때문에(호출될 때의 형태가 특정 객체의 메서드 형태가 아니므로) 4행에서의 this는 전역객체가 됩니다. 따라서 실행 결과 전역 변수 result에 7이 할당됩니다. 하지만 일반적으로 개발자는 2행의 중첩된 함수(inner)에서의 this가 바깥쪽 함수(obj.add)와 동일한 것이기를 원할 겁니다.

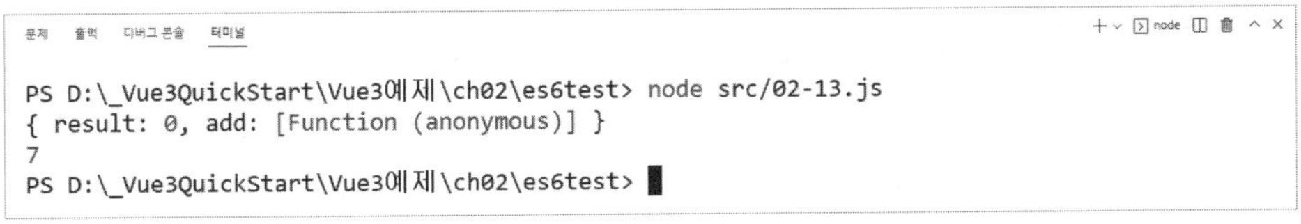

```
PS D:\_Vue3QuickStart\Vue3예제\ch02\es6test> node src/02-13.js
{ result: 0, add: [Function (anonymous)] }
7
PS D:\_Vue3QuickStart\Vue3예제\ch02\es6test>
```

그림 02-20 예제 02-13 실행 결과

이런 경우 앞에서 살펴보았던 bind(), apply(), call()을 이용할 수 있습니다. 이 메서드를 적용하여 예제 02-13을 볼드체로 표현된 부분과 같이 변경해보겠습니다.

예제 02-14 : src/02-14.js

```
01: var obj = { result:0 };
02: obj.add = function(x,y) {
03:     function inner() {
04:         this.result = x+y;
05:     }
06:     inner = inner.bind(this);
07:     inner()
08: }
09: obj.add(3,4)
10:
11: console.log(obj)         // { result: 7 }
```

6, 7행에서 bind() 메서드를 이용해 바깥쪽 함수의 this를 inner 함수의 this로 직접 연결하기 때문에 4행의 this는 obj가 됩니다. 하지만 inner = inner.bind(obj)와 같은 코드가 자연스러워 보이지는 않습니다. 이와 같은 상황에서 화살표 함수를 사용하면 편리합니다. 예제 02-14를 화살표 함수를 사용하도록 변경해봅니다.

예제 02-15 : src/02-15.js

```
01: var obj = { result:0 };
02: obj.add = function(x,y) {
03:     const inner = () => {
04:         this.result = x+y;
05:     }
06:     inner()
07: }
```

```
08: obj.add(3,4)
09:
10: console.log(obj)          // { result: 7 }
```

3~5행에서 기존 inner 함수를 화살표 함수로 변경하였습니다. 화살표 함수는 함수가 정의 되는 유효 범위(scope)의 this를 자신의 유효범위의 this로 연결합니다. 따라서 bind(), apply()와 같은 함수를 사용하지 않아도 됩니다.

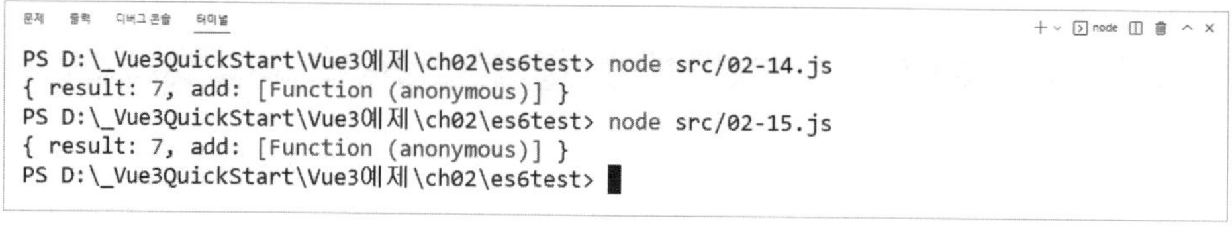

```
PS D:\_Vue3QuickStart\Vue3예제\ch02\es6test> node src/02-14.js
{ result: 7, add: [Function (anonymous)] }
PS D:\_Vue3QuickStart\Vue3예제\ch02\es6test> node src/02-15.js
{ result: 7, add: [Function (anonymous)] }
PS D:\_Vue3QuickStart\Vue3예제\ch02\es6test>
```

그림 02-21 예제 02-14~15 실행 결과

2.7 새로운 객체 리터럴

ES6에서는 객체의 속성 표기법이 개선되었습니다. 객체의 속성을 작성할 때 변수명과 동일하다면 생략할 수 있습니다. 다음 예제를 작성하고 트랜스파일하면서 확인해보도록 하겠습니다. 예제 02-16~17은 실행 결과를 확인하지 않아도 됩니다. npm run build를 실행하여 트랜스파일하기 전과 후를 비교해보기만 하세요.

예제 02-16 : src/02-16.js

```
01: var name = "홍길동";
02: var age = 20;
03: var email = "gdhong@test.com";
04:
05: //var obj = { name: name, age: age, email: email };
06: var obj = { name, age, email };
07: console.log(obj);
```

객체를 생성할 때 변수 값을 객체의 속성으로 지정하는 경우가 있습니다. 이런 경우에 5행과 같은 코드를 주로 작성했습니다. ES6에서는 속성명과 변수명이 일치할 때 6행과 같이 생략할 수 있습니다. 트랜스파일된 코드를 확인해보면 6행의 코드가 주석 처리된 5행과 같은 형태로 바뀐 것을 알 수 있습니다. 트랜스파일된 코드를 확인하기 위해 npm run build 명령을 실행하거나 Babel REPL 도구에 코드를 작성해보세요.

또한 새로운 메서드 표기법도 제공합니다. 예제 02-17을 살펴보겠습니다.

예제 02-17 : src/02-17.js

```
01: let p1 = {
02:     name : "아이패드",
03:     price : 200000,
04:     quantity : 2,
05:     order : function() {
06:         if (!this.amount) {
07:             this.amount = this.quantity * this.price;
08:         }
09:         console.log("주문금액 : " + this.amount);
10:     },
11:     discount(rate) {
12:         if (rate > 0 && rate < 0.8) {
13:             this.amount = (1-rate) * this.price * this.quantity;
14:         }
15:         console.log((100*rate) + "% 할인된 금액으로 구매합니다.");
16:     }
17: }
18: p1.discount(0.2);
19: p1.order();
```

예제 02-17의 5~10행의 order 메서드는 기존 방식으로 작성한 것이고, 11행의 discount 메서드는 ES6가 제공하는 새로운 객체 리터럴을 이용해 작성했습니다. **function 키워드를 사용하지 않고 바로 { } 구현부가 따라옵니다.** 트랜스파일한 코드를 살펴보면 11~16행의 코드가 다음과 같은 형태로 변환된 것을 알 수 있습니다.

```
discount: function discount(rate) {
    if (rate > 0 && rate < 0.8) {
        this.amount = (1 - rate) * this.price * this.quantity;
```

```
    }
    console.log(100 * rate + "% 할인된 금액으로 구매합니다.");
}
```

이 함수는 화살표 함수가 아닙니다. 따라서 함수가 중첩되었을 때 바깥쪽 함수의 this가 이 함수의 this로 자동으로 전달되지 않습니다.

2.8 템플릿 리터럴

템플릿 리터럴(Template Literal)은 역따옴표(Backquote: ` `)로 묶여진 문자열에서 템플릿 대입문(${ })을 이용해 동적으로 문자열을 끼워넣어 구성할 수 있는 방법을 제공합니다. 템플릿 대입문에는 수식 구문, 변수, 함수 호출 구문 등 대부분의 표현식을 사용할 수 있습니다. 또한 템플릿 문자열은 개행 문자를 포함하여 여러 줄로 작성할 수 있습니다.

다음 예제를 통해 확인해보겠습니다. 작성 후에는 npm run build로 트랜스파일하고 node build/02-18.js로 실행합니다.

예제 02-18 : src/02-18.js

```
01: const d1 = new Date();
02: let name = "홍길동";
03: let r1 = `${name} 님에게 ${d1.toDateString() }에 연락했다.`;
04: console.log(r1);
05:
06: let product = "갤럭시S7";
07: let price = 199000;
08: let str = `${product}의 가격은
09:            ${price}원 입니다.`;
10: console.log(str);
```

트랜스파일된 코드를 살펴보면 다음과 같이 문자열을 이어 붙이는 코드로 변경된 것을 볼 수 있습니다. 한글은 유니코드 이스케이프 형식(Unicode escape format)으로 변환되었습니다.

build/02-18.js

```
"use strict";

var d1 = new Date();
var name = "홍길동";
var r1 = "".concat(name, " \uB2D8\uC5D0\uAC8C ").concat(d1.toDateString(), "\uC5D0 \uC5F0\uB77D\uD588\uB2E4.");
console.log(r1);
var product = "갤럭시S7";
var price = 199000;
var str = "".concat(product, "\uC758 \uAC00\uACA9\uC740\n").concat(price, "\uC6D0 \uC785\uB2C8\uB2E4.");
console.log(str);
```

```
PS D:\_Vue3QuickStart\Vue3예제\ch02\es6test> npm run build

> es6test@1.0.0 build
> babel src -d build

Successfully compiled 18 files with Babel (769ms).
PS D:\_Vue3QuickStart\Vue3예제\ch02\es6test> node build/02-18.js
홍길동 님에게 Fri Feb 10 2023에 연락했다.
갤럭시S7의 가격은
        199000원 입니다.
PS D:\_Vue3QuickStart\Vue3예제\ch02\es6test>
```

그림 02-22 예제 02-18 실행 결과

예제 02-18의 8~9행을 살펴보면 개행 문자(줄바꿈 문자)도 포함할 수 있음을 알 수 있습니다. 이를 통해 대량의 여러 줄의 문자열 처리를 조금 더 손쉽게 처리할 수 있습니다.

2.9 모듈

전통적인 자바스크립트에서는 모듈(Module)이라는 개념이 희박합니다. 굳이 모듈이라는 용어를 사용한다면 〈script〉 태그로 js 파일을 참조하는 정도를 의미했습니다. ES6부터는 공식적으로 모듈 기능을 제공합니다. 모듈이란 독립성을 가진 재사용 가능한 코드 블록입니다. 여러 개의 코드 블록을 각각의 파일로 분리한 후 필요한 모듈들을 조합해 애플리케이션을 개발할 수 있습니다.

ES6에서는 모듈을 JS 코드를 포함하고 있는 파일이라고 간주해도 무방합니다. 코드 블록 안에서 import, export 구문을 이용해서 모듈을 가져오거나 내보낼 수 있습니다. 모듈 내부에서 선언된 모든 변수, 함수, 객체, 클래스는 지역적인(local) 것으로 간주됩니다. 따라서 재사용 가능한 모듈을 만들려면 반드시 외부로 공개하고자 하는 것을 export해야 합니다. export할 수 있는 대상은 변수, 함수, 객체, 클래스 등이며 다음과 같이 export할 수 있습니다.

```
export let a= 1000;
export function f1(a) { … }
export { n1, n2 as othername, … }
//export할 때 기존의 이름이 아닌 다른 이름을 사용하고 싶다면 as를 이용함.
```

export된 모듈은 다른 모듈에서 import 구문으로 참조하여 사용할 수 있습니다.

이제 간단한 예제를 통해서 모듈을 작성하고 사용해보겠습니다. 우선 src 디렉터리 아래 modules 디렉터리를 생성한 다음 02-19-module.js와 이 모듈을 이용하는 main 모듈 (02-20-main.js)을 작성하겠습니다. **이 절의 예제는 모두 npm run build 명령으로 트랜스파일한 후에 실행해야 한다는 점에 주의하세요.**

예제 02-19 : src/modules/02-19-module.js

```
01: let base = 100;
02: const add = (x) => base+x;
03: const multiply = (x) => base*x;
04:
05: export { add, multiply };
```

예제 02-20 : src/02-20-main.js

```
01: import { add } from './modules/02-19-module';
02:
03: console.log(add(4));
```

예제 02-19에서 export하지 않은 것이 있습니다. 바로 1행의 base 변수입니다. **이 변수는 export하지 않았으므로 다른 모듈에서 이 모듈을 import 하더라도 직접 접근할 수 없습니다. 반드시 export된 함수들을 통해서만 간접적으로 이용할 수 있습니다.**

예제 02-20에서 import ... from ... 구문을 사용해 임포트합니다. **이때 경로는 상대 경로를 사용하며, 파일의 확장자는 생략이 가능하지만 확장자가 다르거나 파일명이 같은 파일이 존재한다면 확장자까지 지정하여 구분할 수 있습니다.** import 할 때는 export 된 요소 중 필요한 것만 참조해서 사용할 수 있습니다.

모듈을 작성할 때 항상 이용하는 객체, 메서드 등이 있다면 어떻게 할까요? 이때는 export default 구문을 사용하면 편리합니다. 확인을 위해 예제 02-19를 조금 변경해보겠습니다.

예제 02-19 변경

```
01: let base = 100;
02: const add = (x) => base+x;
03: const multiply = (x) => base*x;
04: const getBase = ()=>base;
05:
06: export { add, multiply };
07: export default getBase;
```

4행의 getBase 함수가 추가되었고, 이 모듈을 이용할 때마다 항상 사용하는 함수라고 가정해보겠습니다. 이 경우 7행과 같이 export default 할 수 있습니다. 이제 예제 02-20도 getBase 함수를 이용할 수 있도록 변경하겠습니다.

예제 02-20 변경

```
01: import getBase, { add } from './modules/02-19-module';
02:
03: console.log(add(4));
04: console.log(getBase());
```

export default된 것은 import할 때 중괄호 없이 참조할 수 있습니다. 단 default로 export, import할 수 있는 요소는 단 하나라는 점에 주의하세요.

실행 결과는 그림 02-23과 같습니다. **반드시 트랜스파일된 코드로 실행해주세요.**

```
문제   출력   디버그 콘솔   터미널                                    + ∨ ▷ node ◫ 🗑 ^ ×

PS D:\_Vue3QuickStart\Vue3예제\ch02\es6test> npm run build

> es6test@1.0.0 build
> babel src -d build

Successfully compiled 20 files with Babel (821ms).
PS D:\_Vue3QuickStart\Vue3예제\ch02\es6test> node ./build/02-20-main.js
104
100
PS D:\_Vue3QuickStart\Vue3예제\ch02\es6test> █
```

그림 02-23 예제 02-20 실행 결과

2.10 Promise

이전까지는 비동기 처리를 수행할 때 비동기 처리가 완료되면 콜백 함수가 호출되도록 작성하는 것이 일반적인 형태였습니다. 대표적인 예가 jQuery AJAX 함수입니다. 하지만 이 방법은 비동기로 처리할 작업이 순차적으로 반복되면 콜백 함수들이 중첩되어 예외 처리가 힘들어지고 복잡도가 증가하는 문제점이 있습니다.

ES6에서는 Promise 객체를 지원해 비동기 처리를 좀 더 깔끔하게 수행할 수 있습니다. 특히 이 책에서는 서버와 통신하기 위한 axios 등의 라이브러리를 사용하는데, Promise 패턴을 사용합니다.

먼저 Promise의 기본 사용법을 살펴보겠습니다.

```
// Promise 객체의 생성
const p = new Promise((resolve, reject) => {
 //비동기 작업 수행
 //이 내부에서 resolve(result)함수를 호출하면 then에 등록해둔 함수가 호출됨
 // reject(error)가 호출되거나 Error가 발생되면 catch에 등록해둔 함수가 호출됨.
});

p.then((result)=> {

})
.catch((error)=> {

})
```

new Promise()로 객체를 생성할 때 인자로 전달하는 함수를 '시작함수'라고 부르고 Promise 객체가 생성됨과 동시에 함수를 실행합니다. 시작함수에는 비동기로 처리할 작업을 정의합니다. 작업이 완료되면 처리 결과에 따라 작업이 성공이라면 시작함수의 인자로 전달받는 resolve 함수를 호출하여 then()에 등록한 함수가 실행됩니다. 시작함수 내부에서 reject 함수가 호출되면 catch에 등록해둔 함수가 실행됩니다.

resolve()나 reject()를 호출할 때 비동기 작업의 처리 결과나 오류 정보를 인자로 전달할 수 있습니다. 이 값은 then, catch에 등록한 함수의 인자로 전달받습니다. 이제 예제를 통해 확인해보겠습니다.

예제 02-21 : src/02-21.js

```
01: const p = new Promise((resolve, reject) => {
02:     setTimeout(()=> {
03:         var num = Math.random();      //0~1사이의 난수 발생
04:         if (num >= 0.8) {
05:             reject("생성된 숫자가 0.8이상임 - " + num);
06:         }
07:         resolve(num);
08:     }, 2000)
09: })
10:
11: p.then((result)=> {
12:     console.log("처리 결과 : ", result)
13: })
14: .catch((error)=>{
15:     console.log("오류 : ", error)
16: })
17:
18: console.log("## Promise 객체 생성!");
```

예제 02-21에서는 비동기 처리 결과 0~1사이의 난수를 발생시키고 이 값이 0.8이상이면 잘못된 값으로 보고 reject()을 호출하고 그렇지 않다면 resolve()를 호출합니다. 18행의 실행은 마지막 행이긴 하지만 12행, 15행보다 먼저 실행됩니다. 12, 15행은 시작함수 내부에서 resolve, reject 이 호출되면 실행되기 때문입니다.

이 예제는 트랜스파일하지 않고 바로 실행하세요. node.js가 Promise를 지원하기 때문입니다.

```
PS D:\_Vue3QuickStart\Vue3예제\ch02\es6test> node src/02-21.js
## Promise 객체 생성!
처리 결과 :  0.35236729567388303
PS D:\_Vue3QuickStart\Vue3예제\ch02\es6test>
```

그림 02-24 : 예제 02-21의 resolve 호출

```
PS D:\_Vue3QuickStart\Vue3예제\ch02\es6test> node src/02-21.js
## Promise 객체 생성!
오류 :  생성된 숫자가 0.8이상임 - 0.9434341856369346
PS D:\_Vue3QuickStart\Vue3예제\ch02\es6test>
```

그림 02-25 : 예제 02-21의 reject 호출

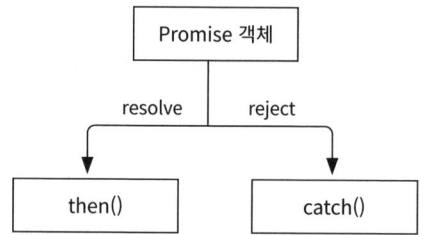

그림 02-26 Promise 실행 구조

Promise를 이용하면 손쉽게 비동기적인 작업을 순차적으로 실행할 수 있습니다. then()을 체인처럼 엮어서 Promise Chain을 생성하면 됩니다. 예제 02-22를 살펴봅시다.

예제 02-22 : src/02-22.js

```
01: var p = new Promise((resolve, reject)=> {
02:     resolve("first!");
03: })
04:
05: p.then((msg)=> {
06:     console.log(msg);
07:     return "second";
08: })
09: .then((msg)=>{
```

```
10:        console.log(msg);
11:        return "third";
12: })
13: .then((msg)=>{
14:        console.log(msg);
15: })
```

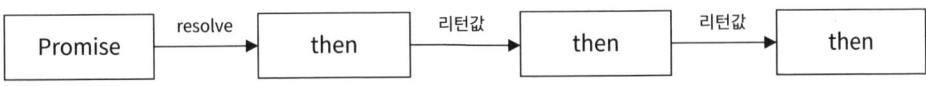

그림 02-27 Promise Chain

예제 02-22에서 주목할 부분은 첫 번째 then에서 값을 리턴하는 부분입니다. 7행에서 리턴된 값은 다음 번 then에 등록된 함수의 인자 msg로 전달됩니다. 이전 단계의 처리 결과가 다음 단계로 전달되어 이용할 수 있다는 뜻입니다.

```
PS D:\_Vue3QuickStart\Vue3예제\ch02\es6test> node src/02-22.js
first!
second
third
PS D:\_Vue3QuickStart\Vue3예제\ch02\es6test>
```

그림 02-28 예제 02-22 실행 결과

Promise Chain에서의 예외 처리는 catch()를 이용하면 됩니다. then() 내부에서 오류가 발생하면 그 이후에 등록된 catch() 중 가장 가까운 위치의 catch()에 등록된 함수가 호출됩니다. 예제 02-22의 마지막에 catch()를 등록하면 어느 단계의 then()에서든 오류가 발생하면 마지막의 catch()가 호출되는 것입니다.

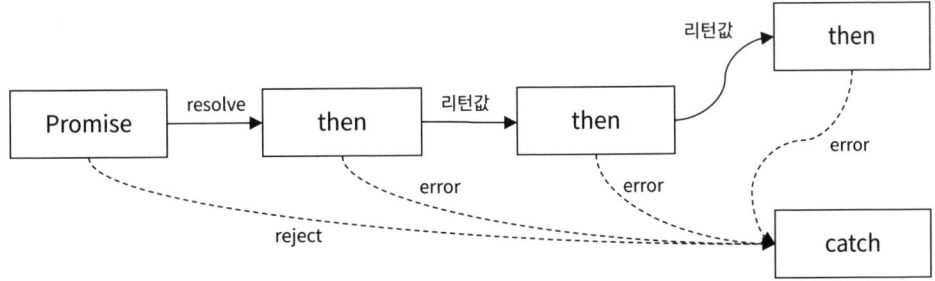

그림 02-29 Promise Chain에서의 catch()

자 이제 기능 확인을 위해 예제 02-22를 catch()를 사용하도록 변경해봅니다.

예제 02-22 변경

```
01: var p = new Promise((resolve, reject)=> {
02:     resolve("first!")
03: })
04:
05: p.then((msg)=> {
06:     console.log(msg);
07:     throw new Error("## 에러!!")
08:     return "second";
09: })
10: .then((msg)=>{
11:     console.log(msg);
12:     return "third";
13: })
14: .then((msg)=>{
15:     console.log(msg);
16: })
17: .catch((error)=> {
18:     console.log("오류 발생 ==>  " + error)
19: })
```

기존 코드에 7행과 같이 에러를 발생시키는 코드를 추가하고 17~19행과 같이 catch()를 등록했습니다. 이 코드의 실행 결과를 살펴보면 2행의 resolve에 의해 첫 번째 then()이 호출되고 7행에서 Error객체가 던져졌기 때문에 17행의 catch()가 호출됩니다.

```
문제   출력   디버그 콘솔   터미널                                  + ∨  node  ◫  🗑  ∧  ×
PS D:\_Vue3QuickStart\Vue3예제\ch02\es6test> node src/02-22.js
first!
오류 발생 ==>  Error: ## 에러!!
PS D:\_Vue3QuickStart\Vue3예제\ch02\es6test> █
```

그림 02-30 변경된 예제 02-22 실행 결과

2.11 전개 연산자

2.4절에서 가변 파라미터를 학습하면서 ... 연산자를 살펴본 적이 있습니다. ... 연산자를 함수의 인자로 사용하면 가변 파라미터(Rest Parameter)라고 부릅니다. 가변 파라미터는 개별 값을 나열하여 함수의 인자로 전달하면 함수의 내부에서 배열로 사용할 수 있도록 합니다.

동일한 ... 기호를 사용하지만 전개 연산자(Spread Operator)는 가변 파라미터와 사용 방법이 다릅니다. 배열이나 객체를 ... 연산자와 함께 객체 리터럴, 배열 리터럴에서 사용하면 객체, 배열 내의 값을 분해된 값으로 전달합니다.

예제 02-23을 작성하여 기능을 확인해봅시다.

예제 02-23 : src/02-23.js

```
01: let obj1 = { name:"박문수", age:29 };
02: let obj2 = obj1;           //shallow copy! obj1, obj2는 동일한 객체를 참조
03: let obj3 = { ...obj1 };    //객체 내부의 값은 복사하지만 obj3, obj1은 다른 객체
04: let obj4 = { ...obj1, email:"mspark@gmail.com" };  //새로운 속성 추가
05:
06: obj2.age = 19;
07: console.log(obj1);   //{ name:"박문수", age:19 }
08: console.log(obj2);   //{ name:"박문수", age:19 }
09: console.log(obj3);   //{ name:"박문수", age:29 }    age가 바뀌지 않음
10: console.log(obj1 == obj2); //true
11: console.log(obj1 == obj3); //false
12:
13:
14: let arr1 = [ 100, 200, 300 ];
15: let arr2 = [ "hello", ...arr1, "world"];
16: console.log(arr1);     // [ 100, 200, 300 ]
17: console.log(arr2);     // [ "hello", 100, 200, 300, "world" ]
```

2행은 얕은 복사라는 방식입니다. 객체의 메모리 주소만 복사하므로 obj1과 obj2는 동일한 객체를 참조합니다. 3행은 전개연산자를 사용한 것으로 obj1 객체의 내부 속성 값을 복사하여 새로운 객체 obj3을 만듭니다. 따라서 객체 내부의 속성의 값은 같지만 서로 다른 객체입니다.

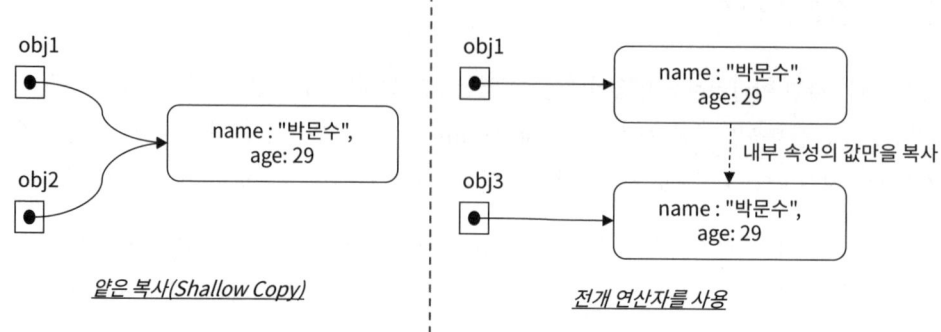

그림 02-31 예제 02-23에서의 얕은 복사와 전개 연산자 사용 비교

15행과 같이 배열에서도 객체의 경우와 마찬가지로 전개 연산자를 사용할 수 있습니다. 15행의 코드는 arr1 배열의 내부 요소를 복사하여 가장 앞, 가장 마지막에 각각 "hello", "world"를 추가한 새로운 배열을 만듭니다.

```
PS D:\_Vue3QuickStart\Vue3예제\ch02\es6test> node src/02-23.js
{ name: '박문수', age: 19 }
{ name: '박문수', age: 19 }
{ name: '박문수', age: 29 }
true
false
[ 100, 200, 300 ]
[ 'hello', 100, 200, 300, 'world' ]
PS D:\_Vue3QuickStart\Vue3예제\ch02\es6test>
```

그림 02-32 예제 02-23 실행 결과

이와 같이 기존 객체의 속성이나 배열의 요소들을 포함하여 새로운 객체, 배열을 생성하고자 할 때 사용합니다. 이 연산자는 자주 사용하는 문법이므로 꼭 익혀두세요.

2.12 Proxy

Proxy는 객체의 속성을 읽어오거나 설정하는 작업을 가로채기 위해 래핑할 수 있도록 하는 객체입니다. 이 기법을 통해 객체의 속성에 접근할 때 개발자가 원하는 지정된 작업을 수행하도록 할 수 있습니다.

Vue 3에서는 내부적으로 Proxy를 사용합니다. 즉 Vue 애플리케이션을 개발하는 동안 개발자가 직접 Proxy 객체를 생성할 일은 없다는 의미입니다. 하지만 Vue 3의 반응성

(Reactivity)를 이해하려면 개념 정도는 알고 있어야 합니다. **만일 이 절이 이해되지 않는다면 다음 장으로 넘어가셔도 됩니다.**

여러분은 1장에서 MVVM 아키텍처에 대한 소개를 이미 보셨습니다. MVVM 아키텍처를 잠시만 다시 살펴보겠습니다.

그림 02-33을 살펴보면 Model의 데이터가 업데이트 되면 ViewModel에게 '알림 전송'을 수행한다는 부분을 볼 수 있습니다. 어떻게 알림 전송을 할까요? Vue 3에서는 Model 내부의 객체 속성이 변경될 때 '알림 전송'을 수행하기 위해 Proxy를 이용

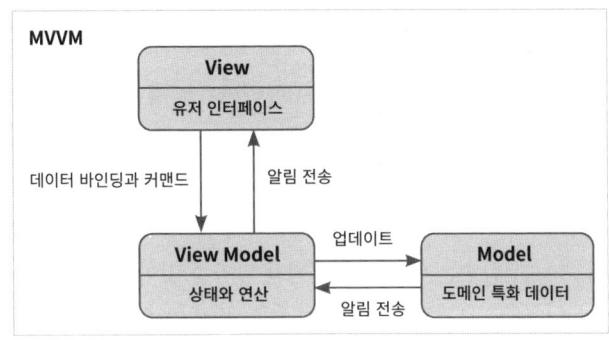

그림 02-33 MVVM 아키텍처

합니다. 다루고자 하는 데이터 객체는 Proxy로 래핑되어 있고, Proxy를 통해 속성을 변경하면 추가적인 기능(예를 들면 알림 전송)을 수행하는 것입니다. ViewModel은 알림을 받으면 View(화면 UI)를 갱신하도록 합니다. 간단한 예제를 통해 Proxy의 개념을 알아보겠습니다.

예제 02-24 : src/02-24.js

```
01: let obj = { name : "홍길동", age :20 };
02: const proxy = new Proxy(obj, {
03:     get: function(target, key) {
04:         console.log("## get " + key)
05:         if (!target[key]) throw new Error(`존재하지 않는 속성(${key})입니다`);
06:         return target[key];
07:     },
08:     set : function(target, key, value) {
09:         console.log("## set " + key)
10:         if (!target[key]) throw new Error(`존재하지 않는 속성(${key})입니다`);
11:         target[key] = value;
12:     }
13: })
14:
```

```
15: console.log(proxy.name);        //읽기 작업 get 호출
16: proxy.name = "이몽룡";           //쓰기 작업 set 호출
17: proxy.age = 30;                 //쓰기 작업 set 호출
```

```
PS D:\_Vue3QuickStart\Vue3예제\ch02\es6test> node src/02-24.js
## get name
홍길동
## set name
## set age
PS D:\_Vue3QuickStart\Vue3예제\ch02\es6test>
```

그림 02-34 예제 02-24 실행 결과

Proxy 객체의 생성 방법은 new Proxy(targetObject, handler) 형태입니다. handler로 등록 가능한 함수는 이번에는 개념만 알아볼 것이므로 set, get만 살펴봅니다. get은 읽기 작업을 수행할 때 호출할 함수이고, set은 쓰기 작업을 할 때 호출할 함수입니다. 각 함수의 인자는 target은 targetObject를 가리키는 것이고, key는 접근하는 속성명입니다. obj.name 형식으로 접근하는 것은 obj["name"]과 같이 해시 방식으로 접근할 수 있으므로 이 방식을 사용합니다.

예제 02-24에서 실제로 접근하고자 하는 데이터는 1행의 obj입니다. 하지만 2행에서 Proxy 객체를 생성하고 proxy를 통해서 내부의 데이터를 이용하도록 래핑했습니다.

15~17행과 같이 proxy를 통해서 읽기/쓰기를 하면 3, 8행의 get, set이 호출되는 것입니다. 이 예제에서는 get, set 내부에서 console.log()로 출력하는 기능과 데이터 변경 기능만을 수행하고 있습니다만 알림 전송과 같은 추가적인 작업을 수행할 수도 있습니다. 다음의 그림은 Proxy를 이용한 Vue 3의 반응성을 간략하게 그림으로 표현한 것입니다.

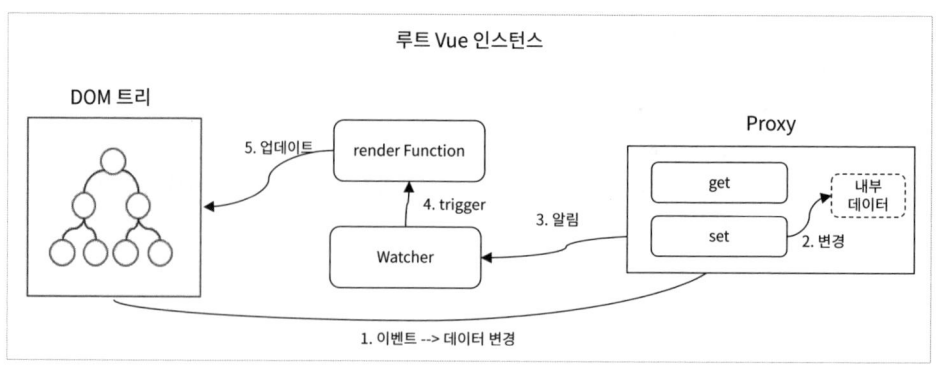

그림 02-35 Vue 3의 반응성 개요도

이제 곧 학습하게 되겠지만 Vue 3는 내부 데이터 객체를 래핑한 Proxy 객체를 통해 반응성을 제공합니다. Proxy의 set을 호출하게 되면 내부 데이터를 변경하고 감시자(Watcher)에게 알림(notification)을 합니다. 감시자는 해당 컴포넌트의 render 함수를 실행하여 DOM 트리를 업데이트하도록 합니다. 이것이 Vue3의 반응성(reactivity)의 원리입니다.

Proxy 객체는 배열도 래핑할 수 있습니다. 예제 02-25를 살펴보세요. 16행의 코드가 실행되면 9행의 set이 호출됨을 알 수 있습니다.

예제 02-25 : src/02-25.js

```
01: var arr = [10,20,30];
02:
03: const proxy = new Proxy(arr, {
04:     get: function(target, key, receiver) {
05:         console.log("## get " + key)
06:         if (!target[key]) throw new Error(`존재하지 않는 속성(${key})입니다`);
07:         return target[key];
08:     },
09:     set : function(target, key, value) {
10:         console.log("## set " + key)
11:         if (!target[key]) throw new Error(`존재하지 않는 속성(${key})입니다`);
12:         target[key] = value;
13:     }
14: })
15:
16: proxy[1] = 99;
```

```
PS D:\_Vue3QuickStart\Vue3예제\ch02\es6test> node src/02-25.js
## set 1
PS D:\_Vue3QuickStart\Vue3예제\ch02\es6test>
```

그림 02-36 예제 02-25 실행 결과

여러분이 Vue 3 앱을 개발할 때는 Proxy 객체를 직접 생성하지 않아도 됩니다. Vue 인스턴스를 생성하면 data로 지정된 객체에 대해 내부적으로 Proxy 객체로 래핑하는 작업을 자동으로 수행합니다. 1장의 예제 01-01에서 다음과 같이 실행했던 코드는 알고 보면 Proxy객체를 이용하고 있었던 것입니다.

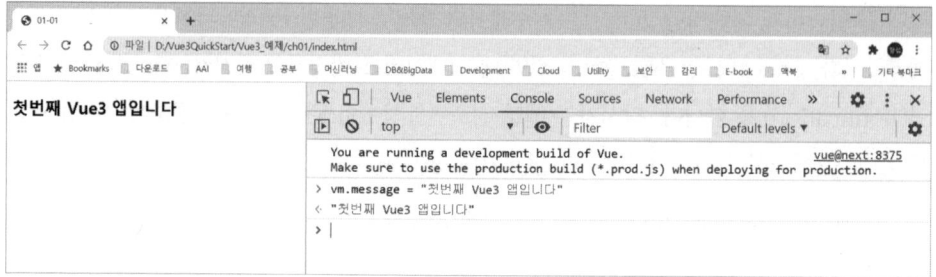

그림 02-37 예제 01-01 실행 결과 화면

> **Vue 2에서의 반응성**
>
> Vue 2에서는 반응성을 제공하기 위해 Object.defineProperty()라는 메서드를 사용해 get, set을 생성했습니다. 하지만 객체(Object)만 defineProperty() 메서드가 지원되고 배열(Array)에서는 지원되지 않아 배열에 대한 반응성에 대한 문제가 있었습니다. vm.persons[0] = { name:"홍길동" };과 같은 코드는 반응성을 가질 수 없었습니다. 이런 이유로 Vue.set()과 같은 메서드가 사용되었습니다. 관련된 내용은 다음의 문서를 살펴보세요.
>
> - https://v2.ko.vuejs.org/v2/guide/reactivity.html
> - https://kr.vuejs.org/v2/api/index.html#Vue-set

2.13 마무리

이제까지 ES6 문법 요소 중 Vue 3 개발에 필요한 것들 위주로 살펴보았습니다. Vue 2까지는 ES6 문법이 필수가 아니었지만 Vue 3부터는 반드시 익혀야 합니다. ES6는 Vue 개발뿐만 아니라 다른 프론트엔드 프레임워크 개발에 꼭 필요한 것이니 반드시 꼼꼼하게 학습하세요.

03

Vue.js 기초와 Template

3.1 보간법

이번 장에서는 Vue.js의 기초 내용을 살펴봅니다. 〈script〉 태그를 이용해 vue 라이브러리를 직접 참조하는 단일 HTML 파일 예제를 작성합니다.

우리는 이미 1장에서 간단한 예제를 작성하고 실행해 보았습니다. model 객체의 속성을 변경하면 화면이 변경되는 것도 확인했습니다. 1장 예제 01-01 파일이 어떻게 구성되어 있는지 코드를 살펴보겠습니다.

예제 03-01 : 예제 01-01과 동일한 예제

```
01: <!DOCTYPE html>
02: <html lang="en">
03: <head>
04:     <meta charset="UTF-8">
05:     <meta name="viewport" content="width=device-width, initial-scale=1.0">
06:     <title>03-01</title>
07: </head>
08: <body>
09:     <div id="app">
10:         <h2>{{message}}</h2>
11:     </div>
12:     <script type="text/javascript" src="https://unpkg.com/vue"></script>
```

```
13:     <script type="text/javascript">
14:         var model = { message:"Hello Vue3!" };
15:         var vm = Vue.createApp({
16:             name : "App",
17:             data() {
18:                 return model;
19:             }
20:         }).mount('#app')
21:     </script>
22: </body>
23: </html>
```

14행의 model 객체는 15행에서 생성하는 Vue App 인스턴스의 데이터로 등록되어 있습니다. Vue 인스턴스의 data 옵션은 2장 ES6에서 학습한 Proxy 객체로써 반응성을 제공하는 기본적인 요소입니다. 따라서 model 객체의 message 값을 변경하면 즉시 화면을 갱신합니다. 갱신할 화면의 영역은 20행에 mount하고 있는 9행의 id가 app인 div 요소(element)입니다. 9~11행 내부의 HTML 요소에서는 {{ }}과 같은 콧수염을 닮은 모양의 템플릿 표현식을 사용해 선언적으로 데이터를 렌더링합니다. {{ }}의 형상이 콧수염 모양을 닮았다고 해서 콧수염 표현식(Mustache Expression)이라고도 부르며, 문자열을 템플릿에 덧붙여 표현한다고 해서 보간법(補間法: Interpolation)이라고도 합니다.

이 코드만으로도 모든 작업은 반응형으로 이루어집니다. 모델(Model)을 변경하면 뷰모델(ViewModel) 역할을 수행하는 Vue 인스턴스를 통해 즉시 UI를 변경합니다. 지금까지 설명을 그림으로 나타내면 다음과 같습니다.

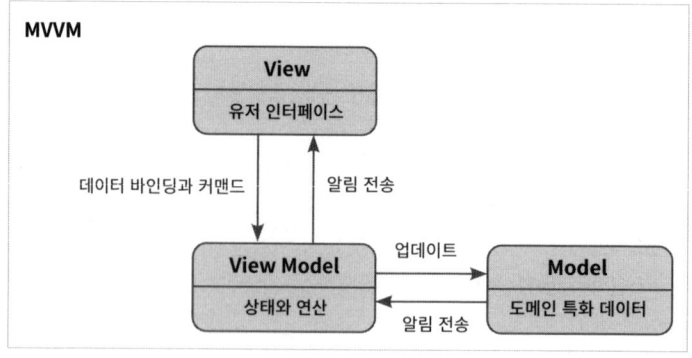

그림 03-01 MVVM 패턴

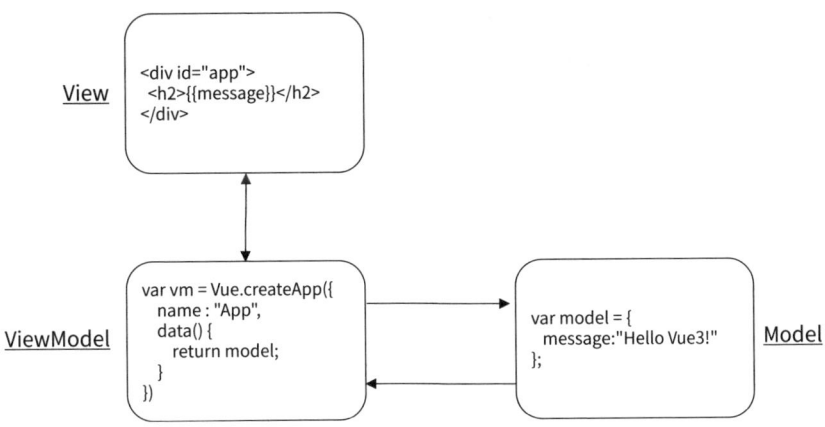

그림 03-02 : Vue.js와 MVVM 패턴

그림 03-02를 보면 1장에서 살펴본 MVVM 패턴과 같다는 것을 알 수 있습니다. 그림 03-01은 비교할 수 있도록 1장의 그림을 한번 더 표시했습니다. 예제 03-01에서는 Vue 객체(뷰모델)가 데이터만 가지고 있지만 MVVM 패턴에서는 뷰모델 객체가 상태(State:데이터)와 연산(Operations: 메서드)을 가지고 있다는 것을 알 수 있습니다. 연산은 데이터를 변경하는 작업 정도로 이해하면 됩니다. 이제 시작일 뿐이니 천천히 알아가보도록 합시다.

3.2 기본 디렉티브

3.2.1 v-text, v-html 디렉티브

선언적 렌더링을 위해 HTML 요소 내부에 템플릿 표현식(콧수염 표현식 : Mustache Expression)만 사용할 수 있는 것은 아닙니다. 동일한 코드를 Vue 디렉티브라는 것을 이용해 표현해보도록 합시다. Vue 디렉티브는 템플릿 안에 사용하는 v-로 시작하는 속성이며, 이것을 이용해 HTML 요소와 관련된 작업을 지정할 수 있습니다.

예제 03-02 : 기존 예제 03-01에 v-text 디렉티브 적용

```
09: <div id="app">
10:     <h2 v-text="message"></h2>
11: </div>
```

예제 03-02는 예제 03-01을 그대로 복사한 다음 〈div〉〈/div〉 요소만 변경했습니다. 〈h2〉{{message}}〈/h2〉 부분을 위와 같이 변경하면 콧수염 표현식과 동일한 기능을 수행합니다. 간단하게 사용할 때는 {{ }}이 편하다고 느껴지겠지만 단점도 있습니다. 크롬 브라우저 화면에서 CTRL + SHIFT + I를 눌러 개발자 도구를 열고 Console 탭을 누른 후 그림 03-03과 같이 모델 객체의 값을 변경해 봅시다.

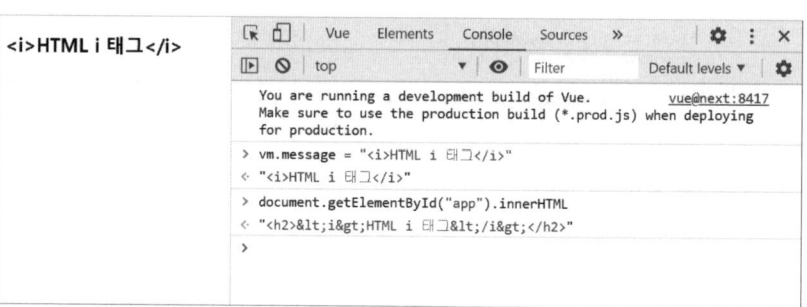

그림 03-03 v-text 디렉티브 또는 {{ }} 템플릿 문자열 사용

message 속성에 입력한 HTML 태그 문자열이 인코딩되어 나타나는 것을 알 수 있습니다. 이미 자바스크립트를 조금 다루어 본 독자들은 HTML 요소 객체의 innerText 속성을 알고 있을 겁니다. v-text는 내부적으로 innerText 속성을 변경합니다. 이에 반해 innerHTML 속성은 HTML 인코딩, 디코딩을 수행하지 않습니다. 따라서 HTML 태그가 브라우저에서 파싱되어 화면으로 나타납니다. v-html 디렉티브는 innerHTML 속성을 변경하는 것입니다. 예제 03-02에서 v-text를 v-html로 변경한 후 실행하면 전혀 다른 결과를 볼 수 있습니다.

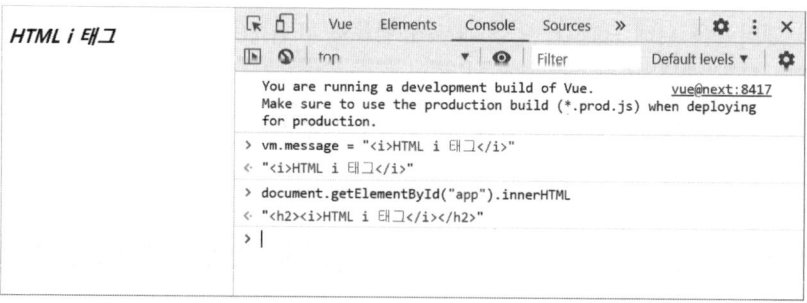

그림 03-04 v-text를 v-html로 변경한 후의 실행

정리하자면 다음과 같은 표로 설명할 수 있습니다.

v-text, {{ }}	innerText 속성에 연결됨. 태그 문자열을 HTML 인코딩하여 나타내기 때문에 화면에는 태그 문자열이 그대로 나타남.
v-html	innerHTML 속성에 연결됨. 태그 문자열을 파싱하여 화면에 나타냄

표 03-01 v-text와 v-html 비교

간혹 데이터나 속성을 통해 html을 템플릿에 동적으로 주입하기 위해 v-html 디렉티브를 사용할 경우도 있겠지만 대부분의 경우는 {{ }}만으로도 앱을 개발하는 데 무리가 없습니다.

3.2.2 v-bind 디렉티브

v-bind 디렉티브는 요소(Element)의 속성을 바인딩하기 위해 사용합니다. 예제 03-03을 살펴보도록 합시다. 전체 코드를 싣지는 않았습니다. 예제 03-02를 복사하여 <body></body> 태그 안쪽만 변경합니다.

예제 03-03 : v-bind 디렉티브

```
01: <body>
02:     <div id="app">
03:         <input id="a" type="text" v-bind:value="message">
04:         <br />
05:         <img v-bind:src="imagePath" />
06:     </div>
07:     <script type="text/javascript" src="https://unpkg.com/vue"></script>
08:     <script type="text/javascript">
09:         var vm = Vue.createApp({
10:             name : "App",
11:             data() {
12:                 return {
13:                     message : "v-bind 디렉티브",
14:                     imagePath : "https://contactsvc.bmaster.kro.kr/photos/18.jpg"
15:                 };
16:             }
17:         }).mount('#app')
18:     </script>
19: </body>
```

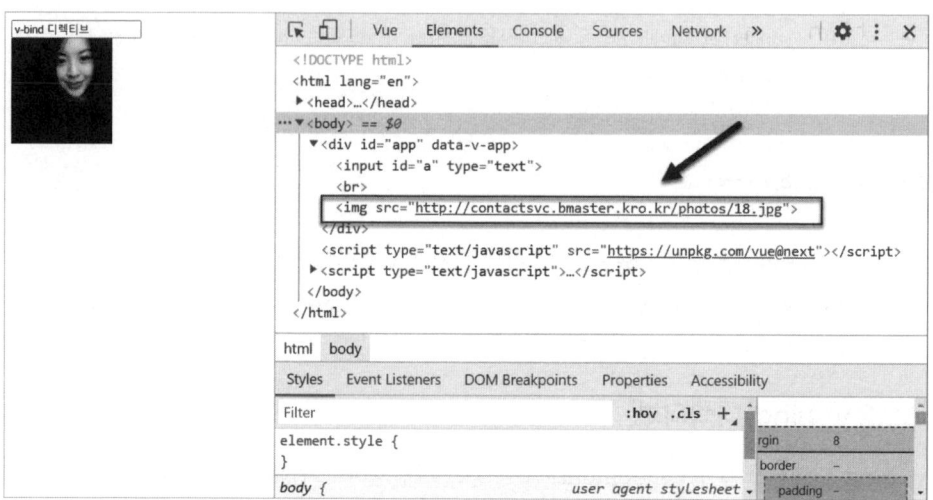

그림 03-05 예제 03-03 실행 결과

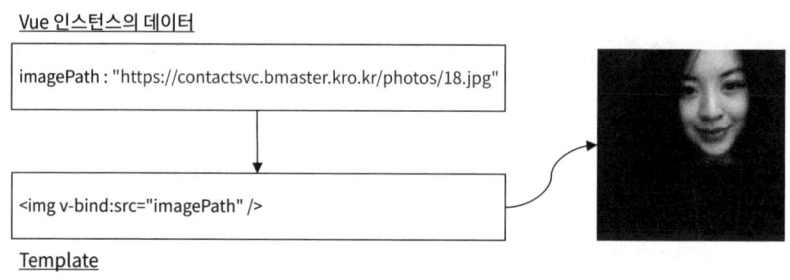

그림 03-06 데이터 바인딩

그림 03-05~6과 같이 v-bind 디렉티브를 통해서 HTML 요소 객체의 속성이 변경되었음을 알 수 있습니다. 이러한 기법을 데이터 바인딩이라 부릅니다. v-bind 디렉티브를 매번 작성하는 것이 부담스럽다면 줄여 쓰는 방법이 있습니다. v-bind:src에서 v-bind를 생략하고 :src와 같이 작성해도 됩니다.

$$v\text{-}bind{:}src \;=\; :src$$

그림 03-07 v-bind 디렉티브 축약형

v-bind 디렉티브는 단방향으로만 데이터 바인딩을 수행합니다. 즉 Vue 인스턴스의 데이터나 속성이 바뀌면 UI를 갱신합니다. 반대로 화면의 바인딩된 요소에서 값을 변경하더라도 데

이터가 바뀌지 않습니다. 이러한 바인딩을 데이터로부터 화면 UI로만 단방향으로 바인딩한다고 해서 '단방향 데이터 바인딩'이라고 부릅니다.

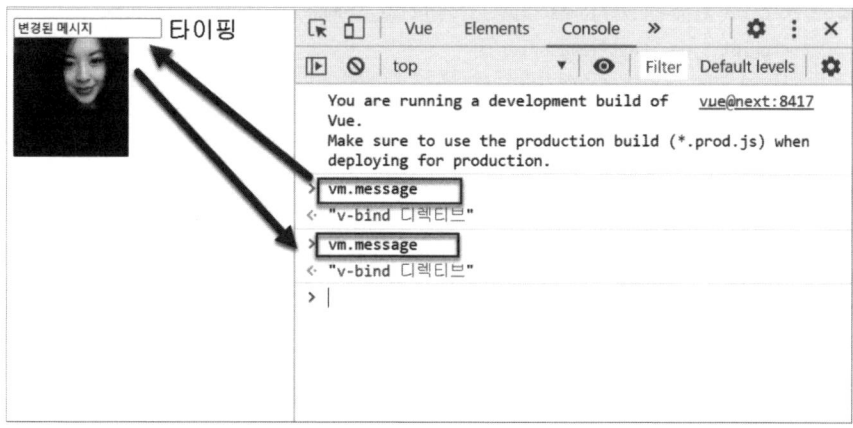

그림 03-08 예제 03-03을 이용해 단방향 데이터 바인딩 확인

그림 03-08의 순서대로 콘솔에서 message를 확인하고 UI에서 타이핑한후 다시 vm.message를 확인하면 바뀌지 않은 것을 볼 수 있습니다. 반대로 콘솔에서 vm.message 속성에 값을 할당하여 데이터를 변경하면 UI가 변경됩니다.

3.3 v-model 디렉티브

3.3.1 기본 사용법

앞 절에서 {{ }}, v-text, v-html, v-bind 디렉티브를 살펴보았는데 이는 모두 단방향 데이터 바인딩을 지원합니다. 하지만 사용자로부터 입력값을 받고 싶은 경우에는 양방향 데이터 바인딩을 사용하면 편리합니다. 이럴 때 사용하는 디렉티브가 바로 v-model입니다. 예제 03-04를 살펴보겠습니다. 이전 예제를 복사하여 〈body〉〈/body〉 태그 안쪽과 Bold로 표현된 코드에 주의해서 작성합니다.

예제 03-04

```
01: <body>
02:     <div id="app">
03:         <input id="a" type="text" v-model="name">
```

```
04:        <br />
05:        입력하신 이름 : <span>{{name}}</span>
06:    </div>
07:    <script type="text/javascript" src="https://unpkg.com/vue"></script>
08:    <script type="text/javascript">
09     var vm = Vue.createApp({
10         name : "App",
11         data() {
12             return { name : "" };
13         }
14     }).mount('#app')
15     </script>
16 </body>
```

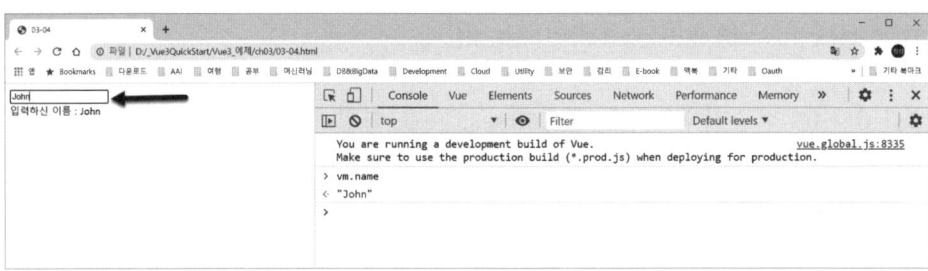

그림 03-09 예제 03-04 실행

12행의 name 데이터는 3행에서 양방향 데이터 바인딩되었고 5행에서는 보간법으로 바인딩 되었습니다. 사용자가 3행의 텍스트 필드에서 타이핑한 문자열은 양방향 데이터 바인딩되었으므로 name 데이터에 곧바로 반영되며, 이 값은 다시 5행의 {{name}} 위치에 나타납니다. 그림 03-10은 이러한 실행을 그림으로 표현한 것입니다.

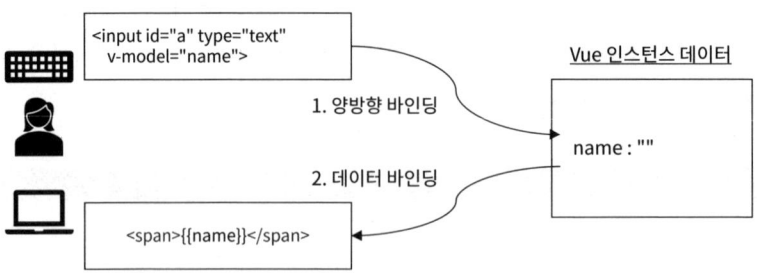

그림 03-10 예제 03-04 구조

v-model 디렉티브를 이용한 양방향 데이터 바인딩은 checkbox, select, radio button 등에도 적용할 수 있습니다. 다음은 checkbox와 select 요소에 적용한 예제입니다.

예제 03-05

```
01: <!DOCTYPE html>
02: <html lang="en">
03: <head>
04:     <meta charset="UTF-8">
05:     <meta name="viewport" content="width=device-width, initial-scale=1.0">
06:     <title>03-05</title>
07: </head>
08: <body>
09:     <div id="app">
10:         <div>
11:             <h2>취미생활</h2>
12:             <input type="checkbox" id="hobbyA" value="A" v-model="hobby">
13:             <label for="hobbyA">운동</label><br/>
14:             <input type="checkbox" id="hobbyB" value="B" v-model="hobby">
15:             <label for="hobbyB">독서</label><br/>
16:             <input type="checkbox" id="hobbyC" value="C" v-model="hobby">
17:             <label for="hobbyB">음악</label><br/>
18:             <input type="checkbox" id="hobbyD" value="D" v-model="hobby">
19:             <label for="hobbyB">댄스</label><br/>
20:             <input type="checkbox" id="hobbyE" value="E" v-model="hobby">
21:             <label for="hobbyB">역사</label><br/>
22:         </div>
23:         <div>
24:             <h2>상품 분류 선택</h2>
25:             <select v-model="category">
26:                 <option value="">----상품 분류를 선택하세요----</option>
27:                 <option value="C01">레저</option>
28:                 <option value="C02">가전</option>
29:                 <option value="C03">음식</option>
30:                 <option value="C04">도서</option>
31:                 <option value="C05">주방</option>
32:             </select>
33:         </div>
```

```
34:         <hr />
35:         <div>
36:             선택한 취미 : {{hobby.join(',')}} <br />
37:             선택한 상품 분류 : {{category}}
38:         </div>
39:     </div>
40:     <script type="text/javascript" src="https://unpkg.com/vue"></script>
41:     <script type="text/javascript">
42:         var vm = Vue.createApp({
43:             name : "App",
44:             data() {
45:                 return {
46:                     hobby : [],
47:                     category : ""
48:                 };
49:             }
50:         }).mount('#app')
51:     </script>
52: </body>
53: </html>
```

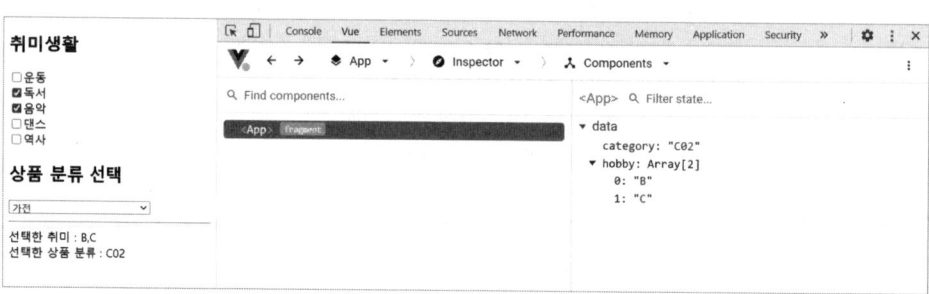

그림 03-11 예제 03-05 실행 결과(vuedevtools)

예제 03-05에서 주목해서 살펴볼 부분은 다중 선택인지 단일 선택을 하는지에 따라서 양방향 데이터 바인딩으로 값을 받아내기 위한 데이터의 형식이 달라지는 점입니다. **다중 선택의 경우는 배열을 이용해야 하고 단일 선택은 문자열로 값을 받아냅니다.** 46행의 hobby는 checkbox를 이용해 여러 값을 선택할 수 있으므로 배열을 사용해 데이터를 초기화했고 47행의 category는 select를 이용해 단 하나만 선택할 것이므로 문자열로 데이터를 초기화했습니다.

checkbox, radio와 같이 input 요소를 사용하는 경우는 각각의 input 요소마다 v-model 디렉티브를 적용하지만 select와 같이 값을 선택하는 요소를 감싸는 부모 요소가 있다면 부모 요소인 select에 v-model 디렉티브를 한 번만 적용한다는 점도 주의해야 합니다.

checkbox는 다중 선택의 목적으로도 사용되지만 하나의 checkbox로 선택, 미선택으로 구분하여 값을 전달하는 경우가 있습니다. 이 경우 선택했을 때와 그렇지 않을 때 양방향 데이터 바인딩으로 전달할 값을 지정할 수 있습니다. 다음 예제로 확인해봅니다. 이 예제는 〈body /〉 태그 안쪽만을 책에 실었습니다.

예제 03-06

```
01: <div id="app">
02:     위의 내용에 동의하십니까?
03:     <input type="checkbox" v-model="agree" true-value="yes" false-value="no" />
04:     <hr />
05:     <span>선택된 값 : {{agree}}</span>
06: </div>
07: <script type="text/javascript" src="https://unpkg.com/vue"></script>
08: <script type="text/javascript">
09: var vm = Vue.createApp({
10:     name : "App",
11:     data() {
12:         return {
13:             agree : "no"
14:         };
15:     }
16: }).mount('#app')
17: </script>
```

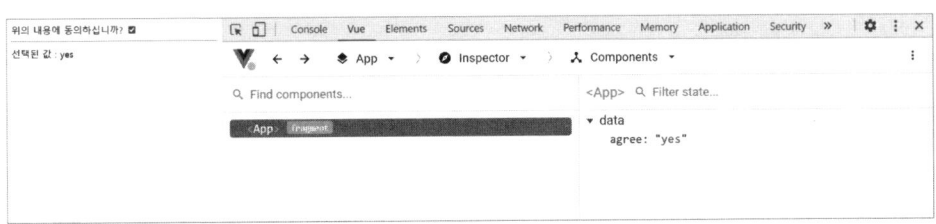

그림 03-12 예제 03-06 실행(vuedevtools)

예제 03-06의 3행에서 true-value, false-value라는 값은 checkbox를 체크했을 때와 그렇지 않을 때 v-model의 데이터에 바인딩됩니다.

3.3.2 수식어

v-model 디렉티브는 몇 가지 수식어(Modifier)를 지원합니다. 수식어는 디렉티브에 특별한 기능을 추가하는 Vue.js 디렉티브의 문법 요소입니다. v-model 디렉티브에서 사용할 수 있는 수식어는 다음과 같습니다.

- lazy: 입력폼에서 다른 요소로 포커스가 이동하는 이벤트가 발생할 때 입력한 값을 데이터와 동기화합니다.
  예) `<input type="text" v-model.lazy="name" />`

- number: 이 수식어를 지정하면 숫자가 입력될 경우 number 타입의 값으로 자동 형변환되어 데이터 옵션 값으로 반영됩니다.
  예) `<input type="text" v-model.number="num" />`

- trim: 이 수식어를 지정하면 문자열의 앞뒤 공백을 자동으로 제거합니다.
  예) `<input type="text" v-model.trim="message" />`

이러한 수식어는 v-model.trim.lazy와 같이 한 번에 여러 개를 부여할 수도 있습니다.

이들 수식어 중 lazy와 trim은 비교적 쉽게 이해할 수 있기 때문에 생략하고 number 수식어에 대해 좀더 자세히 살펴보겠습니다. 이를 위해 예제 03-07을 작성합니다. 이 책에는 `<body>` 태그 내부만 작성하였습니다. 볼드로 표현된 부분에 주목해주세요.

예제 03-07

```
01: <body>
02:     <div id="app">
03:         <input type="text" v-model.number="num"><br>
04:         입력된 수 : <span>{{ num }}</span>
05:     </div>
06:     <script type="text/javascript" src="https://unpkg.com/vue"></script>
07:     <script type="text/javascript">
08:     var vm = Vue.createApp({
09:         name : "App",
```

```
10:        data() {
11:            return { num:0 };
12:        }
13:    }).mount('#app')
14: </script>
15: </body>
```

이 예제는 작성하는 것보다 테스트해보는 것이 더 중요합니다. 다음 3개의 그림과 같이 실행해봅니다.

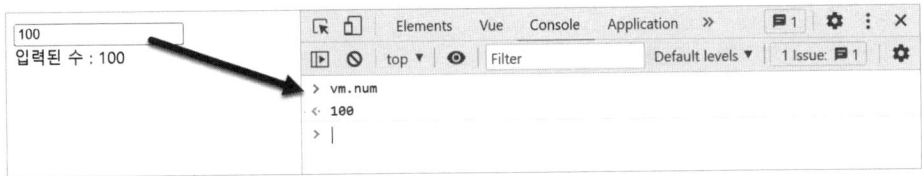

그림 03-13 문자 100을 입력하고 콘솔 확인

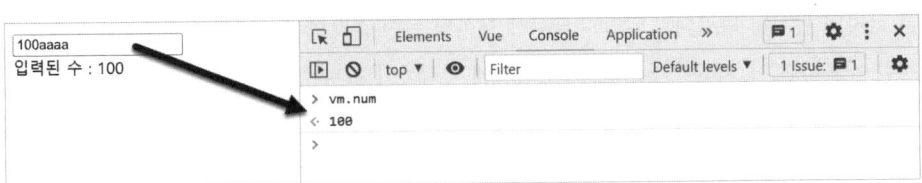

그림 03-14 문자 100abc를 입력하고 콘솔 확인

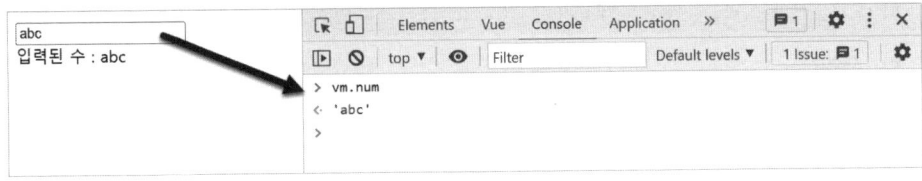

그림 03-15 문자 abc를 입력하고 콘솔 확인

첫 번째 그림과 같이 숫자로 형변환이 가능한 값을 입력하면 정상적으로 형변환되어 숫자로 값이 저장됩니다. 두 번째 그림은 "100aaaa"와 같이 앞부분이 숫자로 형변환이 가능한 문자열을 입력하면 앞에서부터 형변환이 가능한 부분만 숫자로 변환하여 값을 할당합니다. 형변환이 불가능한 문자열은 문자열로 저장됩니다. 세 번째 그림에서 입력된 값을 콘솔에서 확인해

보면 'abc'와 같이 문자열로 저장된 것을 볼 수 있습니다. 이 결과는 parseInt() 함수로 문자열을 숫자로 형변환한 결과와 동일합니다. 정리하자면 숫자로 변환 가능한 값은 숫자로 변환하여 받아내고 그렇지 않은 값은 문자열로 받아냅니다.

3.3.3 v-model의 한글처리 문제

v-model은 한글 처리에 있어서 약간의 문제가 있습니다. 값을 받아내는 시점이 한글 한글자가 입력이 완료될 때로 처리하고 있기 때문입니다. 예제 03-04를 다시 실행해서 한글을 다음과 같이 입력해봅니다.

그림 03-16 v-model의 한글 처리 문제

지금 사용자는 '홍길'까지의 입력을 완료하고 '동'을 입력해가고 있는 중입니다. 하지만 '동'은 글자의 완성이 완료되지 않았기 때문에 데이터 옵션 값으로 바인딩되지 않았습니다. 이 사소한 것처럼 보이는 것이 부드러운 UI 적용에 걸림돌이 될 수 있습니다. 이 문제의 해결은 이벤트 처리를 통해 간단히 해결할 수 있습니다. 이벤트에 대한 내용은 5장에서 다루겠지만 미리 다루어보도록 하겠습니다. 다음 예제를 살펴보겠습니다. 지면 관계상 〈body〉 태그만 실었습니다.

```
예제 03-08
01: <body>
02:     <div id="app">
03:         <input id="a" type="text" :value="name" @input="changeName">
04:         <br />
05:         입력하신 이름 : <span>{{name}}</span>
06:     </div>
07:     <script type="text/javascript" src="https://unpkg.com/vue"></script>
08:     <script type="text/javascript">
09:         var vm = Vue.createApp({
10:             name : "App",
11:             data() {
```

```
12:            return { name : "" };
13:        },
14:        methods : {
15:            changeName(e) {
16:                this.name = e.target.value;
17:            }
18:        }
19:    }).mount('#app')
20:    </script>
21: </body>
```

3행에서 〈input〉 요소는 v-model 디렉티브 대신에 :value 즉 v-bind 디렉티브를 이용해 단방향 데이터 바인딩하고 있습니다. 하지만 @input="changeName"과 같이 이벤트 핸들러 메서드를 등록하여 15행의 메서드로 사용자가 입력한 값을 name 데이터로 부여합니다. 이로써 v-model 디렉티브의 한글 입력 문제를 해결할 수 있습니다.

3.4 조건 렌더링 디렉티브

웹 애플리케이션을 개발하다보면 특정 조건에 따라 화면에 보여줄지 말지를 결정해야 하는 경우가 있습니다. 이러한 경우에 사용해야 하는 디렉티브가 조건 렌더링 디렉티브입니다. 이 절에서는 v-show, v-if, v-if-else, v-else 등의 조건 렌더링과 관련된 디렉티브들을 살펴보겠습니다.

3.4.1 v-show

v-show는 화면에 보여줄지 말지를 결정하는 디렉티브입니다. 렌더링은 수행하지만, 즉 HTML 요소는 생성해내지만 화면에 보여주지 않을 수 있다는 것입니다. 이미 생성된 HTML 요소에 대해 display css 스타일 속성을 none으로 지정하여 화면에 보이지 않도록 할 수 있습니다. 예제를 통해서 확인해보도록 하겠습니다. 작성 후 실행할 때는 브라우저 개발자 도구의 Elements 탭을 확인해보세요.

예제 03-09

```
01: <body>
02:   <div id="app">
03:     예금액 : <input type="text" v-model="amount" />
04:     <img v-show="amount < 0" src="https://contactsvc.bmaster.kro.kr/img/error.png"
05:          title="마이너스는 허용하지 않습니다"
06:          style="width:15px; height:15px; vertical-align: middle" />
07:   </div>
08:   <script type="text/javascript" src="https://unpkg.com/vue"></script>
09:   <script type="text/javascript">
10:     var vm = Vue.createApp({
11:       data() {
12:         return { amount : "" };
13:       },
14:     }).mount('#app')
15:   </script>
16: </body>
```

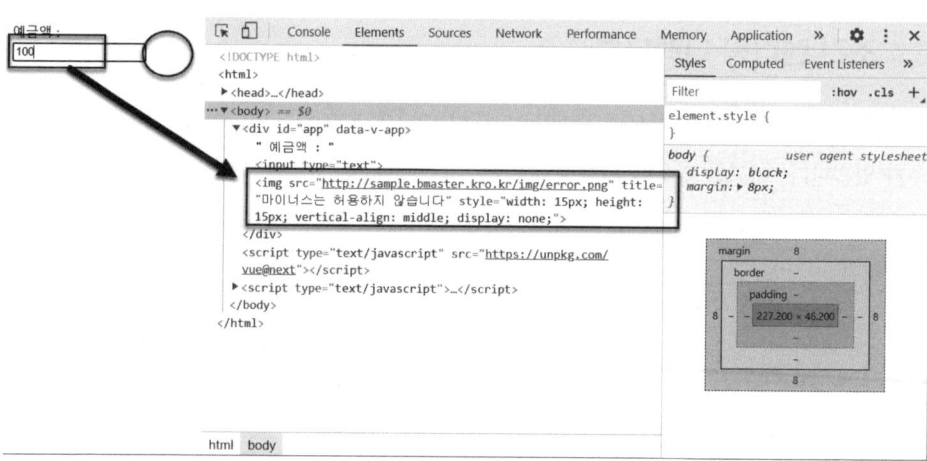

그림 03-17 예제 03-09 실행 결과 – 정상적인 범위의 값을 입력했을 때

예제 03-09의 4행에서 v-show에 부여된 조건이 true일 때만 화면에 보여줍니다. 조건의 결과가 false일 때는 화면에 보여주지 않도록 하기 위해 그림 03-17과 같이 display css 속성이 none으로 부여된 것을 볼 수 있습니다. 화면에 보여주지 않도록 하는 것이지 렌더링은 수행한다는 점에 유의합니다.

3.4.2 v-if

반면 v-if는 조건에 부합되지 않을 경우 렌더링을 수행하지 않도록 합니다. 예제 03-09를 예제 03-10과 같이 변경해보겠습니다. 〈img〉 요소의 v-show를 v-if로 변경하면 됩니다.

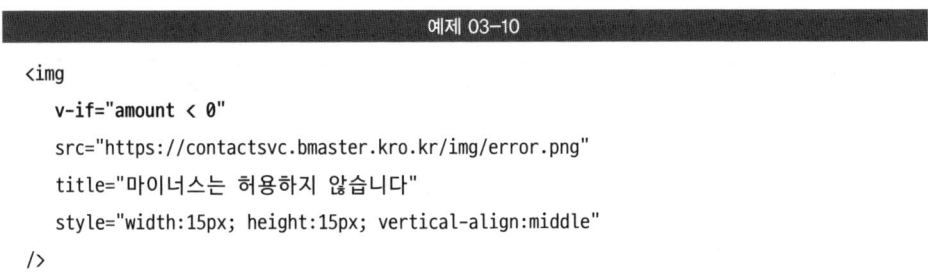

예제 03-10

```
<img
    v-if="amount < 0"
    src="https://contactsvc.bmaster.kro.kr/img/error.png"
    title="마이너스는 허용하지 않습니다"
    style="width:15px; height:15px; vertical-align:middle"
/>
```

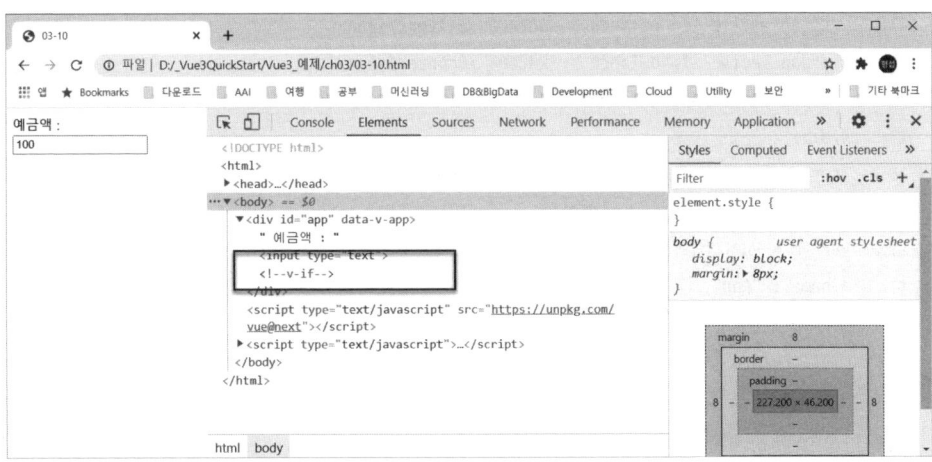

그림 03-18 예제 03-10 실행 결과 – 정상적인 범위의 값을 입력했을 때

그림 03-18과 같이 v-if는 조건에 부합되지 않을 때 렌더링을 수행하지 않습니다(HTML 요소를 만들어내지 않습니다). 화면만 살펴보면 v-if, v-show가 동일한 기능처럼 보이지만 실제로는 이렇게 기능적 차이가 있습니다.

특히 v-show는 보안 정보를 다루는 경우라면 주의할 부분이 있습니다. 화면에 보이지는 않지만 값이 HTML 요소를 통해서 드러날 수 있기 때문입니다.

3.4.3 v-else, v-else-if 디렉티브

v-if 디렉티브와 함께 v-else, v-else-if 디렉티브를 함께 사용하면 자바스크립트의 if ~ else if ~else 문과 같은 조건 처리를 할 수 있습니다. 계좌 잔고에 따라 고객의 등급을 평가하는 예제를 만들어보겠습니다. 다음 예제를 살펴보세요.

예제 03-11

```
01: <body>
02:     <div id="app">
03:         잔고 : <input type="text" v-model="balance" />
04:         <br />
05:         회원님의 등급 :
06:         <span v-if="balance >= 1000000">Gold</span>
07:         <span v-else-if="balance >= 500000">Silver</span>
08:         <span v-else-if="balance >= 200000">Bronze</span>
09:         <span v-else>Basic</span>
10:     </div>
11:     <script type="text/javascript" src="https://unpkg.com/vue"></script>
12:     <script type="text/javascript">
13:         var vm = Vue.createApp({
14:             name : "App",
15:             data() {
16:                 return { balance : 0 }
17:             }
18:         }).mount("#app")
19:     </script>
20: </body>
```

텍스트 박스에 계좌 잔고를 입력하면 그에 따른 고객 등급이 출력됩니다.

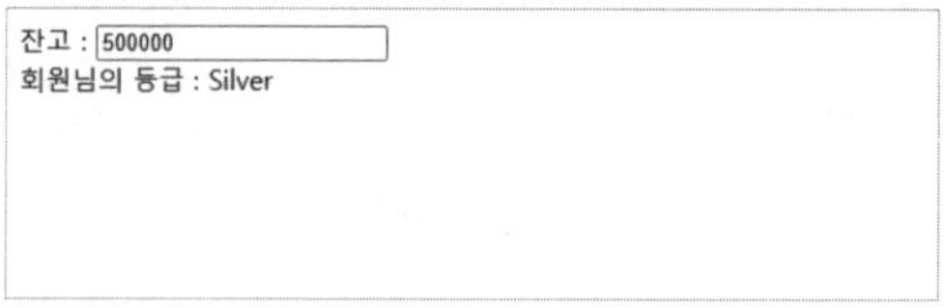

그림 03-19 예제 03-11 실행 결과

3.5 반복 렌더링 디렉티브

3.5.1 v-for 디렉티브

반복적인 데이터를 렌더링하기 위해서 v-for 디렉티브를 사용합니다. v-for 디렉티브는 자바스크립트의 for 문과 유사합니다. 사용 방법을 알아보기 위해 예제 03-12를 살펴봅니다.

예제 03-12

```
01: <!DOCTYPE html>
02: <html>
03: <head>
04:     <meta charset="utf-8">
05:     <title>03-12</title>
06:     <style>
07:         #list { width: 600px; border:1px solid black; border-collapse:collapse; }
08:         #list td, #list th { border:1px solid black;  text-align:center; }
09:         #list > thead > tr { color:yellow; background-color: purple; }
10:     </style>
11: </head>
12: <body>
13:     <div id="app">
14:         <table id="list">
15:             <thead>
16:                 <tr>
17:                     <th>번호</th><th>이름</th><th>전화번호</th>
18:                 </tr>
19:             </thead>
20:             <tbody id="contacts">
21:                 <tr v-for="contact in contacts" :key="contact.no">
22:                     <td>{{contact.no}}</td>
23:                     <td>{{contact.name}}</td>
24:                     <td>{{contact.tel}}</td>
25:                 </tr>
26:             </tbody>
27:         </table>
28:     </div>
29:     <script src="https://unpkg.com/vue"></script>
30:     <script type="text/javascript">
```

```
31:        var vm = Vue.createApp({
32:            name : "App",
33:            data() {
34:                return {
35:                    "pageno": 1,
36:                    "pagesize": 4,
37:                    "totalcount": 100,
38:                    "contacts": [
39:                        { "no": 1011,"name": "RM", "tel": "010-3456-8299" },
40:                        { "no": 1012, "name": "정국", "tel": "010-3456-8298" },
41:                        { "no": 1013, "name": "제이홉", "tel": "010-3456-8297" },
42:                        { "no": 1014, "name": "슈가", "tel": "010-3456-8296" },
43:                    ]
44:                }
45:            }
46:        }).mount("#app")
47:    </script>
48: </body>
49: </html>
```

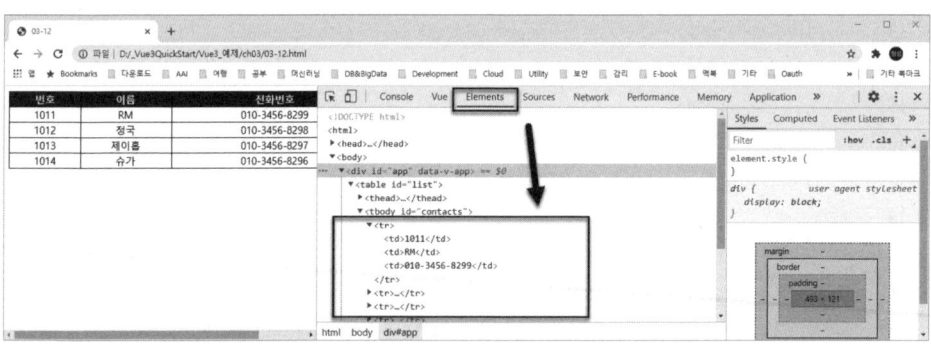

그림 03-20 예제 03-12의 실행 결과 확인

33행의 data 함수에 의해 리턴되는 객체는 contacts라는 이름의 배열 데이터를 가지고 있습니다. 이 데이터를 여러 번 반복적으로 화면에 나타내야 합니다. 이와 같은 작업을 위해 v-for 디렉티브를 사용합니다. 21행의 tr이 바로 반복해야 하는 HTML 요소입니다. 이 〈tr〉요소는 원본 데이터(contacts 배열)의 개수만큼 반복되어 나타납니다.

```
<tr v-for="contact in contacts" :key="contact.no"> ... </tr>
```

v-for의 구문은 원본 데이터가 어떤 형식인가에 따라 사용 방법이 조금씩 달라집니다. 배열 또는 유사 배열인 경우는 21행과 같이 작성합니다. contacts 배열에서 하나씩 데이터를 꺼내서 contact 변수에 할당하면서 반복합니다.

원본 데이터가 객체인 경우는 조금 달라집니다. 객체인 경우는 키를 이용해 값에 접근하는 해시맵(HashMap) 구조이기 때문에 Key, Value 값을 얻어낼 수 있는 구조를 사용합니다. 예제 03-13을 살펴보겠습니다.

예제 03-13

```
01: <body>
02:     <div id="app">
03:         <select id="regions">
04:             <option disabled="disabled" selected>지역을 선택하세요</option>
05:             <option v-for="(val, key) in regions" :value="key" :key="key">
06:                 {{val}}
07:             </option>
08:         </select>
09:     </div>
10:     <script src="https://unpkg.com/vue"></script>
11:     <script type="text/javascript">
12:     var vm = Vue.createApp({
13:         name : "App",
14:         data() {
15:             return {
16:                 regions : {
17:                     "A" : "Asia",
18:                     "B" : "America",
19:                     "C" : "Europe",
20:                     "D" : "Africa",
21:                     "E" : "Oceania"
22:                 }
23:             }
24:         }
25:     }).mount("#app")
26:     </script>
27: </body>
```

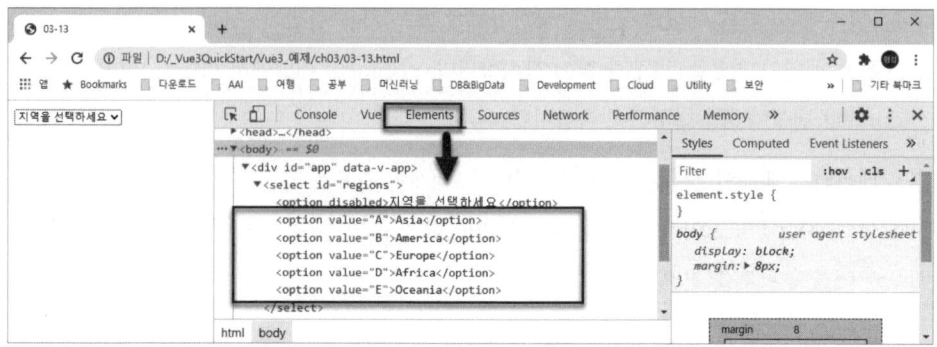

그림 03-21 예제 03-13의 실행 결과 확인

예제 03-13의 16행 regions는 배열이 아니라 객체입니다. 지역 코드(키)가 A, B, C, D, E 이며 지역 코드에 대한 텍스트(값)가 Asia, America, Europe, Africa, Oceania입니다. 5행의 v-for 디렉티브를 살펴보면 (val, key)를 작성한 것을 볼 수 있습니다. 첫 번째 인자 val에 텍스트가 전달되고, 두 번째 인자 key에 지역 코드가 전달되면서 반복적으로 〈option〉 요소들을 만들어냅니다.

만일 인덱스 번호를 함께 표현해야 한다면 다음과 같이 작성할 수 있습니다.

- 배열 데이터인 경우(예제 03-12의 코드와 비교해보세요)

  `<tr v-for="(contact, index) in contacts" ... > ... </tr>`

- 객체 데이터인 경우(예제 03-13의 코드와 비교해보세요)

  `<option v-for="(val, key, index) in regions" ... > ... </option>`

예제 03-12에서 no 필드값 대신에 인덱스 번호를 이용하여 출력하도록 하려면 다음과 같이 변경합니다.

예제 03-14

```
<tbody id="contacts">
    <tr v-for="(contact, index) in contacts" :key="contact.no">
        <td>{{index+1}}</td>
        <td>{{contact.name}}</td>
        <td>{{contact.tel}}</td>
    </tr>
</tbody>
```

3.5.2 여러 요소를 묶어서 반복 렌더링하기

여러 요소를 묶어서 반복 렌더링을 하고 싶다면 〈template〉 요소와 v-for 디렉티브를 함께 사용하면 됩니다. 예제 03-15를 통해서 확인해봅시다.

예제 03-15

```
01: <!DOCTYPE html>
02: <html>
03: <head>
04: <meta charset="utf-8">
05: <title>03-15</title>
06: <style>
07:     #list { width: 600px; border:1px solid black; border-collapse:collapse; }
08:     #list td, #list th { border:1px solid black;  text-align:center; }
09:     #list > thead > tr { color:yellow; background-color: purple; }
10:     .divider { height:2px; background-color: gray; }
11: </style>
12: </head>
13: <body>
14:     <div id="app">
15:         <table id="list">
16:             <thead>
17:                 <tr>
18:                     <th>번호</th><th>이름</th><th>전화번호</th>
19:                 </tr>
20:             </thead>
21:             <tbody id="contacts">
22:                 <template v-for="(contact, index) in contacts" :key="contact.no">
23:                     <tr>
24:                         <td>{{contact.no}}</td>
25:                         <td>{{contact.name}}</td>
26:                         <td>{{contact.tel}}</td>
27:                     </tr>
28:                     <tr class="divider" v-if="index % 4 === 3">
29:                         <td colspan="3"></td>
30:                     </tr>
31:                 </template>
```

```
32:            </tbody>
33:        </table>
34:    </div>
35:    <script src="https://unpkg.com/vue"></script>
36:    <script type="text/javascript">
37:        var vm = Vue.createApp({
38:            name : "App",
39:            data() {
40:                return {
41:                    "contacts": [
42:                        { "no": 1011,"name": "RM", "tel": "010-3456-8299" },
43:                        { "no": 1012, "name": "정국", "tel": "010-3456-8298" },
44:                        { "no": 1013, "name": "제이홉", "tel": "010-3456-8297" },
45:                        { "no": 1014, "name": "슈가", "tel": "010-3456-8296" },
46:                        { "no": 1015, "name": "진", "tel": "010-3456-8295" },
47:                        { "no": 1016, "name": "뷔", "tel": "010-3456-8294" },
48:                        { "no": 1017, "name": "지민", "tel": "010-3456-8293" },
49:                    ]
50:                }
51:            }
52:        }).mount("#app")
53:    </script>
54: </body>
55: </html>
```

번호	이름	전화번호
1011	RM	010-3456-8299
1012	정국	010-3456-8298
1013	제이홉	010-3456-8297
1014	슈가	010-3456-8296
1014	진	010-3456-8296
1014	뷔	010-3456-8296
1014	지민	010-3456-8296

그림 03-22 예제 03-15의 실행 결과

예제 03-15에서는 22행과 같이 두 개의 〈tr〉 요소를 한 번에 반복 렌더링하기 위해 〈template〉 태그로 묶었습니다. 〈template〉 태그는 렌더링 내용에는 포함되지 않습니다. 단지 요소들을 그룹으로 묶어주기 위한 용도로만 사용됩니다. 두 번째 〈tr〉 요소에 v-if 로 조건 처리를 하였기 때문에 4번마다 한 번씩만 줄 구분 라인이 포함됩니다. v-if 디렉티브로 조건 처리할 때 사용한 'index % 4 === 3' 구문은 index 값을 4로 나누었을 때의 나머지가 3인 경우에 true를 리턴합니다. 따라서 4행마다 한 번씩 구분선처럼 보이는 〈tr〉이 렌더링됩니다.

3.5.3 v-for 디렉티브와 key 특성

key 특성은 v-for 디렉티브에서 :key="c.no"와 같이 지정한 부분을 말합니다.

이미 1장에서 Vue.js가 가상 DOM(Virtual DOM)을 지원한다고 설명한 적이 있습니다. 가상 DOM은 렌더링 속도를 빠르게 하기 위해 변경된 부분만을 업데이트합니다. Vue.js의 가상 DOM은 v-for로 렌더링한 배열 데이터의 순서가 변경되면 DOM 요소(HTML DOM Element)를 이동시키지 않고 기존 DOM 요소의 데이터를 변경합니다.

만일 DOM 요소를 추적하여 DOM 요소의 위치를 직접 변경하고자 한다면, DOM 요소에 key 특성(Attribute)을 부여할 수 있습니다. v-bind 디렉티브를 이용해 key 특성에 고유한 값을 부여하면 됩니다. 데이터베이스를 조회하여 얻어낸 결과를 렌더링하는 경우라면 key 특성에 기본키(Primary key) 값을 바인딩하면 됩니다.

key 특성을 부여하지 않아도 렌더링은 수행되지만 배열 내부의 데이터가 조금씩 빈번하게 변경되는 경우에 모든 배열 요소를 렌더링하므로 성능이 좋지 않을 수 있습니다. key 특성을 부여하면 변경되지 않은 것은 가상 DOM에 대한 렌더링을 수행하지 않을 수 있으므로 더 좋은 성능을 낼 수 있습니다.

특히 key 특성에는 인덱스 번호를 부여하지 않습니다. 반드시 고유한 변경되지 않는 값을 부여해야 합니다. 만일 인덱스 번호를 부여하면 어떤 상황이 벌어지는지 그림을 통해 살펴보겠습니다.

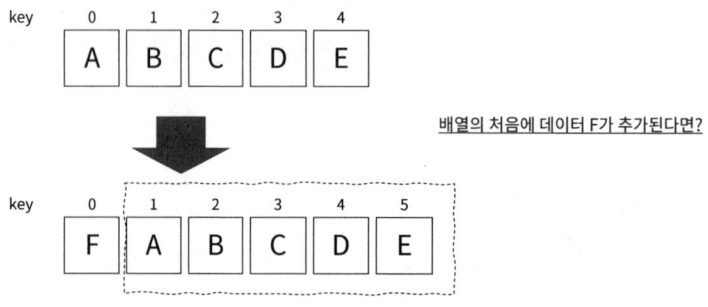

그림 03-23 key 특성에 인덱스 번호를 부여한 경우

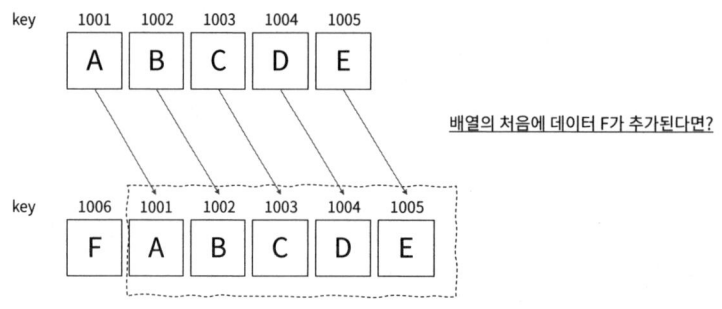

그림 03-24 key 특성에 고유 값을 부여한 경우

그림 03-23은 key에 인덱스 번호를 부여한 경우인데, 이때 새로운 아이템이 배열의 첫 번째 위치에 추가된다면 일제히 모든 요소의 인덱스 번호가 바뀌게 될 것입니다. 배열의 아이템에 의해 반복 렌더링되는 HTML 요소는 key가 달라졌으므로 모두 변경된 것으로 간주하고 모든 요소를 다시 렌더링하게 됩니다. 대량의 배열 데이터를 화면에 렌더링하는 경우라면 성능을 보장하기 힘들 것입니다.

반면 그림 03-24는 key에 고유 값을 부여한 경우입니다. 이 고유 값은 변경되지 않는 값입니다. 따라서 배열의 첫 번째 위치에 새로운 아이템이 추가된다고 하더라도 key가 바뀌지 않습니다. 가상 DOM은 동일한 key가 부여된 요소를 찾아 렌더링하는 값들을 비교합니다. 만일

key와 렌더링하는 값이 모두 동일하면 HTML 요소의 위치가 바뀌는 작업만을 수행할 것이며, 브라우저 화면에 다시 그려내는 작업을 수행하지는 않습니다. 이로 인해 화면 전체적인 렌더링 성능은 더 좋을 것입니다.

이런 이유로 가급적이면 key 특성을 부여하도록 하고, 반복 렌더링되는 각각의 요소 노드를 추적하고 요소를 재사용할 수 있도록 key 특성에 반드시 고유 값을 바인딩해주세요.

3.5.4 데이터 변경 시 주의사항

이미 2장 ES6 문법에서 Proxy를 살펴본 적이 있습니다. Proxy가 Vue 3의 반응성을 제공하는 핵심 문법이라고 설명했습니다(혹시 2장을 학습하지 않았다면 지금 2장의 마지막 절을 확인해보세요).

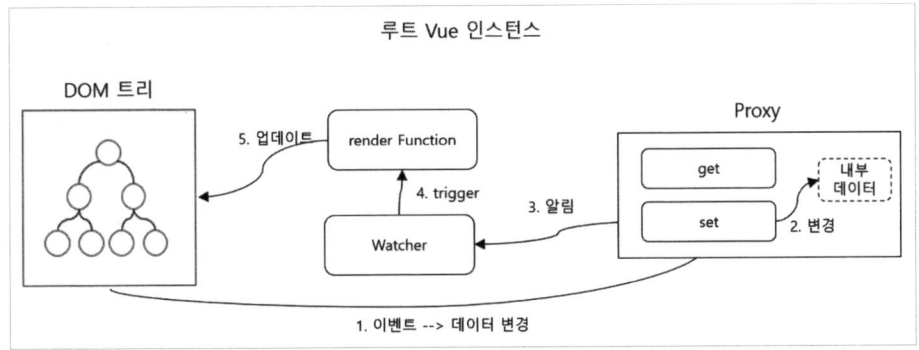

그림 03-25 Vue3의 반응성 개요

그림 03-25는 2장에서도 Proxy 객체를 학습할 때 살펴보았던 그림입니다. 이 그림에서 오른쪽에 있는 내부 데이터라고 하는 것은 Vue 인스턴스를 만들 때 data 옵션으로 지정하는 객체입니다. data로 지정된 객체(정확하게는 data() 메서드가 리턴하는 객체)는 모두 proxy로 래핑됩니다. 다음 예제를 통해 좀더 자세히 살펴봅시다. 이 예제는 03-12를 조금 변형한 것입니다.

예제 03-16

```
01: <body>
02:     <div id="app">
03:         <table id="list">
```

```
04:            <thead>
05:                <tr>
06:                    <th>번호</th><th>이름</th><th>전화번호</th>
07:                </tr>
08:            </thead>
09:            <tbody id="contacts">
10:                <tr v-for="contact in contacts" :key="contact.no">
11:                    <td>{{contact.no}}</td>
12:                    <td>{{contact.name}}</td>
13:                    <td>{{contact.tel}}</td>
14:                </tr>
15:            </tbody>
16:        </table>
17:    </div>
18:    <script src="https://unpkg.com/vue"></script>
19:    <script type="text/javascript">
20:    var model = {
21:        "contacts": [
22:            { "no": 1011,"name": "RM", "tel": "010-3456-8299" },
23:            { "no": 1012, "name": "정국", "tel": "010-3456-8298" },
24:            { "no": 1013, "name": "제이홉", "tel": "010-3456-8297" },
25:            { "no": 1014, "name": "슈가", "tel": "010-3456-8296" },
26:        ]
27:    };
28:
29:    var vm = Vue.createApp({
30:        name : "App",
31:        data() {
32:            return model;
33:        }
34:    }).mount("#app")
35:    </script>
36: </body>
```

이 예제는 예제 03-12와 다르게 20~27행과 같이 미리 객체를 만든 후 32행에서 data로 지정하고 있습니다. 그림 03-25에 빗대어 본다면 20행의 model 객체는 그림의 '내부 데이터'에 해당하고 '내부 데이터'의 객체 트리를 재귀적으로 탐색하며 Proxy를 생성합니다. 브라우저의 console에서 vm.contacts, model.contacts를 각각 확인해보면 vm.contacts가 Proxy로 래핑된 것을 확인할 수 있습니다.

```
> vm.contacts
< ▶ Proxy {0: {…}, 1: {…}, 2: {…}, 3: {…}}
> model.contacts
< ▶ (4) [{…}, {…}, {…}, {…}]
> vm.contacts[0]
< ▶ Proxy {no: 1011, name: "RM", tel: "010-3456-8299"}
> model.contacts[0]
< ▶ {no: 1011, name: "RM", tel: "010-3456-8299"}
```

그림 03-26 Console에서 Proxy 확인

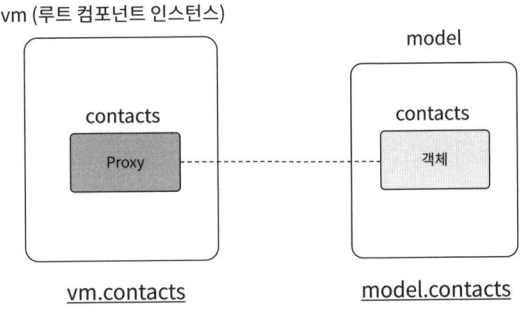

그림 03-27 예제 03-16 Vue 인스턴스 내부의 Proxy

그렇기 때문에 데이터를 변경할 때 절대 Vue 인스턴스의 밖에서 선언된 객체, 배열을 직접 변경하지 않도록 합니다. 이 경우 데이터는 변경이 되어도 watcher에게 알려줄 수 없어서 렌더링을 수행하지 않기 때문입니다. 변경된 데이터가 화면에 즉시 반영되도록 하려면 반드시 Vue 인스턴스의 데이터를 변경해야 합니다.

혹시 데이터에 배열이 포함되어 있고, 배열의 메서드를 호출하여 데이터를 변경하면 어떻게 될 것인가도 알아봅시다. 얼핏 생각하면 배열의 메서드는 Proxy를 거치지 않고 배열 데이터를 직접 변경하는 것으로 여겨질 수 있지만, **Vue 인스턴스는 배열의 데이터를 변경하는 메서드들도 래핑하고 있으므로 Watcher에게 변경을 알려서 다시 렌더링을 일으키도록 합니다. 예를 들면 push(), splice(), sort() 등의 메서드입니다.**

예제 03-16을 이용해서 간단히 테스트를 수행해보도록 하겠습니다. 예제를 브라우저로 실행한 후 다음의 명령어를 브라우저 Console에 입력해봅니다.

```
model.contacts[0].tel = "010-9999-9999"
```

이 명령어는 화면에 아무런 변화가 없습니다. 내부 데이터는 변경되었지만 Proxy를 거치지 않았으므로 watcher에게 변경을 알리지 않아서 렌더링이 일어나지 않았기 때문입니다.

```
vm.contacts[1].tel = "010-8888-8888"
```

이 명령어는 Vue 인스턴스의 Proxy를 이용한 변경입니다. 따라서 렌더링이 일어나서 화면이 바뀝니다. 주목할 것은 앞에서 변경한 model.contacts[0].tel도 함께 나타난다는 점입니다. 데이터는 바뀌었지만 렌더링되지 않았던 것이 이번의 렌더링으로 함께 반영된 결과입니다.

```
model.contacts.push({ no:1201, name:"진", tel:"010-7777-7777" })
```

push 메서드를 이용하였지만 Proxy의 메서드로 호출한 것이 아니기 때문에 렌더링이 일어나지 않습니다.

```
vm.contacts.push({ no:1202, name:"뷔", tel:"010-5555-5555" })
```

Proxy의 push 메서드를 호출하였으므로 변경을 탐지해 다시 렌더링합니다. 이때 이전에 추가한 내용도 함께 나타납니다.

3.6 기타 디렉티브

3.6.1 v-pre 디렉티브

주요 디렉티브들은 모두 살펴보았고, 나머지 디렉티브들을 가볍게 다뤄보도록 하겠습니다. 먼저 v-pre 디렉티브부터 살펴보겠습니다. v-pre는 HTML 요소에 대한 컴파일을 수행하지 않습니다. 다음 예제를 살펴봅시다.

예제 03-17

```
01: <!DOCTYPE html>
02: <html>
03: <head>
04:     <meta charset="utf-8">
05:     <title>03-17</title>
06: </head>
07: <body>
08:     <div id="app">
09:         <span v-pre>{{message}}</span>
10:     </div>
11:     <script src="https://unpkg.com/vue"></script>
12:     <script type="text/javascript">
13:         var vm = Vue.createApp({
14:             name : "App",
15:             data() {
16:                 return { message : "Hello World" }
17:             }
18:         }).mount("#app")
19:     </script>
20: </body>
21: </html>
```

이 예제의 9행에서 v-pre 디렉티브를 사용하였습니다. v-pre를 사용하지 않았다면 콧수염(Mustache) 표현식을 사용해 message 속성의 값이 화면에 바인딩되어 나타나겠지만 v-pre 디렉티브로 인해 Vue 인스턴스는 컴파일하지 않고 {{message}} 문자열을 그대로 출력합니다. 이렇게 템플릿 문자열을 컴파일하지 않고 그대로 내보내기 위해 v-pre를 사용합니다.

{{message}}

그림 03-28 예제 03-17 실행 결과

3.6.2 v-once 디렉티브

v-once 디렉티브는 HTML 요소를 단 한번만 렌더링하도록 설정합니다. 간단한 예제와 함께 살펴보겠습니다. 예제 03-17을 복사한 뒤 볼드 처리된 부분만 수정합니다.

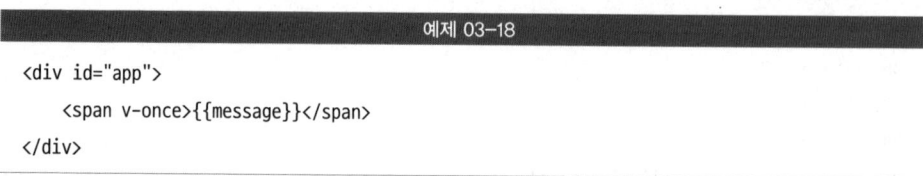

예제 03-18

```
<div id="app">
    <span v-once>{{message}}</span>
</div>
```

이 예제는 초기 렌더링을 수행할 때만 단 한 번만 데이터를 바인딩하여 출력합니다. 초기 렌더링이 완료된 후에는 데이터가 변경되더라도 다시 렌더링되지 않습니다.

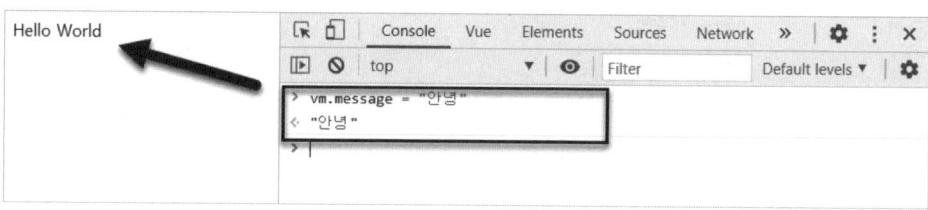

그림 03-29 예제 03-18의 실행

3.6.3 v-cloak 디렉티브

가끔 v-for 디렉티브를 이용해 많은 데이터를 출력하거나 할 때에 콧수염 표현식이 화면에 일시적으로 나타나는 경우가 있습니다. 이것은 Vue 인스턴스가 템플릿을 컴파일할 때 발생하는 시간 때문에 일어나는 현상입니다. 복잡한 UI일수록 이런 경우가 빈번하게 발생합니다.

이와 같은 경우에 사용할 수 있는 디렉티브가 v-cloak입니다. v-cloak를 사용하면 화면 초기에 컴파일되지 않은 템플릿은 나타나지 않도록 할 수 있습니다. 간단한 예제를 통해 확인해 보겠습니다. 예제 03-12를 복사하여 볼드 처리된 코드만 변경하세요.

예제 03-19

```
01: <!DOCTYPE html>
02: <html>
03: <head>
04: ......(중략)
05: <style>
06:     #list { width: 600px; border:1px solid black; border-collapse:collapse; }
07:     #list td, #list th { border:1px solid black;  text-align:center; }
08:     #list > thead > tr { color:yellow; background-color: purple; }
09:     [v-cloak] { display:none; }
10: </style>
11: </head>
12: <body>
13:     <div id="app" v-cloak>
14:         ......(중략)
15:     </div>
16:     ......(중략)
17: </body>
18: </html>
```

9행에서 일시적으로 나타나는 템플릿 문자열이 보이지 않도록 css 스타일을 지정하였고, 13행에서 v-cloak 디렉티브를 부여해 화면에 나타나지 않도록 합니다.

3.7 동적 아규먼트(Dynamic Argument)

이 문법은 디렉티브를 이용해 연결하고자 하는 특성(Attribute)의 이름을 데이터 속성으로 연결할 수 있도록 하는 문법입니다. v-bind 디렉티브나 이벤트 처리를 위한 v-on 디렉티브에서 사용할 수 있습니다. 문법의 예시는 다음과 같습니다.

【 v-bind 예시 】
```
<element v-bind:[attrName] = "[attrValue]"></element>
<element :[attrName] = "[attrValue]"></element>
```

【 v-on 예시 】
```
<element v-on:[eventName] = "[function code]"></element>
<element @[eventName] = "[function code]"></element>
```

이벤트에 관한 내용은 5장에서 다루지만 사용 방법이 v-bind와 유사하기 때문에 미리 다루어 보았습니다. 그리고 동적 아규먼트 방법도 v-bind:를 :로 축약하여 사용할 수 있습니다. 그럼 예제를 통해서 기능을 확인해보겠습니다.

예제 03-20

```
01: <body>
02:     <div id="app">
03:         <img  v-bind:[image1.srcattr]="image1.src"
04:             :[image1.titleattr]="image1.title"/>
05:     </div>
06:     <script type="text/javascript" src="https://unpkg.com/vue"></script>
07:     <script type="text/javascript">
08:     var vm = Vue.createApp({
09:         name : "App",
10:         data() {
11:             return {
12:                 image1 : {
13:                     srcattr:"src", src:"https://contactsvc.bmaster.kro.kr/photos/18.jpg",
14:                     titleattr: "title", "title" : "Lily's photo"
15:                 }
16:             };
17:         }
18:     }).mount('#app')
19:     </script>
20: </body>
```

그림 03-30 예제 03-20 실행

동적 아규먼트는 몇 가지 제약 사항이 있습니다. 첫 번째는 v-bind:[image1.srcattr]과 같은 부분에서 사용하는 키 이름은 대문자를 사용해도 소문자인 데이터를 액세스하려 합니다. 예를 들어 v-bind:[image1.srcAttr]과 같이 바인딩했어도 데이터의 image1.srcattr을 액세스하려 합니다. 따라서 혼란을 피하려면 키 이름은 소문자로 통일하는 것이 좋습니다.

두 번째는 v-bind['image'+num]와 같이 [ ] 내부의 표현식으로 연산식을 사용할 수 없다는 점입니다. 만일 attrName에 복잡한 키 이름을 동적으로 생성하여 사용해야 한다면 계산된 속성(computed property) 등을 이용해야 합니다.

계산된 속성(computed property)이란?

계산된 속성은 data나 다른 속성이 변경될 때 함수가 실행되어 계산된 값을 이용하기 위해 사용합니다. 이에 대한 자세한 내용은 4장에서 학습합니다.

세 번째는 Infinity, NaN, Math, Number와 같은 문자열은 키 이름으로 사용하지 못합니다. 이것은 전역 화이트 리스트로 등록되어 있으며 액세스할 수 없습니다. 전역 화이트 리스트 목록은 다음과 같습니다.

- https://github.com/vuejs/vue-next/blob/master/packages/shared/src/globalsWhitelist.ts

만일 여러 개의 data를 한번에 속성으로 전달하고 싶다면 다음과 같이 사용할 수 있습니다. 예제 03-21은 예제 03-20을 다른 형식으로 표현한 것입니다. 실행 결과는 예제 03-20의 결과와 동일합니다.

예제 03-21

```
01: <body>
02:     <div id="app">
03:         <img v-bind="image1" />
04:     </div>
05:     <script type="text/javascript" src="https://unpkg.com/vue"></script>
06:     <script type="text/javascript">
07:     var vm = Vue.createApp({
08:         name : "App",
```

```
09:        data() {
10:            return {
11:                image1 : {
12:                    src:"http://contactsvc.bmaster.kro.kr/photos/18.jpg",
13:                    title : "Lily's photo"
14:                }
15:            };
16:        }
17:    }).mount('#app')
18:    </script>
19: </body>
```

11행의 데이터를 주목하면 image1 객체 내부의 데이터가 attrName : attrValue의 형식으로 구성된 것을 알 수 있습니다. 이러한 여러 개의 데이터를 가진 image1 객체를 3행과 같이 특성 이름 없이 바인딩하면 다음과 같은 코드와 동일한 효과를 냅니다.

```
<img  v-bind:src="https://contactsvc.bmaster.kro.kr/photos/18.jpg"
      v-bind:title="Lily's photo" />
```

특히 여러 개의 특성, 속성에 한번에 값을 바인딩하고자 할 때 유용합니다.

3.8 마무리

이제까지 Vue.js의 기초적인 내용으로 여거지는 보간법과 디렉티브를 이용하는 템플릿 작성 방법에 대해 살펴보았습니다. 그리 어렵지 않은 내용이지만 v-model을 이용한 양방향 바인딩에서의 한글 문제나 반복 렌더링에서의 key 특성 문제와 같이 세세하게 신경 써야 하는 부분들이 있습니다. 템플릿의 대한 학습은 데이터를 화면으로 표현하는 가장 기본적인 내용이므로 여러 번 학습하여 내 것으로 만들어주세요.

04

Vue 인스턴스

4.1 Vue 인스턴스 개요

3장까지의 내용 중에서 const vm = Vue.createApp({ … }).mount(…)와 같이 createApp 메서드로 만든 객체를 자주 보았을 것입니다. 예제 04-01을 살펴보면서 자세한 내용을 확인합니다. 예제 04-01은 예제 03-04와 동일합니다.

예제 04-01

```
var vm = Vue.createApp({
    name : "App",
    data() {
        return { name : "" };
    }
}).mount('#app')
```

Vue.createApp 메서드를 호출하여 만들어진 객체를 애플리케이션 인스턴스라고 부릅니다. 전체 컴포넌트 트리는 애플리케이션 인스턴스를 마운트할 때 렌더링하게 됩니다.

한편 Vue 인스턴스를 생성할 때 전달하는 속성들을 담은 객체를 옵션(options) 객체라고 부릅니다. 우리는 이미 vue 인스턴스에 name, data 옵션을 사용한 것을 기억할 겁니다. 바로 볼드체로 표현된 부분이 옵션 객체입니다.

루트 인스턴스는 DOM 트리에 마운트되어야 화면으로 렌더링합니다. 마운트를 위해 mount()라는 애플리케이션 인스턴스의 메서드를 호출하였고 그 결과 vm이라는 루트 컴포넌트 인스턴스가 리턴됩니다. 그림 04-01과 같이 애플리케이션 인스턴스의 최상위 컴포넌트가 루트 컴포넌트 인스턴스입니다. 예제 04-01을 실행하여 Console에서 Vue 인스턴스와 데이터를 직접 확인합니다.

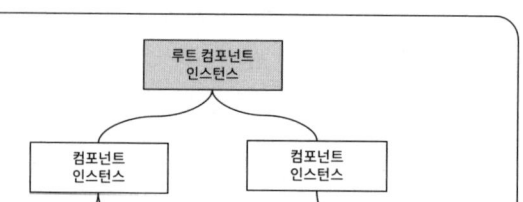

그림 04-01 애플리케이션 인스턴스와 루트 컴포넌트 인스턴스

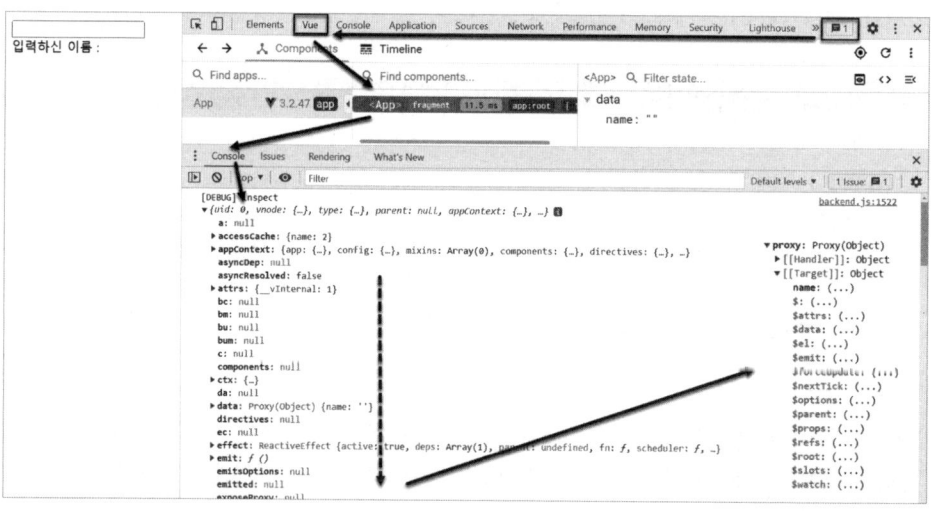

그림 04-02 예제 04-01 실행

그림 04-02와 같이 브라우저의 개발자 도구 화면을 열고 Vue 탭을 열어서 Vue Devtools를 열어봅니다. 그 후 컴포넌트 트리에서 App 컴포넌트를 클릭하면 콘솔 창에 Vue 인스턴스 객체가 나타납니다. Vue 인스턴스 객체를 클릭하여 펼치면 다양한 속성이 나타나는데, 여기서 proxy 속성을 확인해보면 name 값을 proxy 처리하고 있음을 확인할 수 있습니다. 예제

04-01에서 vm은 바로 이 Vue인스턴스를 대리하는 proxy입니다. Console에서 vm 객체를 확인해보면 다음과 같이 유사한 것을 알 수 있습니다.

```
> vm
  ▼ Proxy {…}
    ▶ [[Handler]]: Object
    ▼ [[Target]]: Object
        name: (...)
        $: (...)
        $attrs: (...)
        $data: (...)
        $el: (...)
        $emit: (...)
        $forceUpdate: (...)
        $nextTick: (...)
        $options: (...)
        $parent: (...)
        $props: (...)
        $refs: (...)
        $root: (...)
        $slots: (...)
        $watch: (...)
        _: (...)
```

그림 04-03 vm 객체를 Console에서 확인

이제 루트 컴포넌트 인스턴스 및 컴포넌트 인스턴스에서 사용할 수 있는 다양한 옵션들을 살펴보겠습니다.

4.2 data 옵션

data 옵션은 컴포넌트가 관리하고 추적해야 할 데이터를 등록할 때 사용합니다. 관리와 추적의 의미는 변경을 탐지하고 추적하여 화면을 갱신하겠다는 뜻으로 이해합니다.

data 옵션은 반드시 객체를 리턴하는 함수로 부여되어야 합니다. Vue 2.x에서는 직접 객체를 지정하기도 했으나 3.x 버전부터는 함수가 부여되어야만 합니다. 만일 직접 객체를 지정하면 다음과 같은 오류를 볼 수 있습니다.

```
⚠ ▶[Vue warn]: The data option must be a function. Plain object usage is no   vue:1627
   longer supported.
     at <App>
❌ ▶Uncaught TypeError: dataOptions.call is not a function                    vue:4950
     at applyOptions (vue:4950:36)
     at finishComponentSetup (vue:8844:11)
     at setupStatefulComponent (vue:8760:11)
     at setupComponent (vue:8682:13)
     at mountComponent (vue:7014:15)
     at processComponent (vue:6989:19)
     at patch (vue:6593:23)
     at render (vue:7749:15)
     at mount (vue:5983:27)
     at app.mount (vue:10924:25)
```

그림 04-04 data 옵션에 직접 객체를 지정했을 때의 오류

이미 2,3장에서 반응성과 관련한 proxy의 개념을 설명했습니다. proxy가 만들어지는 시점은 컴포넌트 인스턴스가 생성될 때입니다. 컴포넌트 인스턴스가 생성되고 관찰이 시작되면 루트 data 객체에는 반응성을 지닌 속성을 더이상 추가할 수 없습니다. 따라서 인스턴스가 만들어질 때 미리 data에 반응성을 가져야할 데이터를 속성으로 추가해두길 권장합니다.

컴포넌트 인스턴스에서는 data에 대한 Proxy를 직접 접근할 수 있습니다. 예제 04-01 기준으로 살펴보면 vm.$data입니다. name 데이터의 경우는 vm.$data.name으로 접근할 수 있습니다. 또한 컴포넌트 인스턴스에서는 vm.$data.name에 대한 proxy를 추가하여 vm.name과 같이 접근할 수 있도록 합니다. vm.$data.name과 vm.name은 같은 값입니다.

```
> vm.name = "Hello"
< "Hello"
> vm.$data.name
< "Hello"
```

그림 04-05 vm.name과 vm.$data.name

이 밖에도 컴포넌트 인스턴스에는 그림 04-03에서와 같이 $로 시작하는 많은 객체들이 있습니다. 모든 것을 지금 설명할 수는 없습니다만, **$로 시작하는 이름은 인스턴스 내부에서 특수한 용도로 사용된다는 것을 알 수 있습니다. 따라서 $, _로 시작하는 이름을 data 객체의 속성명으로 사용하면 안 됩니다.** 이 경우 Proxy를 생성하지 않기 때문에 반응성을 가질 수 없습니다. 만일 data 객체로 $, _로 시작하는 속성을 작성하면 다음과 같은 오류가 발생될 것입니다.

예제 04-02

```
01: <body>
02:     <div id="app">
03:         <input id="a" type="text" v-model="$name">
04:         <br />
05:         입력하신 이름 : <span>{{$name}}</span>
06:     </div>
07:     <script type="text/javascript" src="https://unpkg.com/vue"></script>
08:     <script type="text/javascript">
09:     var vm = Vue.createApp({
10:         name : "App",
11:         data() {
12:             return { $name : "" };
13:         }
14:     }).mount('#app')
15:     </script>
16: </body>
```

❷ ▶ [Vue warn]: Property "$name" must be accessed via $data   vue:1627
    because it starts with a reserved character ("$" or "_") and is not
    proxied on the render context.
      at <App>

그림 04-06 $, _로 시작하는 data 속성 사용 오류

4.3 계산된 속성(Computed Property)

계산된 속성은 data나 다른 속성이 변경될 때 함수가 실행되어(계산된) 저장된 캐싱된 값입니다. 함수의 실행은 의존하고 있는 속성 또는 data가 변경될 때 한 번 호출됩니다. 계산된 속성을 작성할 때는 computed 옵션에 함수를 등록하면 됩니다. 예제를 통해 확인해봅시다.

예제 04-03

```
01: <body>
02:     <div id="app">
03:         1보다 큰수 : <input id="a" type="text" v-model.number="num">
04:         <br />
```

```
05:        1부터 입력한 값까지의 합 : <span>{{sum}}</span><br />
06:        1부터 입력한 값까지의 합 : <span>{{sum}}</span><br />
07:        1부터 입력한 값까지의 합 : <span>{{sum}}</span><br />
08:    </div>
09:    <script type="text/javascript" src="https://unpkg.com/vue"></script>
10:    <script type="text/javascript">
11:        var vm = Vue.createApp({
12:            name : "App",
13:            data() {
14:                return { num : 0 };
15:            },
16:            computed : {
17:                sum() {
18:                    console.log("## num : " + this.num)
19:                    var n = parseInt(this.num);
20:                    if (Number.isNaN(n)) return 0;
21:                    return (n * (n+1))/2
22:                }
23:            }
24:        }).mount('#app')
25:    </script>
26: </body>
```

17행에서 computed 옵션으로 sum() 함수를 등록했습니다. 이 함수는 19행에서 보다시피 this.num을 이용해 연산 처리하여 1부터 입력한 수까지의 합을 리턴합니다. 계산된 속성에 등록하는 함수 내부의 this.num은 컴포넌트 인스턴스의 데이터 num에 대한 proxy입니다. 분명히 이것은 함수임에도 불구하고 5~7행에서는 마치 데이터인 것처럼 {{sum}}과 같이 사용합니다. this.num가 바뀌면 computed에 등록된 sum() 함수가 호출되고 리턴된 값을 sum에 캐싱합니다. 따라서 5~7행에서와 같이 화면에 여러 번 동일한 값을 렌더링하더라도 sum() 함수는 단 한번만 호출됩니다. 이것은 예제 04-03을 실행하고 값을 변경할 때의 Console에 찍히는 값을 확인함으로써 알 수 있습니다.

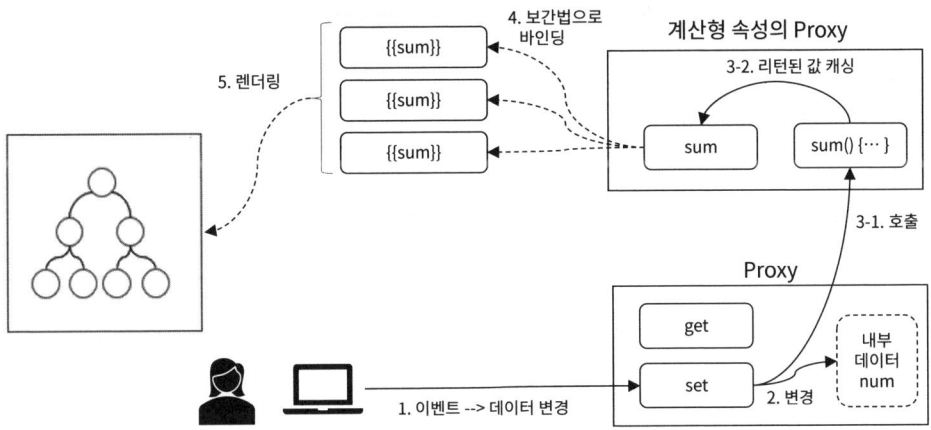

그림 04-07 계산된 속성(Computed Property)의 작동 방식

계산된 속성은 읽기 전용이라 생각하기 쉽지만 set 메서드를 지정하면 쓰기 작업도 가능합니다. 혹시 자바 언어를 다뤄보았다면 getter/setter 메서드를 떠올리면 됩니다.

예제 04-04

```
01: <body>
02:     <div id="app">
03:         <input type="text" v-model.number="amt" /><br />
04:         금액 : <span>{{amount}}원</span>
05:     </div>
06:     <script type="text/javascript" src="https://unpkg.com/vue"></script>
07:     <script type="text/javascript">
08:     var vm = Vue.createApp({
09:         name : "App",
10:         data() {
11:             return { amt : 99999 }
12:         },
13:         computed : {
14:             amount : {
15:                 get() {
16:                     var regexp = /\B(?=(\d{3})+(?!\d))/g;
17:                     return this.amt.toString().replace(regexp, ',');
18:                 },
19:                 set(amount) {
```

```
20:                 var amt = parseInt(amount.replace(/,/g,""));
21:                 this.amt = Number.isNaN(amt) ? 0 : amt
22:             }
23:         }
24:     }
25: }).mount("#app")
26: </script>
27: </body>
```

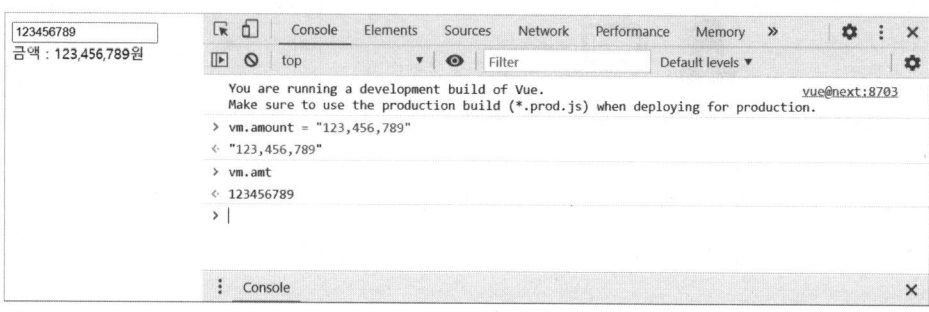

그림 04-08 예제 04-04의 실행

이 예제에서는 amount 계산된 속성을 get, set 메서드로 분리해 작성했습니다. get()은 정규표현식(Regular Expression)을 이용해 데이터 속성인 amt 값에 숫자 3자리마다 쉼표(,)를 넣어서 리턴하도록 합니다. set()은 문자열을 입력받으면 쉼표(,)를 제거한 뒤 숫자 값으로 변환하여 amt 데이터에 할당합니다. 쉼표를 제거하기 위해서도 정규표현식을 사용했습니다.

이 예제는 계산된 속성이 읽기(get)만이 아닌 쓰기(set)도 가능하다는 점을 설명하기 위해 만든 예제입니다. 실제로는 get 기능만을 제공할 목적으로 계산된 속성을 사용하는 경우가 많습니다. 그렇기 때문에 **계산된 속성은 기존 데이터를 이용해 읽기 전용의 값을 만들어내기 위해 자주 사용합니다.**

이제까지 계산된 속성에 등록한 함수는 전통적인 자바스크립트 함수입니다만 2장의 ES6 문법에서 살펴보았던 화살표 함수(Arrow Function)를 등록할 수 있습니다. 그러나 this 사용에 주의해야 합니다. 전통적인 함수일 때는 this 예약어를 이용해 컴포넌트 인스턴스에 접근할 수 있었지만 화살표 함수에서는 this가 전역 객체(global object: 브라우저에서는 window 객체입니다)로 설정되기 때문에 아래와 같이 화살표 함수의 첫 번째 인자로 컴포넌트 인스턴스에 대한 참조를 받아와 사용합니다.

```
computed : {
    sum : (vm) => {
        console.log("## num : " + vm.num)
        var n  = parseInt(vm.num);
        if (Number.isNaN(n)) return 0;
        return (n * (n+1))/2
    }
}
```

4.4 메서드

Vue 인스턴스에서 사용할 메서드를 등록하는 옵션입니다. 등록된 메서드는 Vue 인스턴스를 이용해 직접 호출할 수도 있고, 디렉티브 표현식, 콧수염(Mustache) 표현식에서도 사용할 수 있으며, 이벤트 핸들러로도 이용할 수 있습니다. **이벤트 핸들러로 사용하는 방법은 5장에서 학습하겠습니다.** 다음 예제로 메서드를 알아봅시다. 예제 04-03을 복사한 후 볼드로 표현된 부분을 변경합니다.

예제 04-05

```
01: <body>
02:     <div id="app">
03:         1보다 큰수 : <input id="a" type="text" v-model.number="num">
04:         <br />
05:         1부터 입력한 값까지의 합 : <span>{{sum()}}</span><br />
06:         1부터 입력한 값까지의 합 : <span>{{sum()}}</span><br />
07:         1부터 입력한 값까지의 합 : <span>{{sum()}}</span><br />
08:     </div>
09:     <script type="text/javascript" src="https://unpkg.com/vue"></script>
10:     <script type="text/javascript">
11:         var vm = Vue.createApp({
12:             name : "App",
13:             data() {
14:                 return { num : 0 };
15:             },
16:             methods : {
17:                 sum() {
```

```
18:                    console.log("## num : " + this.num)
19:                    var n  = parseInt(this.num);
20:                    if (Number.isNaN(n)) return 0;
21:                    return (n * (n+1))/2
22:                }
23:            }
24:     }).mount('#app')
25:     </script>
26: </body>
```

메서드를 사용하는 방법은 간단합니다. methods 옵션을 추가하고 내부에 함수들을 작성하면 됩니다. 이 예제는 값을 리턴하도록 작성되었지만 값을 리턴하지 않고 내부 데이터를 직접 변경하도록 작성할 수도 있습니다.

예제 04-03과 예제 04-05에서 5~7행에서와 같이 동일한 데이터를 왜 여러 번 출력하는지 궁금했을 것입니다. 그 이유는 실행 방식을 말씀드리기 위해서입니다. **메서드는 템플릿에서 {{sum()}}과 같이 메서드의 호출 구문을 사용했기 때문에 템플릿으로 렌더링할 때 호출됩니다. 반면 계산된 속성은 데이터가 변경되면 미리 호출하여 캐싱해둔 값을 렌더링할 때 반복적으로 사용합니다.** 그래서 동일한 값을 같은 화면에 여러 번 출력해야 할 경우가 있다면 계산된 속성을 사용할 것을 고려해보세요.

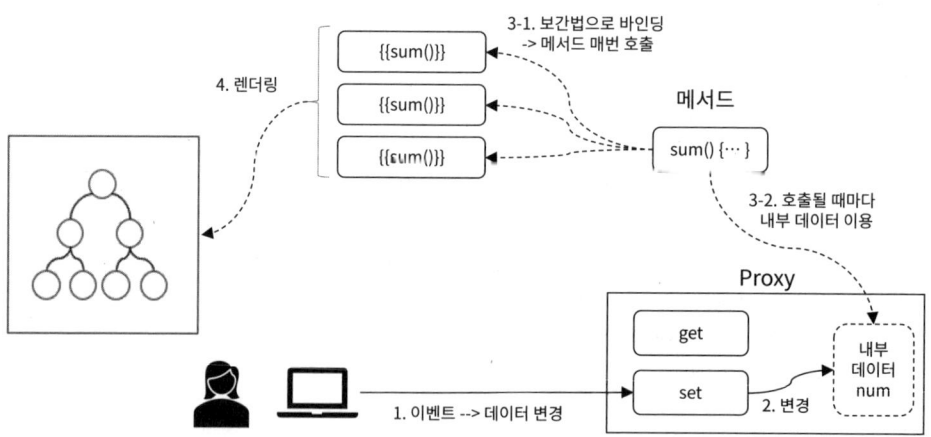

그림 04-09 예제 04-05의 실행 방식

메서드 작성 시 주의할 점은 화살표 함수를 메서드로 등록할 경우는 컴포넌트 인스턴스 this에 접근할 수 없다는 점입니다. 계산된 속성과 같이 작성할 수 있지 않을까 생각되지만 오작동할 것입니다. 그러므로 **메서드가 컴포넌트 인스턴스에 접근해야 한다면 전통적인 자바스크립트 함수로 작성해야 합니다.**

4.5 관찰 속성

Vue.js에서 하나의 데이터를 기반으로 다른 데이터를 변경할 필요가 있을 때 흔히 사용할 수 있는 것으로 계산된 속성(Computed Property)이 있습니다만 이외에도 관찰 속성(Watched Property)이라는 것을 사용할 수 있습니다. 주로 긴 처리 시간이 필요한 비동기 처리에 적합하다는 특징을 가지고 있습니다. 우선 watch 옵션을 이용해 관찰 속성을 등록하는 방법을 예제를 통해 알아봅시다.

예제 04-06

```
01: <body>
02:     <div id="app">
03:         x : <input type='text' v-model.number="x" /><br />
04:         y : <input type='text' v-model.number="y" /><br />
05:         덧셈 결과 : {{sum}}
06:     </div>
07:     <script type="text/javascript" src="https://unpkg.com/vue"></script>
08:     <script type="text/javascript">
09:         var vm = Vue.createApp({
10:             name : "App",
11:             data() {
12:                 return { x:0, y:0, sum:0 }
13:             },
14:             watch : {
15:                 x(current, old) {
16:                     console.log(`## x : ${old} --> ${current}`)
17:                     var result = Number(current) + Number(this.y);
18:                     if (isNaN(result)) this.sum = 0;
19:                     else this.sum = result;
20:                 },
```

```
21:            y(current, old) {
22:                console.log(`## y : ${old} --> ${current}`)
23:                var result = Number(this.x) + Number(current);
24:                if (isNaN(result)) this.sum = 0;
25:                else this.sum = result;
26:            }
27:        }
28:    }).mount('#app')
29:    </script>
30: </body>
```

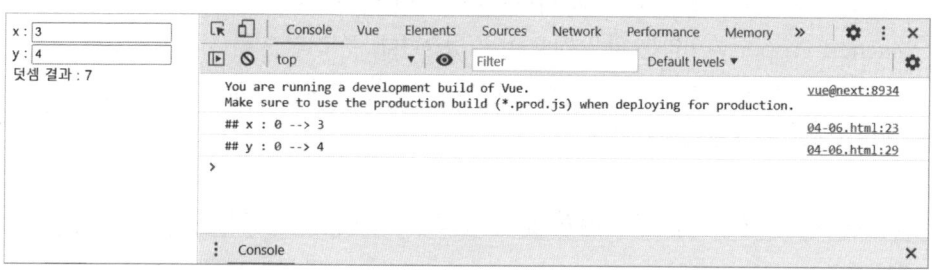

그림 04-10 예제 04-06 실행 결과

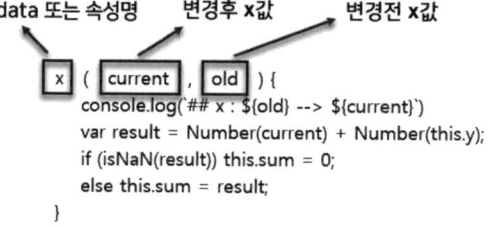

그림 04-11 관찰 속성 작성 방식

관찰 속성은 예제 04-06의 14행에서와 같이 watch 옵션에 작성합니다. 그리고 15행과 같이 변경을 탐지하고자 하는 데이터나 다른 속성의 이름(예: x는 data명)을 함수 이름으로 지정합니다. 이 함수에 전달되는 두 개의 인자는 각각 변경된 후의 값(첫 번째 인자: current), 변경되기 전의 값(두 번째 인자: old)을 뜻합니다. 만일 두 번째 인자를 함수에서 사용하지 않는다면 생략할 수 있습니다.

관찰 속성은 값을 리턴할 필요가 없습니다. 이 예제에서도 값을 리턴하지 않고 연산된 값을 sum 데이터에 할당하고 있습니다. 그 후 데이터가 변경되면서 화면을 다시 렌더링합니다.

사실 예제 04-06의 기능이라면 관찰 속성을 사용하지 않고 계산된 속성을 사용하는 편이 더 간단합니다. 예제 04-07을 살펴보겠습니다. 예제 04-06을 복사한 후 〈script〉 영역만 변경합니다.

예제 04-07

```
01: <script type="text/javascript">
02: var vm = Vue.createApp({
03:     name : "App",
04:     data() {
05:         return { x:0, y:0 }
06:     },
07:     computed : {
08:         sum() {
09:             let result = Number(this.x) + Number(this.y);
10:             if (isNaN(result)) return 0;
11:             else return result;
12:         }
13:     }
14: }).mount('#app')
15: </script>
```

한눈에 보아도 관찰 속성보다 계산된 속성이 더 간단하고 편리해 보입니다. 하지만 관찰 속성이 유용한 경우도 있습니다. 앞에서도 잠시 말씀드렸지만 **긴 시간을 요구하는 비동기 처리가 필요할 때는 계산된 속성은 사용할 수 없으며 관찰 속성을 사용해야 합니다.** 계산된 속성은 값을 리턴하는 함수를 사용해야 하는데, 이 처리 방식은 동기식 처리만 지원합니다. 값을 리턴하기 위해 긴 시간의 처리가 끝나고 결과 값이 확정될 때까지 기다려야 하기 때문입니다.

비동기 처리의 가장 대표적인 예가 외부 서버와의 통신 기능입니다. 서버와 통신 기능을 제공하는 라이브러리는 종류가 대단히 많습니다. 전통적인 jQuery의 AJAX 기능 라이브러리를 이용할 수도 있고 promise 기반의 HTTP Client 기능을 수행하는 axios, fetch와 같은 라이브러리도 있습니다. 또한 Vue.js의 생태계를 통해 제공되는 vue-resource라는 것도 있습니다. 이 예제에서는 axios를 이용하도록 하겠습니다.

또한 이용할 수 있는 서비스 API가 필요합니다. 이것은 필자가 미리 만들어 둔 API를 이용합니다. https://contactsvc.bmaster.kro.kr에 접속해보면 알 수 있습니다. API에 대한 기본적인 설명과 Console 기능을 제공해 즉석에서 API를 테스트할 수 있도록 만들어 두었습니다. 이 API는 간단한 연락처 서비스 기능을 제공합니다. 자세한 내용은 그림 04-12에서 오른쪽 사이드 메뉴를 확인하면 됩니다. 만일 자신의 PC에서 서비스를 실행하고 싶다면 https://github.com/stepanowon/contactsvc에서 다운로드하여 실행할 수 있습니다. 실행된 서비스는 http://localhost:3000로 접속해보세요.

그림 04-12 연락처 서비스

이번 예제에서 사용할 기능은 연락처 검색 기능입니다. GET /contacts/search/[검색어]로 직접 테스트해볼 수 있습니다. 그리고 기능은 동일하지만 1초의 지연 시간을 발생시키는 API는 GET /contacts_long/search/[검색어]입니다.

```
https://contactsvc.bmaster.kro.kr/contacts_long/search/jo
```

```
[
  {
    no: 1601087500130,
    name: "Mila Johnson",
    tel: "010-3456-8257",
    address: "서울시",
    photo: http://contactsvc.bmaster.kro.kr/photos/58.jpg
  },
  {
    no: 1601087500131,
    name: "Nade Jones",
    tel: "010-3456-8258",
    address: "서울시",
    photo: http://contactsvc.bmaster.kro.kr/photos/59.jpg
  }
]
```

그림 04-13 1초의 지연 시간을 가지는 검색 API 테스트

이제 관찰 속성을 사용해 연락처 검색 기능을 제공하는 비동기 요청 예제를 작성합니다.

예제 04-08

```
01: <body>
02:     <div id="app">
03:         이름 : <input type='text' v-model.trim="name"
04:                     placeholder="영문 두글자 이상을 입력하세요" /><br />
05:         <ul>
06:             <li v-for="c in contacts">{{c.name}} : {{c.tel}}</li>
07:         </ul>
08:         <div v-show="isLoading">검색중</div>
09:     </div>
10:     <script type="text/javascript" src="https://unpkg.com/vue"></script>
11:     <script type="text/javascript" src="https://unpkg.com/axios"></script>
12:     <script type="text/javascript" src="https://unpkg.com/lodash"></script>
13:     <script type="text/javascript">
14:         const BASEURL = "https://contactsvc.bmater.kro.kr";
15:         var vm = Vue.createApp({
16:             name : "App",
17:             data() {
18:                 return { name: "", contacts: [], isLoading:false }
19:             },
20:             watch : {
```

```
21:            name(current) {
22:                if (current.length >=2) {
23:                    this.fetchContacts();
24:                } else {
25:                    this.contacts = [];
26:                }
27:            }
28:        },
29:        methods : {
30:            fetchContacts : _.debounce(function() {
31:                this.isLoading = true;
32:                axios.get(BASEURL + `/contacts_long/search/${this.name}`)
33:                .then((response)=>{
34:                    this.isLoading = false;
35:                    this.contacts = response.data;
36:                })
37:            }, 300)
38:        }
39:    }).mount('#app')
40:    </script>
41: </body>
```

이 예제에서 참조하는 라이브러리는 vue, axios, lodash입니다. lodash는 여러 가지 유틸리티 기능을 제공하는 라이브러리입니다. 자세한 내용은 https://lodash.com/를 참고하세요. 이 예제에서는 _.debounce() 함수만을 이용하기 위해서 참조합니다. 이 함수는 짧은 시간에 너무 많은 API 요청이 일어나는 것을 막습니다.

21행의 관찰 속성 name은 name 데이터의 변화를 감지하여 함수를 호출합니다. 그리고 이 함수에서 두 글자 이상이 입력되었다면 30행의 fetchContacts 함수를 호출합니다. 타이핑을 할 때마다 매번 API를 호출하는 것은 비효율적이므로 lodash 라이브러리의 _.debounce() 함수를 이용해 일정 시간(이 예제에서는 300ms)이 지나도록 연속적인 호출이 일어나지 않으면 실제 API를 요청하도록 작성했습니다. 이렇게 함으로써 빠르게 타이핑하다가 300ms 동안 타이핑이 일어나지 않으면 API에 대한 요청을 수행하게 되므로 불필요한 네트워크 트래픽 발생을 줄일 수 있습니다.

fetchContacts 메서드에서는 axios.get() 함수를 이용해 이름 검색을 수행합니다. axios. get() 메서드를 호출하여 서비스 API로 요청하고 1초 이상의 시간이 흐른 후 서비스 API로부터 응답이 오면 then()의 인자로 전달한 함수가 호출됩니다. axios.get()를 호출하는 시점과 then()의 인자로 전달한 함수가 실행되는 시점이 차이가 나는 것입니다. 어쨌든 서버로부터 응답이 온 후에 Vue 객체의 contacts 데이터가 변경되고, 이것은 다시 UI에 v-for문을 통해서 〈li〉태그로 화면에 즉시 나타나게 됩니다. promise 객체에 대한 자세한 내용은 2장을 다시 한번 확인해보세요.

이름 : se
- Jesse Rivera : 010-3456-8296
- Rose Rivera : 010-3456-8266
- Rosebud Williams : 010-3456-8263
- Sean Morales : 010-3456-8261
- Serin Scott : 010-3456-8228
- Sophie Russell : 010-3456-8264

그림 04-14 예제 04-08의 실행

이 예제는 계산된 속성(Computed Property)으로 구현할 수 없습니다. 계산된 속성은 값을 직접 리턴해야 하기 때문입니다. 그렇기 때문에 동기적 처리만 수행할 수 있습니다.

이번에는 관찰 속성을 사용할 때의 주의사항에 대해 알아보도록 하겠습니다. 컴포넌트 인스턴스에서 사용하는 데이터, 속성이 복잡한 구조의 객체인 경우에 관찰 속성은 감시 기능이 작동하지 않을 수 있습니다. 다음 예제를 통해 확인해보겠습니다. 예제 04-06을 복사한 후 볼드 처리된 부분만을 수정하면 됩니다.

예제 04-09

```
01: <body>
02:     <div id="app">
03:         x : <input type='text' v-model.number="values.x" /><br />
04:         y : <input type='text' v-model.number="values.y" /><br />
05:         덧셈 결과 : {{sum}}
06:     </div>
07:     <script type="text/javascript" src="https://unpkg.com/vue"></script>
08:     <script type="text/javascript">
09:         var vm = Vue.createApp({
```

```
10:        name : "App",
11:        data() {
12:            return { values : { x:0, y:0 }, sum:0 }
13:        },
14:        watch : {
15:            values(current) {
16:                var result = Number(current.x) + Number(current.y);
17:                if (isNaN(result)) this.sum = 0;
18:                else this.sum = result;
19:            },
20:        }
21:    }).mount('#app')
22:    </script>
23: </body>
```

예제 04-06에서는 x, y 데이터를 각각 관찰 속성을 작성하였고 그 결과 중복된 코드가 만들어졌습니다. 그렇다면 x, y를 포함하는 하나의 객체를 만들고 이 객체만을 관찰하는 관찰 속성을 만들어도 괜찮지 않겠습니까? 그래서 12행에서와 같이 x,y를 포함하는 values 객체를 데이터로 등록하였고, 15행에서처럼 values 데이터 만을 관찰하도록 코드를 작성하였습니다.

이 코드는 문제가 없어 보이지만 기대했던 대로 작동하지 않습니다. 왜냐하면 values는 참조형의 객체이고, values 객체 내부의 x가 변경된 것이지 values 객체의 메모리 주소가 바뀐 것이 아니기 때문입니다. 객체 간의 비교는 메모리 주소가 같은지 여부로 확인한다는 점을 생각하면 당연한 결과입니다.

이 문제를 해결하기 위해 관찰 속성에는 깊은 비교(deep compare)를 수행하도록 하는 옵션이 있습니다. 다음 예제는 예제 04-09를 깊은 비교를 수행하도록 변경한 것입니다.

예제 04-09의 변경

```
watch : {
    values : {
        handler : function(current) {
            var result = Number(current.x) + Number(current.y);
            if (isNaN(result)) this.sum = 0;
            else this.sum = result;
```

```
        },
        deep:true
    }
}
```

기존 예제에서 values 관찰 속성에 등록하던 함수를 handler 속성에 할당하고, 별도의 deep:true 옵션을 부여합니다. 이렇게 함으로써 values 객체의 하위 트리상에 있는 값들의 변경을 탐지할 수 있게 됩니다.

하지만 이 방법은 아주 복잡한 객체에서는 사용하지 않는 편이 바람직합니다. 깊은 비교(deep compare)라는 방법은 하위 트리를 탐색하며 일일이 값을 비교하는 작업이므로 CPU, 메모리를 많이 사용하기 때문에 고비용의 작업입니다.

지금까지 관찰 속성을 살펴보았습니다. **관찰 속성이 비동기 처리와 같은 경우에는 장점이 있습니다만 사용은 자제하는 편이 좋습니다.** 관찰 속성의 남용은 data에 대한 의존 관계가 복잡해져서 코드의 실행 흐름을 분석하기가 어려워지고 디버깅이 까다로워지기 때문에 관찰 속성을 대신하여 메서드 + 이벤트 조합을 사용할 것을 권장합니다. 예제 04-08-2는 예제 04-08을 메서드+이벤트 조합으로 변경해 본 것입니다. 이벤트는 5장에서 학습할 내용이라 예제 04-08-2는 지면으로는 싣지 않았습니다. 이 책의 예제 파일을 다운로드하여 살펴보세요. 예제 파일은 https://github.com/stepanowon/vue3-quickstart 에서 다운로드하세요.

4.6 생명주기 메서드

간단한 애플리케이션을 만들 때는 생명주기에 대해서 자세히 학습하지 않아도 개발에 지장이 없습니다. 실전 프로젝트를 진행할 때는 복잡한 비동기 처리, 상태관리, 라우팅 기능 등이 사용되므로 생명주기에 대해서 반드시 이해하고 있어야 합니다. 지금 당장은 생명주기 메서드가 중요하지 않을 수 있으나 향후 Vue 컴포넌트를 만들고 관리할 때는 당연히 개념을 이해하고 있어야 합니다.

Vue 컴포넌트의 생명주기는 컴포넌트가 생성된 후부터 컴포넌트가 앱 컴포넌트 트리에서 제거될 때까지의 흐름을 말합니다. 각 생명주기마다 실행할 수 있는 이벤트 훅을 등록할 수 있습니다.

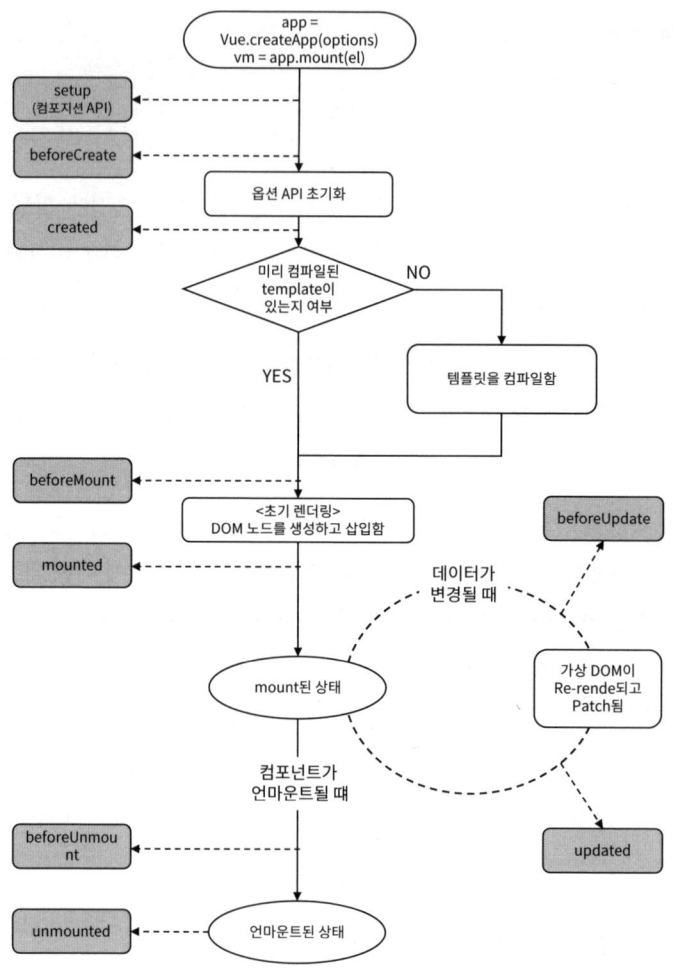

그림 04-15 Vue 3의 생명주기 – https://vuejs.org/guide/essentials/lifecycle.html#lifecycle-diagram

생명주기 메서드	설명
beforeCreate	인스턴스가 초기화된 후, 데이터에 대한 관찰 기능, 이벤트가 설정되기 전에 동기적으로 호출됩니다.
created	인스턴스 생성이 완료된 후 동기적으로 호출됨. 이 메서드가 호출되기 직전에 데이터 관찰 기능, 계산된 속성, 메서드, 이벤트 초기화 등이 모두 완료됩니다.
beforeMount	마운팅(Mounting)이 시작되기 직전에 호출됨. 마운팅은 render 함수가 처음 실행되어 DOM 트리에 컴포넌트의 렌더링 결과가 추가되는 상태입니다.

생명주기 메서드	설명
mounted	Vue.createApp().mount() 에 의해 컴포넌트 인스턴스가 HTML Document의 요소에 마운트된 후에 호출됩니다.
beforeUpdate	데이터가 변경되고 DOM이 패치되기 전에 호출됨. 업데이트 전에 기존 DOM 트리에 접근할 수 있는 좋은 시점입니다.
updated	데이터의 변경으로 가상 DOM이 다시 렌더링되고 패치된 후에 호출됩니다. 이 메서드가 호출되었을 때는 이미 컴포넌트의 DOM이 업데이트된 상태입니다. 그래서 DOM에 종속성이 있는 처리를 이 단계에서 수행할 수 있습니다.
beforeUnmount	컴포넌트 인스턴스가 언마운트(unmount)되기 직전에 호출됨. 이 시점에는 인스턴스의 모든 기능이 사용할 수 있습니다. 언마운트는 컴포넌트의 렌더링 결과물이 DOM 트리에서 제거되는 상황을 말합니다.
unmounted	컴포넌트 인스턴스가 언마운트된 후에 호출됩니다. 이 시점에는 컴포넌트의 모든 디렉티브들의 연결이 해제되고, 모든 이벤트 리스너가 제거되고, 모든 자식 컴포넌트들도 언마운트된 상태가 됩니다.
errorCaptured	이 생명주기 메서드가 설정된 컴포넌트의 자식 컴포넌트 트리에서 오류가 발생하면 컴포넌트 트리를 거슬러 올라와서 이 메서드가 실행됩니다. 컴포넌트 자신에서 발생한 오류는 잡아내지 못합니다.

표 04-01 컴포넌트 생명주기 메서드

생명주기 메서드 중에서 created, mounted, updated, unmounted와 같이 before~로 시작하지 않는 것들을 주로 사용합니다. 화면 초기화와 관련된 작업은 mounted에서 수행하고, 화면과 관련되지 않은 외부 리소스 연결, 이벤트 초기화 등은 created에서 수행할 수 있습니다. updated는 데이터나 속성이 변경되어 리렌더링(re-rendering)이 일어난 후의 DOM에 관련된 기능을 작성할 때 유용합니다. unmounted에서는 created나 mounted에서 초기화된 외부 리소스의 연결과 같은 객체를 해제할 때 유용합니다.

특히 이런 생명주기 메서드는 컴포넌트 단위로 설정할 수 있기 때문에, 컴포넌트에 대한 학습이 이루어진 후에 다시 생명주기와 관련된 내용을 복습할 것을 권장합니다. 이 장에서는 생명주기 메서드가 호출되고 있음을 확인할 수 있는 간단한 예제를 작성해보겠습니다. 예제 04-03을 복사하여 다음 예제를 작성합니다. 복사 후 볼드로 표현된 부분을 추가하면 됩니다.

예제 04-10

```
01: <script type="text/javascript">
02: var vm = Vue.createApp({
03:     name : "App",
04:     data() {
05:         return { num : 0 };
06:     },
07:     created() {
08:         console.log("## created")
09:     },
10:     mounted() {
11:         console.log("## mounted")
12:     },
13:     updated() {
14:         console.log("## updated")
15:     },
16:     computed : {
17:         sum() {
18:             var n = parseInt(this.num);
19:             if (Number.isNaN(n)) return 0;
20:             return (n * (n+1))/2
21:         }
22:     }
23: }).mount('#app')
24: </script>
```

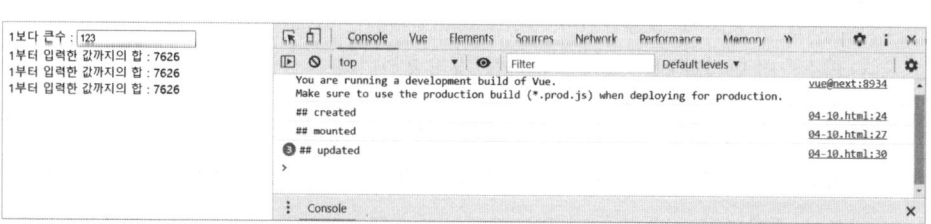

그림 04-16 예제 04-10 실행

그림 04-16과 같이 루트 컴포넌트 인스턴스가 마운트되면서 created, mounted 메서드가 순차적으로 실행되었고, 그 후 숫자를 입력하여 num 데이터가 변경될 때마다 updated 메서드가 호출된 것을 확인할 수 있습니다. 표 04-01, 그림 04-15와 비교하여 살펴보세요.

부모 컴포넌트와 자식 컴포넌트의 조합으로 UI가 만들어져 있다면 실행되는 순서는 조금 더 복잡합니다. 그림 04-17과 같이 부모 컴포넌트에서 beforeMount까지 실행한 후 자식 컴포넌트의 create, mount 단계를 실행합니다. 자식 컴포넌트의 mount 작업이 완료되면 부모 컴포넌트의 mounted도 실행됩니다. before~로 시작하는 것은 부모 쪽이 먼저 실행되고 ~ed로 끝나는 생명주기 메서드는 자식 쪽이 먼저 실행된다고 기억하세요.

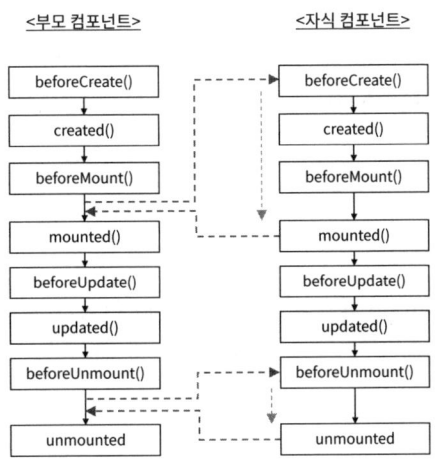

그림 04-17 부모-자식 컴포넌트 관계의 실행 흐름

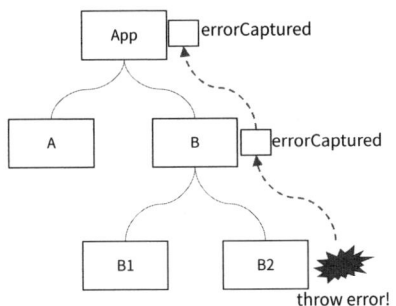

그림 04-18 컴포넌트 트리에서의 에러 처리

에러 처리와 관련된 생명주기 메서드는 errorCaptured입니다. 그림 04-18과 같이 errorCaptured 생명주기 메서드를 정의한 컴포넌트의 하위 컴포넌트에서 오류가 발생하면 컴포넌트 트리를 거슬러 올라가면서 errorCaptured 메서드가 호출됩니다. 따라서 모든 컴포넌트에서 이 생명주기 메서드를 정의할 필요는 없습니다. **프로젝트 수준이나 주요 모듈 단위**

로 정의해서 중앙 집중화된 에러 처리를 수행하는 것이 바람직합니다. errorCaptured 생명 주기 메서드는 자기 자신 컴포넌트에서 발생한 오류는 잡아내지 못한다는 점은 주의해야 합니다.

4.7 마무리

지금까지 Vue 인스턴스의 기본적인 옵션들에 대해 살펴보았습니다. 일반적인 경우라면 watch 옵션을 사용하는 관찰 속성보다는 계산된 속성이나 메서드가 더 편리합니다. 하지만 긴 작업 시간이 필요한 비동기 처리가 요구되는 경우에는 관찰 속성을 사용해야 하는 경우도 있습니다.

methods 옵션을 이용해 컴포넌트 인스턴스에 메서드를 정의할 수 있습니다. 등록된 메서드는 콧수염(Mustache) 표현식의 템플릿 문자열로도 사용할 수 있으며, 다음 장에서 살펴볼 이벤트에서도 사용할 수 있습니다.

05

이벤트 처리

5.1 이벤트 개요

4장까지는 계산형 속성, 메서드, 관찰 속성을 이용해서 동적인 UI를 작성해 보았습니다. 이 기능들을 이용해서 작성했을 때도 어느 정도 동적인 화면을 구성할 수 있습니다. 하지만 동적인 UI는 HTML 요소에서 발생하는 이벤트 처리를 통해서 구현되는 경우가 더 많습니다.

이 장에서 다루는 Vue의 이벤트 학습을 위해 HTML, 자바스크립트의 이벤트 처리 방법을 익혀두면 더욱 도움이 됩니다. Vue의 이벤트는 HTML, 자바스크립트에서 사용하는 이벤트를 준용해서 사용하기 때문입니다. 예를 들어 키보드를 누를 때 발생하는 keyup, keypress, keydown 이벤트, 마우스를 클릭할 때 일어나는 click, doubleclick 이벤트 등 이러한 이벤트를 Vue에서도 동일한 이름의 이벤트명으로 사용합니다. 이 책에서는 HTML, 자바스크립트의 이벤트 처리 방법까지 다루지는 않습니다. 다음 문서를 통해 사전에 학습하기를 바랍니다.

- https://developer.mozilla.org/ko/docs/Web/Reference/Events
- https://www.w3schools.com/tags/ref_eventattributes.asp

5.2 인라인 이벤트 처리

Vue에서 이벤트 처리는 v-on 디렉티브를 이용할 수 있습니다. 사용 방법은 다음과 같습니다.

```
v-on:[이벤트이름]="표현식"
```

가장 많이 쓰이는 click 이벤트 처리를 예제로 작성합니다. 지면 관계상 <body> 태그 영역만 실었습니다.

예제 05-01

```
01: <body>
02:     <div id="app">
03:         금액 : <input type="text" v-model.number="amount" /><br />
04:         <button v-on:click="balance += parseInt(amount)">입금</button>
05:         <button v-on:click="balance -= parseInt(amount)">인출</button>
06:         <br />
07:         <h3>계좌 잔고 : {{balance}}</h3>
08:     </div>
09:     <script type="text/javascript" src="https://unpkg.com/vue"></script>
10:     <script type="text/javascript">
11:     var vm = Vue.createApp({
12:         name : "App",
13:         data() {
14:             return { amount : 0, balance:0 };
15:         }
16:     }).mount('#app')
17:     </script>
18: </body>
```

3행에서 amount 데이터 속성을 v-model로 양방향 바인딩하였습니다. 여기서 입력한 값은 amount 데이터에 즉시 반영됩니다. 4~5행의 코드를 살펴보면 v-on:click 디렉티브를 이용해 클릭 이벤트 처리를 수행합니다. 입금 버튼을 클릭할 때는 balance(잔고)에 amount(금액)를 누적하고 인출 버튼을 클릭할 때는 amount를 balance에서 차감합니다.

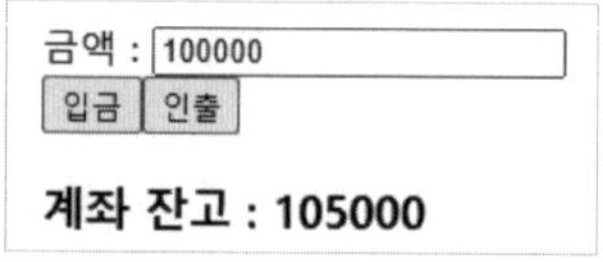

금액 : 100000
입금 인출
계좌 잔고 : 105000

그림 05-01 예제 05-01 실행

v-on 디렉티브는 @로 줄여 쓸 수도 있습니다. v-on:click 대신에 @click으로 코드를 변경해도 정확히 실행됩니다.

표현식에서 이벤트 발생 시점의 다양한 정보 획득을 위해 이벤트 객체를 사용해야 하는 경우가 있습니다. 인라인 이벤트로 처리하면 $event를 사용하면 됩니다. 예를 들어 표현식에서 이벤트 객체를 인자로 전달하여 test 메서드를 호출해야 한다면 다음과 같이 작성할 수 있습니다.

```
@click="test($event)"
```

예제 05-01에서 4~5행의 v-on:click="balance += parseInt(amount)" 코드는 실행할 코드를 직접 연결하고 있습니다. 이와 같은 방식의 이벤트 처리를 인라인 이벤트 처리라고 부릅니다. 하지만 이 방식에는 약간의 문제점이 있습니다. 예금하거나 인출하려는 금액은 마이너스 값을 허용하지 않고, 인출 금액은 계좌 잔고보다 많아서는 안 된다면, 이 처리를 위한 코드를 인라인 이벤트에 모두 작성하기 어렵습니다. 그렇기 때문에 현실적인 이벤트 처리 방법이라 하기 힘듭니다. 이 문제는 컴포넌트 인스턴스에 등록한 메서드를 이벤트 처리 함수로 사용하여 해결할 수 있습니다.

5.3 이벤트 핸들러 메서드

이전 예제에 이어서 Vue 인스턴스에 등록한 메서드를 이벤트 처리 함수로 연결해 봅시다. 이전 예제를 복사해서 볼드로 처리된 부분을 변경해도 됩니다.

예제 05-02

```
01: <body>
02:     <div id="app">
03:         금액 : <input type="text" v-model.number="amount" /><br />
04:         <button @click="deposit">입금</button>
05:         <button @click="withdraw">인출</button>
06:         <br />
07:         <h3>계좌 잔고 : {{balance}}</h3>
08:     </div>
09:     <script type="text/javascript" src="https://unpkg.com/vue"></script>
```

```
10:     <script type="text/javascript">
11:     var vm = Vue.createApp({
12:         name : "App",
13:         data() {
14:             return { amount : 0, balance:0 };
15:         },
16:         methods : {
17:             deposit() {
18:                 let amt = parseInt(this.amount);
19:                 if (amt <= 0) {
20:                     alert("0보다 큰 값을 예금해야 합니다");
21:                 } else {
22:                     this.balance += amt;
23:                 }
24:             },
25:             withdraw() {
26:                 let amt = parseInt(this.amount);
27:                 if (amt <= 0) {
28:                     alert("0보다 큰 값을 인출할 수 있습니다");
29:                 } else if (amt > this.balance) {
30:                     alert("잔고보다 많은 금액을 인출할 수 없습니다");
31:                 } else {
32:                     this.balance -= amt;
33:                 }
34:             }
35:         }
36:     }).mount('#app')
37:     </script>
38: </body>
```

예제 05-01과 달라진 점은 컴포넌트 인스턴스에 deposit, withdraw 메서드를 작성하였고, 메서드 내부에는 앞서 이야기했던 금액과 계좌 잔고에 따른 유효성 검사 기능을 코드로 작성했습니다. 그리고 이 두 메서드는 4~5행의 @click(v-on:click) 디렉티브에서 참조됩니다. 이와 같이 복잡한 기능은 메서드를 미리 작성해두고, v-on 디렉티브로 참조해서 이벤트 처리를 수행합니다.

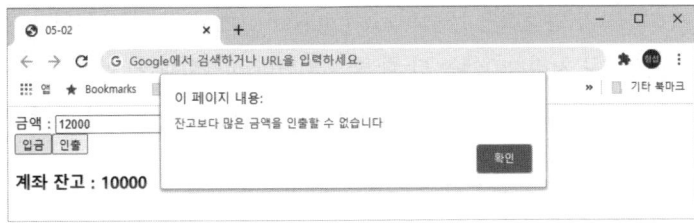

그림 05-02 예제 05-02 실행

간단한 이벤트 처리 메서드는 인라인으로 템플릿에 작성할 수도 있습니다. 이 내용은 이전에 살펴본 적이 있는 예제 03-08을 이용해 다시 확인해보겠습니다. 3장에서 v-model 디렉티브를 다루면서 v-model 디렉티브는 한글의 경우 글자의 완성이 완료되어야 데이터에 반영된다는 문제점을 설명한 적이 있습니다. 이 문제는 예제 03-08를 통해서 이벤트 처리로 해결할 수 있다는 점도 확인해보았습니다.

예제 05-03 : 예제 03-08 확인

```
01: <body>
02:     <div id="app">
03:         <input id="a" type="text" :value="name" @input="changeName">
04:         <br />
05:         입력하신 이름 : <span>{{name}}</span>
06:     </div>
07:     <script type="text/javascript" src="https://unpkg.com/vue"></script>
08:     <script type="text/javascript">
09:     var vm = Vue.createApp({
10:         name : "App",
11:         data() {
12:             return { name : "" };
13:         },
14:         methods : {
15:             changeName(e) {
16:                 this.name = e.target.value;
17:             }
18:         }
19:     }).mount('#app')
20:     </script>
21: </body>
```

3행에서 input 이벤트가 발생하면 15행의 changeName 메서드가 호출됩니다. 하지만 이 메서드의 기능은 메서드로 처리하기에는 단 한 줄의 코드만 실행합니다. 이 코드는 두 가지 방법으로 개선할 수 있습니다. 첫 번째 방법은 다음과 같은 인라인 이벤트로 처리하는 방법입니다.

```
<input id="a" type="text" :value="name" @input="this.name = $event.target.value">
```

또 다른 방법은 인라인 코드로 화살표 함수를 등록하는 것입니다. 주의할 점은 전통적인 함수가 아닌 화살표 함수(arrow function)으로 등록해야 this가 컴포넌트 인스턴스를 참조한다는 점입니다. 이미 2장에서 학습해서 알겠지만 화살표 함수는 자신을 포함하고 있는 영역의 this를 자신의 this로 바인딩하기 때문에 methods 옵션에 메서드를 등록할 때는 화살표 함수가 아닌 전통적인 자바스크립트 함수를 사용해야 합니다. 하지만 인라인으로 함수를 등록할 때는 화살표 함수로 등록해야 합니다. 다음 예제의 4행을 살펴보세요.

예제 05-04

```
01: <body>
02:     <div id="app">
03:         <input id="a" type="text" :value="name"
04:             @input="(e) => this.name = e.target.value ">
05:         <br />
06:         입력하신 이름 : <span>{{name}}</span>
07:     </div>
08:     <script type="text/javascript" src="https://unpkg.com/vue"></script>
09:     <script type="text/javascript">
10:     var vm = Vue.createApp({
11:         name : "App",
12:         data() {
13:             return { name : "" };
14:         }
15:     }).mount('#app')
16:     </script>
17: </body>
```

오히려 4행의 화살표 함수 대신에 전통적인 함수를 사용하면 그림 05-03과 같이 논리 오류가 발생합니다.

```
<input id="a" type="text" :value="name"
    @input="function(e) { this.name = e.target.value }">
```

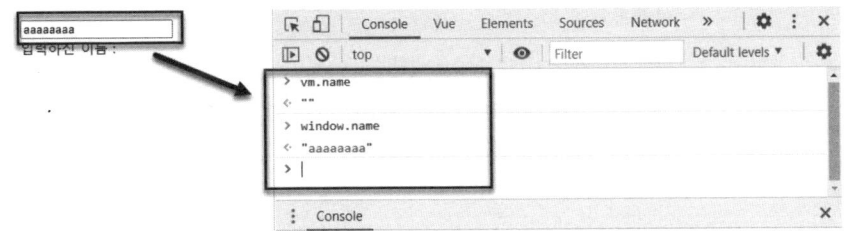

그림 05-03 전통함수를 인라인 함수로 등록했을 때

그림 05-03과 같이 컴포넌트 인스턴스의 name 데이터가 아닌 window.name(전역 변수 name)에 입력한 값이 할당된 것을 볼 수 있습니다. 바로 this가 전역 객체(window)를 참조한 것입니다.

하나의 이벤트에 대해 여러 이벤트 핸들러 메서드가 실행되도록 하려면 어떻게 해야 할까요? 인라인 이벤트에서 소개한 '표현식에서 이벤트 객체를 인자로 전달하여 메서드를 호출'하는 방법을 사용할 수 있습니다. 만일 change1, change2 두 개의 메서드가 존재하고 버튼 클릭 시에 두 개의 메서드를 모두 호출하고 싶다면 다음과 같이 작성할 수 있습니다.

```
<button @click="change1($event), change2($event)">두 개의 핸들러 실행</button>
```

5.4 이벤트 객체

이전 예제에서 메서드의 첫 번째 인자로 이벤트 객체 e를 전달받을 수 있다는 사실을 확인했습니다. 이전 절에서 자세히 설명하지는 않았지만 이벤트 객체 e의 target 속성을 이용해 e.target.value 값(사용자가 입력한 값)을 전달받을 수 있다는 점을 은연 중에 알 수 있었습니다. 이벤트 객체를 통해서 확인할 수 있는 값들이 꽤 있기 때문에 이번 절에서는 이벤트 객체 e에 대해 좀 더 자세하게 살펴보려고 합니다.

Vue의 이벤트 객체는 W3C 표준 HTML DOM Event 모델을 그대로 따르면서 추가적인 속성을 제공합니다. 그렇기 때문에 기존의 순수 자바스크립트에서 사용하던 이벤트 객체의 정보를 거의 대부분 그대로 이용할 수 있습니다. 우선 표를 통해 전체적인 이벤트 객체의 속성을 정리해보겠습니다.

속성명	설명
target	이벤트가 발생한 HTML 요소를 리턴함.
currentTarget	이벤트 리스너가 이벤트를 발생시키는 HTML 요소를 리턴함.
path	배열값. 이벤트 발생 HTML 요소로부터 document, window 객체로까지 거슬러 올라가는 경로를 나타냄.
bubbles	현재의 이벤트가 버블링을 일으키는 이벤트인지 여부를 리턴함.
cancelable	기본 이벤트의 실행 취소할 수 있는지 여부를 리턴함
defaultPrevented	기본 이벤트의 실행이 금지되었는지 여부를 나타냄.
eventPhase	이벤트 흐름의 단계를 나타냄. 1 : 포착(CAPTURING_PHASE) 2 : 이벤트 발생(AT_TARGET) 3 : 버블링(BUBBLING_PHASE)
srcElement	IE에서 사용되던 속성으로 target과 동일한 속성.

표 05-01 이벤트 객체의 주요 공통 속성

속성명	설명
altKey	ALT 키가 눌러졌는지 여부를 나타냄(true/false).
shiftKey	SHIFT 키가 눌러졌는지 여부를 나타냄(true/false).
ctrlKey	CTRL 키가 눌러졌는지 여부를 나타냄(true/false).
metakey	메타키가 눌러졌는지 여부를 나타냄. 윈도우에서는 Window Key, macOS에서는 Command Key이다.
key	이벤트에 의해 나타나는 키의 값을 리턴함. 대소문자 구분함
code	이벤트를 발생시킨 키의 코드값을 리턴함. ex) a를 눌렀을 때 "KeyA"를 리턴함. ex) Shift 키를 눌렀을 때 "Shift"를 리턴함.
keyCode	이벤트를 발생시킨 키보드의 고유 키코드 ex) a, A는 65를 리턴함(대소문자 구분하지 않음)
charCode	keypress 이벤트가 발생될 때 Unicode 캐릭터 코드를 리턴함.

표 05-02 키보드 이벤트 관련 속성

속성명	설명
altkey, shiftKey, ctrlKey, metaKey	키보드 이벤트 관련 속성 참조
button	이벤트를 발생시킨 마우스 버튼 0 : 마우스 왼쪽 버튼 1 : 마우스 휠 2 : 마우스 오른쪽 버튼
buttons	마우스 이벤트가 발생한 후에 눌러져 있는 마우스 버튼의 값을 리턴함. 아래 값의 조합으로 이루어짐 1 : 마우스 왼쪽 버튼 2 : 마우스 오른쪽 버튼 4 : 마우스 휠 8 : 4번째 마우스 버튼 16 : 5번째 마우스 버튼 ex) 마우스의 오른쪽 버튼, 휠을 누르고 있는 상태에서 왼쪽 버튼을 클릭할 경우 이 값은 6을 리턴함
clientX, clientY	마우스 이벤트가 일어났을 때의 뷰포트(ViewPort) 영역상의 좌표. 이 좌표는 스크롤바를 내리더라도 좌푯값에 영향을 받지 않음
layerX, layerY	마우스 이벤트가 발생한 HTML 요소 영역상에서의 좌표(IE이외의 브라우저 사용)
offsetX, offsetY	마우스 이벤트가 발생한 HTML 요소 영역상에서의 좌표(IE 브라우저 사용)
pageX, pageY	마우스 이벤트가 일어났을 때의 HTML 문서(Document) 영역상의 좌표
screenX, screenY	마우스 이벤트가 일어났을 때의 모니터 화면(Screen) 영역상의 좌표

표 05-03 마우스 이벤트 관련 속성

속성명	설명
preventDefault()	기본 이벤트의 자동 실행을 금지시킴
stopPropagation()	이벤트의 전파를 중단시킴

표 05-04 이벤트 객체의 주요 메서드

일단 이벤트 객체의 속성 중 자주 사용되는 것만 골라서 표를 만들어 보았습니다. 이전 예제의 코드에서 본 적 있는 e.target.value의 의미도 이제 알 수 있습니다. 표 05-01의 target은 이벤트가 발생한 요소를 가리키므로 e.target.value는 '이벤트가 발생한 요소의 value 속성'

값을 의미합니다. 모든 이벤트 속성을 한번에 다 살펴볼 수는 없습니다. 또한 간단한 설명만으로 이해하기 힘든 속성도 있습니다. 이런 내용들은 이후 절에서 차근차근 살펴보겠습니다.

5.5 기본 이벤트

몇몇 HTML 요소는 개발자가 이벤트를 연결하지 않았음에도 뭔가 실행되는 기능을 가지고 있는 것들이 있습니다. 예를 들어 〈a〉 요소는 클릭 이벤트 처리를 하지 않았음에도 클릭하면 href 특성(attribute)에 정의된 경로로 화면을 이동시킵니다. **이와 같이 HTML 문서나 요소에 어떤 기능을 실행하도록 이미 정의되어 있는 이벤트를 기본 이벤트(Default Event)라고 부릅니다.** 대표적인 기본 이벤트는 다음과 같습니다.

- 〈a〉 요소를 클릭했을 때 href 특성의 경로로 페이지를 이동시킴.
- 브라우저 화면을 마우스 오른쪽 클릭했을 때 내장 컨텍스트 메뉴(ContextMenu : 과거에는 팝업 메뉴라고 불렸지만 공식적인 명칭은 컨텍스트 메뉴입니다)가 나타남.
- 〈form〉 요소 내부의 submit 버튼을 클릭했을 때 〈form〉 요소의 action 특성에 지정된 경로로 method 특성에 지정된 방식으로 전송함.
- 〈input type="text" ... /〉 요소에 키보드를 누르면 입력한 문자가 텍스트 박스에 나타남.

이와 같이 평소에는 당연하다고 여기는 것 중 의외로 많은 부분이 기본 이벤트로 처리되고 있음을 알 수 있습니다. 이러한 기본 이벤트는 HTML 마크업만으로도 미리 정의된 기능을 실행할 수 있기 때문에 편리하지만 때로는 걸림돌이 되기도 합니다. 따라서 기본 이벤트 실행을 중지시킬 수 있는 방법을 알아 둘 필요가 있습니다. 이때 사용하는 메서드가 이벤트 객체의 preventDefault() 메서드입니다. 다음 예제를 통해서 기본 이벤트의 실행을 중단시키는 방법을 알아보겠습니다.

예제 05-05

```
01: <body>
02:     <div id="app">
03:         <div @contextmenu="ctxStop"
04:             style="position:absolute; top:5px; right:5px; bottom:5px; left:5px;">
05:             <a href="https://facebook.com" @click="confirmFB">페이스북</a>
06:         </div>
```

```
07:        </div>
08:        <script src="https://unpkg.com/vue"></script>
09:        <script type="text/javascript">
10:            var vm =Vue.createApp({
11:                name : "App",
12:                methods: {
13:                    ctxStop(e) {
14:                        e.preventDefault();
15:                    },
16:                    confirmFB(e) {
17:                        if (!confirm("페이스북으로 이동할까요?")) {
18:                            e.preventDefault();
19:                        }
20:                    }
21:                }
22:            }).mount("#app")
23:        </script>
24: </body>
```

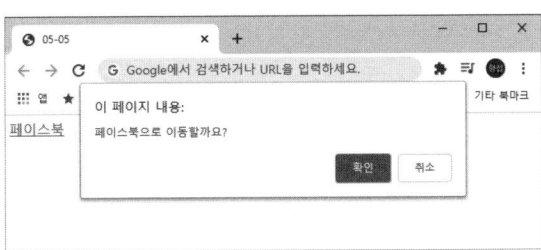

그림 05-04 예제 05-05의 실행

예제 05-05의 13, 16행에서 두 개의 메서드를 작성했습니다. 이 메서드 내부에서는 기본 이벤트(Default Event) 실행을 막기 위해서 이벤트 객체의 preventDefault() 메서드를 호출합니다. confirmFB 메서드는 사용자에게 확인을 받기 위해서 confirm() 함수를 사용합니다. 사용자가 확인 버튼이 아닌 취소 버튼을 클릭하면 preventDefault() 메서드가 호출되어 기본 이벤트(<a> 요소의 기본 이벤트는 href 특성의 URL로 이동시키는 것입니다)의 실행을 중지시킵니다.

3행에서 contextmenu 이벤트가 발생할 때 호출하는 13행의 ctxStop 메서드는 무조건 preventDefault() 메서드를 호출합니다. 이로서 내장 컨텍스트 메뉴는 나타나지 않게 됩니다. 최근에 내장 컨텍스트 메뉴를 보이지 않도록 하는 주된 이유는 브라우저 화면에서 오른쪽 마우스 버튼을 클릭할 때 내장 컨텍스트 메뉴 대신 개발자가 직접 작성한 메뉴를 나타내려고 하기 때문입니다.

하지만 개발자가 이벤트에 의해 호출되는 메서드에 매번 e.preventDefault()를 작성하도록 신경 쓰는 것은 쉽지 않습니다. Vue에서는 다양한 이벤트와 관련한 문제를 쉽게 해결하기 위해 이벤트 수식어(Event Modifier)라는 것을 제공하는데 이 중에는 기본 이벤트의 실행을 막는 prevent 수식어가 포함되어 있습니다. 예제 05-05를 다음과 같이 수정해봅시다. 기존 예제에서 ctxStop 메서드를 삭제하고 볼드체로 표현된 부분만을 변경하면 됩니다.

예제 05-06

```
<div id="app">
    <div @contextmenu.prevent
        style="position:absolute; top:5px; right:5px; bottom:5px; left:5px;">
        <a href="https://facebook.com" @click="confirmFB">페이스북</a>
    </div>
</div>
```

이벤트명 뒤쪽에 .prevent와 같이 첨부하면 됩니다. 이로써 ctxStop 메서드는 더이상 작성할 필요가 없습니다. 이벤트 수식어가 편리하긴 하지만 이것만 사용할 수는 없습니다. 예제 04-04의 페이스북 이동 링크와 같이 조건 논리식의 결과에 따라서 preventDefault()를 직접 호출해야 하는 경우도 있으니 두 가지 방법 모두 알아두어야 합니다.

5.6 이벤트 전파와 버블링

HTML 문서의 이벤트 처리는 3단계를 거칩니다. 1단계는 문서 내의 요소에서 이벤트가 발생했을 때 HTML 문서의 밖에서부터 이벤트를 발생시킨 HTML 요소까지 포착해 들어가는 이벤트 포착 단계(CAPTURING_PHASE)입니다. 2단계는 이벤트를 발생시킨 요소에 다다르면 요소의 이벤트에 연결된 함수를 직접 호출시키는 이벤트 발생(RAISING_PHASE : AT_

TARGET) 단계입니다. 마지막 3단계로는 이벤트가 발생한 요소로부터 상위 요소로 거슬러 올라가면서 동일한 이벤트를 호출시키는 버블링(BUBBLING_PHASE) 단계입니다. 일반적으로는 2단계 RAISING, 3단계 BUBBLING_PHASE에서 연결된 이벤트 함수가 호출됩니다. 이것을 그림으로 나타내면 그림 05-05와 같습니다.

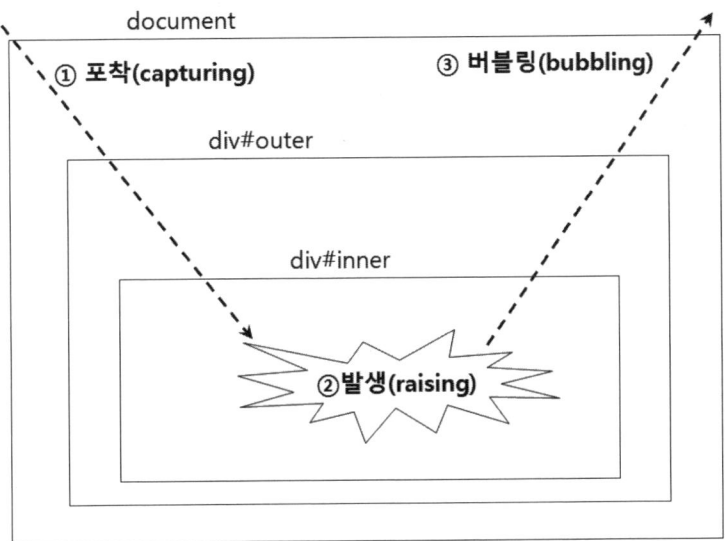

그림 05-05 이벤트 전파의 3단계

실제 이러한 현상을 살펴보기 위해 다음 예제를 살펴보겠습니다.

예제 05-07

```
01: <!DOCTYPE html>
02: <html>
03: <head>
04:     <meta charset="utf-8">
05:     <title>05-07</title>
06:     <style>
07:     #outer {
08:         width:200px; height:200px; border:solid 2px black;
09:         background-color: aqua;
10:         position: absolute; top:100px; left:50px;
11:         padding:10px 10px 10px 10px;
12:     }
```

05 _ 이벤트 처리 129

```
13:     #inner {
14:         width:100px; height:100px; border:solid 2px black;
15:         background-color:yellow;
16:     }
17:     </style>
18: </head>
19: <body>
20:     <div id="app">
21:         <div id="outer" @click="outerClick">
22:             <div id="inner" @click="innerClick"></div>
23:         </div>
24:     </div>
25:     <script src="https://unpkg.com/vue"></script>
26:     <script type="text/javascript">
27:     var vm = Vue.createApp({
28:         name : "App",
29:         methods : {
30:             outerClick(e) {
31:                 console.log("### OUTER CLICK")
32:                 console.log("Event Phase : ", e.eventPhase);
33:                 console.log("Current Target : ", e.currentTarget);
34:                 console.log("Target : ", e.target);
35:             },
36:             innerClick(e) {
37:                 console.log("### INNER CLICK")
38:                 console.log("Event Phase : ", e.eventPhase);
39:                 console.log("Current Target : ", e.currentTarget);
40:                 console.log("Target : ", e.target);
41:             }
42:         }
43:     }).mount("#app")
44:     </script>
45: </body>
46: </html>
```

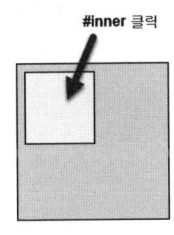 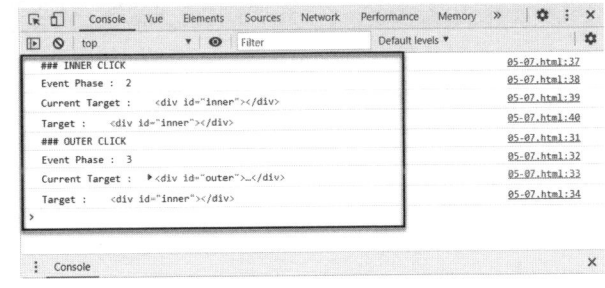

그림 05-06 예제 05-07 실행

예제 05-07을 실행한 후 그림 05-06과 같이 브라우저의 개발자 도구를 열어 #inner 요소를 클릭해봅니다. 분명히 #inner만 클릭했지만 #outer의 click 이벤트가 실행된 것을 알 수 있습니다. 그림 05-06의 콘솔에 출력된 정보를 살펴보면 다음과 같습니다.

	#inner click	#outer click
eventPhase	2 (AT_TARGET)	3 (BUBBLING)
currentTarget	#inner	#outer
target	#inner	#inner

표 05-05 이벤트 객체의 주요 속성값 비교

표 05-05와 같이 BUBBLING_PHASE일 때와 RAISING_PHASE일 때는 정보가 다르다는 것을 알 수 있습니다. currentTarget과 target 값이 서로 다르다는 것이 중요합니다. 버블링 단계에서의 target은 이벤트가 일어난 원본 요소를 가리킵니다. 하지만 currentTarget은 이벤트가 일어난 요소가 아닌 버블링에 의해 호출된 이벤트 핸들러를 보유한 요소를 가리킵니다. 경우에 따라서는 이벤트 위임(Event Delegation)이라는 의도적으로 버블링을 활용하는 방법을 사용해 이 속성들을 이용하기도 합니다.

하지만 일반적으로는 이벤트 버블링은 막아야 할 작업입니다. #inner를 클릭했을 때 상위 요소로의 이벤트의 전파(Propagation)를 막아야 하는 것입니다. 이를 위해 이벤트 객체의 stopPropagation() 메서드를 이용합니다. 예제 05-07을 예제 05-08과 같이 e.stopPropagation() 코드를 추가하여 실행한 후 #inner를 클릭해봅니다. 더 이상 버블링이 일어나지 않는 것을 확인할 수 있습니다.

예제 05-08

```
<script type="text/javascript">
var vm = Vue.createApp({
    name : "App",
    methods : {
        outerClick(e) {
            ......
            e.stopPropagation();
        },
        innerClick(e) {
            ......
            e.stopPropagation();
        }
    }
}).mount("#app")
</script>
```

예제 05-08과 같이 stopPropagation 메서드를 직접 호출할 수 있지만, 이벤트 수식어를 이용하면 더욱 편리합니다. 이벤트 전파와 관련된 이벤트 수식어는 다음과 같습니다.

- .stop: 이벤트 전파를 중단시킵니다.

- .capture: CAPTURING_PHASE 단계에서만 이벤트가 발생합니다.

- .self: RAISING_PHASE 단계일 때만 이벤트가 발생합니다.

예제 05-08의 e.stopPropagation() 코드를 주석으로 처리하고 다음과 같이 작성해도 결과는 같습니다.

예제 05-09

```
<div id="app">
    <div id="outer" @click.stop="outerClick">
        <div id="inner" @click.stop="innerClick"></div>
    </div>
</div>
```

이 수식어들은 단독으로도 사용할 수 있지만 이전에 살펴보았던 .prevent 수식어 등을 모두 이어 붙여서 여러 개를 적용할 수 있습니다. 만일 버블링일 때가 아니라 이벤트를 포착하는 단계에서 이벤트 전파를 막고 싶다면 다음과 같이 작성할 수 있습니다(실무적으로는 의미가 없는 코드입니다).

```
<div id="example">
    <div id="outer" @click.capture.stop="outerClick">
        <div id="inner" @click.stop="innerClick"></div>
    </div>
</div>
```

이렇게 변경된 코드는 예제 05-09와는 다르게 실행됩니다. #inner를 클릭하더라도 CAPTURING_PHASE에서 outerClick이 호출되고 나서 즉시 stop하게 됩니다. 따라서 outerClick만 호출되고 더 이상 이벤트 발생은 일어나지 않습니다. 이벤트 포착(capture) 단계에서 이벤트 전파를 중지시키기 때문입니다.

5.7 이벤트 수식어

이미 앞에서 .prevent, .stop, .self와 같은 이벤트 수식어(Event Modifiers)를 살펴보았지만 이 밖에도 다양한 이벤트 수식어가 제공됩니다.

5.7.1 once 수식어

once 수식어는 한 번만 이벤트를 발생시키고 이벤트 연결을 해제합니다. 예제 05-10은 예제 05-01의 기존 코드에 볼드체의 코드만 추가하면 됩니다.

예제 05-10

```
<body>
    <div id="app">
        금액 : <input type="text" v-model.number="amount" /><br />
        <button @click="balance += parseInt(amount)">입금</button>
        <button @click="balance -= parseInt(amount)">출금</button>
        <button @click.once="balance += 10000">계좌 개설 이벤트</button>
```

```
            <br />
            <h3>계좌 잔고 : {{balance}}</h3>
        </div>
        ......
    </body>
```

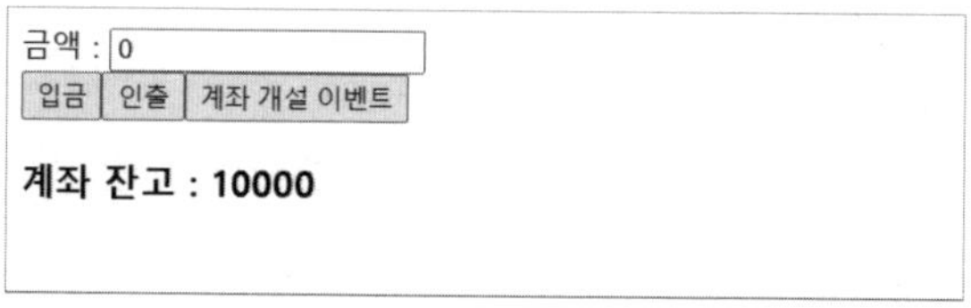

그림 05-07 예제 05-10 실행

계좌 개설 이벤트를 여러 번 클릭해도 처음 한 번만 이벤트가 처리됩니다.

5.7.2 키코드 관련 수식어

키코드 수식어는 키보드 관련 이벤트를 처리할 때 사용할 수 있는 수식어입니다. 키보드의 키를 누를 때 고유의 키코드(KeyCode) 값을 가질 때만 이벤트를 발생시키는 더 편리한 방법을 제공합니다. 반드시 이 수식어를 이용해야만 하는 것은 아니지만 수식어를 통해 단순한 코드 작성을 줄일 수 있습니다. 예제 05-11은 예제 04-08을 변경한 것입니다. 예제 04-08은 v-model 디렉티브와 관찰자(watcher)를 이용해 타이핑을 할 때마다 원격 서비스 API와 통신하여 검색 결과 데이터를 받아오도록 작성된 예제입니다. 예제 05-11은 기존 예제를 검색어를 입력한 후 엔터키를 누르면 원격 서비스와 통신하도록 변경한 것입니다.

예제 05-11

```
01: <body>
02:     <div id="app">
03:         이름 : <input type='text' v-model.trim="name" @keyup="search"
04:                 placeholder="영문 두글자 이상을 입력하세요" /><br />
05:         <ul>
06:             <li v-for="c in contacts">{{c.name}} : {{c.tel}}</li>
07:         </ul>
08:         <div v-show="isLoading">검색중</div>
09:     </div>
```

```
10:    <script type="text/javascript" src="https://unpkg.com/vue"></script>
11:    <script type="text/javascript" src="https://unpkg.com/axios"></script>
12:    <script type="text/javascript" src="https://unpkg.com/lodash"></script>
13:    <script type="text/javascript">
14:        const BASEURL = "https://contactsvc.bmaster.kro.kr";
15:        var vm = Vue.createApp({
16:            name : "App",
17:            data() {
18:                return { name: "", contacts: [], isLoading:false }
19:            },
20:            methods : {
21:                search(e) {
22:                    if (e.keyCode === 13) {
23:                        if (this.name.length >=2) {
24:                            this.fetchContacts();
25:                        } else {
26:                            this.contacts = [];
27:                        }
28:                    }
29:                },
30:                fetchContacts() {
31:                    this.isLoading = true;
32:                    axios.get(BASEURL + `/contacts_long/search/${this.name}`)
33:                    .then((response)=>{
34:                        this.isLoading = false;
35:                        this.contacts = response.data;
36:                    })
37:                }
38:            }
39:        }).mount('#app')
40:    </script>
41: </body>
```

3행에서 v-on 디렉티브(@)를 이용해 keyup 이벤트가 발생하면 21행의 search 메서드를 호출합니다. 이 메서드의 22행에서 엔터키(keyCode 13)가 keyup되었는지를 확인하여 조회하도록 합니다. 이제는 타이핑을 할 때마다 메서드가 호출되지는 않기 때문에 30행의 위치에서 사용되었던 _.debounce()를 이용할 필요가 없습니다.

이와 같이 이벤트 객체의 keyCode를 사용해도 되지만 수식어를 사용하는 편이 훨씬 간단합니다. 수식어를 적용하도록 코드를 변경해보면 예제 05-12와 같습니다.

예제 05-12

```
01: <body>
02:     <div id="app">
03:         이름 : <input type='text' v-model.trim="name" @keyup.enter="search"
04:                 placeholder="영문 두글자 이상을 입력하세요" /><br />
05:         ......
06:     </div>
07:     ......
08:     <script type="text/javascript">
09:     const BASEURL = "https://contactsvc.herokuapp.com";
10:     var vm = Vue.createApp({
11:         ......
12:         methods : {
13:             search() {
14:                 // if (e.keyCode === 13) {
15:                 if (this.name.length >=2) {
16:                     this.fetchContacts();
17:                 } else {
18:                     this.contacts = [];
19:                 }
20:                 // }
21:             },
22:             ......
23:         }
24:     }).mount('#app')
25:     </script>
26: </body>
```

그림 05-08 예제 05-11,12 실행

예제 05-12에서는 @keyup 뒤에 수식어로 .enter 키코드를 덧붙였습니다. 이로써 14행에서는 keyCode로 if 문을 사용해 조건 처리할 필요가 없어집니다. 이러한 Vue의 키코드 관련 수식어는 .enter 이외에도 다양한 것들이 있습니다.

.up	.down	.left	.right
.enter	.tab	.delete	.esc
.space	.ctrl	.alt	.shift
.meta			

표 05-06 키 관련 수식어

표 05-06에서 마지막줄의 수식어는 마우스 이벤트, 키보드 이벤트가 발생할 때 다른 키, 마우스 버튼과 조합하여 적용할 수 있습니다. 예를 들어 CTRL+ENTER 조합으로 키보드 이벤트를 처리하고 싶다면 @keyup.ctrl.enter="...", @click.alt="..."와 같은 형태로 조합하여 사용할 수 있습니다.

또 한 가지 수식어로 사용 가능한 정보로써 이벤트 객체 e의 key 속성값을 이용하는 방법이 있습니다. 예를 들어 CTRL + C(복사할 때 자주 사용하던 키 조합)를 눌렀을 때 이벤트 핸들러 함수를 실행하고 싶다면 @keyup.ctrl.c="..."와 같이 사용할 수 있습니다.

키보드에는 많은 키가 있으므로 직접 Console에 e.key를 출력하는 간단한 예제를 작성하고 확인해보면 다양한 키조합을 사용할 수 있습니다.

5.7.3 마우스 관련 수식어

마우스 버튼도 수식어가 제공됩니다.

.left	.right	.middle

다음은 마우스 버튼 수식어를 사용해 마우스 왼쪽, 오른쪽 버튼을 클릭해서 목록에서 선택된 아이템을 이동하는 예제입니다.

예제 05-13

```
01: <!DOCTYPE html>
02: <html lang="en">
03: <head>
04:     <meta charset="UTF-8">
05:     <meta name="viewport" content="width=device-width, initial-scale=1.0">
06:     <title>05-13</title>
07:     <link rel="stylesheet"
08:         href="https://unpkg.com/bootstrap/dist/css/bootstrap.min.css" />
09:     <link rel="stylesheet"
10:         href="https://unpkg.com/font-awesome@4.7.0/css/font-awesome.min.css" />
11: </head>
12: <body>
13:     <div id="app">
14:         <div class="container"
15:             style="position:absolute; top:0; left:0; bottom:0; right:0;"
16:             @contextmenu.prevent @click.left="if (currentIndex > 0) currentIndex--;"
17:             @click.right="if (currentIndex < itemlist.length-1) currentIndex++;"
18:             @click.ctrl.left="currentIndex=0"
19:             @click.ctrl.right="currentIndex=itemlist.length-1">
20:             <div>
21:                 - 왼쪽버튼 : 위로<br />
22:                 - 오른쪽 버튼 : 아래로<br />
23:                 - CTRL + 왼쪽 버튼 : 처음으로<br />
24:                 - CTRL + 오른쪽 버튼 : 마지막으로<br />
25:             </div>
26:             <hr />
27:             <ul class="list-group">
28:                 <li class="list-group-item"
29:                     :class="index === currentIndex ? 'active' : ' ' "
30:                     v-for="(item,index) in itemlist" :key="item">
31:                     {{item}}
32:                     <span v-if="index === currentIndex"
33:                         className="float-right badge badge-secondary">
34:                         <i class="fa fa-arrow-left" aria-hidden="true"></i>
35:                     </span>
36:                 </li>
37:             </ul>
```

```
38:            </div>
39:        </div>
40:        <script type="text/javascript" src="https://unpkg.com/vue"></script>
41:        <script type="text/javascript">
42:            var vm = Vue.createApp({
43:                name : "App",
44:                data() {
45:                    return {
46:                        itemlist : ["Item1","Item2","Item3","Item4","Item5",
47:                            "Item6","Item7","Item8","Item9"],
48:                        currentIndex : 0,
49:                    };
50:                }
51:            }).mount('#app')
52:        </script>
53: </body>
54: </html>
```

```
- 왼쪽버튼 : 위로
- 오른쪽 버튼 : 아래로
- CTRL + 왼쪽 버튼 : 처음으로
- CTRL + 오른쪽 버튼 : 마지막으로

Item1
Item2
Item3
Item4
Item5
Item6
Item7
Item8
Item9ㆍ
```

그림 05-09 예제 05-13 실행

42행의 data를 살펴보면 아이템 목록(itemlist) 배열과 현재의 인덱스 번호(currentIndex)가 초기화되어 있습니다. 16~19행의 코드에서 마우스 왼쪽 버튼, 오른쪽 버튼을 클릭하면 currentIndex 값을 1씩 증감하도록 작성하였습니다. 또한 CTRL 키를 누른 상태에서 마우스 버튼을 클릭하면 목록의 처음과 끝으로 이동하도록 currentIndex 값을 설정합니다. 마우스 오른쪽 버튼은 기본 이벤트로 내장 컨텍스트 메뉴를 활성화시키기 때문에 @contextmenu 이벤트에 대해 .prevent 수식어를 적용하여 기본 이벤트 실행을 방지했습니다.

29, 32행에서 currentIndex 값과 v-for 디렉티브를 이용해 목록을 반복 렌더링할 때의 index 값이 같을 때만 화살표 아이콘 모양을 출력하고 active 클래스가 주어지도록 v-if 디렉티브를 사용합니다.

5.7.4 exact 수식어

.exact 수식어는 다른 시스템 수식어와 조합해 이벤트를 등록할 때 정확하게 일치하는 조합으로 이벤트가 일어나야 핸들러가 실행되도록 설정합니다. 예제를 통해 .exact 수식어를 지정했을 때와 그렇지 않을 때의 차이점을 살펴보겠습니다.

예제 05-14

```
01: <body>
02:     <div id="app">
03:         <ul>
04:             <li>마우스 왼쪽만 클릭 : 1씩 증가</li>
05:             <li>CTRL+왼쪽 클릭 : 10씩 증가</li>
06:             <li>CTRL+ALT+왼쪽 클릭 : 100씩 증가</li>
07:         </ul>
08:         <button @click="num=num+1" @click.ctrl="num=num+10"
09:             @click.ctrl.alt="num=num+100">
10:             클릭하세요
11:         </button><br />
12:         <br />
13:         <h3>카운트 : {{num}}</h3>
14:     </div>
15:     <script type="text/javascript" src="https://unpkg.com/vue"></script>
16:     <script type="text/javascript">
17:         var vm = Vue.createApp({
18:             name : "App",
19:             data() {
20:                 return { num : 0 };
21:             }
```

```
22:        }).mount('#app')
23:    </script>
24: </body>
```

이 예제는 8~9행과 같이 버튼에 대해 CLICK은 1, CTRL+CLICK은 10, CTRL+ALT+CLICK은 100만큼 값을 증가시키려고 합니다. 하지만 CTRL+ALT+CLICK은 100이 아닌 111만큼 값을 증가시킵니다. 왜냐하면 CTRL+ALT+CLICK도 CLICK, CTRL+CLICK에 해당되기 때문입니다.

이런 이유로 정확하게 키조합이 일치할 때만 이벤트 핸들러를 실행할 수 있도록 하는 수식어가 필요합니다. 8~9행을 다음과 같이 .exact 수식어를 적용하도록 코드를 변경하면 기대했던 대로 작동할 것입니다.

```
<button @click.exact="num=num+1" @click.ctrl.exact="num=num+10"
    @click.ctrl.alt.exact="num=num+100">
```

그림 05-10 예제 05-14에 .exact 수식어 적용한 후 실행

5.8 마무리

지금까지 v-on 디렉티브를 이용해 이벤트를 처리하는 방법과 v-on 디렉티브는 @로 간략하게 줄여서 사용할 수 있다는 것을 알아보았습니다. 더불어 기본 이벤트, 이벤트 전파의 개념과 처리 방법과 .prevent, .stop과 같은 관련된 이벤트 수식어도 함께 살펴보았습니다. 이벤트 처리는 브라우저에서 애플리케이션과 사용자 사이의 상호작용을 일으키는 중요한 기법입니다. 사용법을 잘 익혀두어야 합니다.

원쌤의
Vue.js 퀵스타트

06

스타일 적용

6.1 HTML의 스타일 적용

웹 애플리케이션을 개발할 때 UI를 디자인하기 위해서 스타일(style) 특성(Attribute)과 CSS 클래스를 자주 사용합니다. 원래 HTML 요소의 스타일 특성은 모두 문자열이며, 케밥 표기법(kebab casing)을 사용합니다. font-size와 같은 형태입니다. 두 번째 단어를 시작할 때 그 앞에 대시(-) 기호를 쓰고 모두 소문자를 써서 표기하는 방법입니다. **이와 같은 표기법을 사용하는 이유는 HTML에서는 대소문자를 구별하지 않기 때문입니다. 케밥 표기법은 HTML, 스타일 특성 등에서 주로 사용합니다.**

각 요소마다 일일이 스타일을 직접 입히는 것은 대단히 비효율적인 일입니다(이 방법을 인라인 스타일이라고 합니다). 스타일을 바꾸려면 모든 요소의 스타일 특성을 변경해야만 하기 때문입니다. 그래서 미리 CSS 클래스를 지정하고 이를 HTML 요소에 바인딩하는 방법을 사용해왔습니다.

```
<style>
  .test { background-color:aqua; color:brown; border:solid 1px black; }
</style>
<button class="test">버튼 1</button>
<button class="test">버튼 2</button>
<button class="test">버튼 3</button>
```

이 방법을 사용하면 동일한 디자인을 여러 요소에 적용할 수 있으며, 스타일 클래스의 정보만 변경하면 같은 클래스를 적용하는 모든 HTML 요소에 동일한 스타일이 적용됩니다.

스타일과 클래스는 동시에 적용할 수도 있으며 한 HTML 요소에 여러 개의 클래스를 적용할 수 있습니다. 대신에 적용되는 순서는 꼭 알아둘 필요가 있습니다. 예제 06-01을 통해서 HTML에서의 스타일 적용의 우선 순위를 알아보겠습니다.

예제 06-01

```
01: <!DOCTYPE html>
02: <html>
03: <head>
04:     <meta charset="utf-8">
05:     <title>06-01</title>
06:     <style>
07:         .test { background-color: yellow;  border: double 4px gray; }
08:         .over { background-color: aqua; width:300px; height:100px;  }
09:     </style>
10: </head>
11: <body>
12:     <div style="background-color: orange;" class="test over"></div>
13: </script>
14: </body>
15: </html>
```

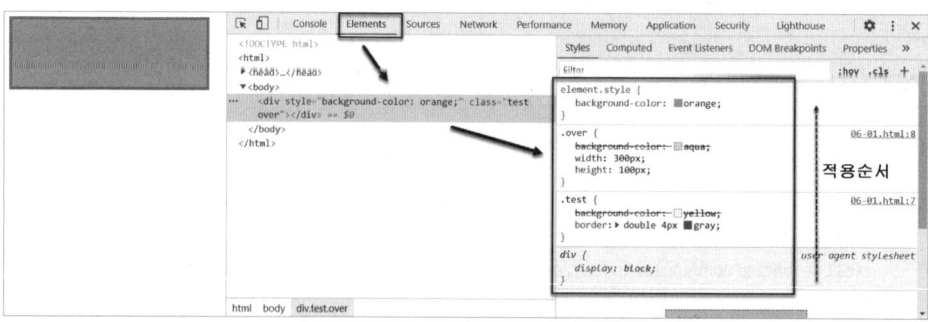

그림 06-01 예제 06-01 실행

그림 06-01의 실행 결과를 살펴보면 ⟨style⟩⟨/style⟩ 태그에 작성된 순서대로 CSS 클래스의 스타일이 적용된 후 HTML 요소에 style 특성(Attribute)을 이용하는 인라인 스타일이 마지막으로 적용됩니다. 인라인 스타일은 HTML 요소에 style 특성에 스타일을 직접 지정하는 스타일 지정 방법입니다. 구체적으로 이 예제에서의 스타일 적용 순서는 다음과 같습니다.

요소의 기본 스타일 --> .test 스타일 --> .over 스타일 --> 인라인 스타일

.test와 .over의 클래스 적용 순서는 7~8행의 css 클래스 로딩 순서에 의해 결정됩니다. 12행의 class="test over" 코드에 의해 순서가 결정되는 것이 아닙니다. 이 내용은 7장에서 단일 파일 컴포넌트를 학습할 때 다시 한번 다룹니다.

이 예제에서 background-color 속성이 중복 선언되어 있는데, 같은 속성에 대해 각기 다른 값을 지정하였다면, 가장 마지막에 적용된 스타일이 적용되고 나머지는 일시적으로 가려집니다. 만일 인라인 스타일의 background-color 속성을 삭제하면 그 이전에 적용된 .over 스타일의 background-color에 지정된 색상이 나타납니다. Console에서 다음 코드를 실행한 다음 다시 Elements 탭을 살펴보면 그림 06-02와 같이 .over 클래스에 지정된 background-color 의 값이 적용된 것을 볼 수 있습니다.

Console 에서 다음 명령 실행 : 인라인 스타일 삭제

```
document.getElementsByTagName('div')[0].style = "";
```

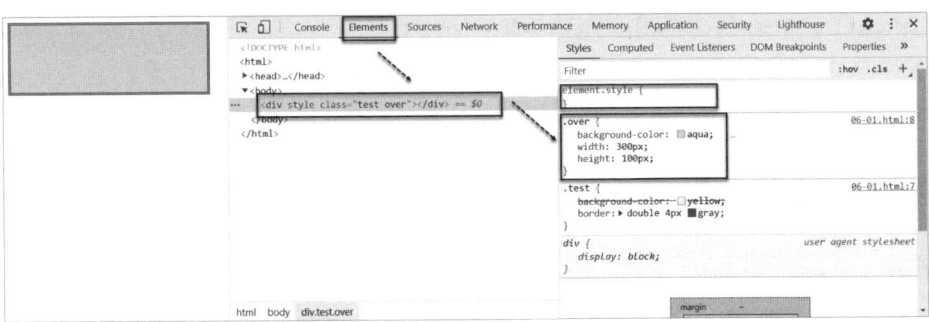

그림 06-02 인라인 스타일 삭제 후 스타일 적용

6.2 인라인 스타일

기존 HTML에서는 인라인 스타일(HTML 요소의 style 프로퍼티에 CSS를 기술하는 방식)의 사용을 권장하지 않았습니다. Vue.js에서도 마찬가지입니다. 가능하다면 인라인 스타일은 사용하지 않는 것이 바람직합니다. 하지만 인라인 스타일이 필요한 경우도 있으니 사용 방법을 알고 있어야 합니다.

인라인 스타일은 v-bind:style로 작성합니다. style로 지정할 정보는 데이터 속성에 자바스크립트 객체로 작성합니다. 데이터 속성을 작성할 때 주의 사항은 스타일 속성을 케밥 표기법(kebab casing)이 아닌 카멜 표기법(camel casing)을 사용해야 한다는 점입니다. 또한 스타일 속성과 속성은 세미콜론(;)이 아닌 콤마(,) 기호를 이용해 구분합니다.

Vue 인스턴스의 데이터로 처리하려면 케밥 표기법을 사용할 수 없습니다. 자바스크립트 언어에서는 변수명, 속성명으로 대쉬(-) 기호를 사용할 수 없기 때문입니다.

케밥 표기법(kebob casing)	카멜 표기법(camel casing)
font-size	fontSize
background-color	backgroundColor

사실 이와 같은 관습은 이전의 자바스크립트에서도 사용되어 왔습니다. 예를 들어 HTML 요소의 스타일을 변경하려고 할 때 다음과 같은 코드를 작성해왔습니다.

```
document.getElementById("a").style.fontSize='20pt';
```

이제 예제를 통해 확인해보도록 하겠습니다.

예제 06-02

```
01: <body>
02:     <div id="app">
03:         <button id="a" :style="style1" @mouseover.stop="overEvent"
04:             @mouseout.stop="outEvent">테스트</button>
05:     </div>
06:     <script src="https://unpkg.com/vue"></script>
07:     <script type="text/javascript">
```

```
08:     var vm = Vue.createApp({
09:         name : "App",
10:         data() {
11:             return {
12:                 style1 : { backgroundColor:"aqua", color:"black" }
13:             }
14:         },
15:         methods : {
16:             overEvent() {
17:                 this.style1.backgroundColor = "purple";
18:                 this.style1.color = "yellow";
19:             },
20:             outEvent() {
21:                 this.style1.backgroundColor = "aqua";
22:                 this.style1.color = "black";
23:             }
24:         }
25:     }).mount("#app")
26:     </script>
27: </body>
```

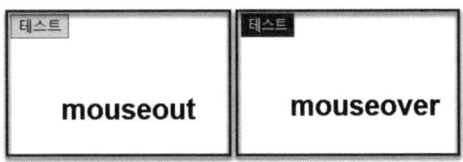

그림 06-03 예제 06-02 실행

예제 06-02에서는 mouseover와 mouseout 이벤트를 사용해 버튼에 마우스가 over나 out될 때 12행의 style1 데이터 속성을 변경합니다. 변경된 속성은 3행의 :style="style1"을 통해 style로 바인딩됩니다. 12행의 style1 데이터 속성을 살펴보면 backgroundColor, textAlign과 같이 카멜 표기법을 사용하여 자바스크립트 객체로 초기 스타일을 정의하고 있음을 알 수 있습니다.

인라인 스타일을 적용할 때 객체 표기법 문법으로 속성들을 하나씩 지정할 수도 있습니다. 예제 06-03을 살펴보겠습니다. 볼드체로 표현된 부분과 예제 06-02을 비교해보세요.

예제 06-03

```
01: <body>
02:     <div id="app">
03:         <button id="a" :style="{ backgroundColor:bgColor, color }"
04:             @mouseover.stop="overEvent"
05:             @mouseout.stop="outEvent">테스트</button>
06:     </div>
07:     <script src="https://unpkg.com/vue"></script>
08:     <script type="text/javascript">
09:         var vm = Vue.createApp({
10:             name : "App",
11:             data() {
12:                 return { bgColor:"aqua", color:"black" }
13:             },
14:             methods : {
15:                 overEvent() {
16:                     this.bgColor = "purple";
17:                     this.color = "yellow";
18:                 },
19:                 outEvent() {
20:                     this.bgColor = "aqua";
21:                     this.color = "black";
22:                 }
23:             }
24:         }).mount("#app")
25:     </script>
26: </body>
```

실행한 후의 화면은 예제 06-02를 실행했을 때와 동일합니다. 3행의 :style로 바인딩하는 스타일을 예제 06-02와 비교해보면 다음과 같습니다.

[예제 06-02]

- 스타일 지정   --> :style="style1"
- 데이터   --> { style1 : { backgroundColor:"aqua", color:"black" } }

[예제 06-03]

- 스타일 지정   --> :style="{ backgroundColor:bgColor, color }"
- 데이터   --> { bgColor:"aqua", color:"black" }

예제 06-03에서는 v-bind:style에 바인딩할 때 직접 객체 리터럴 표기법으로 속성을 하나씩 지정하고 있습니다. 반면에 예제 06-02에서는 미리 style1으로 데이터를 초기화할 때 객체를 만들어 둔 후 style1 객체를 바인딩하고 있습니다. 어느 쪽이 다루기 좋은 방법인지는 명백합니다. **예제 06-02와 같이 요소에 지정할 스타일을 객체 단위로 바인딩하는 것이 더 편리한 방법입니다.**

또한 인라인 스타일을 적용할 때 여러 객체를 한 번에 지정할 수도 있습니다. 예제 06-04를 살펴보겠습니다.

예제 06-04

```
01: <body>
02:     <div id="app">
03:         <button id="btn1" :style="[ myColor, myLayout ]">버튼1</button>
04:     </div>
05:     <script src="https://unpkg.com/vue"></script>
06:     <script type="text/javascript">
07:         var vm = Vue.createApp({
08:             name : "App",
09:             data() {
10:                 return {
11:                     myColor : { backgroundColor:'purple', color:'yellow' },
12:                     myLayout : { width:'150px', height:'80px', textAlign:'center' }
13:                 }
14:             }
15:         }).mount("#app")
16:     </script>
17: </body>
```

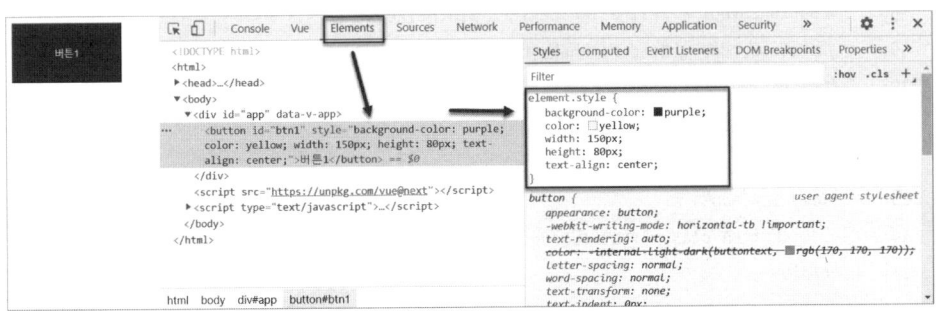

그림 06-04 예제 06-04 실행

예제 06-04에서 두 개의 데이터 속성을 준비했습니다. 이것들이 적용할 스타일 객체입니다. 3행에서 myColor, myLayout 스타일 데이터 객체를 배열을 이용해 적용하고 있습니다. 그림 06-04에서 버튼에 두 스타일 객체의 속성이 모두 적용되었음을 확인할 수 있습니다.

6.3 CSS 클래스 바인딩

CSS 클래스를 지정하기 위해 v-bind:class="..." 또는 :class="..."을 사용하며, 두 가지 방법으로 바인딩할 수 있습니다.

- CSS 클래스명 문자열을 바인딩하는 방법
- true/false 값을 가진 객체를 바인딩하는 방법

6.3.1 CSS 클래스명 문자열을 바인딩하는 방법

이 방법은 데이터나 속성에 CSS 클래스명 문자열을 할당하여 이 값을 :class로 바인딩하는 방법입니다. 예제 06-05를 살펴보겠습니다.

예제 06-05

```
01: <!DOCTYPE html>
02: <html>
03: <head>
04:     <meta charset="utf-8">
05:     <title>06-05</title>
06:     <style>
07:         .buttonColor { background-color:aqua; color:black; }
08:         .buttonLayout { text-align:center; width:120px; }
09:         .staticBorder { border: khaki dashed 1px; }
10:     </style>
11: </head>
12: <body>
13:     <div id="app">
14:         <button class="staticBorder" :class="myColor">테스트 버튼</button>
15:     </div>
```

```
16:      <script src="https://unpkg.com/vue"></script>
17:      <script type="text/javascript">
18:         var vm = Vue.createApp({
19:            name : "App",
20:            data() {
21:               return {
22:                  myColor : "buttonColor buttonLayout",
23:               }
24:            }
25:         }).mount("#app")
26:      </script>
27:   </body>
28: </html>
```

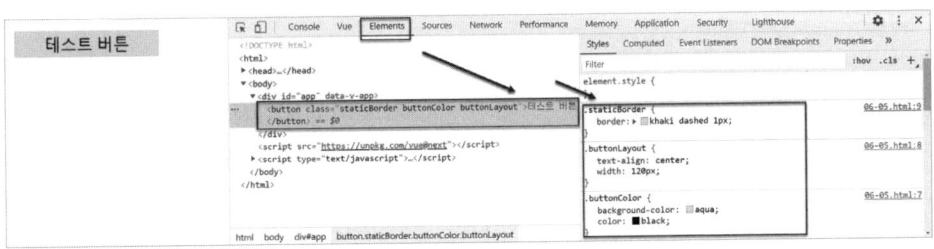

그림 06-05 예제 06-05의 실행

사용 방법은 아주 간단합니다. 7~9행에 buttonColor, buttonLayout, staticBorder라는 CSS 클래스가 정의되어 있습니다. 각각 배경색과 폰트색, 텍스트 정렬과 요소의 폭, 테두리 선을 설정하고 있습니다. 22행에서는 이 CSS 클래스명을 문자열로 값을 가지는 myColor라는 데이터가 초기화되어 있습니다. 최종적으로 CSS 클래스를 지정하기 위해 14행과 :class="myColor"와 같이 문자열 값을 가진 데이터를 클래스로 바인딩합니다.

또 한 가지 주목해서 살펴볼 부분은 정적 class와 함께 사용할 수 있다는 점입니다. 14행에서 class="staticBorder"와 같이 정적인 클래스와 :class="myColor"를 함께 사용하고 있습니다. 각각 하나씩만 허용한다는 점도 기억하세요.

이번에는 여러 개의 데이터 값을 클래스로 바인딩하는 방법을 살펴보겠습니다. 다음 예제를 살펴보세요. 이전 예제를 복사하여 볼드로 표현된 부분만 변경하면 됩니다.

예제 06-06

```
01: <body>
02:     <div id="app">
03:         <button class="staticBorder" :class="[myColor, myLayout]">
04:             테스트 버튼</button>
05:     </div>
06:     <script src="https://unpkg.com/vue"></script>
07:     <script type="text/javascript">
08:     var vm = Vue.createApp({
09:         name : "App",
10:         data() {
11:             return {
12:                 myColor : "buttonColor",
13:                 myLayout : "buttonLayout",
14:             }
15:         }
16:     }).mount("#app")
17:     </script>
18: </body>
```

이 예제는 이전 예제와 실행 결과 화면은 동일합니다. 클래스를 지정하는 방법을 유심히 살펴보세요. 11~14행과 같이 하나의 데이터가 두 개로 변경되었고 각각 css 클래스명 문자열 값을 가지고 있습니다. 3행에서는 이것들을 button 요소에 바인딩하기 위해 :class="[myColor, myLayout]"과 같이 배열로 바인딩합니다.

이 방법을 3항 연산식과 조합하면 동적으로 클래스의 바인딩 여부를 결정할 수 있습니다.

예제 06-07

```
01: <body>
02:     <div id="app">
03:         <input type="checkbox" v-model="isMyLayout">레이아웃 적용 여부<br />
04:         <button class="staticBorder"
05:             :class="[myColor, isMyLayout ? myLayout : '' ]">
06:             테스트 버튼
07:         </button>
08:     </div>
09:     <script src="https://unpkg.com/vue"></script>
```

```
10:     <script type="text/javascript">
11:     var vm = Vue.createApp({
12:         name : "App",
13:         data() {
14:             return {
15:                 myColor : "buttonColor",
16:                 myLayout : "buttonLayout",
17:                 isMyLayout : false,
18:             }
19:         }
20:     }).mount("#app")
21:     </script>
22: </body>
```

이 예제에서 myLayout 클래스를 적용 여부를 사용자가 선택할 수 있게 하려고 합니다. 이를 위해 17행과 같이 데이터에 isMyLayout이라는 값을 초기화했습니다. 이 값이 true 또는 false인가에 따라 myLayout 클래스를 적용될지가 결정됩니다. 3행은 isMyLayout을 v-model로 양방향 바인딩하여 사용자가 체크/언체크를 결정하도록 하고 이 값은 다시 5행의 :class="[myColor, isMyLayout ? myLayout : '']"에 의해 바인딩됩니다.

3항 연산식은 a ? b : c와 같이 표현되며, a가 true이면 b를 리턴하고 false이면 c를 리턴하는 구조입니다. isMyLayout이 true이면 myLayout에 초기화된 클래스 문자열이 리턴되고, false이면 빈 문자열('')이 리턴되도록 합니다.

6.3.2 true/false 값을 가진 객체를 바인딩하는 방법

이전 예제 3항 연산식을 이용하는 방법도 유용해 보입니다. 하지만 동적으로 지정 여부를 결정할 클래스명이 여러 개라면 어떻게 할까요? 예를 들어 3개의 클래스의 지정을 동적으로 처리하려면 다음과 같은 예시 구문처럼 작성해야 할 것입니다.

```
:class="[ isColor ? myColor : '', isLayout ? myLayout : '', isFont ? myFont : '' ]"
```

뭔가 복잡하고 작성도 쉽지 않아 보입니다. 이러한 문제를 해결할 수 있는 좋은 방법이 객체를 바인딩하는 방법입니다.

바인딩할 객체는 CSS 클래스명을 속성명으로 사용하고 true/false를 속성의 값으로 가지도록 작성하면 됩니다. 다음 예제를 살펴보겠습니다.

예제 06-08

```
01: <!DOCTYPE html>
02: <html>
03: <head>
04:     <meta charset="utf-8">
05:     <title>06-05</title>
06:     <style>
07:         .bColor { background-color:aqua; color:black; }
08:         .bLayout { text-align:center; width:120px; }
09:         .bBorder { border: khaki dashed 1px; }
10:     </style>
11: </head>
12: <body>
13:     <div id="app">
14:         <button
15:             :class="{ bColor:setColor, bLayout:setAlign, bBorder:setBorder }">
16:         버튼1</button>
17:         <p>
18:             <input type="checkbox" v-model="setColor" value="true" />색상<br/>
19:             <input type="checkbox" v-model="setAlign" value="true" />정렬,크기<br/>
20:             <input type="checkbox" v-model="setBorder" value="true" />테두리선<br/>
21:         </P>
22:     </div>
23:     <script src="https://unpkg.com/vue"></script>
24:     <script type="text/javascript">
25:         var vm = Vue.createApp({
26:             name : "App",
27:             data() {
28:                 return { setColor : false, setAlign : false, setBorder : false }
29:             }
30:         }).mount("#app")
31:     </script>
32: </body>
33: </html>
```

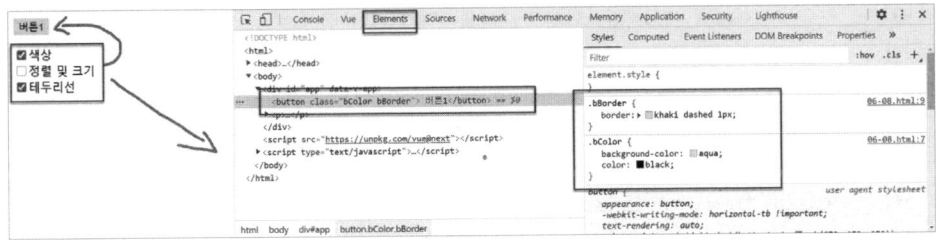

그림 06-06 예제 06-08의 실행

7~9행의 CSS 클래스명이 바뀌었습니다. 15행에서 객체의 속성으로 나열할 때 너무 길어질 것이라 생각해서 간단한 이름으로 바꾼 것입니다. 스타일 속성의 내용에는 변경된 부분이 없습니다. 28행에는 false 값을 가지는 3가지 데이터가 초기화되어 있습니다. 이 값들은 18~20행에서 v-model 디렉티브를 이용해 양방향 바인딩되어 있습니다.

3개의 데이터는 15행에서 :class="{ bColor:setColor, bLayout:setAlign, bBorder:setBorder }"와 같이 바인딩됩니다. { ... }는 객체 표기법(Object Literal)이므로 객체를 직접 :class에 바인딩한 것입니다. 객체 내부의 속성명은 지정하고자 하는 CSS 클래스명입니다. 예를 들어 setColor가 true이면 bColor 클래스가 부여되는 것이고 setColor가 false이면 부여되지 않는 것입니다.

이 예제는 잘 작동하지만 아직 부자연스러운 부분이 있습니다. 바로 15행의 :class="{ bColor:setColor, bLayout:setAlign, bBorder:setBorder }" 코드입니다. :class에 바인딩할 때 객체를 생성한 것입니다. 이것보다는 미리 객체를 만들어 두는 게 좋지 않을까요? data 옵션을 초기화할 때 미리 객체로 만들 수 있다면 바인딩하기가 용이할 것입니다. 다음 예제를 살펴보겠습니다. 예제 06-08을 복사한 후 볼드로 표현된 부분만 변경합니다.

예제 06-09

```
01: <body>
02:     <div id="app">
03:         <button :class="myStyle">버튼1</button>
04:         <p>
05:             <input type="checkbox" v-model="myStyle.bColor"
06:                 value="true" />색상<br/>
07:             <input type="checkbox" v-model="myStyle.bLayout"
08:                 value="true" />정렬,크기<br/>
```

```
09:            <input type="checkbox" v-model="myStyle.bBorder"
10:                value="true" />테두리선<br/>
11:        </P>
12:     </div>
13:     <script src="https://unpkg.com/vue"></script>
14:     <script type="text/javascript">
15:        var vm = Vue.createApp({
16:            name : "App",
17:            data() {
18:                return {
19:                    myStyle : { bColor : false, bLayout : false, bBorder : false }
20:                }
21:            }
22:        }).mount("#app")
23:     </script>
24: </body>
```

예제 06-09는 이전 예제와 달라진 부분은 18~20행과 같이 data를 myStyle이라는 객체로 초기화했다는 점입니다. myStyle 객체 내부의 속성명은 CSS 클래스명과 동일하게 지정했습니다. 이 객체는 3행에서와 같이 :class="myStyle"로 직접 바인딩됩니다. 만일 이런 HTML 요소가 하나가 아니라 여러 개라면 :class="myStyle"과 같이 간단하게 바인딩하는 것이 작성과 코드 유지에 더 도움이 될 것입니다.

6.4 동적 스타일 바인딩

이미 4장에서 계산된 속성(Computed Property)과 메서드를 다룬 적이 있습니다. 계산된 속성과 메서드가 리턴한 값을 스타일에 적용할 수도 있습니다. 다음 예제는 입력 값이 올바른 범위에 포함되지 않을 때 계산된 속성을 이용해 스타일을 적용하는 예제입니다.

예제 06-10

```
01: <!DOCTYPE html>
02: <html>
03: <head>
04:    <meta charset="utf-8">
```

```
05:    <title>06-10</title>
06:    <style>
07:        .score { border:solid 1px black; }
08:        .warning { background-color: skyblue; color:purple; }
09:        .warnimage { width:18px; height:18px; top:5px; position:relative;   }
10:    </style>
11: </head>
12: <body>
13:    <div id="app">
14:        <div>
15:            <p>1부터 100까지만 입력가능합니다.</p>
16:            <div>
17:                점수 : <input type="text" class="score" :class="info"
18:                    v-model.number="score" />
19:                <img src="https://contactsvc.bmaster.kro.kr/img/error.png" class="warnimage"
20:                    v-if="info.warning" title="1부터 100까지만 입력하세요." />
21:            </div>
22:        </div>
23:    </div>
24:    <script src="https://unpkg.com/vue"></script>
25:    <script type="text/javascript">
26:    var vm = Vue.createApp({
27:        name : "App",
28:        data() {
29:            return { score:50 }
30:        },
31:        computed : {
32:            info() {
33:                return { warning: this.score < 1 || this.score > 100 }
34:            }
35:        }
36:    }).mount("#app")
37:    </script>
38: </body>
39: </html>
```

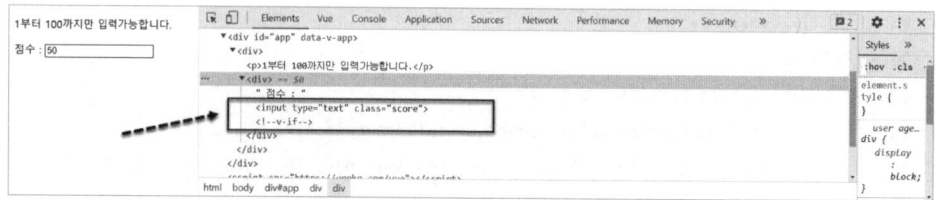

그림 06-07 예제 06-10의 실행1 – 정상 범위 값 입력

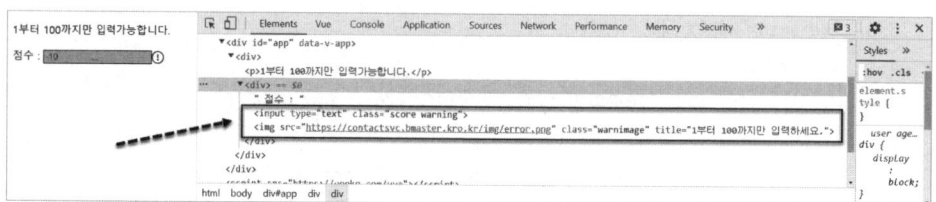

그림 06-08 예제 06-10의 실행2 – 정상 범위 밖의 값 입력

예제 06-10의 17~18행은 score 데이터를 양방향 바인딩하여 사용자로부터 입력값을 받아내고 있습니다. 또한 score 데이터가 변경되면 info 계산된 속성에 등록된 함수가 실행되어 캐싱됩니다. info 계산된 속성은 { warning: true } 또는 { warning: false } 객체를 리턴합니다. 이 객체가 :class로 바인딩되어 warning CSS 클래스를 바인딩할지를 결정합니다. 이 계산된 속성은 경고 이미지를 보여줄지를 결정하는 용도로도 사용합니다. 20행에서 v-if="info.warning"을 확인해보세요.

계산된 속성이나 메서드가 리턴하는 값이 CSS 클래스명의 문자열이거나 { 클래스명: true/false } 형태의 객체라면 손쉽게 CSS 클래스로 바인딩할 수 있습니다.

6.5 TodoList 예제

6.5.1 화면 시안 작성 & 확인

3장부터 지금까지 학습한 내용을 바탕으로 TodoList App 예제를 작성해보겠습니다. 이 예제에서는 반응형 웹 UI를 만들 때 사용하는 프런트엔드 오픈소스 툴킷인 BootStrap이라는 라이브러리의 CSS 파일을 사용합니다. Bootstrap에 대한 자세한 내용은 https://getbootstrap.com/을 참고하세요.

간단히 할 일(Todo) 목록을 작성하고 저장, 삭제, 완료 처리를 할 수 있는 기능을 제공합니다. 우선 기본틀을 작성합니다.

예제 06-11

```
01: <!DOCTYPE html>
02: <html>
03: <head>
04:     <meta charset="utf-8">
05:     <title>06-11</title>
06:     <link rel="stylesheet"
07:         href="https://unpkg.com/bootstrap@5.2.3/dist/css/bootstrap.min.css" />
08:     <style>
09:         body { margin: 0; padding: 0; font-family: sans-serif; }
10:         .title { text-align: center; font-weight:bold; font-size:20pt; }
11:         .todo-done { text-decoration: line-through; }
12:         .container { padding:10px 10px 10px 10px; }
13:         .panel-borderless { border: 0; box-shadow: none; }
14:         .pointer { cursor:pointer; }
15:     </style>
16: </head>
17: <body>
18:     <div id="app" class="container">
19:         <div class="card card-body bg-light">
20:             <div classe="title">:: Todolist App</div>
21:         </div>
22:         <div class="card card-default card-borderless">
23:             <div class="card-body">
24:                 <!-- 이곳에 06-12 코드를 삽입합니다.-->
25:             </div>
26:         </div>
27:     </div>
28:     <script src="https://unpkg.com/vue"></script>
29:     <script type="text/javascript">
30:
31:     </script>
32: </body>
33: </html>
```

예제 06-12는 예제 06-11의 24행의 비어 있는 공간에 추가될 할 일 목록 UI와 할 일 입력 UI의 예시입니다. 이런 UI 시안은 미리 작성되어 있다고 가정하겠습니다.

예제 06-12

```
01: <div class="row mb-3">
02:     <div class="col">
03:         <div class="input-group">
04:             <input id="msg" type="text" class="form-control" name="msg"
05:                 placeholder="할일을 여기에 입력!" />
06:             <span class="btn btn-primary input-group-addon">추가</span>
07:         </div>
08:     </div>
09: </div>
10: <div class="row">
11:     <div class="col">
12:         <ul class="list-group">
13:             <li class="list-group-item list-group-item-success">
14:                 <span class="todo-done pointer">할일1 (완료)</span>
15:                 <span class="float-end badge bg-secondary pointer">삭제</span>
16:             </li>
17:             <li class="list-group-item">
18:                 <span class="pointer">할일2</span>
19:                 <span class="float-end badge bg-secondary pointer">삭제</span>
20:             </li>
21:             <li class="list-group-item">
22:                 <span class="pointer">할일2 </span>
23:                 <span class="float-end badge bg-secondary pointer">삭제</span>
24:             </li>
25:         </ul>
26:     </div>
27: </div>
```

예제 06-12까지 적용한 후 브라우저로 확인해보면 다음과 같습니다.

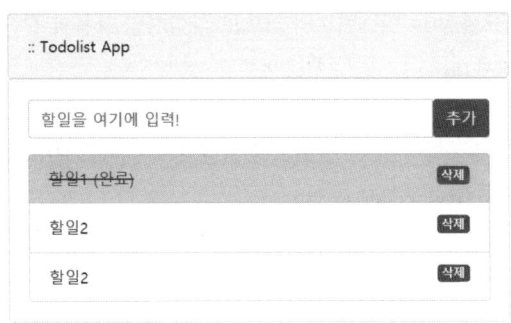

그림 06-09 예제 06-12 실행 - 화면 시안 확인

예제 06-12의 13, 17, 21행의 li 태그는 반복적으로 렌더링해야 할 요소입니다. 다만 할 일(Todo)의 완료 여부(completed)에 따라 스타일이 달라집니다. 13,14 행에서 볼드로 표현한 코드를 확인하세요. 또한 14행의 "(완료)"라는 문자열도 완료 여부에 따라 달라집니다.

6.5.2 데이터와 메서드 정의

이제까지 학습한 내용을 되돌이켜 생각해보면 Vue 기반의 앱은 'data가 변경되면 화면이 다시 렌더링'합니다. 그렇기 때문에 화면 단위의 개발에서 가장 먼저 정의할 것은 data의 구조입니다. data가 정의되면 data를 변경하는 메서드나 계산된 속성, 경우에 따라서는 관찰 속성을 정의하는 것입니다. 그 후에 화면 시안을 이용해 Vue 템플릿을 작성합니다.

먼저 그림 06-09의 화면 시안을 보면서 data를 도출해보면 다음과 같습니다.

[데이터]	
todo	텍스트 박스에 사용자가 입력하는 내용을 받아내기 위한 data입니다.
todolist	추가한 todo들의 목록. todo 한 건은 다음과 같습니다.
id	todo 한 건의 고유 키. 이 예제에서는 timestamp를 이용합니다.
todo	todo 내용
completed	완료 여부(true, false)
[메서드]	
addTodo	텍스트 박스에 할 일(todo)을 입력하고 엔터를 누르거나 추가 버튼을 클릭하면 todolist에 새로운 todo를 추가합니다.
deleteTodo	삭제 버튼을 클릭하면 id를 이용해 할 일(todo)을 찾아서 삭제합니다.
toggleCompleted	할 일(todo) 한 건을 클릭하면 id를 이용해 completed 값을 토글합니다.

정의한 데이터와 메서드를 Vue 인스턴스의 코드로 작성하면 다음과 같습니다. 예제 06-11의 29~31행의 코드를 예제 06-13으로 교체하세요.

예제 06-13

```
01: <script type="text/javascript">
02: var ts = new Date().getTime()
03: var vm = Vue.createApp({
04:     name : "App",
05:     data() {
06:         return {
07:             todo : "",
08:             todolist : [
09:                 { id: ts, todo:"자전거 타기", completed: false },
10:                 { id: ts+1, todo:"딸과 공원 산책", completed: true },
11:                 { id: ts+2, todo:"일요일 애견 카페", completed: false },
12:                 { id: ts+3, todo:"Vue 원고 집필", completed: false },
13:             ]
14:         }
15:     },
16:     methods : {
17:         addTodo() {
18:             if (this.todo.length >= 2) {
19:                 this.todolist.push({ id: new Date().getTime(),
20:                     todo: this.todo, completed: false });
21:                 this.todo = ""
22:             }
23:         },
24:         deleteTodo(id) {
25:             let index = this.todolist.findIndex((item)=> id === item.id);
26:             this.todolist.splice(index,1);
27:         },
28:         toggleCompleted(id) {
29:             let index = this.todolist.findIndex((item)=> id === item.id);
30:             this.todolist[index].completed = !this.todolist[index].completed ;
31:         }
32:     }
33: }).mount("#app")
34: </script>
```

웹앱에서는 배열과 관련된 처리가 필요한 경우가 많습니다. 배열에 새로운 데이터를 추가하거나 삭제하거나 배열을 정렬하거나 배열 내의 특정 값의 위치를 파악하는 등의 일입니다. 이 코드의 메서드에서도 배열과 관련하여 push(), findIndex(), splice() 메서드 등을 사용하고 있습니다. push는 배열에 새로운 요소를 추가합니다. findIndex()는 조건에 맞는 요소의 위치를 리턴합니다. 25행의 findIndex() 메서드는 함수를 인자로 전달하는데, 이 함수는 배열 요소 각각에 대해 실행하며 이 함수가 리턴하는 값이 true일 때의 위치(인덱스 값)를 리턴합니다. 리턴받은 인덱스 번호를 이용해 삭제를 수행합니다. splice(index, 1) 메서드는 index 위치에서 1건의 요소를 삭제한다는 의미입니다.

좀 더 자세한 배열 메서드의 사용 방법은 다음 문서를 참조하세요.

- https://developer.mozilla.org/ko/docs/Web/JavaScript/Reference/Global_Objects/Array

6.5.3 템플릿 작성

데이터와 메서드까지 작성했으므로 이제 화면 시안을 반영해 템플릿을 작성합니다. 주의해서 작성할 부분은 동적으로 바인딩할 부분과 반복 렌더링할 부분, 조건에 따라 다르게 렌더링하는 부분입니다. 예제 06-11의 24행에 삽입될 부분에 해당하는 코드만 변경합니다.

예제 06-14

```
01: <div class="row mb-3">
02:     <div class="col">
03:         <div class="input-group">
04:             <input id="msg" type="text" class="form-control" name="msg"
05:                 placeholder="할일을 여기에 입력!" v-model.trim="todo"
06:                 @keyup.enter="addTodo" />
07:             <span class="btn btn-primary input-group-addon"
08:                 @click="addTodo">추가</span>
09:         </div>
10:     </div>
11: </div>
12: <div class="row">
13:     <div class="col">
14:         <ul class="list-group">
```

```
15:        <li v-for="todoitem in todolist" :key="todoitem.id"
16:            class="list-group-item"
17:            :class="{ 'list-group-item-success': todoitem.completed } "
18:            @click="toggleCompleted(todoitem.id)" >
19:            <span class="pointer" :class="{ 'todo-done': todoitem.completed }">
20:                {{todoitem.todo}} {{ todoitem.completed ? "(완료)" : "" }}
21:            </span>
22:            <span class="float-end badge bg-secondary pointer"
23:                @click.stop="deleteTodo(todoitem.id)">삭제</span>
24:        </li>
25:    </ul>
26:  </div>
27: </div>
```

5행에서 할일(todo)을 사용자로부터 입력받을 수 있게 v-model 디렉티브를 이용해 양방향 바인딩했습니다. 이때 앞뒤 공백 문자를 자동으로 제거할 수 있도록 .trim 수식어를 지정합니다. 입력 후 엔터키를 누르면 addTodo() 메서드를 실행해 한 건의 todo가 추가되도록 합니다. 또한 8행의 추가 버튼을 클릭할 때도 addTodo() 메서드를 호출하도록 이벤트를 등록합니다.

15행의 〈li〉 요소는 todolist 내부의 아이템 수만큼 반복 렌더링해야 하므로 v-for 디렉티브를 사용합니다. 할일(todo) 한 건은 todoitem 식별자로 받아냅니다. :key 특성은 반드시 고유 키를 부여해야 하므로 id 필드를 부여하도록 합니다.

15행의 〈li〉 요소는 완료 여부에 따라 다르게 스타일링이 되어야 하므로 고정적인 스타일과 동적으로 달라질 스타일로 구분하여 정적인 스타일은 class="list-group-item"과 같이 정적 특성으로 부여했고, 동적으로 달라질 스타일은 완료 여부(completed)에 따라 CSS 클래스를 적용할지를 결정하기 때문에 true, false를 값으로 가지는 객체를 :class로 바인딩합니다.

18행, 23행에서는 완료를 토글 처리하는 이벤트와 삭제 처리하는 이벤트를 등록하고 있습니다. 삭제 처리하는 이벤트에 .stop 수식어를 등록했음에 유의하세요. 이 수식어를 작성하지 않고 삭제 버튼을 클릭하면 이벤트가 버블링하면서 완료 토글 이벤트까지 실행되면서 오류가 발생합니다. 이벤트 버블링에 의해 toggleCompleted 메서드가 실행될 때 id에 해당하는 아이템이 이미 삭제되어 존재하지 않기 때문에 발생하는 오류입니다.

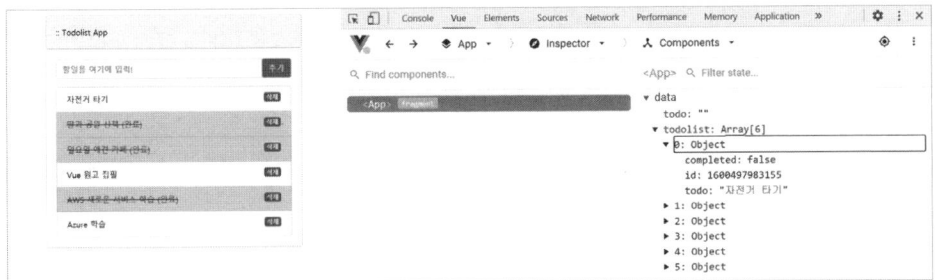

그림 06-10 예제 06-14의 실행 결과

6.6 마무리

지금까지 Vue 애플리케이션에서 스타일을 적용하는 방법들을 살펴보았습니다. 인라인 스타일 방법을 사용할 수도 있지만 유지 보수 측면이나 웹 퍼블리셔와의 협업 차원에서 CSS 클래스 바인딩 방법을 권장합니다.

또한 이제까지 3~6장의 학습한 내용을 이용하여 간단한 TodoList 앱 예제를 만들어 보았습니다. 예제 작성의 순서를 살펴보면 다음과 같습니다.

> 화면 시안 --> data 정의 --> 메서드 정의 --> 템플릿 작성

단순하게 템플릿, Vue 인스턴스, 이벤트 같은 개별적인 내용보다 data ---> UI 라는 바인딩 개념을 이해하는 것이 더 중요하다고 필자는 생각하는데, 위의 예제 작성 순서는 data --> UI로의 진행 방향과 일치합니다. 템플릿 코드의 작성보다 화면 시안을 반영해 data와 data의 변경을 일으키는 메서드의 작성을 먼저 진행해야 합니다.

원쌤의
Vue.js 퀵스타트

07

단일 파일 컴포넌트를 이용한 Vue 애플리케이션 개발

이제 단일 파일 컴포넌트 기반으로 Vue 애플리케이션을 개발하는 방법을 살펴보겠습니다. 단일 파일 컴포넌트(Single File Component)는 컴포넌트 하나를 .vue 파일 하나에 작성하기 때문에 붙여진 이름입니다. 한 파일에 컴포넌트 구성을 위해 필요한 템플릿, 스크립트, 스타일 정보를 모두 포함하기 때문에 컴포넌트 단위로 관심사를 분리시킬 수 있습니다.

단일 파일 컴포넌트 기반으로 Vue 애플리케이션을 개발하기 위해서는 Webpack, Rollup과 같은 모듈 번들러 도구와 ES6, Typescript와 같은 트랜스파일러를 함께 사용하도록 개발 프로젝트 환경을 설정해야 합니다. 이 같은 개발 환경을 직접 설정하는 것은 쉽지 않은 일이기 때문에, 몇 가지 프로젝트 설정 도구를 사용할 것을 권장합니다.

7.1 프로젝트 설정 도구

7.1.1 Vue CLI 도구

Vue CLI는 Webpack 기반의 Vue 공식 프로젝트 설정 도구였습니다. 사용하는 방법은 다음과 같습니다.

```
//프로젝트 생성 방법
//프리셋 선택 화면에서 [Vue 3]를 선택함
//프로젝트 생성 후 생성된 프로젝트 디렉터리로 이동하여 npm run serve 명령어로 실행함
npx @vue/cli create [프로젝트명]
cd    [프로젝트명]
npm run serve
```

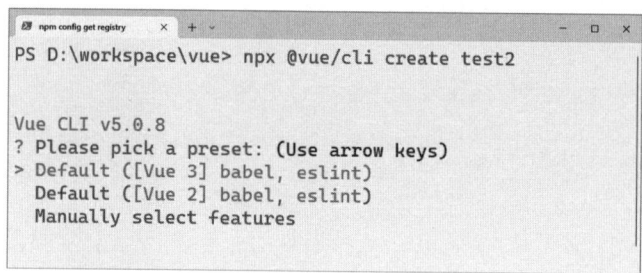

그림 07-01 Vue CLI를 사용한 프로젝트 생성

하지만 Vue CLI 도구를 사용해보면 프로젝트를 생성하고 npm run serve로 개발용 웹서버를 구동할 때까지 꽤나 긴 시간이 걸리는 것을 알 수 있습니다. 이것은 Vue CLI가 webpack 기반으로 작성된 도구이기 때문입니다. webpack의 기능은 막강하지만 관련된 모듈들이 덩치가 커서 다운로드할 때 오래 걸리고, 개발용 웹서버를 구동하기 위해서도 빌드, 번들링 과정을 거쳐야 하기 때문에 작성한 코드를 테스트하기 위해 조금 긴 시간을 기다려야 합니다.

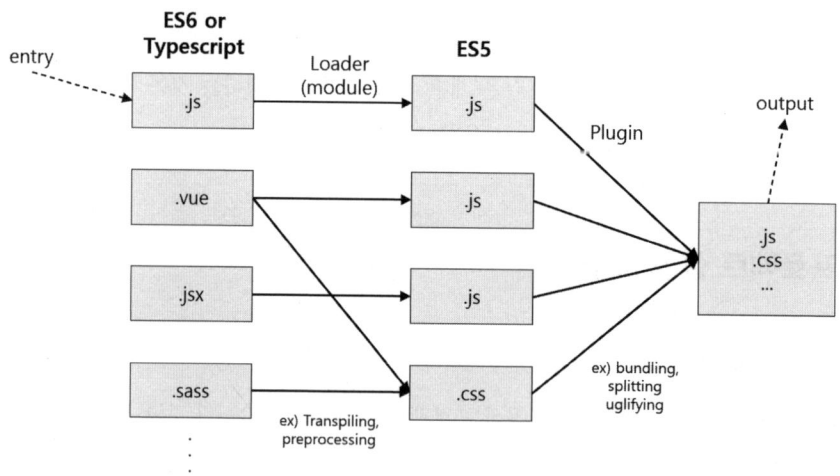

그림 07-02 Vue CLI로 생성한 프로젝트에서의 Webpack 빌드 과정

> Q 번들링(Bundling)이란 무엇인가요?
>
> A 번들링은 여러 모듈을 묶어서 하나 또는 몇개의 모듈 파일로 만드는 과정입니다. 수 백, 수천 개의 모듈을 배포하기는 힘들기 때문에 몇 개의 파일로 묶어서 배포하기 용이하도록 합니다. webpack은 빌드 과정에서 번들링을 수행합니다.

2021년까지만 해도 이 도구가 Vue 프로젝트를 생성할 때의 표준 도구처럼 사용되었지만 이제는 vite 또는 vite 기반의 create-vue 도구를 사용할 것을 권장하고 있습니다.

7.1.2 Vite 기반의 도구

Vite(비트)는 프랑스어로 '빠르다'라는 뜻을 가진 단어로, Vue의 창시자인 Evan You가 만든 차세대 프런트엔드 개발 도구입니다. 이름처럼 빌드와 개발 서버 구동 시간이 매우 빠릅니다. 기존에 자주 사용하던 webpack과 같은 빌드 도구는 자바스크립트 언어로 만들어졌지만 Vite가 내부적으로 사용하는 ESBuild는 Go라는 네이티브 언어로 만들어진 도구를 이용해 빌드하기 때문에 빌드 속도가 아주 빠릅니다. webpack, parcel과 비교하면 10배 이상의 빠른 속도를 자랑합니다.

또한 개발 서버를 이용할 때도 아주 빠릅니다. 기존 webpack과 같은 모듈 번들러를 이용할 때는 모듈 번들링을 끝낸 후 개발 서버를 구동하므로 시간이 오래 걸렸습니다.

이와 같은 문제점을 Vite는 Native ESM이라는 브라우저의 자체적인 모듈 기능을 사용하여 해결했습니다. Vite가 실행하는 개발 서버는 브라우저가 요청하는 모듈을 전송해주고, 모듈 번들링 기능을 브라우저가 수행하기 때문에 개발 서버의 구동이 아주 빠릅니다.

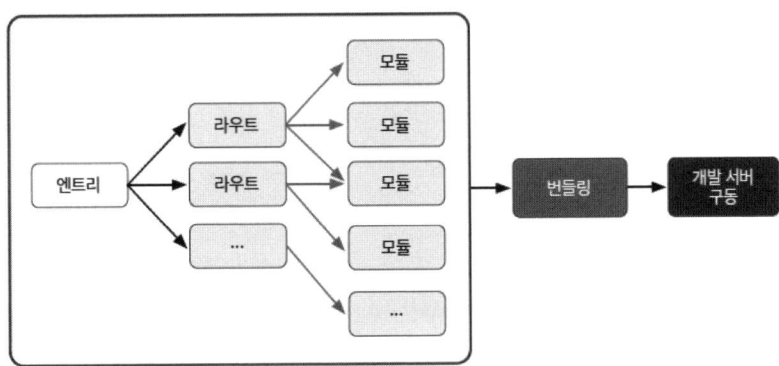

그림 07-03 모듈 기반의 개발 서버의 느린 시작

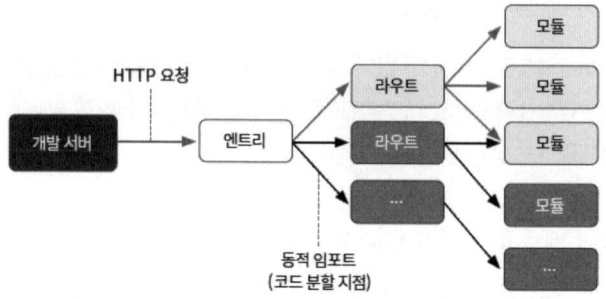

그림 07-04 Native ESM 기반의 개발 서버의 빠른 시작

Vite를 이용해 Vue 프로젝트를 생성하기 위해 두 가지 방법을 사용할 수 있습니다.

```
//vite를 직접 이용하여 프로젝트 생성
npm init vite [프로젝트명] -- --template vue

//create-vue 도구 사용
//프로젝트명을 비롯한 여러 단계의 입력이 필요함
//프로젝트명을 제외한 나머지는 일단 기본값으로 생성함
npm init vue@latest
```

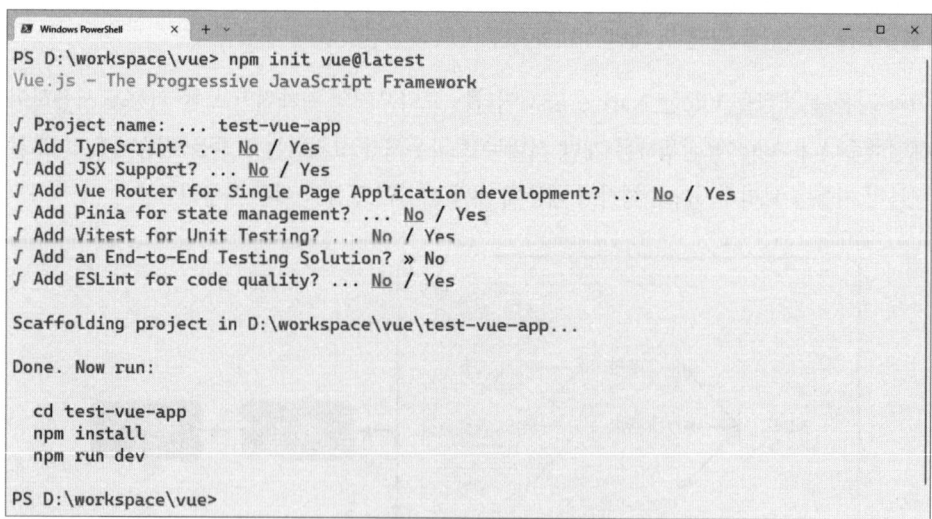

그림 07-05 create-vue 도구를 사용한 프로젝트 생성 예시

Vite를 직접 이용하는 방법과 create-vue 도구를 사용하는 방법의 차이는 그림 07-05와 같이 여러 가지 다양한 기능을 지원하는지 여부입니다. create-vue 도구를 사용하면 프로젝트를 생성할 때 Vue Router, Pinia 등의 지원 여부, 단위 테스트, E2E 테스트를 위한 설정 등을 좀 더 편하게 진행할 수 있습니다.

Vite 기반 프로젝트가 생성되면 다음과 같이 프로젝트 디렉터리로 이동하여 관련 패키지를 설치하고 npm run dev로 개발용 웹서버를 구동하여 실행하면 됩니다.

```
cd [프로젝트명]
npm install
npm run dev
```

Vue CLI의 개발용 웹서버 실행 시간과 비교해보면 Vite 기반 도구로 생성한 프로젝트의 실행 시간이 짧다는 것을 알 수 있습니다.

Vite 기반 프로젝트의 폴더 구조는 다음과 같습니다.

- **src**: Javascript 코드, .vue 파일을 이곳에 작성합니다. 시작진입(Entry) 파일은 src/main.js 입니다.
- **public**: 이미지와 같은 정적 파일, 자원을 이곳에 작성합니다.
- **dist**: 빌드 후 생성된 산출물이 저장되는 디렉터리입니다.
- **index.html**: Vue 애플리케이션의 컴포넌트 트리는 index.html의 id가 app인 div 요소 내부에 렌더링됩니다.

프로젝트 내에서 다음 명령어를 사용해 개발서버를 구동하거나 빌드할 수 있습니다.

- **빌드 명령어**: npm run build
- **개발 서버 시작 명령어**: npm run dev
- **미리보기 명령어**: npm run preview

개발 서버로 시작한 경우는 HMR(Hot Module Replacement)을 지원하지만 미리보기로 시작한 경우는 지원하지 않습니다. HMR은 실행 중에 코드를 수정하면 개발 서버를 통해 변경된 모듈을 빌드하여 브라우저 화면까지 즉시 갱신해주는 기능입니다. 따라서 일반적으로 개발하거나 학습할 때는 npm run dev 명령어를 이용해 개발 서버로 시작하도록 하세요.

Vite 기반 프로젝트에 대한 좀더 상세한 설정이 필요하다면 vite.config.js 파일을 작성, 수정할 수 있습니다. 사용가능한 옵션은 다음 문서를 참조하세요. 이 책에서는 몇몇 설정을 위해서 vite.config.js 파일을 변경하는 경우가 있습니다.

- https://vitejs.dev/config/#config-file

이 책에서는 create-vue 도구를 사용해 학습을 진행하겠습니다.

create-vue 기반 프로젝트에서 경로 지정 방법

기본적으로는 상대 경로 표기법을 사용하지만 vite.config.js의 기본 설정 때문에 절대 경로를 사용할 수 있습니다. 다음의 vite.config.js에서 볼드체로 표현된 부분에 의해 @는 src를 가리킵니다.

```
// vite.config.js의 vite 설정 정보
import { fileURLToPath, URL } from 'node:url'

import { defineConfig } from 'vite'
import vue from '@vitejs/plugin-vue'

// https://vitejs.dev/config/
export default defineConfig({
  plugins: [vue()],
  resolve: {
    alias: {
      '@': fileURLToPath(new URL('./src', import.meta.url))
    }
  }
})
```

이제 경로를 사용하실 때는 참조 파일의 경로로부터 상대 경로를 사용할 수도 있고, @를 중심으로 절대 경로를 사용할 수도 있습니다.

```
// -- src/a/a1/A1.vue 에서 src/b/B.vue를 참조하는 경우
// 상대 경로로 참조하기
import B1 from '../../b/B.vue';
// 절대 경로로 참조하기
import B from '@/b/B.vue';
```

만일 VSCode에서 절대 경로로 참조할 때 코드 자동완성(Code Intellisense) 기능을 지원받고 싶다면 다음과 같은 설정으로 jsconfig.json 파일을 추가해주세요.

```
// jsconfig.json 파일을 이용해 절대 경로에 대한 자동완성 기능 지원
{
  "compilerOptions": {
    "baseUrl": ".",
    "paths": {
      "@/*": ["src/*"]
    }
  }
}
```

7.2 생성된 프로젝트 구조 살펴보기

7.2.1 프로젝트 생성과 시작 진입점 살펴보기

우선 다음과 같이 Vue 프로젝트를 생성하고 관련 패키지를 설치한 후 VSCode에서 메인 메뉴에서 '파일 – 폴더 열기'를 선택하여 생성한 test-vue-app 프로젝트를 열어봅니다.

```
// 프로젝트명을 test-vue-app으로 입력하고 나머지 값은 모두 기본값으로 설정합니다.
npm init vue@latest
cd test-vue-app
npm install
```

```
PS D:\_Vue3QuickStart\Vue3예제\ch07> npm init vue@latest
Need to install the following packages:
  create-vue@3.6.1
Ok to proceed? (y) y

Vue.js - The Progressive JavaScript Framework

√ Project name: ... test-vue-app
√ Add TypeScript? ... No / Yes
√ Add JSX Support? ... No / Yes
√ Add Vue Router for Single Page Application development? ... No / Yes
√ Add Pinia for state management? ... No / Yes
√ Add Vitest for Unit Testing? ... No / Yes
√ Add an End-to-End Testing Solution? » No
√ Add ESLint for code quality? ... No / Yes

Scaffolding project in D:\_Vue3QuickStart\Vue3예제\ch07\test-vue-app...

Done. Now run:

  cd test-vue-app
  npm install
  npm run dev
```

그림 07-06 test-vue-app 프로젝트 생성

생성한 프로젝트에서 src/main.js가 시작진입점(Entry Point)입니다. 예제 07-01을 살펴봐 주세요.

예제 07-01 : src/main.js 검토

```
01: import { createApp } from 'vue'
02: import App from './App.vue'
03:
04: import './assets/main.css'
05:
06: createApp(App).mount('#app')
```

1행에서 createApp 함수를 임포트하고 2행에서 App 컴포넌트를 임포트한 후 6행에서 App 컴포넌트를 렌더링하는 Vue App 인스턴스를 생성하여 id가 app인 요소에 마운트하여 렌더링하는 단순한 코드입니다. 프로젝트 내부에서는 4행과 같이 .css 파일을 마치 모듈처럼 임포트할 수 있습니다.

6행의 id가 app인 요소는 예제 07-02의 10행과 같이 index.html 파일에서 찾을 수 있습니다. App 컴포넌트를 렌더링한 결과는 10행의 〈div〉〈/div〉 내부에 렌더링됩니다.

예제 07-02 : index.html 검토

```
01: <!DOCTYPE html>
02: <html lang="en">
03:   <head>
04:     <meta charset="UTF-8">
05:     <link rel="icon" href="/favicon.ico">
06:     <meta name="viewport" content="width=device-width, initial-scale=1.0">
07:     <title>Vite App</title>
08:   </head>
09:   <body>
10:     <div id="app"></div>
11:     <script type="module" src="/src/main.js"></script>
12:   </body>
13: </html>
```

7.2.2 단일 파일 컴포넌트 살펴보기

우선 앞에서 생성한 프로젝트의 src/App.vue 컴포넌트를 VSCode에서 살펴봅니다. App.vue는 우리가 처음으로 접하는 단일 파일 컴포넌트입니다. App.vue는 다음 예시와 같이 〈template /〉, 〈script /〉, 〈style /〉의 3개 영역으로 구성된 것을 알 수 있습니다.

예제 07-03 : src/App.vue 검토

```
<script setup>
import HelloWorld from './components/HelloWorld.vue'
import TheWelcome from './components/TheWelcome.vue'
</script>

<template>
  ......(생략)
</template>

<style scoped>
  ......(생략)
</style>
```

⟨template⟩⟨/template⟩에는 3장에서 학습했던 다양한 디렉티브와 보간법을 사용해 컴포넌트가 렌더링할 템플릿을 작성합니다.

⟨script⟩⟨/script⟩ 영역에는 컴포넌트 내부에서 사용할 Vue 컴포넌트 내부의 옵션을 정의할 수 있습니다. 컴포지션 API(Composition API)를 사용할 때는 ⟨script setup⟩과 같이 setup 어트리뷰트를 지정할 수 있습니다. 컴포지션 API에 대해서는 9장에서 다루도록 하겠습니다.

⟨style⟩⟨/style⟩ 영역에는 컴포넌트가 사용할 스타일을 지정합니다. CSS 스타일뿐만 아니라 Saas, Less도 사용할 수 있습니다. 이 책에서는 CSS 스타일을 중심으로 살펴봅니다. ⟨stlye scoped⟩와 같이 scoped 어트리뷰트를 지정하면 컴포넌트 간의 스타일 충돌을 피하도록 할 수 있습니다.

만일 3가지 영역 중에서 아무런 코드를 작성하지 않는 것이 있다면 영역 자체를 생략할 수 있습니다.

7.2.3 간단한 단일 파일 컴포넌트 작성과 사용

이제 간단한 단일 파일 컴포넌트를 작성해보겠습니다. src/components 디렉터리의 모든 하위 디렉터리와 컴포넌트 파일을 삭제하고 다음과 같이 CheckboxItem 컴포넌트를 추가하겠습니다. 작성하실 때는 vue VSCode Snippets 도구를 이용하면 편리합니다. vbase-css를 입력하고 엔터를 누르면 코드 조각을 생성해주므로 볼드체로 표현된 부분만을 작성하면 됩니다.

예제 07-04 : src/components/CheckboxItem.vue

```
01: <template>
02:     <li>
03:         <input type="checkbox" v-model="checked" /> 옵션1
04:     </li>
05: </template>
06:
07: <script>
08:     export default {
09:         name: "CheckboxItem",
```

```
10:        data() {
11:            return {
12:                checked: false
13:            };
14:        }
15:    }
16: </script>
```

단일 파일 컴포넌트를 작성할 때는 Vue 인스턴스를 생성하기 위해 Vue.createApp() 함수의 인자를 전달하던 객체와 동일한 형태로 작성하면 됩니다. data 옵션, computed 옵션, methods 옵션 등 거의 대부분 동일한 옵션을 사용합니다. 다만 컴포넌트의 이름을 부여하기 위해 name 옵션을 지정할 수 있습니다. name 옵션을 지정하지 않으면 Vue.js 개발자 도구(Vue.js devtools)에서 컴포넌트 트리가 제대로 나타나지 않을 수 있으므로 컴포넌트 파일명과 동일한 이름으로 지정할 것을 권장합니다.

컴포넌트의 등록 방법은 두 가지가 있으며 다음과 같습니다.

■ 전역 컴포넌트

Vue 애플리케이션 인스턴스의 component() 메서드를 이용해 등록합니다. 첫 번째 인자는 템플릿에서 컴포넌트를 사용할 때의 태그명이며 두 번째 인자는 컴포넌트 객체입니다. **전역 컴포넌트로 등록한 경우에는 루트 컴포넌트 하위의 모든 자식 컴포넌트 어디에서나 등록한 컴포넌트를 이용할 수 있습니다.**

예제 07-05 : src/main.js에서 전역 컴포넌트를 등록하는 방법

```
import { createApp } from 'vue'
import App from './App.vue'
import CheckboxItem from './components/CheckboxItem.vue'

import './assets/main.css'

createApp(App)
    .component('CheckboxItem', CheckboxItem)
    .mount('#app')
```

■ **지역 컴포넌트**

특정 컴포넌트에서 컴포넌트를 직접 등록하여 사용하는 방법입니다. 컴포넌트 객체 내부에 components 라는 옵션을 만들고 그곳에 템플릿에서 사용할 태그명과 컴포넌트 객체를 등록하여 사용합니다. 이 방법은 등록한 컴포넌트 내부에서만 사용할 수 있습니다.

```
<script>
  import CheckboxItem from './components/CheckboxItem.vue'
  export default {
    name: "App",
    components: { "CheckboxItem" : CheckboxItem },
  }
</script>
```

components 옵션으로 등록할 때 사용할 태그명이 컴포넌트 이름과 동일하다면 다음과 같이 간결하게 사용할 수 있습니다.

```
components: { CheckboxItem },
```

이 두 가지 방법 중 지역 컴포넌트의 사용을 추천합니다. 왜냐하면 전역 컴포넌트로 등록할 경우 컴포넌트를 더이상 사용하지 않아도 빌드되는 패키지에 포함되어 사용자에게 배포될 자바스크립트 코드의 크기를 증가시킬 것이기 때문입니다. **전역 컴포넌트로 등록하는 경우는 여러 화면, 컴포넌트에서 공통적으로 자주 사용하는 컴포넌트일 때로 한정하는 편이 바람직합니다.**

이 책에서는 지역 컴포넌트로 등록하여 사용하도록 하겠습니다. 이제 src/App.vue 컴포넌트를 새롭게 작성하겠습니다. 기존 코드를 삭제하고 vbase-css 코드 조각을 이용해 다음과 같이 작성합니다.

예제 07-06 : src/App.vue 다시 작성

```
01: <template>
02:   <div>
03:     <h2> App 컴포넌트</h2>
04:     <hr />
05:     <ul>
```

```
06:        <CheckboxItem />
07:        <CheckboxItem />
08:        <CheckboxItem />
09:        <CheckboxItem />
10:      </ul>
11:    </div>
12: </template>
13:
14: <script>
15:    import CheckboxItem from './components/CheckboxItem.vue'
16:    export default {
17:      name: "App",
18:      components: { CheckboxItem },
19:    }
20: </script>
```

예제 07-06의 15행에서 CheckboxItem 컴포넌트를 임포트하고 18행에서 components 옵션으로 등록하고 있습니다. 지역 컴포넌트로 등록되었다면 6~9행과 같이 태그 형식으로 사용할 수 있습니다.

이제 실행하여 결과를 확인해보도록 하겠습니다. npm run dev 명령어를 실행 후 브라우저로 http://localhost:5173으로 접속하여 확인합니다. 브라우저 개발자 도구를 열어서 Vue 탭을 열어서 확인하면 컴포넌트 트리 구조를 확인할 수 있습니다.

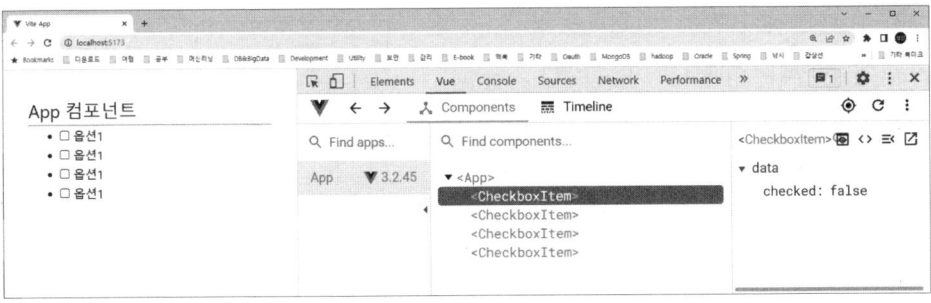

그림 07-07 예제 실행 결과

7.3 컴포넌트의 조합

복잡한 화면의 Vue 애플리케이션은 여러 컴포넌트들을 조합하여 개발합니다. 컴포넌트들은 부모-자식 관계로 트리 구조를 형성하고, 부모 컴포넌트가 자식 컴포넌트를 포함하는 형태가 될 것입니다.

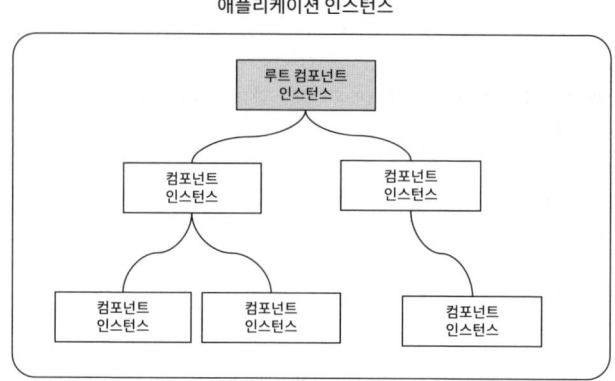

그림 07-08 컴포넌트의 조합

여러 컴포넌트들을 조합하여 애플리케이션을 개발하면 컴포넌트 간의 정보의 전달이 반드시 필요합니다. 이러한 정보의 전달은 속성(props)과 이벤트(event)를 이용합니다.

컴포넌트들은 속성(Props)을 통해서 자식 컴포넌트로 정보를 전달할 수 있습니다. 전달 방향은 부모에서 자식으로만 향합니다.

자식 컴포넌트에서 부모 컴포넌트로 정보를 전달할 때는 이벤트를 이용합니다. **자식 컴포넌트는 부모 컴포넌트로 이벤트를 발신(emit)할 수 있습니다.** 자식 컴포넌트에서 사용자 정의 이벤트를 정의하고 이벤트를 발생시키면 부모 컴포넌트에서 이벤트 핸들러 메서드를 호출하도록 작성합니다. 속성 전달과 이벤트 발신이 부모-자식 컴포넌트 간의 정보를 전달하는 기본적인 방법입니다.

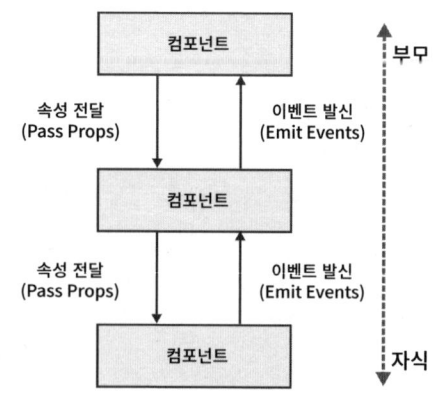

그림 07-09 부모 - 자식 컴포넌트 간의 정보 전달

7.4 속성

7.4.1 속성을 이용한 정보 전달

속성은 앞서 간단히 언급했듯이 부모 컴포넌트가 가진 데이터나 속성을 자식 컴포넌트로 전달하는 방법을 제공합니다. 자식 컴포넌트는 props 옵션으로 속성을 정의하고 부모 컴포넌트는 v-bind 디렉티브를 이용해 자식 컴포넌트의 속성에 정보를 전달합니다.

속성으로 전달받은 데이터를 변경할 수 없다는 점을 꼭 기억하세요. 속성으로 전달받은 값은 읽기 전용으로 다루어집니다. 그리고 부모 컴포넌트에서 데이터를 변경하면 부모 컴포넌트가 렌더링되면서 다시 속성을 전달하기 때문에 부모 컴포넌트의 데이터만 변경하면 속성을 전달받는 모든 자식 컴포넌트에서 변경된 속성을 확인할 수 있습니다.

작성하는 방법을 학습하기 위해 기존 CheckboxItem 컴포넌트를 부모 컴포넌트로부터 속성을 전달받도록 변경하겠습니다.

예제 07-07 : src/components/CheckboxItem.vue 변경

```
01: <template>
02:     <li>
03:         <input type="checkbox" :checked="checked" /> {{name}}
04:     </li>
05: </template>
06:
07: <script>
08: export default {
09:     name : "CheckboxItem",
10:     props : ["name", "checked"],
11: }
12: </script>
```

10행에서 props 옵션으로 전달받을 속성을 정의합니다. 전달받은 속성은 3행과 같이 보간법을 적용하거나 바인딩할 수 있습니다. 이제 App 컴포넌트를 변경하여 데이터를 정의하고 CheckboxItem 컴포넌트로 속성을 이용해 전달하도록 해보겠습니다.

예제 07-08 : src/App.vue 변경

```
01: <template>
02:   <div>
03:     <h2>관심있는 K-POP 가수?</h2><hr />
04:     <ul>
05:       <CheckboxItem v-for="idol in idols" :key="idol.id"
06:           :name="idol.name" :checked="idol.checked" />
07:     </ul>
08:   </div>
09: </template>
10:
11: <script>
12: import CheckboxItem from './components/CheckboxItem.vue'
13: export default {
14:   name: "App",
15:   components: { CheckboxItem },
16:   data() {
17:     return {
18:       idols : [
19:         { id:1, name:"BTS", checked:true },
20:         { id:2, name:"Black Pink", checked:false },
21:         { id:3, name:"EXO", checked:false },
22:         { id:4, name:"ITZY", checked:false },
23:       ]
24:     }
25:   }
26: }
27: </script>
```

App 컴포넌트에서는 16~25행에서 정의한 data 옵션을 이용해 5~6행과 같이 v-for 디렉티브를 이용해 반복 렌더링하며 name 속성과 checked 속성을 전달하고 있습니다. 속성을 전달하는 방법은 :name="idol.name"과 같이 v-bind 디렉티브를 이용합니다.

이제 변경된 코드를 적용하여 다음 그림과 같이 실행해보세요. Vue 개발자 도구를 열어서 App 컴포넌트의 데이터를 직접 변경하면 CheckboxItem 컴포넌트로 전달된 속성이 달라지는 것을 확인할 수 있습니다.

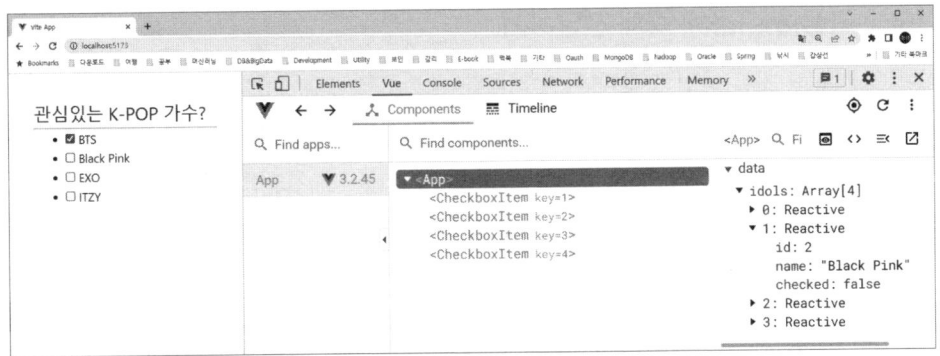

그림 07-10 속성 전달 결과 확인

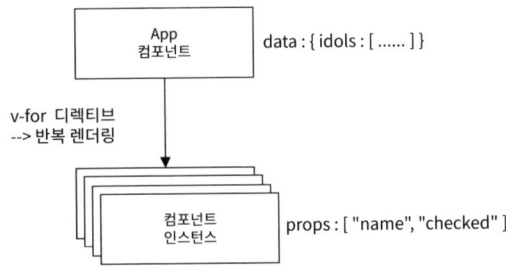

그림 07-11 예제 07-07~08 컴포넌트 구조

예제 07-08의 5-6행에서는 다음과 같이 개별적인 속성 값 하나하나를 v-bind 디렉티브로 전달해보았습니다.

```
<checkbox-item v-for="idol in idols" :key="idol.id"
        :name="idol.name" :checked="idol.checked" />
```

하지만 전달해야 할 속성이 여러 개일 때는 불편합니다. 객체의 내부 속성명과 동일한 이름의 속성으로 전달해주도록 다음과 같이 v-bind 디렉티브를 이용할 수 있습니다. **이 방법을 사용하려면 자식 컴포넌트의 속성명과 전달하는 객체 내부의 속성명이 일치해야 합니다.**

```
<checkbox-item v-for="idol in idols" :key="idol.id" v-bind="idol" />
```

7.4.2 속성을 이용해 객체 전달하기

속성을 이용해 기본 타입의 값이 아닌 객체나 배열을 전달할 수도 있습니다. 기존 예제에 CheckboxItem2 컴포넌트와 App2 컴포넌트를 추가해보겠습니다. CheckboxItem2 컴포넌트에서는 name, checked 속성 대신에 idol이라는 속성을 전달받도록 변경합니다. 이 속성으로 객체를 전달받을 것입니다. App2 컴포넌트에서는 idol 속성에 배열 데이터의 객체 하나씩 전달하도록 변경합니다. 볼드체로 표현된 부분에 주의해 변경하세요.

예제 07-09 : src/components/CheckboxItem2.vue 추가

```
01: <template>
02:     <li>
03:         <input type="checkbox" :checked="idol.checked" /> {{idol.name}}
04:     </li>
05: </template>
06:
07: <script>
08:     export default {
09:         name : "CheckboxItem2",
10:         props : ["idol"],
11:     }
12: </script>
```

예제 07-10 : src/App2.vue 추가

```
01: <template>
02:     <div>
03:         <h2>관심있는 K POP 가수?</h2><hr />
04:         <ul>
05:             <CheckboxItem v-for="idol in idols" :key="idol.id" :idol="idol" />
06:         </ul>
07:     </div>
08: </template>
09:
10: <script>
11:     import CheckboxItem from './components/CheckboxItem2.vue'
12:     ......(생략 : App.vue의 export defaut { } 부분과 동일함)
13: </script>
```

이제 src/main.js에서 App 컴포넌트 대신에 App2 컴포넌트를 사용하도록 다음과 같이 코드를 변경합니다.

```
import { createApp } from 'vue'
//import App from './App.vue'
import App from './App2.vue'

import './assets/main.css'

createApp(App).mount('#app')
```

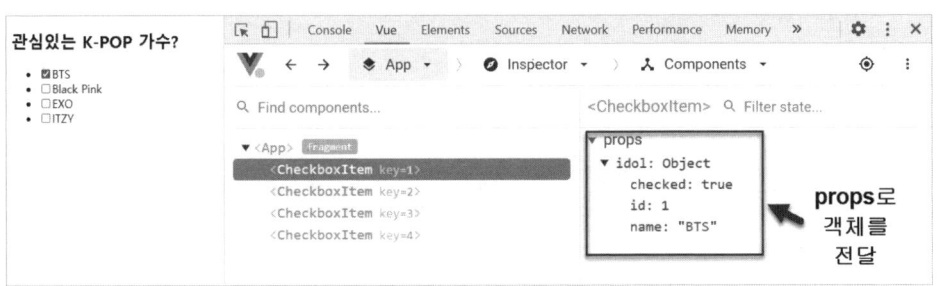

그림 07-12 예제 07-09~10 실행 결과

앞에서 속성(props)으로 전달받은 값은 읽기 전용의 값이라고 설명했습니다. 기본 타입(primitive type)인 경우 자식 컴포넌트에서 변경할 수 없으며, 객체나 배열과 같은 참조 타입인 경우라도 변경할 수는 있지만 변경하지 않을 것을 권장합니다. 속성의 목적은 자식 컴포넌트가 필요한 데이터를 속성으로 전달받아 UI를 렌더링하기 위한 것입니다.

만일 기본 타입의 속성을 변경하려고 시도하면 오류가 발생합니다. src/main.js에서 App 컴포넌트를 사용하도록 다시 주석을 변경합니다. 그리고 CheckboxItem 컴포넌트에 created 생명주기 메서드를 추가해 checked 속성을 true로 강제로 지정하도록 코드를 변경한 후 오류를 확인합니다.

[src/main.js에서 App컴포넌트를 사용하도록 변경]
```
import App from './App.vue'
//import App from './App2.vue'
```

07 _ 단일 파일 컴포넌트를 이용한 Vue 애플리케이션 개발   185

[src/components/CheckboxItem.vue 컴포넌트에 created 생명주기 메서드 추가]

```
export default {
    name : "CheckboxItem",
    props : ["name", "checked"],
    created() {
        this.checked = true;
    }
}
```

```
▲ ▶[Vue warn]: Attempting to mutate prop "checked". Props are readonly.    runtime-core.esm-bundler.js:40
    at <CheckboxItem key=1 id=1 name="BTS" ... >
    at <App>
▲ ▶[Vue warn]: Unhandled error during execution of created hook            runtime-core.esm-bundler.js:40
    at <CheckboxItem key=1 id=1 name="BTS" ... >
    at <App>
⊗ ▶Uncaught TypeError: 'set' on proxy: trap returned falsish for property 'checked'    CheckboxItem.vue:12
    at Proxy.created (CheckboxItem.vue:12:26)
    at callWithErrorHandling (runtime-core.esm-bundler.js:157:36)
    at callWithAsyncErrorHandling (runtime-core.esm-bundler.js:166:21)
    at callHook (runtime-core.esm-bundler.js:3590:5)
    at applyOptions (runtime-core.esm-bundler.js:3492:9)
    at finishComponentSetup (runtime-core.esm-bundler.js:7368:9)
    at setupStatefulComponent (runtime-core.esm-bundler.js:7279:9)
    at setupComponent (runtime-core.esm-bundler.js:7201:11)
    at mountComponent (runtime-core.esm-bundler.js:5524:13)
    at processComponent (runtime-core.esm-bundler.js:5499:17)
```

그림 07-13 기본 타입의 속성을 변경했을 때의 오류

반면 객체를 속성으로 전달하는 경우는 속성을 변경할 수 있습니다. **객체나 배열은 참조형이기 때문에 객체, 배열의 메모리 주소가 바뀌지 않고 내부 속성만 변경이 되는 경우라면 속성으로 전달한 값은 바뀌지 않은 것으로 간주되기 때문에 변경할 수 있습니다. 하지만 속성의 본래 목적에 위배되는 것이므로 권장하지 않습니다.**

src/main.js에서 App2 컴포넌트를 사용하도록 변경하고 CheckboxItem2 컴포넌트에서 created 생명주기 메서드를 작성해 idol.checked를 true로 설정하도록 변경해보겠습니다.

[src/main.js에서 App2 컴포넌트를 사용하도록 변경]

```
//import App from './App.vue'
import App from './App2.vue'
```

[src/components/CheckboxItem2.vue 컴포넌트에 created 생명주기 메서드 추가]

```
export default {
    name : "CheckboxItem2",
```

```
    props : ["idol"],
    created() {
        this.idol.checked = true;
    }
}
```

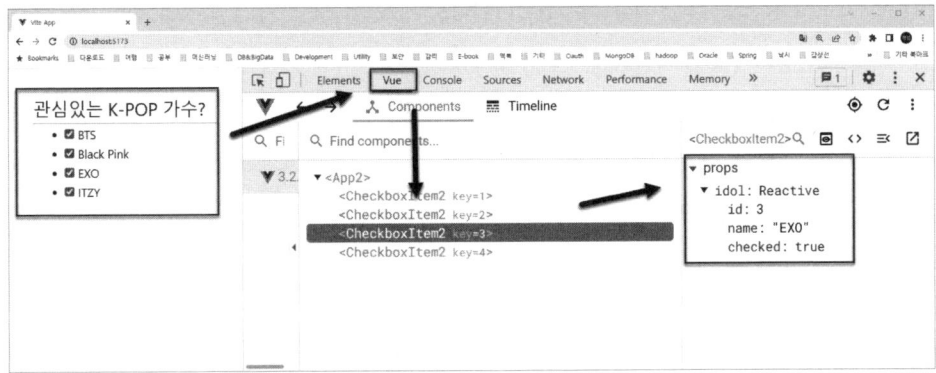

그림 07-14 객체가 전달된 속성의 하위 속성을 변경했을 때

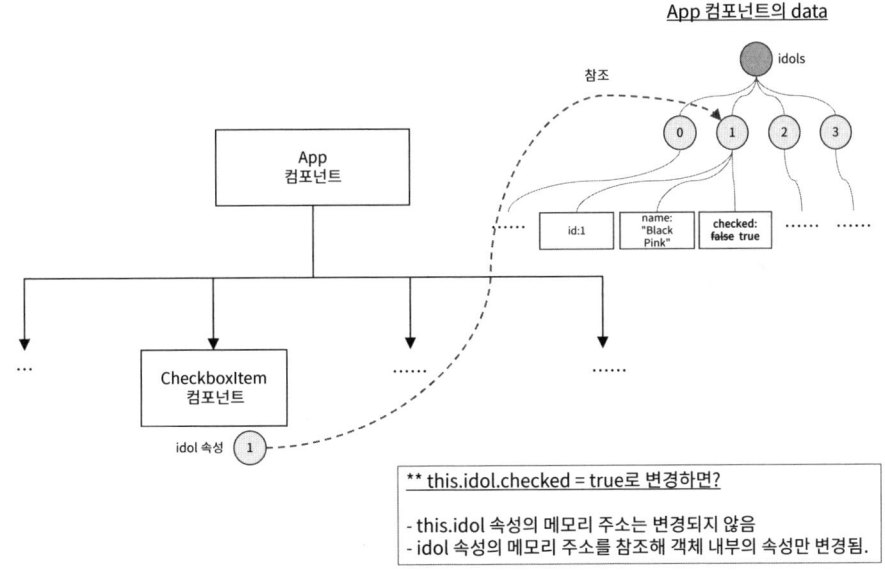

그림 07-15 객체가 전달된 속성을 변경했을 때의 실행 구조

실행 결과를 살펴보면 그림 07-13과 같이 정상적으로 실행되고, idol 속성의 checked 하위 속성 값도 잘 변경된 것을 확인할 수 있습니다. 그림 07-14와 같이 CheckboxItem 컴포넌

트의 created() 생명주기 메서드의 this.idol.checked = true; 코드는 idol 속성은 변경하지 않고 메모리 주소를 참조해 부모 컴포넌트의 원본 데이터를 직접 변경합니다. 즉 idol 속성의 메모리 주소 값은 변경되지 않았기 때문에 '속성은 읽기 전용이다'라는 원칙을 위배하지 않았습니다.

하지만 아무리 참조형 값을 속성으로 전달하더라도 자식 컴포넌트에서 속성을 전달받아 변경하는 것은 하지 않아야 합니다. 데이터가 정의된 부모 컴포넌트가 아닌 자식 컴포넌트들에서 부모로부터 전달받은 속성을 변경하기 시작하면 데이터 변경을 추적하기가 어려워집니다. 데이터의 변경은 데이터를 보유한 컴포넌트(부모 컴포넌트, 이 예제에서는 App 컴포넌트)에서만 할 수 있도록 해야 합니다.

7.4.3 속성의 유효성 검증

속성을 정의할 때 속성명을 배열 형태로 나열할 수도 있지만 속성에 대한 엄격한 유효성 검증이 필요하다면 배열이 아닌 객체 형태로 속성을 정의할 수 있습니다. 적용 방법의 문법은 다음과 같습니다.

```
export default {
  ......
  props : {
    속성명1 : 타입명,
    속성명2 : [타입명1, 타입명2],
    속성명3 : {
      type : 타입명,
      required : [true/false, 기본값:false],
      default : [기본값 또는 기본값을 리턴하는 함수, 기본값:undefined]
    },
    ......
  }
}
```

'속성명1'은 타입명만을 지정한 것입니다. 여러 타입 중의 하나를 허용하는 경우에는 '속성명2'와 같이 배열로 타입들을 나열할 수 있습니다. 좀더 상세하게 지정하고 싶다면 '속성명3'과 같이 타입, 필수 전달 여부, 기본값을 지정할 수 있습니다.

'속성명3'의 default 옵션은 기본 타입의 값을 리턴할 때는 default : false와 같이 값을 직접 지정하지만 부여할 기본값이 객체나 배열과 같은 참조 타입의 값일 때는 다음과 같이 함수로 작성해야 합니다.

```
default() {
    return 객체, 또는 배열
}
```

다음은 타입으로 사용할 수 있는 생성자 함수들입니다.

String	Number	Boolean	Array
Object	Date	Function	Symbol

이제 예제로 기능을 확인해보겠습니다. src/main.js에서 App 컴포넌트를 사용하도록 주석을 변경하고, 기존 CheckboxItem.vue, App.vue 컴포넌트를 다음과 같이 변경해보겠습니다.

예제 07-11 : src/components/CheckboxItem.vue 변경

```
01: <template>
02:     <li>
03:         <input type="checkbox" :checked="checked" /> {{id}} - {{name}}
04:     </li>
05: </template>
06:
07: <script>
08:     export default {
09:         name: "CheckboxItem",
10:         props: {
11:             id: [Number, String],
12:             name: String,
13:             checked: {
14:                 type: Boolean,
15:                 required: false,
16:                 default: false
17:             }
18:         },
```

```
19:     }
20: </script>
```

예제 07-12 : src/App.vue 변경

```
01: <template>
02:   <div>
03:     <h2>관심있는 K-POP 가수?</h2><hr />
04:     <ul>
05:       <CheckboxItem v-for="idol in idols" :key="idol.id"
06:         :id="idol.id" :name="idol.name" :checked="idol.checked" />
07:     </ul>
08:   </div>
09: </template>
10:
11: <script>
12:   import CheckboxItem from './components/CheckboxItem.vue'
13:   export default {
14:     name: "App",
15:     components: { CheckboxItem },
16:     data() {
17:       return {
18:         idols : [
19:           { id:1, name:"BTS", checked:true},
20:           { id:2, name:"Black Pink" },
21:           { id:3, name:"EXO" },
22:           { id:4, name:"ITZY" },
23:         ]
24:       }
25:     }
26:   }
27: </script>
```

기존 예제와의 차이점을 하나씩 살펴봅시다. 우선 App 컴포넌트 예제 19~22행의 data를 살펴보면 checked 값이 없는 아이템들이 눈에 띕니다. 이 예제에서는 checked 속성이 전달되지 않으면 기본값인 false를 부여하도록 CheckboxItem 컴포넌트 예제의 16행에서 지정하였습니다.

이제 CheckboxItem 컴포넌트 예제 10행의 props 옵션을 확인해보겠습니다. 우선 id 속성은 Number, String 타입 중의 한 가지의 타입을 사용해야 합니다. 다른 타입의 사용을 허용하지 않습니다. name 속성은 String 타입의 값만을 전달할 수 있습니다. checked 속성은 필수 Boolean 타입이며, 필수 입력 항목이 아닙니다. 따라서 속성값이 전달되지 않을 수 있는데, 이 경우에 기본값을 false로 부여하겠다는 의미입니다. 지금 현재는 속성의 유효성에 문제가 없으므로 잘 실행될 것입니다. 이제 의도적으로 유효성에 어긋나는 값을 속성으로 전달해보겠습니다. 볼드체로 표현된 부분에 주의하여 변경해보세요.

예제 07-13 : src/App.vue 의 데이터 변경

```
01:     ……(생략)
02:     export default {
03:       name: "App",
04:       components: { CheckboxItem },
05:       data() {
06:         return {
07:           idols : [
08:             { id:1, name:"BTS", checked:true },
09:             { id:2, name:"Black Pink", checked:1 },
10:             { id:3, name:"EXO" },
11:             { id:4, name: { special:"ITZY" } },
12:           ]
13:         }
14:       }
15:     }
```

실행 후 브라우저 개발자 도구의 Console을 열어보면 그림 07-15와 같은 오류 메시지를 확인할 수 있습니다

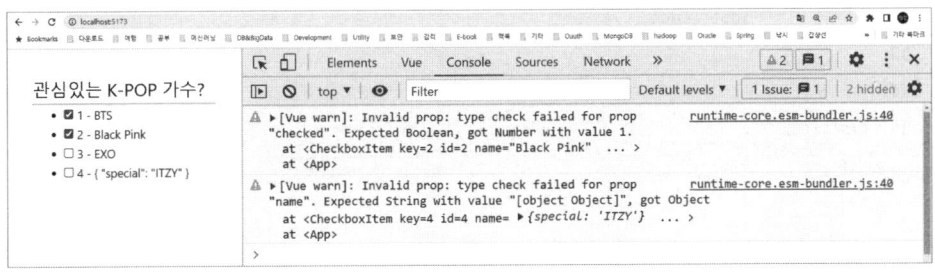

그림 07-16 유효성 검사 결과 오류

type으로 지정할 수 있는 것은 클래스 또는 생성자 함수입니다. 따라서 속성으로 객체를 전달할 때는 클래스를 정의하여 사용하는 것도 좋은 방법입니다.

type으로 지정한 것들은 모두 생성자 함수(constructor function) 또는 클래스(class)입니다. 그렇기 때문에 생성자 함수나 클래스를 직접 정의한 것도 타입으로 사용할 수 있습니다. 다음과 같이 Idol 클래스, CheckboxItem3 컴포넌트와 App3 컴포넌트를 작성하고 src/main.js에서 App3 컴포넌트를 사용하도록 변경해주세요.

예제 07-14 : src/Idol.js 추가

```
export default class Idol {
    constructor(id, name, checked) {
        this.id = id;
        this.name = name;
        this.checked = checked;
    }
}
```

예제 07-15 : src/components/CheckboxItem3.vue 추가

```
01: <template>
02:     <li>
03:         <input type="checkbox" :checked="idol.checked" /> {{idol.name}}
04:     </li>
05: </template>
06:
07: <script>
08:     import Idol from '../Idol';
09:     export default {
10:         name: "CheckboxItem3",
11:         props: {
12:             idol: Idol,
13:         },
14:     }
15: </script>
```

예제 07-16 : src/App3.vue 추가

```
01: <template>
02:     <div>
03:         <h2>관심있는 K-POP 가수?</h2>
04:         <hr />
05:         <ul>
06:             <CheckboxItem v-for="idol in idols" :idol="idol" />
07:         </ul>
08:     </div>
09: </template>
10:
11: <script>
12:     import CheckboxItem from './components/CheckboxItem3.vue'
13:     import Idol from './Idol';
14:     export default {
15:         name: "App3",
16:         components: {
17:             CheckboxItem
18:         },
19:         data() {
20:             return {
21:                 idols: [
22:                     new Idol(1, "BTS", true),
23:                     new Idol(2, "Black Pink", false),
24:                     new Idol(3, "EXO", false),
25:                     new Idol(4, "ITZY", false),
26:                 ]
27:             }
28:         }
29:     }
30: </script>
```

예제 07-16의 22~25행과 같이 data를 초기화할 때 Idol 클래스의 생성자를 이용해 객체를 생성하였습니다. 예제 07-15에서는 12행과 같이 Idol 클래스 타입의 객체인지를 유효성 검증하고 있습니다. **전달되는 속성이 Idol의 인스턴스 타입인지를 확인하는 것입니다.**

좀더 정밀하게 유효성 검사를 하려면 유효성 검사 함수(validator)를 등록할 수 있습니다. 기존 CheckboxItem 컴포넌트에서 name 속성이 문자열이면서 4글자 이상인지 여부를 확인하도록 변경해보겠습니다. src/main.js에서 App 컴포넌트를 사용하도록 코드를 변경하고 CheckboxItem, App 컴포넌트를 다음과 같이 변경합니다.

예제 07-17 : src/components/CheckboxItem.vue 변경

```
01: <template>
02:     <li>
03:         <input type="checkbox" :checked="checked" /> {{id}} - {{name}}
04:     </li>
05: </template>
06:
07: <script>
08:     export default {
09:         name: "CheckboxItem",
10:         props: {
11:             id: [Number, String],
12:             //name: String,
13:             name: {
14:                 validator(v) {
15:                     return typeof(v) !== "string" ?
16:                         false :
17:                         v.trim().length >= 4 ? true : false
18:                 }
19:             },
20:             checked: {
21:                 type: Boolean,
22:                 required: false,
23:                 default: false
24:             }
25:         },
26:     }
27: </script>
```

예제 07-18 : src/App.vue 변경

```
01: <template>
02:     ......(생략)
03: </template>
04:
```

```
05: <script>
06:   import CheckboxItem from './components/CheckboxItem.vue'
07:   export default {
08:     name: "App",
09:     components: { CheckboxItem },
10:     data() {
11:       return {
12:         idols : [
13:           { id:1, name:"BTS", checked:true},
14:           { id:2, name:"Black Pink" },
15:           { id:3, name:"EXO" },
16:           { id:4, name:"ITZY" },
17:         ]
18:       }
19:     }
20:   }
21: </script>
```

CheckboxItem 컴포넌트에서는 name 속성에 대한 유효성 검증 기능을 예제 07-17의 13~19행과 같이 사용자 정의 유효성 검증 함수로 변경했습니다. **유효성 검사 함수(validator)**는 false를 리턴하면 유효성 검사에 실패한 것으로, true를 리턴하면 유효한 것으로 간주합니다.

3항 연산식을 이용해 속성으로 전달된 값이 문자열인지 typeof()를 이용해 확인하고 문자열의 길이가 4이상인지도 확인합니다.

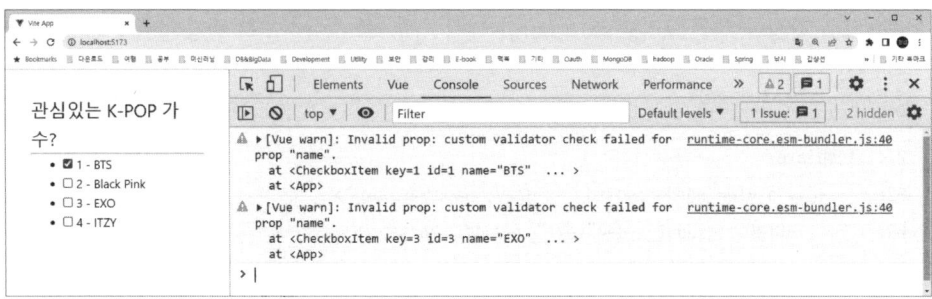

그림 07-17 사용자 정의 유효성 검사 결과

7.5 사용자 정의 이벤트

7.5.1 사용자 정의 이벤트를 이용한 정보 전달

이전 절에서 다룬 속성(props)은 부모 컴포넌트에서 자식 컴포넌트로 정보를 전달하는 방법을 제공합니다. 반대로 자식 컴포넌트가 부모 컴포넌트로 정보를 전달하기 위해서는 사용자 정의 이벤트를 사용해야 합니다. 자식 컴포넌트는 이벤트를 발신(emit events)하고, 부모 컴포넌트는 자식 컴포넌트가 발신한 이벤트를 v-on 디렉티브를 이용해 수신합니다. 자식 컴포넌트에서 사용자 정의 이벤트를 발신할 때는 컴포넌트 인스턴스의 $emit() 메서드를 이용하면 됩니다. 사용 형식은 다음과 같습니다.

[자식 컴포넌트에서]

```
this.$emit('event-name', eventArgs1, evenArgs2, ...... )
```

[부모 컴포넌트에서]

```
<child-component  @event-name="handlerMethod" />

methods : {
  handlerMethod(eventArgs1, eventArgs2, ......) {
    //전달받은 아규먼트로 처리할 코드 작성
  }
}
```

test-vue-app 프로젝트에 방금 설명한 내용을 적용해보겠습니다. 우선 InputName, App4 컴포넌트를 작성합니다. 그리고 src/main.js에서 App4를 사용하도록 변경하세요.

예제 07-19 : src/components/InputName.vue 추가

```
01: <template>
02:     <div style="border:solid 1px gray; padding:5px;">
03:         이름 : <input type="text" v-model="name" />
04:         <button @click="$emit('nameChanged', { name })">이벤트 발신</button>
05:     </div>
06: </template>
07:
```

```
08: <script>
09:     export default {
10:         name: "InputName",
11:         data() {
12:             return {
13:                 name: ""
14:             };
15:         },
16:     }
17: </script>
```

예제 07-20 : src/App4.vue 추가

```
01: <template>
02:     <div>
03:         <InputName @nameChanged="nameChangedHandler" />
04:         <br />
05:         <h3>App 데이터 : {{parentName}}</h3>
06:     </div>
07: </template>
08:
09: <script>
10:     import InputName from './components/InputName.vue'
11:     export default {
12:         name: "App4",
13:         components : { InputName },
14:         data() {
15:             return { parentName: "" }
16:         },
17:         methods: {
18:             nameChangedHandler(e) {
19:                 this.parentName = e.name;
20:             }
21:         }
22:     }
23: </script>
```

예제 07-21 : src/main.js 변경

```
import { createApp } from 'vue'
//import App from './App.vue'
//import App from './App2.vue'
//import App from './App3.vue'
import App from './App4.vue'

import './assets/main.css'

createApp(App).mount('#app')
```

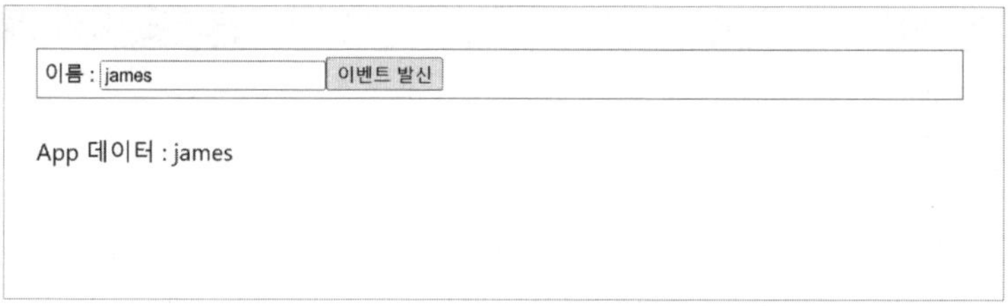

이름 : james   이벤트 발신

App 데이터 : james

그림 07-18 사용자 정의 이벤트 실행 결과

예제 07-19의 4행과 같이 자식 컴포넌트에서 인스턴스의 $emit() 메서드를 이용해서 이벤트를 발신합니다. 이때 이벤트명과 이벤트 아규먼트를 전달할 수 있습니다. 부모 컴포넌트에서는 예제 07-20의 3, 18행과 같이 v-on 디렉티브로 자식 컴포넌트에서 발신한 이벤트명으로 이벤트를 수신해 등록한 핸들러 메서드를 호출합니다. 이때 핸들러 메서드의 인자는 자식 컴포넌트에서 발신한 이벤트 아규먼트를 사용해서 자식 컴포넌트가 전달하는 정보를 받아냅니다. 그림 07-19과 같이 비교해서 보면 이해가 더 쉬울 것입니다.

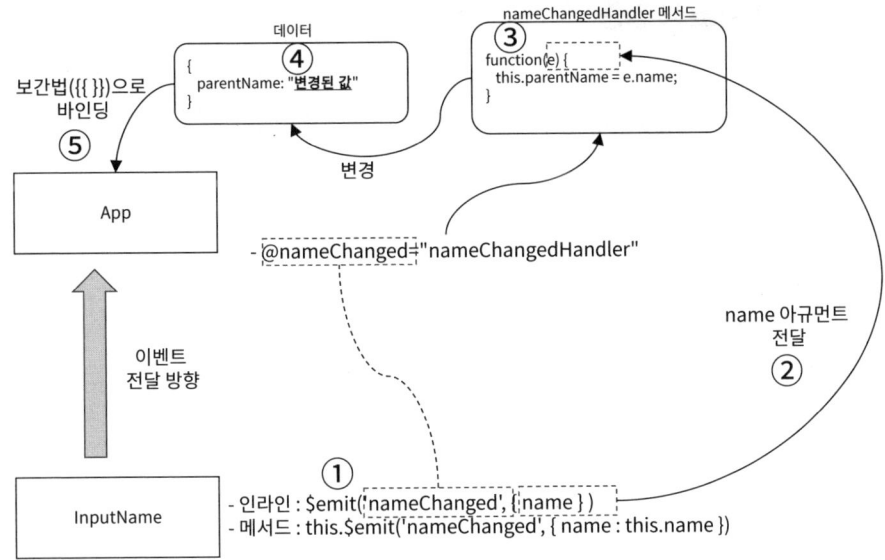

그림 07-19 : 예제 07-19~21의 구조

이벤트의 발신을 위한 $emit() 내장 메서드는 직계 부모 컴포넌트로만 이벤트 정보를 전송합니다. 컴포넌트 계층 구조가 복잡할 때는 중간에 거쳐가는 컴포넌트에서 이벤트 정보를 받아서 다시 부모로 전달해야 합니다.

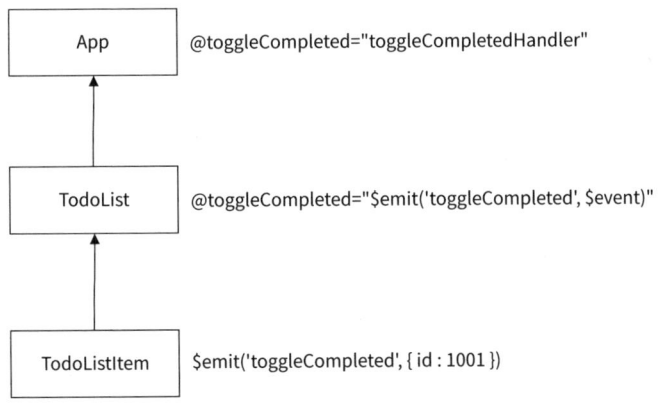

그림 07-20 : 부모-자식-손자의 컴포넌트 계층 구조에서 이벤트 전송

이와 같은 구조의 예제는 잠시 후 6장에서 작성했던 TodoList 앱 예제를 컴포넌트 구조로 리팩토링하면서 적용해보도록 하겠습니다.

7.5.2 이벤트 유효성 검증

이전 절에서 속성에 대한 유효성 검사 기능을 이미 살펴보았습니다. 컴포넌트의 이벤트 처리에 대해서도 유효성 검사를 수행할 수 있습니다. 이를 위해 emits라는 옵션을 등록하여 발신하는 이벤트에 대한 유효성 검사를 수행합니다. 사용 방법은 다음과 같습니다.

```
const Component = {
    ......
    emits : ["이벤트명1", "이벤트명2" ]
    .......
}
```

또는

```
const Component = {
    ......
    emits : {
        이벤트명1 : (e) => {
            //true가 리턴되면 유효
            //false가 리턴되면 유효하지 않음
        },
        //유효성 검사 하지 않음
        이벤트명2 : null,
        ......
    },
    .......
}
```

emits 옵션에 이벤트명의 배열을 지정하면 등록된 이벤트가 아닌 다른 이벤트의 발신에 대해 경고 화면을 콘솔에 나타냅니다. 또한 emits 옵션만 살펴보면 이 컴포넌트가 어떤 이벤트를 발신하는지를 한눈에 알 수 있도록 합니다. 따라서 **컴포넌트의 작동 방식에 대한 명확한 문서화를 위해서도 emits 옵션을 정의할 것을 권장합니다.**

또 다른 방법으로 emits 옵션에 이벤트명을 속성명으로 지정하고 함수를 등록할 수 있습니다. 이 함수는 인자로 전달받은 이벤트 아규먼트(e)를 이용해 유효성을 검증한 뒤 true/false

를 리턴합니다. 이 방법을 사용하면 단순히 발신하는 이벤트명만 확인하는 것이 아니라 전달하는 이벤트 아규먼트의 유효성 여부까지 확인할 수 있습니다. test-vue-app 프로젝트의 InputName 컴포넌트를 변경합니다.

예제 07-22 : src/components/InputName.vue 변경

```
01: <template>
02:     ......
03: </template>
04:
05: <script>
06:     export default {
07:         name: "InputName",
08:         emits: [ "nameChanged1" ],
09:         data() {
10:             return {
11:                 name: ""
12:             };
13:         },
14:     }
15: </script>
```

이 예제의 8행에서 의도적으로 발신하는 이벤트명과 다르게 emits 옵션을 등록했습니다. 따라서 버튼을 클릭하면 다음 그림과 같은 경고가 콘솔에 나타납니다. 등록되지 않은 이벤트가 발신되었다는 경고입니다.

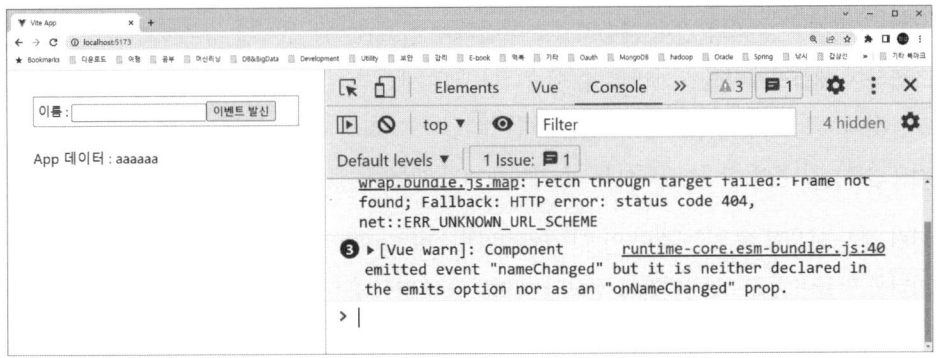

그림 07-21 : 예제 07-22 적용 시 발생 오류

이전 적용 방식은 이벤트의 이름만을 검증하지만 아규먼트까지 검증하려면 함수 방식을 적용하면 됩니다. 이 예제에서는 nameChanged 이벤트 명과 name 아규먼트가 문자열이면서 3글자 이상인지도 검증합니다.

```
01: export default {
02:     name: "InputName",
03:     //emits : [ "nameChanged1"],
04:     emits: {
05:         nameChanged: (e) => {
06:             return e.name && typeof(e.name) === "string" && e.name.trim().length >= 3
                        ? true : false
07:         }
08:     },
09:     ......
10: }
```

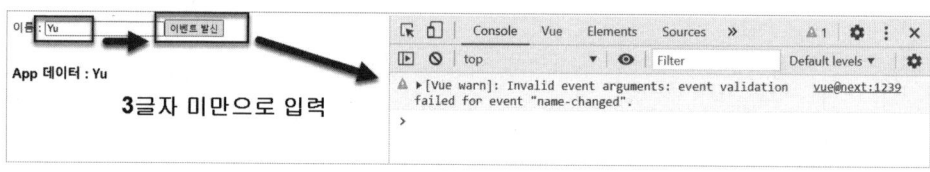

그림 07-22 변경된 InputName 컴포넌트 적용 후 실행 결과

7.6 이벤트 에미터 사용

부모 – 자식 – 손자와 같이 계층적으로 복잡하게 컴포넌트가 구성된 경우 속성과 이벤트를 조합하여 애플리케이션을 개발할 수 있습니다만, 이벤트를 일일이 경로를 거슬러 올라가도록 전달해야 하는 측면이 불편할 수 있습니다. 또한 부모-자식 관계가 아니라 형제 관계에 있는 컴포넌트는 기존에 학습한 내용만으로 개발하기가 힘들 수 있습니다.

이런 경우 사용할 수 있는 것이 이벤트 에미터(Event Emitter) 입니다. 하나의 공유 이벤트 에미터를 만들어 두고 모든 이벤트 정보가 에미터를 거쳐서 흘러가도록 하는 방법입니다.

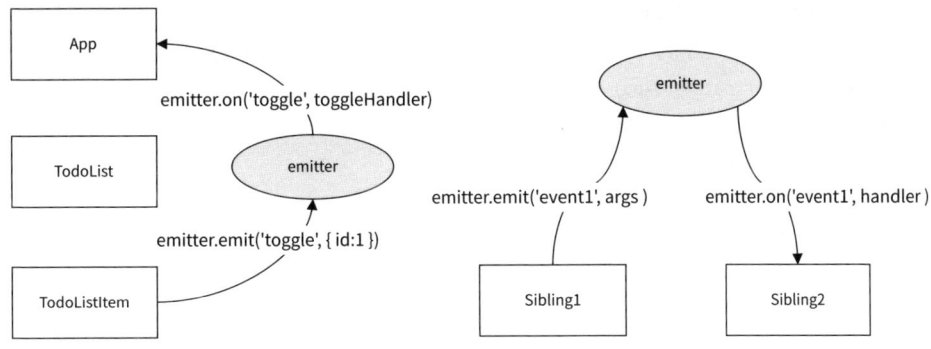

그림 07-23 : 이벤트 에미터 적용 방법

이벤트 에미터로 사용할 수 있는 라이브러리는 여러 가지가 있지만 mitt라는 라이브러리를 사용하겠습니다. mitt에 관한 내용은 다음 문서를 참조하세요.

- https://github.com/developit/mitt

이 절에서는 그림 07-23의 오른쪽 그림과 같은 형태의 형제 관계의 컴포넌트 간의 이벤트를 처리하는 예제를 작성해보겠습니다. 기존 test-vue-app 프로젝트에 Sender, Receiver, App5 컴포넌트를 추가하고 main.js를 변경해야 합니다. 우선 mitt를 설치하고 src/main.js를 변경합니다.

```
// CTRL+C를 눌러서 실행 중이던 개발 웹서버를 중단하고 다음 명령어를 실행하여 mitt를 설치합니다.
npm install --save mitt
```

예제 07-23 : src/main.js 변경

```
01: import { createApp } from 'vue'
02: //import App from './App.vue'
03: //import App from './App2.vue'
04: //import App from './App3.vue'
05: //import App from './App4.vue'
06: import App from './App5.vue'
07: import mitt from 'mitt';
08:
09: import './assets/main.css'
10:
```

```
11: const emitter =  mitt();
12: emitter.on('*', (type, e) => console.log(`## 이벤트 로그 : ${type} -> `, e) )
13: const app = createApp(App)
14: app.config.globalProperties.emitter = emitter;
15: app.mount("#app");
```

main.js에서 emitter를 등록해야 합니다. 어느 컴포넌트에서나 이용할 수 있도록 전역 속성으로 emitter를 등록합니다. 또한 이벤트 발신 여부를 확인하기 위해 12행과 같이 간단한 콘솔 로거 기능을 등록합니다. 이벤트 타입명으로 *을 사용하면 모든 이벤트에 대한 처리를 할 수 있습니다. 이 핸들러를 이용해 로깅과 같은 작업을 할 수 있습니다. 모든 이벤트는 단일 통신 채널인 emitter를 거치기 때문에 모니터링과 로깅의 가장 최적의 지점입니다.

이제 Sender, Receiver 컴포넌트를 작성합니다.

예제 07-24 : src/components/Sender.vue

```
01: <template>
02:     <div style="border:solid 1px gray; margin:5px; padding:5px;">
03:         <h2>Sender</h2><hr/>
04:         <button @click="sendMessage">이벤트 발신</button>
05:     </div>
06: </template>
07:
08: <script>
09:     export default {
10:         name: "Sender",
11:         methods: {
12:             sendMessage() {
13:                 this.emitter.emit("message", Date.now() + "에 발신된 메시지");
14:             }
15:         }
16:     }
17: </script>
```

예제 07-25 : src/components/Receiver.vue

```vue
01: <template>
02:     <div style="border:solid 1px gray; margin:5px; padding:5px;">
03:         <h2>Receiver</h2>
04:         <hr />
05:         <h2>전송된 텍스트 : {{textMessage}}</h2>
06:     </div>
07: </template>
08:
09: <script>
10:     export default {
11:         name: "Receiver",
12:         created() {
13:             this.emitter.on("message", this.receiveHandler);
14:         },
15:         data() {
16:             return {
17:                 textMessage: ""
18:             }
19:         },
20:         methods: {
21:             receiveHandler(msg) {
22:                 this.textMessage = msg;
23:             }
24:         },
25:     }
26: </script>
```

예제 07-26 : src/App5.vue

```vue
01: <template>
02:     <div>
03:         <Sender />
04:         <hr />
05:         <Receiver />
06:     </div>
07: </template>
08:
```

```
09: <script>
10:     import Receiver from './components/Receiver.vue'
11:     import Sender from './components/Sender.vue'
12:     export default {
13:         name : "App5",
14:         components : { Sender, Receiver }
15:     }
16: </script>
```

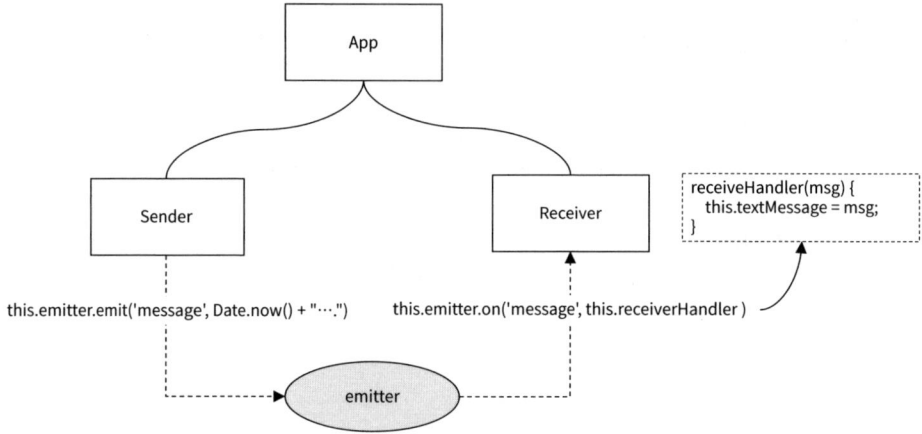

그림 07-24 : 이벤트 에미터 적용 예제 구조

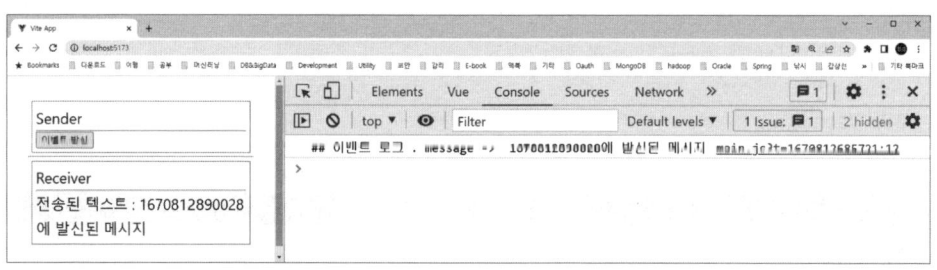

그림 07-25 : 이벤트 에미터 예제 실행 결과

예제 07-25 Receiver 컴포넌트에서 이벤트 수신 코드를 등록하는 방법이 기존 이벤트 처리와 같이 v-on 디렉티브를 이용하지 않고 created() 생명주기 메서드를 이용하고 있다는 점에 주의하세요.

이벤트 에미터를 사용하는 방법은 공식적으로 권장하는 방법은 아닙니다. Vue 공식 문서에서는 전역 상태 관리 기능을 제공하는 라이브러리로 Vuex 또는 Pinia를 이용할 것을 권장합니다. 하지만 필자는 간단한 구조의 애플리케이션이라면 이벤트 에미터를 사용하는 것이 나쁘지 않다고 생각합니다.

7.7 TodoList 예제 리팩토링

7.7.1 컴포넌트 분할과 정의

지금까지 학습한 컴포넌트에 대한 내용을 적용하여 예제를 작성해보겠습니다. 하지만 처음부터 작성하는 것이 아닌 기존 예제를 리팩토링할 것입니다. 6장에서 TodoList 앱 예제를 이미 작성했습니다. 컴포넌트로 분할하지 않은 기존 예제를 적절히 컴포넌트로 분할하여 예제를 변경할 것입니다.

우선 컴포넌트를 분할하는 기준을 살펴보겠습니다. 자바나 C#과 같은 언어에서는 **재사용성**, **테스트 용이성**, **디버깅 편의성** 등을 고려해 컴포넌트를 분할할 것을 권장하고 있습니다.

예를 들어 한 컴포넌트에 너무 많은 기능이 포함되면 재사용성도 나빠지고 테스트하기도 복잡해집니다. 딱히 정해진 기준이 있는 것은 아니지만 2~3개를 초과하는 수의 기능이 한 컴포넌트에 포함되지 않도록 할 것을 권장합니다.

여기에 한 가지를 더 고려할 것이 있습니다. 렌더링 최적화와 관련된 부분입니다. Vue 컴포넌트에서 렌더링할지 말지를 결정하는 단위는 컴포넌트입니다. 물론 Vue는 가상 DOM을 이용하기 때문에 컴포넌트 단위의 모든 내용이 브라우저 DOM에 렌더링되는 것은 아닙니다만 가상 DOM이라는 메모리에 데이터 쓰기를 하는 행위도 분명 시스템 자원을 소모합니다. 그래서 가능한 **한 번에 변경되는 데이터를 렌더링하는 UI 단위로 컴포넌트를 분할하는 편이 좋습니다**. 그림 07-26을 보면서 살펴보겠습니다.

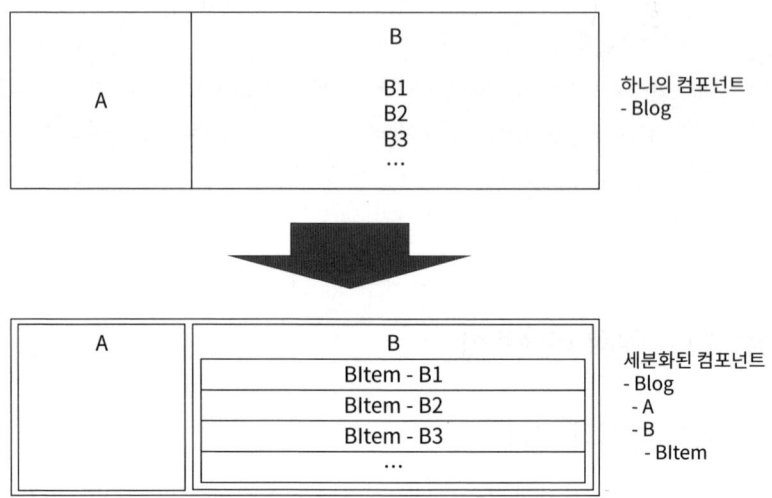

그림 07-26 렌더링 최적화를 고려한 컴포넌트의 분할

그림 07-26의 첫 번째 그림은 Blog라는 하나의 컴포넌트에서 A라는 데이터, B라는 데이터를 모두 렌더링하고 있는 상황을 나타낸 것입니다. 이중 B 데이터는 배열로써 v-for 디렉티브를 이용해 반복 렌더링하고 있다고 가정하겠습니다. 이 상황에서 A 데이터만 변경되면 어떤 일이 벌어질까요? 바로 Blog 컴포넌트 전체가 다시 렌더링합니다. 물론 가상 DOM에 대한 렌더링이라 차이가 나는 부분만을 브라우저 DOM에 업데이트하겠지만 분명 오버헤드가 존재합니다. 특히 B 배열 내부의 B2 데이터만 변경되었다고 가정해보면 A, B, B내부의 모든 배열 값을 이용해 전체를 다시 렌더링하는 겁니다.

데이터가 변경되는 단위로 컴포넌트를 세분화하면 해당 컴포넌트만 다시 렌더링하고 나머지 컴포넌트는 다시 렌더링하지 않게 되어 보다 좋은 렌더링 성능을 제공할 수 있게 됩니다. 특히 반복 렌더링하는 부분은 반드시 별도의 컴포넌트를 작성하세요.

재사용성, 독립성, 렌더링 최적화를 고려해서 TodoList 앱의 화면에 대해 컴포넌트를 분할한다면 다음과 유사할 것입니다.

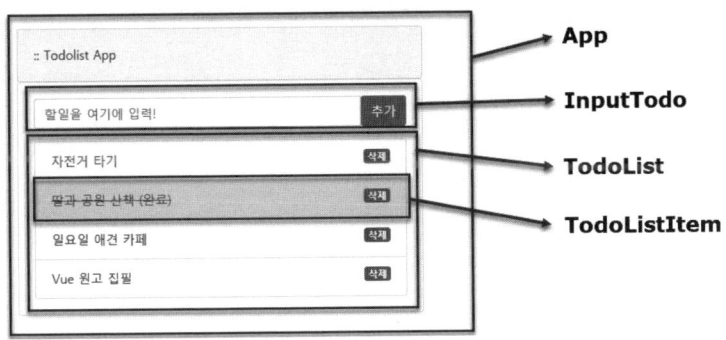

그림 07-27 TodoList 앱 화면의 컴포넌트 분할

컴포넌트를 분할했다면 화면 단위의 데이터와 메서드를 도출해봅니다. 이 데이터와 메서드는 모두 최상위 컴포넌트인 App 컴포넌트에 작성될 것입니다. 그리고 데이터는 자식 컴포넌트의 속성으로 전달될 것입니다. **즉 화면 단위의 데이터와 메서드 기능을 상위 컴포넌트에 집중시키는 것입니다.** 반드시 이렇게 구성해야 하는 것은 아니지만 디버깅과 데이터에 대한 변경 추적을 수행하는데 더 용이합니다. 데이터 변경 추적을 위해 App 컴포넌트만 관찰하면 되기 때문입니다.

[관리해야 할 데이터]

```
{
  todoList : [
    { id: 1, todo:"자전거 타기", completed: false },
    { id: 2, todo:"딸과 공원 산책", completed: true },
    { id: 3, todo:"일요일 애견 카페", completed: false },
    { id: 4, todo:"Vue 원고 집필", completed: false },
  ]
}
```

이 앱에서 관리해야 할 데이터에서 InputTodo 컴포넌트에서 사용자로부터 값을 입력받기 위한 todo가 없습니다. todo는 InputTodo 컴포넌트의 로컬 데이터로 정의합니다. 왜냐하면 **데이터가 관리할 만큼 중요하지 않으므로 데이터의 생명주기 관리가 필요하지 않기 때문입니다.** 단지 사용자로부터의 입력값을 받아내기 위한 용도이므로 굳이 중앙 집중화된 데이터 관리가 필요하지 않습니다.

이제 메서드를 정의하겠습니다. 메서드 각각에 대한 설명은 필요하지 않을 것이라 생각합니다.

[메서드 목록]

- addTodo(todo)
- deleteTodo(id)
- toggleCompleted(id)

[수신 이벤트 목록]

- add-todo : 전달 인자-todo
- delete-todo : 전달 인자-id
- toggle-completed : 전달 인자-id

이제 각 컴포넌트마다 필요한 속성, 데이터, 발생시키는 이벤트, 수신 이벤트를 정의합니다. 필자가 작성한 형식은 간략하게 표현한 것이고 상세한 설명을 덧붙여 작성할 것을 권장합니다.

[컴포넌트 목록]

```
* App 컴포넌트
  - data : todoList 배열
  - methods : addTodo, deleteTodo, toggleCompleted 메서드
  - 수신 이벤트 : add-todo, delete-todo, toggle-completed

* InputTodo 컴포넌트
  - data : todo 문자열 값
  - 발신 이벤트 : add-todo

* TodoList 컴포넌트
  - props : todoList 배열(todoList)
  - 발신이벤트 : delete-todo(경유), toggle-completed(경유)
  - 수신이벤트 : delete-todo(경유), toggle-completed(경유)

* TodoListItem 컴포넌트
  - props : todoItem( todoList 배열의 값 하나)
  - 발신 이벤트 : delete-todo, toggle-completed
```

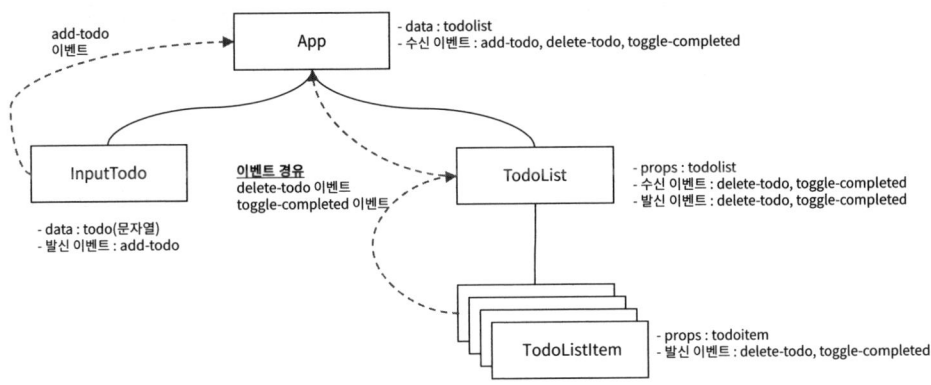

그림 07-28 TodoList 앱 컴포넌트 계층 구조

7.7.2 속성과 이벤트를 조합한 리팩토링

이제 컴포넌트의 대한 정의가 완료되었으니 각각의 컴포넌트를 작성해보면 됩니다. 컴포넌트의 작성은 하향식으로 작성해보도록 하겠습니다. 즉 부모 컴포넌트로부터 자식 컴포넌트로 향하도록 작성합니다. 우선 다음 명령어를 실행하여 todolist-app 프로젝트를 생성하고 VSCode로 열겠습니다. 이어서 src/components 디렉터리, src/assets 디렉터리의 모든 파일을 삭제하세요.

```
npm init vue todolist-app
cd todolist-app
npm install
npm install bootstrap@5
```

다음 경로의 파일을 생성해두도록 하겠습니다. 컴포넌트 목록을 미리 정의해두었기 때문에 미리 컴포넌트 파일을 생성해둘 수 있습니다.

```
src/assets/main.css
src/components/TodoList.vue
src/components/InputTodo.vue
src/components/TodoListItem.vue
```

그럼 먼저 최상위 시작 진입점인 src/main.js와 src/assets/main.css부터 작성하도록 하겠습니다. 이 예제에서는 bootstrap의 css 스타일을 사용합니다. 그리고 별도의 main.css 파일도 추가하였습니다.

예제 07-27 : src/main.js 변경

```
import { createApp } from 'vue'
import App from './App.vue'
import 'bootstrap/dist/css/bootstrap.css'
import './assets/main.css'

createApp(App).mount('#app')
```

예제 07-28 : src/assets/main.css 추가

```
body { margin: 0; padding: 0; font-family: sans-serif; }
.title { text-align: center; font-weight:bold; font-size:20pt; }
.todo-done { text-decoration: line-through; }
.container { padding:10px 10px 10px 10px; }
.panel-borderless { border: 0; box-shadow: none; }
.pointer { cursor:pointer; }
```

이번에는 App 컴포넌트를 작성하겠습니다. 이 컴포넌트에서는 미리 컴포넌트 목록에 정의한 대로 todoList 배열 데이터를 정의하고 필요한 3개의 메서드를 작성합니다. 또한 InputTodo, TodoList 컴포넌트를 임포트하여 지역 컴포넌트로 등록해야 합니다.

예제 07-29 : src/App.vue 작성

```
01: <template>
02:   <div id="app" class="container">
03:     <div class="card card-body bg-light">
04:       <div class="title">:: Todolist App</div>
05:     </div>
06:     <div class="card card-default card-borderless">
07:       <div class="card-body">
08:         <InputTodo @add-todo="addTodo" />
09:         <TodoList :todoList="todoList" @delete-todo="deleteTodo"
10:           @toggle-completed="toggleCompleted" />
```

```
11:        </div>
12:      </div>
13:    </div>
14: </template>
15:
16: <script>
17:    import TodoList from './components/TodoList.vue'
18:    import InputTodo from './components/InputTodo.vue'
19:
20:    let ts = new Date().getTime()
21:
22:    export default {
23:      name: "App",
24:      components : { InputTodo, TodoList },
25:      data() {
26:        return {
27:          todoList : [
28:            { id: ts, todo:"자전거 타기", completed: false },
29:            { id: ts+1, todo:"딸과 공원 산책", completed: true },
30:            { id: ts+2, todo:"일요일 애견 카페", completed: false },
31:            { id: ts+3, todo:"Vue 원고 집필", completed: false },
32:          ]
33:        }
34:      },
35:      methods: {
36:        addTodo(todo) {
37:          if (todo.length >= 2) {
38:            this.todoList.push({ id: new Date().getTime(), todo: todo, completed: false });
39:          }
40:        },
41:        deleteTodo(id) {
42:          let index = this.todoList.findIndex((item) => id === item.id);
43:          this.todoList.splice(index, 1);
44:        },
45:        toggleCompleted(id) {
46:          let index = this.todoList.findIndex((item) => id === item.id);
47:          this.todoList[index].completed = !this.todoList[index].completed;
48:        }
```

```
49:        }
50:    }
51: </script>
```

다음으로 InputTodo 컴포넌트를 작성하겠습니다. 이 컴포넌트가 발신하는 이벤트는 'add-todo'이므로 향후 문서화를 위해 emits : ["add-todo"]와 같이 옵션을 정의했습니다. 텍스트 필드에서 엔터키를 누르거나 추가 버튼을 클릭했을 때 addTodoHandler 메서드가 호출되는데 이곳에서 add-todo이벤트를 부모 컴포넌트로 발신하도록 작성합니다.

예제 07-30 : src/components/InputTodo.vue 작성

```
01: <template>
02:     <div class="row mb-3">
03:         <div class="col">
04:             <div class="input-group">
05:                 <input id="msg" type="text" class="form-control" name="msg"
06:                     placeholder="할일을 여기에 입력!" v-model.trim="todo"
07:                     @keyup.enter="addTodoHandler" />
08:                 <span class="btn btn-primary input-group-addon"
09:                     @click="addTodoHandler">추가</span>
10:             </div>
11:         </div>
12:     </div>
13: </template>
14:
15: <script>
16:     export default {
17:         name : "InputTodo",
18:         data() {
19:             return { todo : "" }
20:         },
21:         emits : ["add-todo"],
22:         methods : {
23:             addTodoHandler() {
24:                 if (this.todo.length >= 3) {
25:                     this.$emit('add-todo', this.todo);
26:                     this.todo = "";
27:                 }
```

```
28:         }
29:     },
30: }
31: </script>
```

다음으로 TodoList 컴포넌트를 작성합니다. TodoList 컴포넌트는 todoList 배열을 속성으로 전달받아 TodoListItem 컴포넌트를 반복 렌더링합니다. 반복 렌더링할 때마다 todoList 배열 속성의 각 아이템을 TodoListItem 컴포넌트의 속성으로 전달합니다. 또한 다음 예제 6~7행과 같이 자식 컴포넌트인 TodoListItem 컴포넌트로부터 이벤트를 수신하여 다시 자신의 부모 컴포넌트로 발신합니다.

예제 07-31 : src/components/TodoList.vue

```
01: <template>
02:     <div class="row">
03:         <div class="col">
04:             <ul class="list-group">
05:                 <TodoListItem v-for="todoItem in todoList" :key="todoItem.id"
06:                     :todoItem="todoItem" @delete-todo="$emit('delete-todo', $event)"
07:                     @toggle-completed="$emit('toggle-completed', $event)" />
08:             </ul>
09:         </div>
10:     </div>
11: </template>
12:
13: <script>
14:     import TodoListItem from './TodoListItem.vue'
15:
16:     export default {
17:         name : "TodoList",
18:         components : { TodoListItem },
19:         props : {
20:             todoList : { type : Array, required:true }
21:         },
22:         emits : ["delete-todo", "toggle-completed"],
23:     }
24: </script>
```

이제 마지막으로 TodoListItem 컴포넌트를 작성합니다. TodoListItem 컴포넌트는 todoItem을 전달받아 렌더링하고, 삭제 버튼을 클릭하거나 할 일 아이템을 클릭하면 삭제 또는 토글 처리를 수행하는 이벤트를 부모 컴포넌트인 TodoList 컴포넌트로 발신합니다.

예제 07-32 : src/components/TodoListItem.vue

```
01: <template>
02:     <li class="list-group-item"
03:         :class="{ 'list-group-item-success': todoItem.completed } "
04:         @click="$emit('toggle-completed', todoItem.id)" >
05:         <span class="pointer" :class="{ 'todo-done': todoItem.completed }">
06:             {{todoItem.todo}} {{ todoItem.completed ? "(완료)" : "" }}
07:         </span>
08:         <span class="float-end badge bg-secondary pointer"
09:             @click.stop="$emit('delete-todo', todoItem.id)">삭제</span>
10:     </li>
11: </template>
12:
13: <script>
14:     export default {
15:         name : "TodoListItem",
16:         props : {
17:             todoItem : { type : Object, required: true }
18:         },
19:         emits : ["delete-todo", "toggle-completed"],
20:     }
21: </script>
```

자 이제 TodoList 앱의 리팩토링이 끝났습니다. npm run dev 명령으로 개발 서버를 실행해서 다음 그림과 같이 결과를 확인해보세요. 개발 서버를 중단하려면 CTRL+C를 사용합니다.

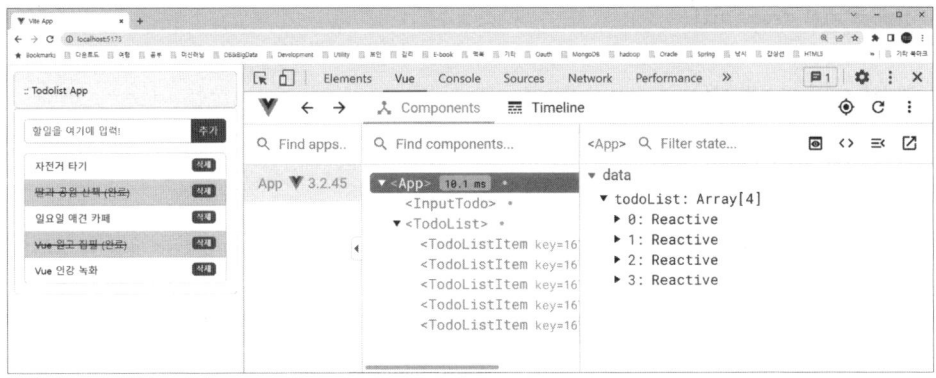

그림 07-29 todolist-app 예제 실행

7.7.3 이벤트 에미터 적용하기

이번에는 직전까지 리팩토링한 예제에 대해 이벤트 에미터를 적용해보겠습니다. 이전 예제와의 가장 큰 차이는 템플릿에 이벤트를 수신하는 v-on 디렉티브(@)가 모두 사라졌다는 것입니다. 데이터를 변경하는 메서드가 존재하는 컴포넌트(App 컴포넌트)의 created() 생명주기 메서드에서 이벤트 수신 코드를 작성합니다. 대신 이벤트 유효성 검증을 위해 지정했던 emits 옵션은 삭제하세요. 이후 다른 컴포넌트에서는 이벤트 에미터를 이용해 emit() 메서드만 호출하면 됩니다. 볼드체로 표현된 부분에 주의하면서 따라해보세요.

우선 실행 중이던 개발 웹서버를 중단하고 다음 명령어를 이용해 mitt 라이브러리를 설치합니다.

```
npm install --save mitt
```

이어서 src/main.js에서 이벤트 에미터를 사용할 수 있도록 전역 속성에 에미터 객체를 등록합니다.

예제 07-33 : src/main.js 변경

```
import { createApp } from 'vue'
import App from './App.vue'
import 'bootstrap/dist/css/bootstrap.css'
import './assets/main.css'
```

```
import mitt from 'mitt'

const emitter = mitt();

const app = createApp(App)
app.config.globalProperties.emitter = emitter
app.mount('#app')
```

예제 07-34 : src/App.vue 변경

```
01: <template>
02:   <div id="app" class="container">
03:     <div class="card card-body bg-light">
04:       <div classe="title">:: Todolist App</div>
05:     </div>
06:     <div class="card card-default card-borderless">
07:       <div class="card-body">
08:         <InputTodo />
09:         <TodoList :todoList="todoList" />
10:       </div>
11:     </div>
12:   </div>
13: </template>
14:
15: <script>
16:   import TodoList from './components/TodoList.vue'
17:   import InputTodo from './components/InputTodo.vue'
18:
19:   let ts = new Date().getTime()
20:   export default {
21:     name: "App",
22:     components : { InputTodo, TodoList },
23:     created() {
24:       this.emitter.on("add-todo", this.addTodo);
25:       this.emitter.on("delete-todo", this.deleteTodo);
26:       this.emitter.on("toggle-completed", this.toggleCompleted);
27:     },
28:     data() {
```

```
29:        return {
30:          todoList : [ ......(생략) ]
31:        }
32:      },
33:      methods: {
34:        ......(생략)
35:      }
36:    }
37: </script>
```

예제 07-35 : src/components/InputTodo.vue 변경

```
01: <template>
02:   ......(생략)
03: </template>
04:
05: <script>
06:    export default {
07:      ......(생략)
08:      methods : {
09:         addTodoHandler() {
10:           if (this.todo.length >= 3) {
11:             this.emitter.emit("add-todo", this.todo);
12:             this.todo = "";
13:           }
14:         }
15:      },
16:    }
17: </script>
```

예제 07-36 : src/components/TodoList.vue 변경

```
01: <template>
02:   <div class="row">
03:     <div class="col">
04:       <ul class="list-group">
05:         <TodoListItem v-for="todoItem in todoList" :key="todoItem.id"
06:           :todoItem="todoItem" />
07:       </ul>
```

```
08:            </div>
09:        </div>
10: </template>
11:
12: <script>
13:     import TodoListItem from './TodoListItem.vue'
14:
15:     export default {
16:         name : "TodoList",
17:         components : { TodoListItem },
18:         props : {
19:             todoList : { type : Array, required:true }
20:         }
21:     }
22: </script>
```

예제 07-37 : src/components/TodoListItem.vue 변경

```
01: <template>
02:     <li class="list-group-item"
03:         :class="{ 'list-group-item-success': todoItem.completed } "
04:         @click="emitter.emit('toggle-completed', todoItem.id)" >
05:         <span class="pointer" :class="{ 'todo-done': todoItem.completed }">
06:             {{todoItem.todo}} {{ todoItem.completed ? "(완료)" : "" }}
07:         </span>
08:         <span class="float-end badge bg-secondary pointer"
09:             @click.stop="emitter.emit('delete-todo', todoItem.id)">삭제</span>
10:     </li>
11: </template>
12:
13: <script>
14:     export default {
15:         name : "TodoListItem",
16:         props : {
17:             todoItem : { type : Object, required: true }
18:         }
19:     }
20: </script>
```

가장 큰 변화는 TodoList 컴포넌트입니다. TodoListItem에서 TodoList를 거쳐 App으로 이벤트를 전달하기 위해 작성했던 emits 옵션이나 이벤트를 전달하는 코드가 모두 사라졌습니다. 작성된 코드의 구조는 다음 그림과 같습니다.

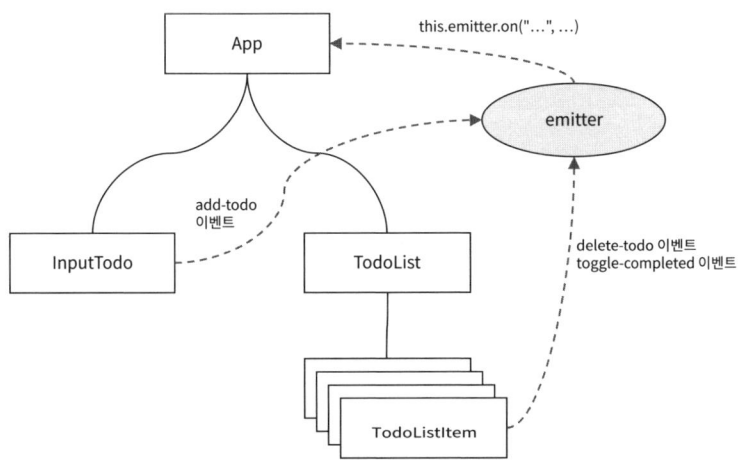

그림 07-30 todolist-app 예제에 이벤트 에미터 적용 구조

7.8 마무리

이제까지 컴포넌트에 대한 내용을 살펴보았습니다. 컴포넌트의 세세한 기능을 이해하는 것도 필요하지만 속성과 이벤트를 이용한 컴포넌트 간의 정보 전달 방법을 이해하고, 적절히 화면 UI를 컴포넌트 단위로 분할하여 설계해 나가는 능력이 중요하다는 점을 잊지 않았으면 합니다.

원쌤의
Vue.js 퀵스타트

08

컴포넌트 심화

8.1 단일 파일 컴포넌트에서의 스타일

〈style〉 태그 내에 작성한 스타일이나 src/main.js에서 임포트한 CSS 스타일은 전역 스타일이므로 페이지 전체에서 사용됩니다. 그러므로 다른 컴포넌트에서도 동일한 CSS 클래스명을 사용한다면 충돌이 발생할 것입니다. 다른 컴포넌트의 스타일과 충돌을 피하면서 특정 컴포넌트만의 스타일을 지정하려면 범위 CSS(Scoped CSS)와 CSS 모듈(CSS Module)의 두 가지 방법을 사용할 수 있습니다.

8.1.1 범위 CSS

범위 CSS는 컴포넌트가 렌더링하는 요소(Element)에 특성(Attribute) 기반의 추가적인 식별자를 부여해 스타일의 충돌을 피하도록 하는 방법입니다. 우선 범위 CSS를 확인하기 위해 간단한 예제를 작성해보도록 합니다. 다음 명령어를 이용해 프로젝트를 생성하고 VSCode로 열어봅니다.

```
npm init vue style-test
cd style-test
npm install
```

src/components 디렉터리의 모든 파일을 삭제하고 Child1.vue, Child2.vue, Child3.vue와 같이 3개의 컴포넌트 파일을 src/components 디렉터리에 생성합니다. 각 컴포넌트는 볼드체로 표현된 부분만 다릅니다. Child2, Child3에도 적절히 복사한 후 수정하세요. 필자는 14행의 배경색을 컴포넌트마다 각각 yellow, blue, orange로 지정했습니다.

예제 08-01 : src/components/Child1.vue

```
01: <template>
02:     <div class="child">
03:         <h2>Child1</h2>
04:     </div>
05: </template>
06:
07: <script>
08: export default {
09:     name : "Child1"
10: }
11: </script>
12:
13: <style>
14: .child { background-color: yellow; border:solid 1px black; margin:1.5em; padding: 1.0em; }
15: </style>
```

세 컴포넌트의 스타일에는 서로 다른 배경색(background-color) 속성을 가진 child 클래스가 정의되어 있습니다. 하지만 이 상태로는 모두 전역 클래스이기 때문에 충돌합니다. 충돌 여부를 확인하기 위해 App.vue를 새롭게 작성합니다.

예제 08-02 : src/App.vue 변경

```
01: <template>
02:     <div>
03:         <Child1 />
04:         <Child2 />
05:         <Child3 />
06:     </div>
07: </template>
08:
09: <script>
10: import Child1 from './components/Child1.vue';
11: import Child2 from './components/Child2.vue';
```

```
12: import Child3 from './components/Child3.vue';
13:
14: export default {
15:     name : "App",
16:     components : { Child1, Child2, Child3 }
17: }
18: </script>
```

App.vue에서는 Child1, Child2, Child3의 순서로 import한 후 지역 컴포넌트로 등록한 후 템플릿에 적용했습니다. import한 순서를 기억하세요. npm run dev 명령어를 실행하여 결과를 확인해보겠습니다.

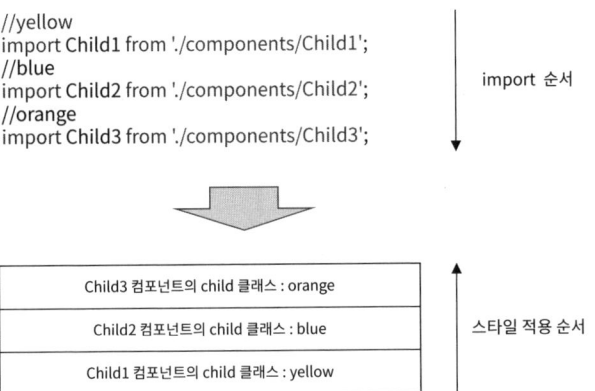

그림 08-01 여러 컴포넌트에 동일 클래스가 적용된 경우

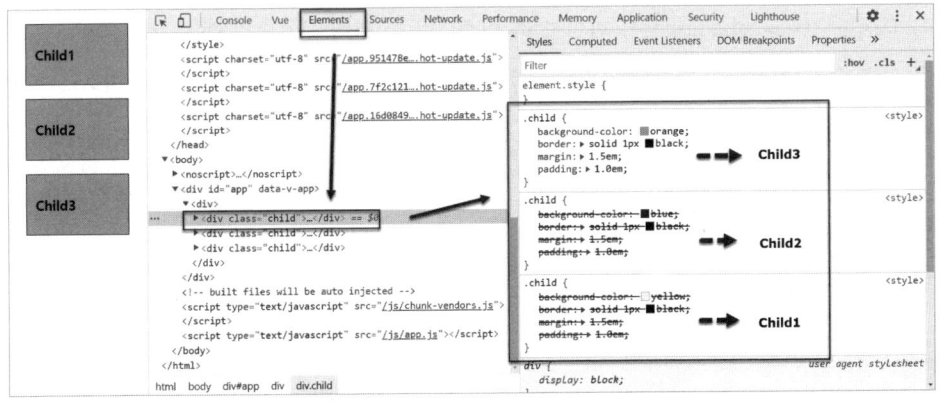

그림 08-02 예제 08-01~02의 실행

그림 08-02의 실행 결과를 살펴보면 3개의 컴포넌트의 배경색이 모두 orange인 것을 확인할 수 있습니다. CSS 클래스 이름이 동일했기 때문에 마지막에 적용된 스타일의 속성이 부여된 것입니다. **동일한 CSS 클래스 이름이 여러 컴포넌트에서 사용되면 이와 같이 마지막에 import된 컴포넌트의 스타일 또는 css 파일의 속성이 적용됩니다.**

이러한 문제점을 해결하기 위해 사용할 수 있는 가장 손쉬운 방법이 범위 CSS이며 〈style〉을 〈style scoped〉로 변경하면 손쉽게 적용할 수 있습니다. Child1과 Child2의 〈style〉을 〈style scoped〉로 변경하여 다시 실행해봅니다.

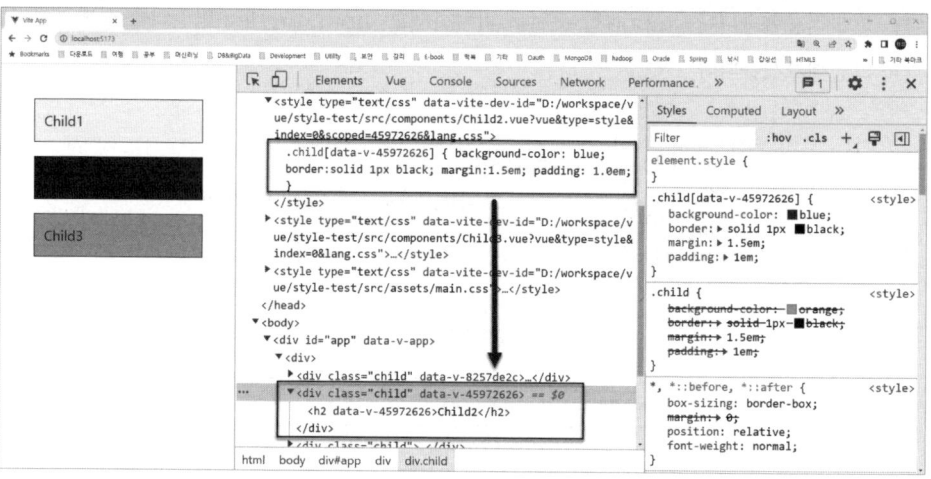

그림 08-03 〈style scoped〉 적용 후 결과 확인

그림 08-03과 같이 data-v-xxxxxxxx 특성(Attribute)이 요소에 부여되고 스타일도 특성을 부여한 것으로 변경되었음을 확인할 수 있습니다. 이렇게 함으로써 CSS 클래스명이 충돌을 피할 수 있습니다.

일반적으로 기본 밑바탕이 되는 CSS 클래스들을 css 파일로 작성하여 import './main.css'와 같이 src/main.js에서 import합니다. 가장 먼저 import하기 때문에 앱 전체의 공통 스타일을 적용하기에 편리합니다. 그리고 각 컴포넌트에 적용할 CSS 클래스들은 .vue 파일에 범위 css로 충돌을 피해 적용하는 것이 바람직합니다.

8.1.2 CSS 모듈

CSS 모듈은 CSS 스타일을 마치 객체처럼 다룰 수 있게 합니다. 〈style〉 대신에 〈style module〉을 사용합니다. 반드시 클래스 이름을 기반으로 스타일을 적용해야 합니다. 예제를 통해서 살펴보겠습니다. Child3.vue를 다음과 같이 변경하고 실행 결과를 확인합니다.

예제 08-03 : src/components/Child3.vue

```
01: <template>
02:     <div :class="$style.child">
03:         <h2>Child3</h2>
04:     </div>
05: </template>
06:
07: <script>
08: export default {
09:     name : "Child3",
10:     created() {
11:         console.log(this.$style)
12:     }
13: }
14: </script>
15:
16: <style module>
17: .child { background-color: orange; border:solid 1px black; margin:1.5em; padding: 1.0em; }
18: </style>
```

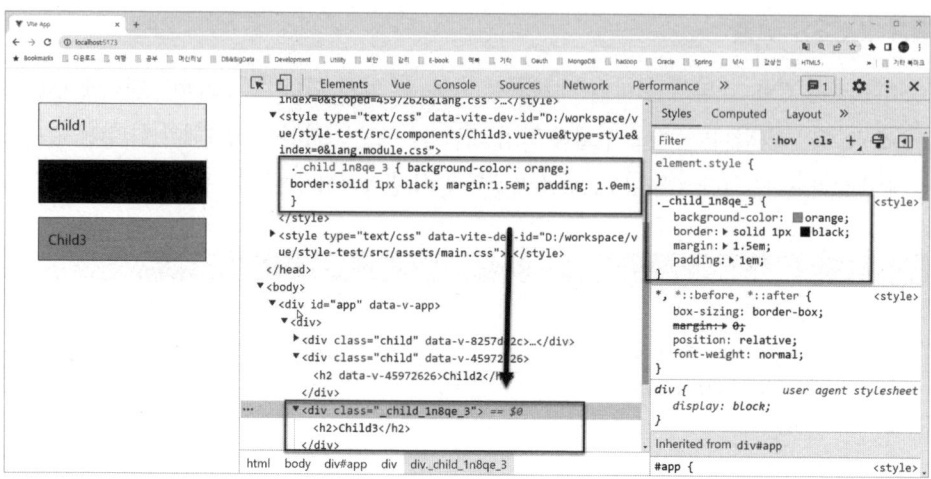

그림 08-04 CSS 모듈의 적용

```
▼{child: '_child_1n8qe_3'} ⓘ
    child: "_child_1n8qe_3"
  ▶ [[Prototype]]: Object
```

그림 08-05 created()에 의해 콘솔에 출력된 this.$style 객체

우선 확인할 것은 CSS 클래스명의 변화입니다. 그림 08-04와 같이 절대 충돌하지 않을 이름(._child_1n8qe_3)으로 변경된 것을 볼 수 있습니다. 이 클래스명은 내부의 $style 옵션에 객체로 등록되었고 객체의 속성은 작성한 CSS 클래스명이라는 것을 그림 08-05를 보면 알 수 있습니다. this.$style.child의 값인 문자열을 class에 바인딩해야 하기 때문에 예제 08-03의 2행과 같이 v-bind 디렉티브를 사용하는 것입니다.

만일 등록해야 할 CSS 클래스가 여러 개라면 다음과 같이 배열을 이용해 바인딩할 수 있습니다.

```
<div :class="[$style.child, $style.italic]"> ...... </div>
```

8.2 슬롯

이미 우리는 7장에서 컴포넌트를 학습하면서 부모 컴포넌트와 자식 컴포넌트 사이의 정보 교환 방법으로 props와 event를 사용하는 방법을 알아보았습니다. props는 편리한 기능이긴 하지만 속성으로 전달해야 하는 것이 템플릿 정보라면 사용하기 쉽지 않습니다.

슬롯(slot)은 바로 이러한 불편함을 해결하는 방법입니다. **슬롯은 부모 컴포넌트에서 자식 컴포넌트로 템플릿 정보를 전달하는 방법을 제공합니다.**

8.2.1 슬롯 사용 전의 컴포넌트

우선 슬롯을 사용하기 전의 컴포넌트 재사용에 대한 내용을 다시 한번 생각해보기 위해 예제를 작성해보겠습니다. 다음과 같이 명령어를 실행하여 slot-test 프로젝트를 생성합니다. 프로젝트 생성할 때의 옵션은 모두 기본값으로 진행하세요. 프로젝트가 생성되었다면 VSCode로 열고 components 디렉터리의 모든 파일을 삭제합니다.

```
npm init vue slot-test
cd slot-test
npm install
```

프로젝트 생성이 완료되고 나면 다음과 같이 CheckBox1.vue, NoSlotTest.vue 컴포넌트를 작성합니다.

예제 08-04 : src/components/CheckBox1.vue

```vue
01: <template>
02:     <div>
03:         <input type="checkbox" :value="id" :checked="checked"
04:          @change="$emit('check-changed', {id, checked: $event.target.checked })" />
05:         <span v-if="checked === true" style="color:blue; text-decoration:underline;">
06:             <i>{{label}}</i>
07:         </span>
08:         <span v-else style="color:gray">{{label}}</span>
09:     </div>
10: </template>
11:
12: <script>
13: export default {
```

```
14:        name : "CheckBox1",
15:        props : ["id", "checked", "label"]
16: }
17: </script>
18: <style></style>
```

예제 08-05 : src/components/NoSlotTest.vue

```
01: <template>
02:     <div>
03:         <h3>당신이 경험한 프론트 엔드 기술은?(첫번째:Slot사용(X))</h3>
04:         <CheckBox1 v-for="item in items" :key="item.id" :id="item.id" :label="item.label"
05:             :checked="item.checked" @check-changed="CheckBoxChanged">
06:         </CheckBox1>
07:     </div>
08: </template>
09:
10: <script>
11: import CheckBox1 from './CheckBox1.vue';
12:
13: export default {
14:     name : "NoSlotTest",
15:     components : { CheckBox1 },
16:     data() {
17:         return {
18:             items : [
19:                 { id:"V", checked:true, label:"Vue" },
20:                 { id:"A", checked:false, label:"Angular" },
21:                 { id:"R", checked:false, label:"React" },
22:                 { id:"S", checked:false, label:"Svelte" },
23:             ]
24:         }
25:     },
26:     methods : {
27:         CheckBoxChanged(e) {
28:             let item = this.items.find((item)=> item.id === e.id);
29:             item.checked = e.checked;
30:         }
```

```
31:     }
32: }
33: </script>
34: <style></style>
```

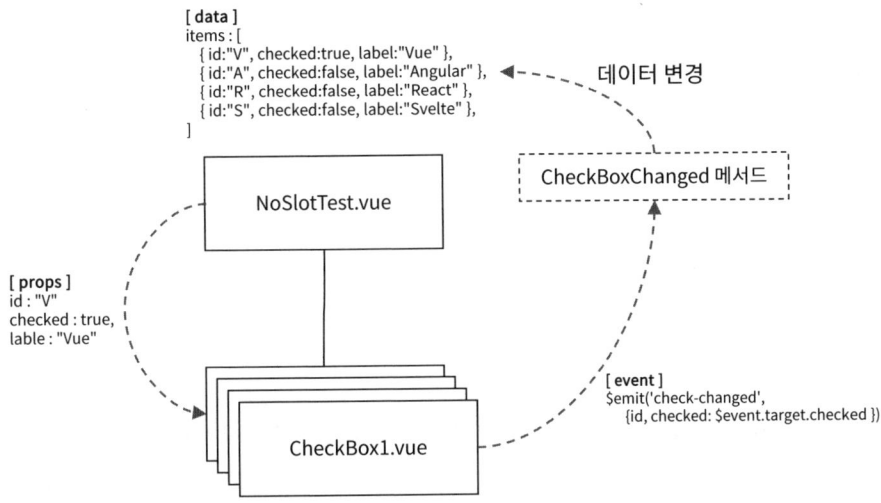

그림 08-06 예제 08-04~05 컴포넌트의 구조

예제 08-04와 08-05는 7장 컴포넌트에서 이미 학습한 속성과 이벤트를 이용한 예제이므로 자세한 설명이 필요하지 않을 것입니다. 이제 NoSlotTest 컴포넌트를 App 컴포넌트에 등록하도록 src/App.vue 컴포넌트를 다시 작성합니다.

예제 08-06 : src/App.vue

```
01: <template>
02:     <div>
03:         <NoSlotTest />
04:     </div>
05: </template>
06:
07: <script>
08: import NoSlotTest from './components/NoSlotTest.vue'
09:
10: export default {
```

08 _ 컴포넌트 심화

```
11:     name: 'App',
12:     components: { NoSlotTest }
13: }
14: </script>
15: <style></style>
```

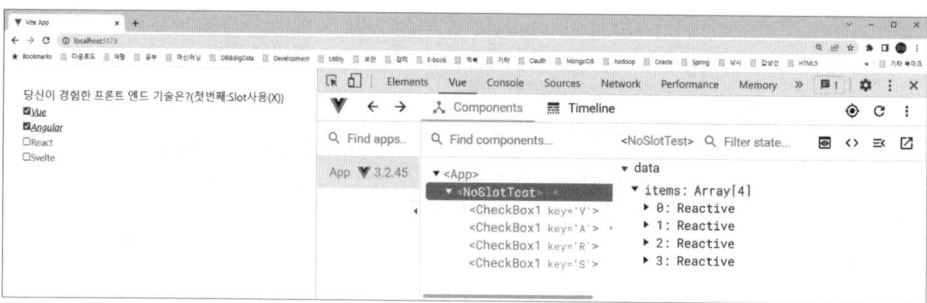

그림 08-07 슬롯을 적용하지 않은 예제

이 예제에서 CheckBox1 컴포넌트는 재사용성과 관련해 불편한 점이 보입니다. CheckBox1 컴포넌트는 템플릿이 정해져 있어서 컴포넌트가 렌더링하는 UI를 유연하게 설정하기가 불편합니다. CheckBox 컴포넌트가 여러 UI에서 사용되더라도 다양한 템플릿을 적용하려면 슬롯이 필요합니다.

8.2.2 슬롯의 기본 사용법

슬롯은 이미 설명한 바와 같이 부모 컴포넌트에서 자식 컴포넌트로 템플릿을 전달하는 방법을 제공합니다. 기존 CheckBox 컴포넌트를 부모 컴포넌트로부터 라벨을 포함한 템플릿을 전달받도록 변경할 것입니다. 기존 예제에 CheckBox2.vue, SlotTest.vue 컴포넌트를 추가하겠습니다.

예제 08-07 : src/components/CheckBox2.vue

```
01: <template>
02:     <div>
03:         <input type="checkbox" :value="id" :checked="checked"
04:             @change="$emit('check-changed', {id, checked: $event.target.checked })" />
05:         <slot>Item</slot>
06:     </div>
```

```
07: </template>
08:
09: <script>
10: export default {
11:     name : "CheckBox2",
12:     props : ["id", "checked"]
13: }
14: </script>
15: <style></style>
```

예제 08-08 : src/components/SlotTest.vue

```
01: <template>
02:     <div>
03:         <h3>당신이 경험한 프론트 엔드 기술은?(두번째:slot기본)</h3>
04:         <CheckBox2 v-for="item in items" :key="item.id" :id="item.id"
05:             :checked="item.checked" @check-changed="CheckBoxChanged">
06:             <span v-if="item.checked" style="color:blue; text-decoration:underline;">
07:                 <i>{{item.label}}</i></span>
08:             <span v-else style="color:gray">{{item.label}}</span>
09:         </CheckBox2>
10:     </div>
11: </template>
12:
13: <script>
14: import CheckBox2 from './CheckBox2.vue';
15:
16: export default {
17:     name : "SlotTest",
18:     components : { CheckBox2 },
19:     data() {
20:         return {
21:             items : [
22:                 { id:"V", checked:true, label:"Vue" },
23:                 { id:"A", checked:false, label:"Angular" },
24:                 { id:"R", checked:false, label:"React" },
25:                 { id:"S", checked:false, label:"Svelte" },
26:             ]
```

```
27:            }
28:        },
29:        methods : {
30:            CheckBoxChanged(e) {
31:                let item = this.items.find((item)=> item.id === e.id);
32:                item.checked = e.checked;
33:            }
34:        }
35: }
36: </script>
```

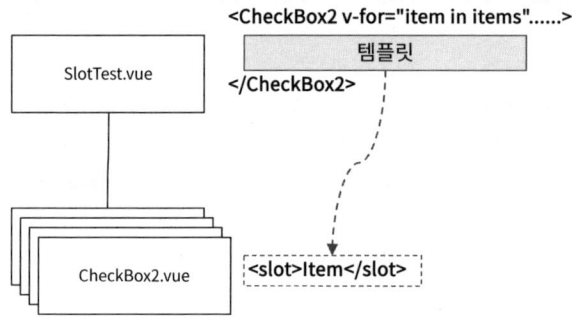

전달되는 템플릿이 없는 경우 보여줄 fallback UI를
<slot></slot> 사이에 작성함

그림 08-08 예제 08-07~08의 구조

예제 08-08의 6~8행에서 <CheckBox2></CheckBox2>의 콘텐트 영역에 작성된 템플릿은 부모 컴포넌트(SlotTest.vue) 영역에서 렌더링됩니다. 렌더링된 결과는 자식 컴포넌트 (CheckBox2.vue)의 <slot></slot> 영역에 출력될 것입니다. **즉 부모 컴포넌트에서 템플릿을 렌더링한 결과물을 자식 컴포넌트로 전달하기 위해 슬롯이 사용된 것입니다.** <slot></slot> 요소 사이에는 부모로부터 전달받는 콘텐츠가 없을 때 보여줄 fallback UI를 지정합니다. 이제 기존의 CheckBox1 컴포넌트와는 달리 CheckBox2 컴포넌트는 라벨을 비롯한 UI를 부모로부터 전달받을 수 있습니다.

이제 마무리로 SlotTest 컴포넌트를 App 컴포넌트로 등록하도록 코드를 변경합니다. 볼드로 표현된 코드만 추가 또는 변경하세요.

예제 08-09 : src/App.vue 변경

```
01: <template>
02:   <div>
03:     <NoSlotTest />
04:     <SlotTest />
05:   </div>
06: </template>
07:
08: <script>
09: import NoSlotTest from './components/NoSlotTest.vue'
10: import SlotTest from './components/SlotTest.vue'
11:
12: export default {
13:   name: 'App',
14:   components: { NoSlotTest, SlotTest }
15: }
16: </script>
```

그림 08-09 예제 08-07~09의 실행

8.2.3 명명된 슬롯

CheckBox2 컴포넌트는 단 하나의 슬롯을 가지고 있습니다. 여러 개의 슬롯을 지정하고 각 슬롯에 필요한 콘텐츠를 전달하는 방법이 필요할 수 있습니다. 이 기능을 지원하는 것이 명명된 슬롯(Named Slot)입니다.

우리는 CheckBox2 컴포넌트에 필요한 경우 체크박스 앞에 이모지(Emoji)를 추가할 수 있는 기능을 만들려고 합니다. 어떤 이모지를 보여줄지는 부모 컴포넌트에서 지정할 수 있도록 슬롯을 추가할 것입니다. 즉 슬롯이 하나가 아닌 둘인 형태로 코드를 작성합니다. 다음과 같이 CheckBox3.vue, NamedSlotTest.vue 컴포넌트를 추가하겠습니다.

예제 08-10 : src/components/CheckBox3.vue

```
01: <template>
02:     <div>
03:         <slot name="icon"></slot>
04:         <input type="checkbox" :value="id" :checked="checked"
05:             @change="$emit('check-changed', {id, checked: $event.target.checked })" />
06:         <slot name="label">Item</slot>
07:     </div>
08: </template>
09:
10: <script>
11: export default {
12:     name : "CheckBox3",
13:     props : ["id", "checked"]
14: }
15: </script>
```

예제 08-11 : src/components/NamedSlotTest.vue

```
01: <template>
02:     <div>
03:         <h3>당신이 경험한 프론트 엔드 기술은?(세번째: named slot)</h3>
04:         <CheckBox3 v-for="item in items" :key="item.id"
05:             :id="item.id" :checked="item.checked"
06:             @check-changed="CheckBoxChanged">
07:             <template v-slot:icon>
08:                 <i v-if="item.checked" class="far fa-grin-beam"></i>
09:                 <i v-else class="far fa-frown"></i>
10:             </template>
11:             <template v-slot:label>
12:              <span v-if="item.checked" style="color:blue; text-decoration:underline;">
13:                     <i>{{item.label}}</i></span>
14:                 <span v-else style="color:gray">{{item.label}}</span>
15:             </template>
16:         </CheckBox3>
17:     </div>
18: </template>
19:
```

```
20: <script>
21: import CheckBox3 from './CheckBox3.vue';
22:
23: export default {
24:     name : "SlotTest",
25:     components : { CheckBox3 },
26:     data() {
27:         return {
28:             items : [
29:                 { id:"V", checked:true, label:"Vue" },
30:                 { id:"A", checked:false, label:"Angular" },
31:                 { id:"R", checked:false, label:"React" },
32:                 { id:"S", checked:false, label:"Svelte" },
33:             ]
34:         }
35:     },
36:     methods : {
37:         CheckBoxChanged(e) {
38:             let item = this.items.find((item)=> item.id === e.id);
39:             item.checked = e.checked;
40:         }
41:     }
42: }
43: </script>
44: <style>
45: @import url("https://cdnjs.cloudflare.com/ajax/libs/font-awesome/5.14.0/css/all.min.css");
46: </style>
```

예제 08-10의 3, 6행에 icon, label이라는 이름이 지정된 슬롯이 보입니다. 이들 슬롯에 전달될 템플릿은 예제 08-11의 7~10, 11~15행의 코드입니다. ⟨template v-slot:icon⟩⟨/template⟩과 같이 v-slot:icon으로 어느 슬롯에 렌더링할 템플릿인지를 이름으로 지정하면 됩니다. 예제 08-11의 8~9행에서와 같이 아이콘을 사용하기 위해 44~46행에서 font-awesome CSS 라이브러리를 참조했습니다. 체크박스를 체크하면 웃는 얼굴의 이모지가 나타나고, 해제하면 찡그린 얼굴의 이모지가 나타나도록 설정하였습니다.

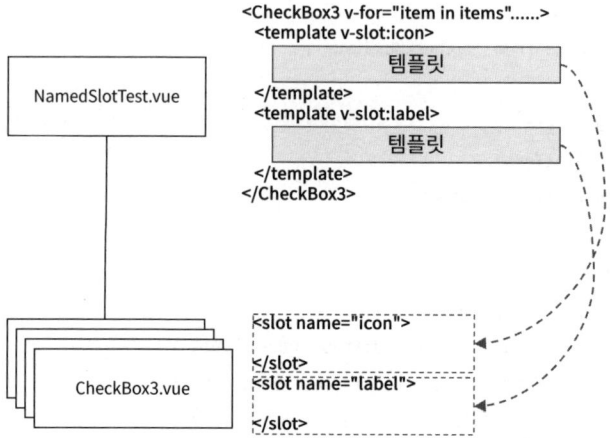

그림 08-10 예제 08-10~11의 구조

NamedSlotTest 컴포넌트를 App.vue에 등록하도록 코드를 변경하고 실행해보도록 하겠습니다.

예제 08-12 : src/App.vue 변경

```
01: <template>
02:   <div>
03:     <NoSlotTest /><hr />
04:     <SlotTest /><hr />
05:     <NamedSlotTest />
06:   </div>
07: </template>
08:
09: <script>
10: import NoSlotTest from './components/NoSlotTest.vue'
11: import SlotTest from './components/SlotTest.vue'
12: import NamedSlotTest from './components/NamedSlotTest.vue'
13:
14: export default {
15:   name: 'App',
16:   components: { NoSlotTest, SlotTest, NamedSlotTest }
17: }
18: </script>
19: <style></style>
20:
```

그림 08-11 예제 08-10~12의 실행

명명된 슬롯은 화면의 레이아웃을 관리할 목적으로 많이 사용되고 있습니다. 명명된 슬롯을 적용하면 각 컴포넌트에서는 화면 레이아웃과 관련된 문제를 고민할 필요가 없습니다. 예제를 통해서 확인해보겠습니다. Layout.vue, App2.vue를 작성해보겠습니다.

예제 08-13 : src/components/Layout.vue

```
01: <template>
02:     <div class="wrapper">
03:         <header class="box header">
04:             <slot name="header"></slot>
05:         </header>
06:         <aside class="box sidebar">
07:             <slot name="sidebar"></slot>
08:         </aside>
09:         <section class="box content">
10:             <slot></slot>
11:         </section>
12:         <footer class="box footer">
13:             <slot name="footer"></slot>
14:         </footer>
15:     </div>
16: </template>
17: <script>
18: export default {
19:     name : "Layout"
20: }
21: </script>
```

08 _ 컴포넌트 심화   239

```
22: <style scoped>
23: body { margin: 40px; }
24: .sidebar { grid-area: sidebar; }
25: .content { grid-area: content; position: relative; }
26: .header { grid-area: header; }
27: .footer { grid-area: footer; }
28: .wrapper {
29:     display: grid;
30:     grid-gap: 5px;
31:     grid-template-rows : 100px 1fr 100px;
32:     grid-template-columns: 200px 1fr;
33:     grid-template-areas:
34:         "header  header"
35:         "sidebar content"
36:         "footer  footer";
37:     background-color: #fff;
38:     color: #444;
39: }
40: .box { background-color: #ddd; color: #444;
41:    border-radius: 5px; padding: 10px; font-size: 100%; }
42: </style>
```

예제 08-14 : src/App2.vue

```
01: <template>
02:     <Layout>
03:         <template v-slot:header>
04:             <h2>헤더 영역</h2>
05:         </template>
06:         <template v-slot:sidebar>
07:             <h3>사이드</h3>
08:             <h3>사이드</h3>
09:             <h3>사이드</h3>
10:         </template>
11:         <template v-slot:default>
12:             <h1>컨텐트 영역</h1><h1>컨텐트 영역</h1><h1>컨텐트 영역</h1>
13:             <h1>컨텐트 영역</h1><h1>컨텐트 영역</h1><h1>컨텐트 영역</h1>
14:         </template>
```

```
15:        <template v-slot:footer>
16:            <h2>Footer text</h2>
17:        </template>
18:      </Layout>
19: </template>
20:
21: <script>
22: import Layout from './components/Layout.vue';
23: export default {
24:     name : "App2",
25:     components : { Layout }
26: }
27: </script>
28: <style></style>
```

Layout 컴포넌트는 CSS의 Grid Layout 기능을 이용해 일반적인 화면의 레이아웃을 만들어 냅니다. 각 영역에 렌더링할 내용은 명명된 슬롯을 사용해 부모 컴포넌트로부터 전달받습니다. 부모 컴포넌트인 App2 컴포넌트는 각 슬롯에 전달할 템플릿을 〈template〉 요소로 작성하고 있습니다.

예제 08-13의 10행과 같이 슬롯에 이름을 지정하지 않으면 기본값으로 default라는 이름이 부여된 것으로 간주합니다. 예제 08-14의 11행의 v-slot:default와 함께 짝지어 살펴보세요.

마무리로 src/main.js를 수정하여 App 대신에 App2를 마운트하도록 코드를 변경합니다.

예제 08-15 : src/main.js 변경

```
import { createApp } from 'vue'
//import App from './App.vue'
import App from './App2.vue'

createApp(App).mount('#app')
```

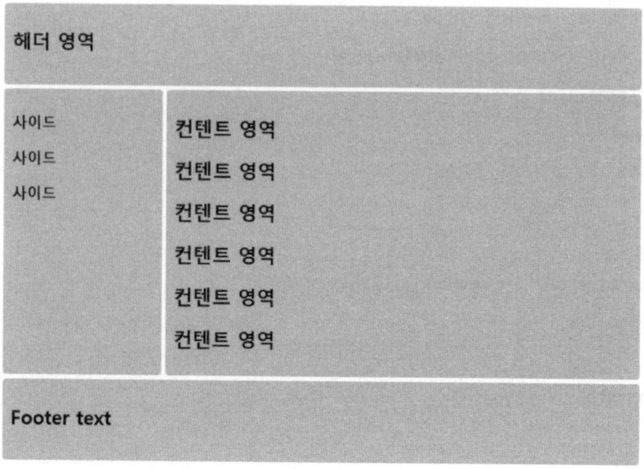

```
┌─────────────────────────────────────────┐
│  헤더 영역                               │
│                                         │
├──────┬──────────────────────────────────┤
│ 사이드 │  컨텐트 영역                    │
│ 사이드 │  컨텐트 영역                    │
│ 사이드 │  컨텐트 영역                    │
│       │  컨텐트 영역                    │
│       │  컨텐트 영역                    │
│       │  컨텐트 영역                    │
├──────┴──────────────────────────────────┤
│ Footer text                             │
└─────────────────────────────────────────┘
```

그림 08-12 예제 08-13~15의 실행

명명된 슬롯을 이용해 레이아웃을 작성할 경우 레이아웃의 변경이 아주 쉽습니다. 그림 08-12에서 사이드 메뉴와 컨텐트 영역의 위치를 변경하고 싶다면 Layout 컴포넌트만 변경하면 됩니다. 다음과 같이 Layout 컴포넌트의 코드를 변경해보겠습니다. 볼드로 표현된 부분만 변경하세요.

예제 08-16 : src/components/Layout.vue 변경

```
<style>
......(생략)
.wrapper {
    display: grid;
    grid-gap: 5px;
    grid-template-rows: 100px 1fr 100px;
    grid-template-columns: 1fr 200px;
    grid-template-areas:
        "header  header"
        "content sidebar"
        "footer  footer";
    background-color: #fff;
    color: #444;
}
......(생략)
</style>
```

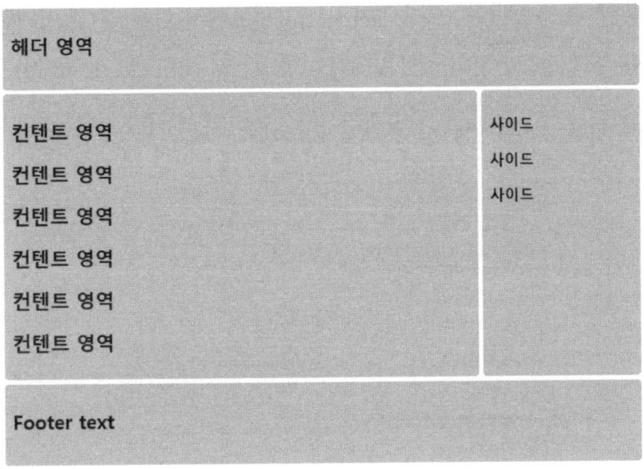

```
┌─────────────────────────────────────────────────────────┐
│  헤더 영역                                                │
│                                                         │
│  ┌──────────────────────────────┐  ┌──────────────┐    │
│  │ 컨텐트 영역                    │  │ 사이드        │    │
│  │ 컨텐트 영역                    │  │ 사이드        │    │
│  │ 컨텐트 영역                    │  │ 사이드        │    │
│  │ 컨텐트 영역                    │  │              │    │
│  │ 컨텐트 영역                    │  │              │    │
│  │ 컨텐트 영역                    │  │              │    │
│  └──────────────────────────────┘  └──────────────┘    │
│  Footer text                                            │
└─────────────────────────────────────────────────────────┘
```

그림 08-13 레이아웃 변경 후

이제 변경된 화면을 확인해보면 그림 08-13과 같을 것입니다. App2와 같은 동일한 레이아웃을 사용하는 여러 개의 화면 컴포넌트가 사용되고 있다면 레이아웃의 변경은 Layout 컴포넌트의 변경만으로 끝납니다.

8.2.4 범위 슬롯

이제까지 학습한 슬롯은 부모 컴포넌트에서 자식 컴포넌트로 템플릿을 전달합니다. 이 템플릿에서 보간법이나 디렉티브를 이용해 바인딩하는 데이터는 모두 부모 컴포넌트의 데이터나 속성입니다. 하지만 부모 컴포넌트에서 템플릿에 데이터를 바인딩할 때 자식 컴포넌트의 데이터를 이용해 바인딩하고 싶은 경우가 있습니다. 이런 경우에 사용하기 위한 것이 범위 슬롯입니다.

범위 슬롯(Scoped Slot)은 마치 속성(props)를 전달하듯이 자식에서 부모로 데이터를 전달할 수 있습니다. 다만 전달된 데이터는 슬롯 템플릿(〈template〉) 내부 범위(Scope)에서만 사용할 수 있으며, 이런 이유로 범위 슬롯이라고 부릅니다.

예제를 작성하기 전에 그림 08-14를 통해 개념을 이해해보겠습니다. 부모 컴포넌트(ScopedSlotTest)는 자식 컴포넌트로 items 속성과 함께 자식 컴포넌트에서 반복 렌더링할 때 사용할 템플릿을 슬롯을 이용해 전달합니다. 부모 컴포넌트의 템플릿에서 바인딩되는 데이터는 배열 전체가 아니라 배열의 각 아이템의 값들이어야 합니다. 하지만 부모 컴포넌트는 어떤 아이템인지를 알 수 없습니다. 그래서 자식 컴포넌트에서 반복 렌더링될 때 <slot>을 이용해 마치 속성처럼 부모 컴포넌트의 템플릿에서 사용하는 값(checked, label)을 전달합니다.

전달된 값은 부모 컴포넌트의 템플릿 범위에서만 p1이라는 이름으로 이용합니다. p1.label, p1.checked 와 같이 사용하는 것입니다.

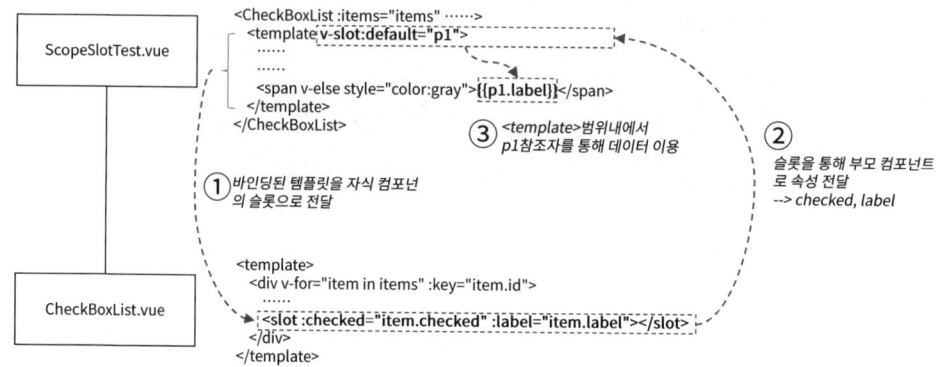

그림 08-14 범위 슬롯을 적용한 예제 구조

예제 08-17 : src/components/CheckBoxList.vue

```
01: <template>
02:     <div v-for="item in items" :key="item.id">
03:         <slot name="icon" :checked="item.checked"></slot>
04:         <input type="checkbox" :value="item.id" :checked="item.checked"
05:         @change="$emit('check-changed', {id:item.id, checked: $event.target.checked })" />
06:         <slot :checked="item.checked" :label="item.label"></slot>
07:     </div>
08: </template>
09:
10: <script>
11: export default {
12:     name : "CheckBoxList",
13:     props : ["items"]
14: }
15: </script>
```

예제 08-18 : src/components/ScopedSlotTest.vue

```vue
01: <template>
02:     <div>
03:         <h3>당신이 경험한 프론트 엔드 기술은?(네번째:ScopedSlot)</h3>
04:         <CheckBoxList :items="items" @check-changed="CheckBoxChanged">
05:             <template v-slot:icon="p1">
06:                 <i v-if="p1.checked" class="far fa-grin-beam"></i>
07:                 <i v-else class="far fa-frown"></i>
08:             </template>
09:             <template v-slot:default="p2">
10:                 <span v-if="p2.checked" style="color:blue; text-decoration:underline;">
11:                     <i>{{p2.label}}</i></span>
12:                 <span v-else style="color:gray">{{p2.label}}</span>
13:             </template>
14:         </CheckBoxList>
15:     </div>
16: </template>
17:
18: <script>
19: import CheckBoxList from './CheckBoxList.vue'
20:
21: export default {
22:     name : "ScopedSlotTest",
23:     components : { CheckBoxList },
24:     data() {
25:         return {
26:             items : [
27:                 { id:"V", checked:true, label:"Vue" },
28:                 { id:"A", checked:false, label:"Angular" },
29:                 { id:"R", checked:false, label:"React" },
30:                 { id:"S", checked:false, label:"Svelte" },
31:             ]
32:         }
33:     },
34:     methods : {
35:         CheckBoxChanged(e) {
36:             let item = this.items.find((item)=> item.id === e.id);
37:             item.checked = e.checked;
```

```
38:         }
39:     }
40: }
41: </script>
42:
43: <style>
44: @import url("https://cdnjs.cloudflare.com/ajax/libs/font-awesome/5.14.0/css/all.min.css");
45: </style>
```

[예제 08-19 : src/App.vue 변경]

```
<template>
  <div>
    <NoSlotTest />
    <SlotTest />
    <NamedSlotTest />
    <ScopedSlotTest />
  </div>
</template>

<script>
import NoSlotTest from './components/NoSlotTest.vue'
import SlotTest from './components/SlotTest.vue'
import NamedSlotTest from './components/NamedSlotTest.vue'
import ScopedSlotTest from './components/ScopedSlotTest.vue'

export default {
  name: 'App',
  components: { NoSlotTest, SlotTest, NamedSlotTest, ScopedSlotTest }
}
</script>
```

이 예제를 실행하려면 src/main.js에서 App 컴포넌트를 사용하도록 코드를 변경합니다. 다음과 같이 변경하면 됩니다.

```
import { createApp } from 'vue'
import App from './App.vue'
```

```
//import App from './App2.vue'

createApp(App).mount('#app')
```

예제 08-17의 3, 6행과 같이 두개의 슬롯을 정의했고 이 때 슬롯을 통해 부모 컴포넌트로 checked, label과 같은 값을 부모 컴포넌트로 전달합니다. 부모 컴포넌트에서는 예제 08-18의 5~13행과 같이 p1, p2라는 이름으로 〈template〉 내부의 한정된 범위에서만 사용할 수 있는 객체를 사용하여 자식 컴포넌트가 전달한 값을 이용합니다. 이 값을 이용해 바인딩된 템플릿은 다시 자식 컴포넌트로 전달됩니다.

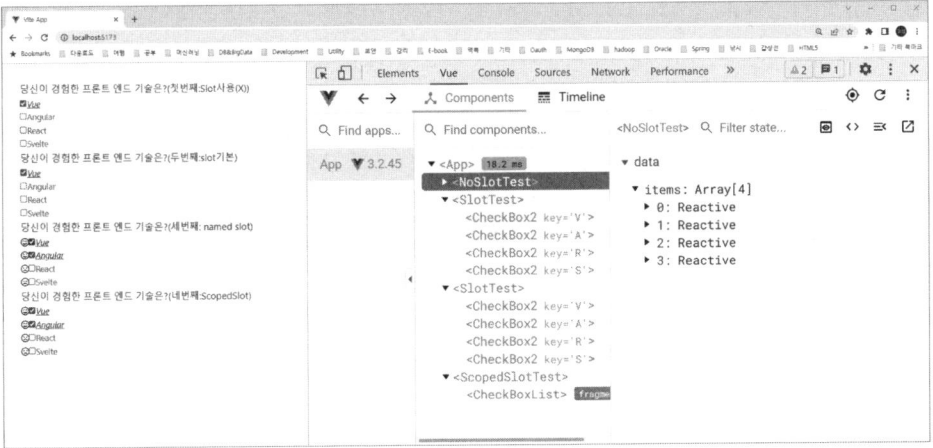

그림 08-15 범위 슬롯 예제 실행 결과 화면

이제까지 슬롯을 학습하였습니다. 슬롯은 컴포넌트의 재사용성을 높여주는 유용한 기법입니다. 사용법과 적절한 사례를 잘 익혀두세요.

8.3 동적 컴포넌트

만일 화면의 동일한 위치에 여러 컴포넌트를 표현해야 한다면 어떻게 할까요? 바로 이 방법을 제공하는 것이 동적 컴포넌트(dynamic component)입니다. 〈component〉 요소를 템플릿에 작성하고 v-bind 디렉티브를 이용해 is 특성 값으로 어떤 컴포넌트를 그 위치에 나타낼지 결정하면 됩니다.

동적 컴포넌트를 사용법을 알아보기 위해 탭을 사용하는 화면을 구성해보겠습니다. 8장을 위한 예제 디렉터리에서 다음 명령어를 이용해 새로운 프로젝트를 생성하고 VSCode로 열어봅니다. 프로젝트 생성 과정에서의 옵션은 모두 기본값으로 지정하세요.

```
npm init vue dynamic-component-test
cd dynamic-component-test
npm install
npm install bootstrap@5
```

프로젝트 디렉터리를 열고 src/components 디렉터리와 src/assets 디렉터리의 모든 파일, 하위 디렉터리를 삭제합니다. 다음으로 탭 화면용 컴포넌트 3개를 작성하겠습니다. 우선 CoralSeaTab.vue를 작성하고 작성한 코드를 복사하여 LeyteGulfTab.vue(레이테만 해전), MidwayTab.vue(미드웨이 해전)를 작성합니다. 볼드체로 표현된 부분만 적절히 변경하면 됩니다.

예제 08-20 : src/components/CoralSeaTab.vue

```
01: <template>
02:     <div class="tab">
03:         <h1>산호해 해전에 대해</h1>
04:         <div>{{ (new Date()).toTimeString() }}</div>
05:     </div>
06: </template>
07: <script>
08: export default {
09:     name : "CoralSeaTab"
10: }
11: </script>
<!-- MidwayTab.vue, LeyteGulfTab.vue 도 작성하세요-->
```

이제 App.vue를 작성합니다. App.vue에서 3개의 컴포넌트를 참조하고 동적으로 뷰를 변경할 수 있도록 합니다.

예제 08-21 : src/App.vue

```
01: <template>
02:   <div class="header">
03:     <h1 class="headerText">태평양 전쟁의 해전</h1>
04:     <nav>
05:       <ul class="nav nav-tabs nav-fill">
06:         <li v-for="tab in tabs" :key="tab.id" class="nav-item">
07:           <a style="cursor:pointer;" class="nav-link"
08:             :class="{ active : tab.id === currentTab }"
09:             @click="changeTab(tab.id)">{{tab.label}}</a>
10:         </li>
11:       </ul>
12:     </nav>
13:   </div>
14:   <div class="container">
15:     <component :is="currentTab"></component>
16:   </div>
17: </template>
18: <script>
19: import CoralSeaTab from './components/CoralSeaTab.vue'
20: import LeyteGulfTab from './components/LeyteGulfTab.vue'
21: import MidwayTab from './components/MidwayTab.vue'
22:
23: export default {
24:   name: 'App',
25:   components : { CoralSeaTab, LeyteGulfTab, MidwayTab },
26:   data() {
27:     return {
28:       currentTab : 'CoralSeaTab',
29:       tabs : [
30:         { id:"CoralSeaTab", label:"산호해 해전" },
31:         { id:"MidwayTab", label:"미드웨이 해전" },
32:         { id:"LeyteGulfTab", label:"레이테만 해전" }
33:       ]
34:     }
35:   },
36:   methods : {
37:     changeTab(tab) {
```

```
38:         this.currentTab = tab;
39:       }
40:     }
41: }
42: </script>
43: <style>
44: .header { padding: 20px 0px 0px 20px; }
45: .headerText { padding: 0px 20px 40px 20px; }
46: .tab { padding: 30px }
47: </style>
```

마지막으로 main.js에서 bootstrap.css를 참조하겠습니다.

예제 08-22 : src/main.js 변경

```
import { createApp } from 'vue'
import 'bootstrap/dist/css/bootstrap.css'
import App from './App.vue'

createApp(App).mount('#app')
```

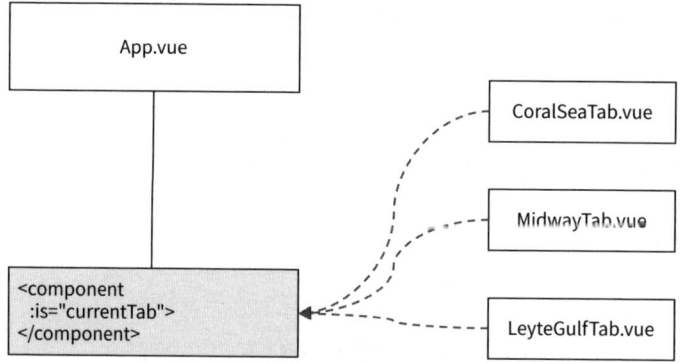

* is 특성에 바인딩한 currentTab 값이 등록한 컴포넌트 이름과 같을 때
  <component />를 대신해 해당 컴포넌트가 렌더링됨.
* 등록한 컴포넌트 이름은 components 옵션으로 등록한 것을 의미함.

그림 08-16 예제 08-20~22의 구조

npm run dev 명령어로 실행해서 결과를 확인해봅니다. 실행한 결과는 그림 08-17과 같을 것입니다. 실행 후 탭을 클릭하면 currentTab 데이터가 바뀌면서 매번 다른 컴포넌트가 〈component /〉 위치에 렌더링되는 것을 확인할 수 있습니다. 한 가지 기억할 것은 currentTab 데이터에 매칭되는 컴포넌트가 없을 때는 컴포넌트가 렌더링되지 않는다는 것입니다. 예를 들어 currentTab 값이 빈 문자열이라면 아무런 탭도 화면에 보이지 않습니다.

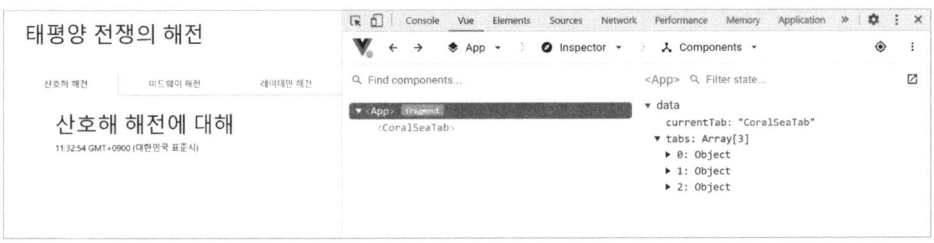

그림 08-17 예제 08-20~22의 실행

〈component〉의 is 특성에 바인딩하는 값은 등록한 컴포넌트의 이름만 허용하며 케밥 표기법, 파스칼 표기법, 카멜 표기법을 모두 사용할 수 있습니다. 우리는 컴포넌트 이름을 예제 08-21의 25행과 같이 지역 컴포넌트로 등록했습니다.

```
export default {
  name: 'App',
  components : { CoralSeaTab, LeyteGulfTab, MidwayTab },
  ......
}
```

{ CoralSeaTab, LeyteGulfTab, MidwayTab }은 ES6의 새로운 객체 표기법을 따른 것으로 속성명과 변수가 일치할 때 약식으로 표기하는 방법입니다. 만일 다음과 같이 컴포넌트를 등록했다면 is 특성값은 각각 A, B, C 중의 하나가 부여되어야 합니다.

```
{ "A" : CoralSeaTab, "B" : LeyteGulfTab, "C" : MidwayTab }
```

실행 결과를 자세히 살펴보면 탭을 클릭하여 화면을 전환할 때마다 출력되는 시간 정보가 바뀌는 것을 알 수 있습니다. 이것은 매번 실행된다는 의미입니다. 만일 〈component〉로 표현될 자식 컴포넌트들이 정적 콘텐츠라면 매번 실행되는 것은 효율적이지 않습니다. 이런 경우는 〈component〉 요소를 〈keep-alive〉 요소로 감싸서 캐싱하면 됩니다.

만일 특정 컴포넌트만 캐싱하거나 캐싱하고 싶지 않다면 include, exclulde 특성으로 컴포 넌트들을 콤마로 구분하여 나열하면 됩니다. 이때 지정된 이름이 있어야 하므로 각 컴포넌트마 다 name 옵션을 부여해야 하며 이 이름으로 include, exclude할 수 있습니다. 다음 예제와 같이 변경하면 CoralSeaTab, MidwayTab 컴포넌트만 캐싱됩니다. include 특성에 부여하 는 값은 각 컴포넌트의 name 속성값을 지정합니다. 대소문자를 구분한다는 점을 유의하세요.

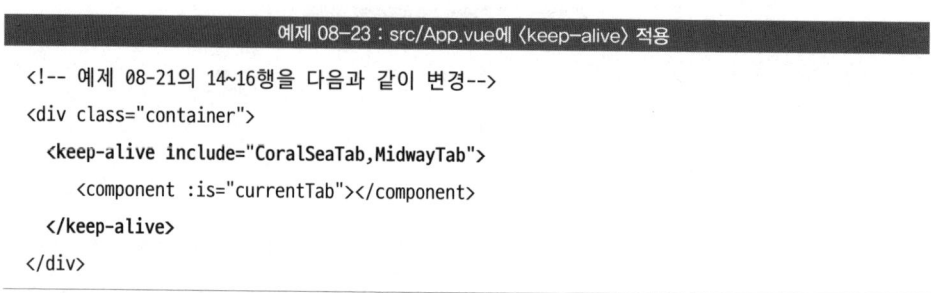

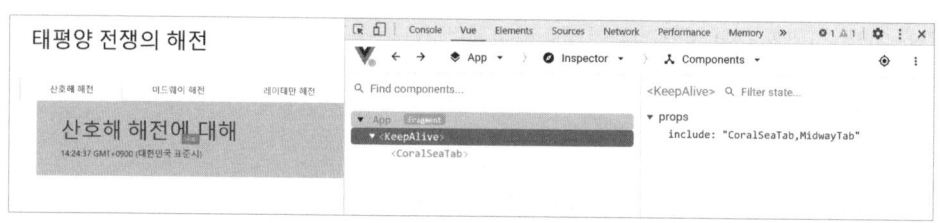

그림 08-18 예제 08-23의 실행

실행 결과에서 주목할 것은 화면에 출력되는 시간입니다. 캐싱이 설정된 컴포넌트의 시간은 최초 렌더링된 시간으로부터 바뀌지 않을 것입니다.

8.4 컴포넌트에서의 v-model 디렉티브

v-model 디렉티브는 이미 3장에서 양방향 바인딩을 지원한다고 학습한 적이 있습니다. 이 디렉티브는 컴포넌트에서 사용하면 미리 정의된 속성명과 이벤트명을 통해 양방향 바인딩처 럼 부모 컴포넌트에서 사용할 수 있습니다. 사용하는 형식은 다음과 같습니다.

[부모 컴포넌트에서]
```
<child-component v-model:message="parentMessage" />
```

[자식 컴포넌트에서]
```
{
  name : "ChildComponent",
  props : { message : String },
  template : `<input type="text" :value="message"
     @input="$emit('update:message', $event.target.value)" />`
}
```

부모 컴포넌트에서는 자식 컴포넌트로 양방향 바인딩할 속성을 전달합니다. 위의 예시에서는 2행의 message라는 속성입니다. 자식 컴포넌트에서는 반드시 message라는 props가 선언되어야 합니다. 또한 발신(emit)하는 이벤트명은 'update:속성명'의 형식을 사용해야 합니다. 이렇게 사용하면 부모 컴포넌트에서 이벤트를 수신하여 부모 컴포넌트의 데이터(이 예시에서는 parentMessage)를 변경하는 코드를 작성하지 않아도 됩니다.

예제를 통해서 기능을 확인해보겠습니다. 8장 예제를 위한 디렉터리에 다음 명령어를 이용해 새로운 프로젝트를 생성하고 VSCode로 열어봅니다. src/components 아래의 모든 파일과 디렉터리를 삭제해주세요.

```
npm init vue v-model-test
cd v-model-test
npm install
```

우선 두 개의 컴포넌트를 작성하겠습니다. 처음 작성할 때는 v-model 디렉티브를 적용하지 않고 작성하고 v-model 디렉티브를 적용하도록 변경해보겠습니다. 예제의 구조는 다음 그림과 같이 부모-자식 컴포넌트 간 속성과 이벤트를 주고받는 전형적인 정보 전달 방식입니다.

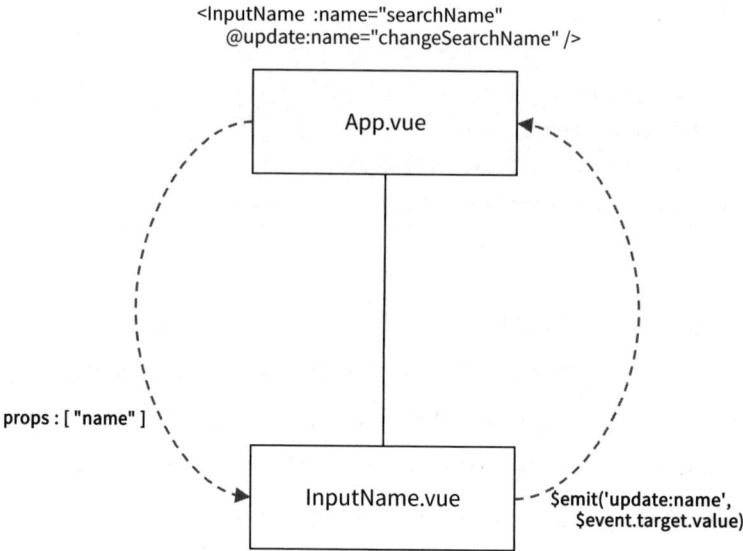

그림 08-19 예제 구조

예제 08-24 : src/components/InputName.vue

```
<template>
    <input type="text"   :value="name"
        @input="$emit( 'update:name', $event.target.value )" />
</template>

<script>
export default {
    name : "InputName",
    props : ["name"],
}
</script>
```

예제 08-25 : src/App.vue 변경

```
01: <template>
02:     <div>
03:         <InputName :name="searchName" @update:name="changeSearchName" />
04:         <h3> 검색어 : {{searchName}}</h3>
05:     </div>
```

```
06: </template>
07:
08: <script>
09: import InputName from './components/InputName.vue';
10:
11: export default {
12:   name : "App",
13:   components : { InputName },
14:   data() {
15:     return { searchName : "John" }
16:   },
17:   methods : {
18:     changeSearchName(name) {
19:       console.log(name)
20:       this.searchName = name;
21:     }
22:   }
23: }
24: </script>
25: <style></style>
26:
```

부모 컴포넌트(App.vue)에서 자식으로 속성을 전달하고 'update:name' 이벤트를 수신해 메서드를 이용해 searchName 데이터를 변경하는 예제입니다. 이 예제를 실행해보면 다음 그림과 같은 결과가 나타납니다. 잠시 후 v-model 디렉티브를 적용하더라도 실행 결과는 다르지 않을 것입니다.

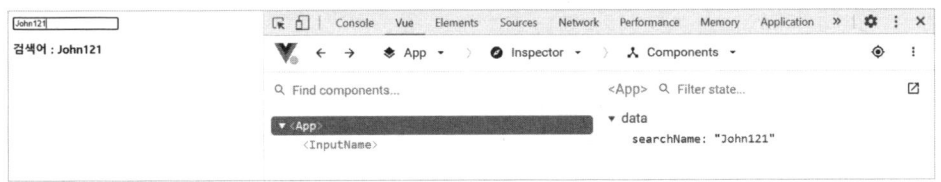

그림 08-20 예제 08-24~25의 실행

이제 v-model 디렉티브를 적용해보겠습니다. App.vue 코드를 변경하세요. v-model 디렉티브를 적용하면 이벤트 수신처리를 하지 않아도 됩니다.

예제 08-26 : src/App.vue 변경

```
//예제 08-25의 3행을 다음과 같이 변경합니다.
<template>
  <div>
    <InputName v-model:name="searchName" />
    <h3> 검색어 : {{searchName}}</h3>
  </div>
</template>
```

다음과 같이 여러 개의 v-model 디렉티브를 컴포넌트에 지정할 수도 있습니다.

```
<InputUserInfo v-model:email="email"  v-model:mobile="mobile" />
```

8.5 provide, inject를 이용한 공용데이터 사용

부모 컴포넌트에서 자식 컴포넌트로 데이터를 전달하기 위해 속성(props)를 이용할 수 있다는 것은 이미 앞에서 학습한 적이 있습니다. 하지만 컴포넌트의 계층 구조가 복잡해지면 계층 구조를 따라 연속적으로 속성을 전달해야 하는 문제가 있습니다. provide, inject를 이용하는 방법은 이러한 문제를 해결할 수 있습니다. 속성을 연속적으로 전달하는 방법과 provide, inject를 사용하는 방법을 그림으로 비교해보겠습니다.

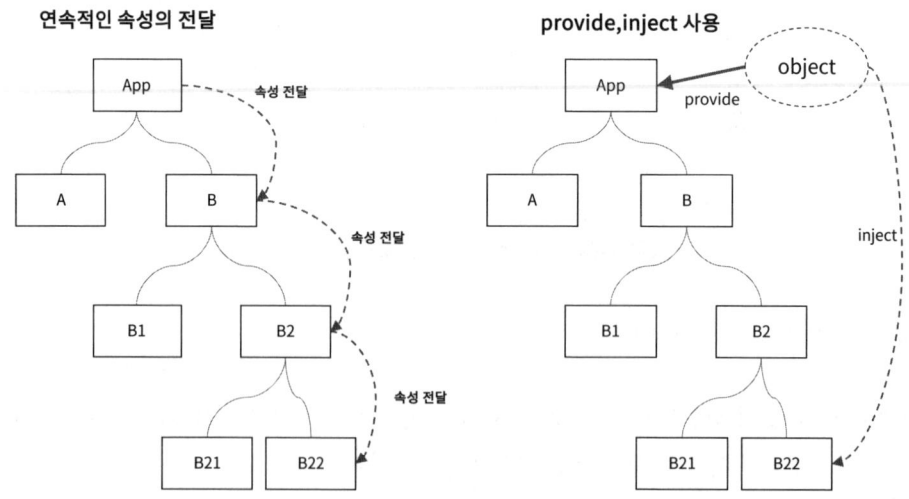

그림 08-21 속성 전달 vs provide/inject

App 컴포넌트에서 정의한 데이터를 B22 컴포넌트에서 사용하려고 합니다. 이때 속성을 연속적으로 전달하는 방법을 적용하면 전달 경로상에 있는 B, B2 컴포넌트는 부모 컴포넌트로부터 속성을 전달받아 다시 자식 컴포넌트로 전달하도록 작성해야 합니다. B, B2는 직접 속성을 이용하지 않지만 속성을 정의해야 하는 불편함이 발생합니다. 특히 애플리케이션 전체에서 사용하는 공용 데이터를 사용해야 하는 경우가 이러한 상황에 해당된다고 할 수 있습니다

provide, inject는 공용 데이터를 부모 컴포넌트(App)에 제공(provide)하고 하위 컴포넌트 트리상의 어느 컴포넌트에서나 필요한 데이터를 주입(inject)하여 사용하도록 하는 방법입니다. 예제를 통해 자세히 알아보겠습니다.

우선 다음 명령어를 이용해 프로젝트를 생성하고 VSCode로 열어서 src/components 디렉터리 하위 모든 파일, 디렉터리를 삭제합니다.

```
npm init vue provide-inject-teleport-test
cd provide-inject-teleport-test
npm install
```

이제 App, SongList, SongListItem 컴포넌트를 작성하겠습니다. 애플리케이션의 구조는 다음 그림과 같습니다.

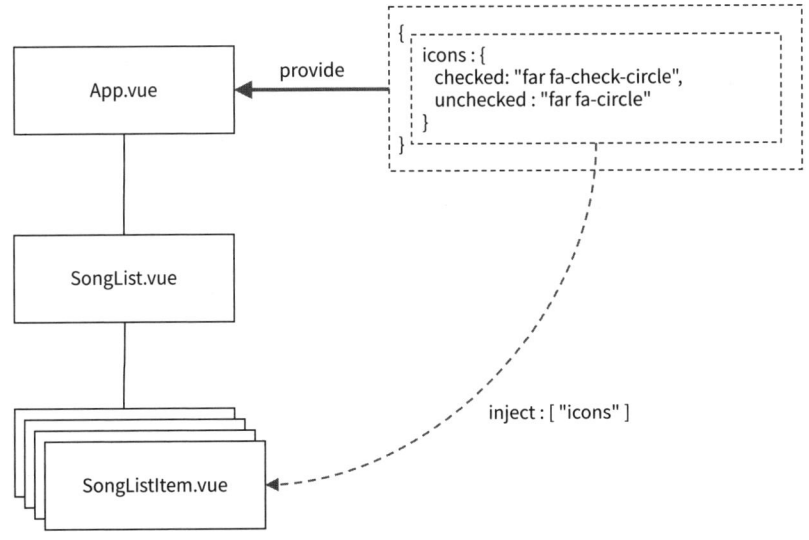

그림 08-22 작성하는 애플리케이션 구조

예제 08-27 : src/App.vue

```vue
01: <template>
02:   <div>
03:     <h2>최신 인기곡</h2>
04:     <SongList :songs="songs" />
05:   </div>
06: </template>
07:
08: <script>
09: import SongList from './components/SongList.vue'
10:
11: export default {
12:   name : "App",
13:   components : { SongList },
14:   data() {
15:     return {
16:       songs : [
17:         { id:1, title:"Blueming", done:true },
18:         { id:2, title:"Dynamite", done:true },
19:         { id:3, title:"Lovesick Girls", done:false },
20:         { id:4, title:"마리아(Maria)", done:false },
21:       ]
22:     }
23:   },
24:   provide() {
25:     return {
26:       icons : {
27:         checked : "far fa-check-circle",
28:         unchecked : "far fa-circle",
29:       }
30:     }
31:   },
32: }
33: </script>
34: <style>
35: @import url("https://cdnjs.cloudflare.com/ajax/libs/font-awesome/5.14.0/css/all.min.css");
36: </style>
```

App.vue의 24행에서 icons 속성을 가진 객체를 애플리케이션 컨텍스트에 제공(provide)합니다. 35행에서는 Font Awesome 아이콘 사용을 위해 css 파일을 임포트합니다. 27, 28행의 문자열은 Font Awesome 아이콘의 클래스명입니다. 이제 다음 컴포넌트(SongList)를 살펴보겠습니다. 이 컴포넌트는 계층 구조를 표현하기 위한 것일 뿐 inject 기능과는 관계없습니다.

예제 08-28 : src/components/SongList.vue

```
01: <template>
02:   <ul>
03:     <SongListItem v-for="s in songs" :key="s.id" :song="s" />
04:   </ul>
05: </template>
06:
07: <script>
08: import SongListItem from './SongListItem.vue'
09:
10: export default {
11:   name : "SongList",
12:   components : { SongListItem },
13:   props : ["songs"],
14: }
15: </script>
```

이제 inject 기능을 사용하는 SongListItem 컴포넌트를 작성합니다.

예제 08-29 : src/components/SongListItem.vue

```
01: <template>
02:   <li>
03:     <i :class="song.done ? icons.checked : icons.unchecked"></i>
04:     {{song.title}}
05:   </li>
06: </template>
07:
08: <script>
09: export default {
```

```
10:    name : "SongListItem",
11:    inject : [ "icons" ],
12:    props : ["song"],
13: }
14: </script>
15: <style></style>
```

부모 컴포넌트에서 provide된 값을 이용하기 위해 컴포넌트의 inject 옵션에서 icons를 등록합니다. 이를 통해 부모 컴포넌트에 제공된 객체 중에서 icons 값을 사용할 수 있게 됩니다.

이제 npm run dev 명령어를 실행하여 실행 결과를 확인하겠습니다. 그림 08-23의 Font Awesome 아이콘을 나타내기 위한 클래스명 문자열을 provide를 이용해 공유 데이터로 처리했습니다.

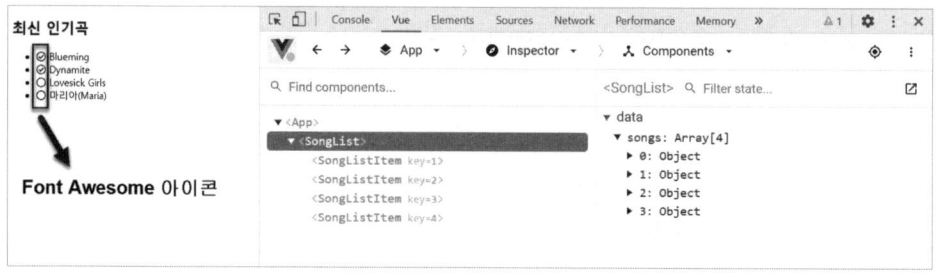

그림 08-23 예제 08-27~29의 실행

provide로 제공되는 객체는 기본적으로 반응성(Reactivity)을 제공하지 않기 때문에 제공 데이터를 변경하더라도 화면이 갱신되지 않습니다. 만일 반응성을 가지도록 하려면 Vue 3의 Composition API가 지원하는 reactive, ref, computed와 같은 API를 이용해야 합니다. Vue 3 Composition API에 대해서는 9장에서 자세히 학습하도록 하겠습니다. 우선 computed를 이용해 반응성을 가지도록 기존 예제를 변경해보겠습니다. 우선 App.vue의 <script> 영역을 볼드로 표현된 부분을 추가합니다.

예제 08-30 : src/App.vue 변경

```
01: <script>
02: import { computed } from 'vue';
03: import SongList from './components/SongList.vue'
04:
```

```
05: export default {
06:   ......(생략)
07:   provide() {
08:     return {
09:       icons : {
10:         checked : "far fa-check-circle",
11:         unchecked : "far fa-circle"
12:       },
13:       doneCount : computed(()=> {
14:         return this.songs.filter((s)=>s.done === true).length
15:       })
16:     }
17:   },
18: }
19: </script>
20:
```

2행에서 Vue 3 Composition API의 computed 함수를 임포트했고 13행에서 computed 를 이용해 반응성을 가진 객체를 제공합니다. 13~15행의 코드는 done이 true인 곡들의 개 수를 리턴합니다. 다음으로 SongList 컴포넌트를 변경합니다. 다음 예제의 볼드로 표현된 코 드를 추가하세요.

예제 08-31 : src/components/SongList.vue 변경

```
01: <template>
02:   <ul>
03:     <SongListItem v-for="s in songs" :key="s.id" :song="s" />
04:   </ul>
05:   <div>체크된 곡 수 : {{ doneCount }}</div>
06: </template>
07:
08: <script>
09: import SongListItem from './SongListItem.vue'
10:
11: export default {
12:   name : "SongList",
13:   components : { SongListItem },
```

```
14:     props : ["songs"],
15:     inject : ["doneCount"],
16: }
17: </script>
18: <style></style>
```

데이터를 브라우저 콘솔에서 직접 수정할 수 있도록 전역 변수 vm에 루트 컴포넌트(App) 인스턴스를 할당하겠습니다. 또한 다음과 같은 환경 설정이 필요합니다. 값을 주입하는 컴포넌트(SongList 컴포넌트)에서 computed 참조를 자동으로 해제해야 하기 때문에 app.config.unwrapInjectedRef = true와 같은 설정을 추가해야 합니다. 하위 컴포넌트에서 상위 컴포넌트의 데이터를 변경하지 않도록 하기 위해서입니다. Vue 3.3 이상의 버전을 사용한다면 이 설정은 필요하지 않습니다.

예제 08-32 : src/main.js 변경

```
import { createApp } from 'vue'
import App from './App.vue'

import './assets/main.css'

const app = createApp(App);
app.config.unwrapInjectedRef = true
window.vm = app.mount('#app')
```

이제 실행하여 브라우저 콘솔에서 다음과 같이 입력하여 3번째 곡의 done 값을 true로 변경해보겠습니다. 3번째 곡의 done 값을 변경하면 체크된 곡 수가 3으로 변경되는 것을 볼 수 있습니다.

```
vm.songs[2].done = true
```

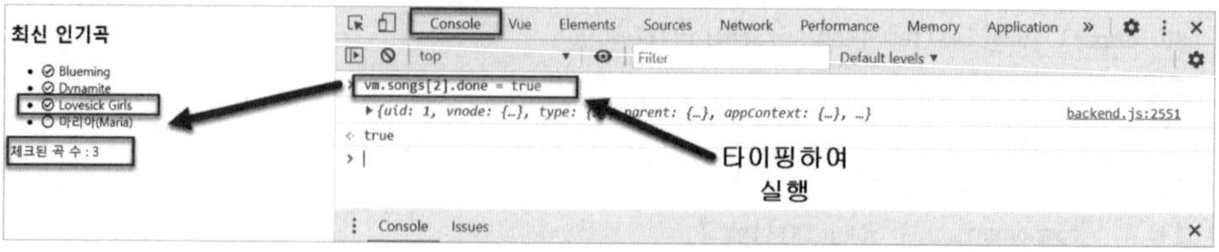

그림 08-24 반응성 테스트

만일 Vue 3 Composition API의 기능을 이용하지 않으면 반응성을 가지지 않습니다. 예제 08-30의 13~15행을 다음과 같이 변경하면 반응성을 가지지 않습니다. 코드를 수정한 후 그림 08-24를 참조하여 다시 테스트해보세요.

[예제 08-30의 13~15행을 아래와 같이 변경]
```
//import { computed } from 'vue'  --> 이 줄은 주석 처리하세요.
doneCount : this.songs.filter((s)=>s.done === true).length
```

provide/inject 기능에서 반응성을 제공하는 것은 일반적으로 추천되지 않습니다. 가능하다면 애플리케이션 수준의 공용 데이터를 읽기 전용으로 이용할 때만 provide/inject를 적용할 것을 권장합니다. 왜냐하면 반응성을 가지도록 하고 하위 컴포넌트 중 하나에서 데이터를 자주 변경하면 공용 데이터에 대한 변경 추적이 쉽지 않기 때문입니다. 반응성을 가져야 한다면 13장에서 학습할 Vuex, Pinia와 같은 상태 관리 라이브러리를 이용하는 것이 바람직합니다.

8.6 텔레포트

provide-inject-teleport-test 예제의 src/main.js를 살펴보면 createApp(App).mount("#app")의 코드에서와 같이 기본적으로는 App을 비롯한 모든 컴포넌트는 public/index.html의 〈div id="app"〉〈/div〉 요소에 렌더링됩니다. 하지만 애플리케이션에서 모달, 툴팁과 같이 메인 화면과 독립적이면서 공유 UI를 제공해야 한다면 컴포넌트 트리의 계층 구조와 관계없이 별도의 요소에 렌더링해야 합니다. 이런 경우에 사용할 수 있는 기능이 텔레포트(Teleport)입니다.

다음 그림을 살펴보면 컴포넌트 트리상에서 〈teleport〉 컴포넌트의 콘텐트 영역에서 렌더링된 결과는 컴포넌트 계층구조와 관계없이 to 특성에 지정된 요소(그림에서는 #modal 요소)에 렌더링합니다.

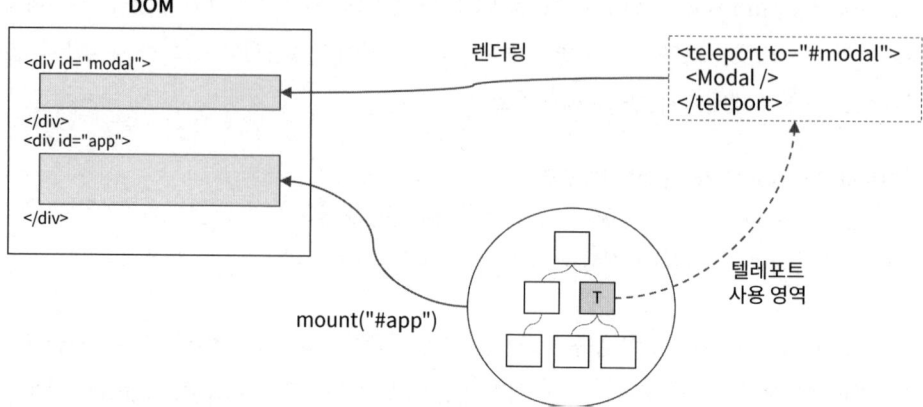

그림 08-25 텔레포트의 개념

기존 예제에 텔레포트 기능을 추가하도록 하겠습니다. 우선 Modal 컴포넌트 코드를 작성해 봅니다. CSS를 이용해 브라우저 화면의 중앙에 "처리중"이라는 Spinner UI가 나타나도록 하기 위한 컴포넌트입니다.

예제 08-33 : src/components/Modal.vue

```
01: <template>
02:     <div class="modal">
03:         <div class="box">
04:             처리중
05:         </div>
06:     </div>
07: </template>
08:
09: <script>
10: export default {
11:     name : "Modal"
12: }
13: </script>
14:
15: <style scoped>
16: .modal { display: block; position: fixed; z-index: 1;
17:     left: 0; top: 0; width: 100%; height: 100%;
18:     overflow: auto;
19:     background-color: rgba(0,0,0,0.4); }
```

```
20: .box {    display: flex; flex-direction: column;
21:     align-items: center; justify-content: center;
22:     position: absolute; left: 50%; top: 50%; background-color:aqua;
23:     border: double 3px gray; width:100px; height: 80px;
24:     margin-top:-50px; margin-left:-50px;}
25: </style>
```

이제 Modal 컴포넌트를 사용하도록 App 컴포넌트를 변경하도록 하겠습니다. 기존 예제에 볼드로 표현된 부분을 추가하거나 변경하면 됩니다.

예제 08-34 : src/App.vue 변경

```
01: <template>
02:    <div>
03:       ......(생략)
04:       <br /><br />
05:       <button @click="changeModal">Teleport를 이용한 Modal 기능</button>
06:       <teleport to="#modal">
07:          <Modal v-if="isModal" />
08:       </teleport>
09:    </div>
10: </template>
11:
12: <script>
13: import { computed } from 'vue';
14: import SongList from './components/SongList.vue'
15: import Modal from './components/Modal.vue'
16:
17: export default {
18:    name : "App",
19:    components : { SongList, Modal },
20:    data() {
21:       return {
22:          songs : [
23:             { id:1, title:"Blueming", done:true },
24:             { id:2, title:"Dynamite", done:true },
25:             { id:3, title:"Lovesick Girls", done:false },
26:             { id:4, title:"마리아(Maria)", done:false },
```

```
27:        ],
28:        isModal : false,
29:      }
30:    },
31:    methods : {
32:      changeModal() {
33:        this.isModal = true;
34:        setTimeout((()=>{ this.isModal = false }, 2000);
35:      }
36:    },
37:    ......(생략)
38: }
39: </script>
40: ......(생략)
```

15, 19행에서 Modal 컴포넌트 임포트한 후 등록합니다. 그리고 28행에서는 Modal UI를 제어하기 위한 isModal 데이터를 추가했습니다. 31~36행에서는 템플릿에서 호출할 changeModal 메서드를 작성합니다. 이 메서드가 호출되면 isModal을 true로 설정했다가 2초 후에 다시 false로 되돌려 놓을 것입니다.

마지막으로 템플릿에서 Modal을 나타내기 위한 버튼과 〈teleport〉 컴포넌트를 추가합니다. **가장 중요한 것은 〈teleport〉의 to 특성 값입니다. 이곳에 〈teleport〉내부에서 렌더링한 컨텐트를 추가할 DOM 요소(#modal)를 지정합니다.** 7행과 같이 Modal 컴포넌트는 isModal 데이터에 의해서 렌더링 여부가 결정될 것입니다.

이제 마지막으로 다음 예제 10행과 같이 index.html에 텔레포트에 의해 콘텐트를 추가할 DOM 요소(#modal)를 추가하겠습니다.

예제 08-35 : index.html 변경

```
01: <!DOCTYPE html>
02: <html lang="en">
03:   <head>
04:     <meta charset="UTF-8">
05:     <link rel="icon" href="/favicon.ico">
06:     <meta name="viewport" content="width=device-width, initial-scale=1.0">
07:     <title>Vite App</title>
```

```
08:        </head>
09:        <body>
10:            <div id="modal"></div>
11:            <div id="app"></div>
12:            <script type="module" src="/src/main.js"></script>
13:        </body>
14: </html>
```

자 이제 실행하여 결과를 확인해보세요. 그림 버튼을 클릭하면 처리중이라는 모달 화면이 나타났다가 사라집니다. 브라우저 개발자 도구의 Elements 탭을 확인하면 #modal 요소에 렌더링되고 있음을 확인할 수 있습니다.

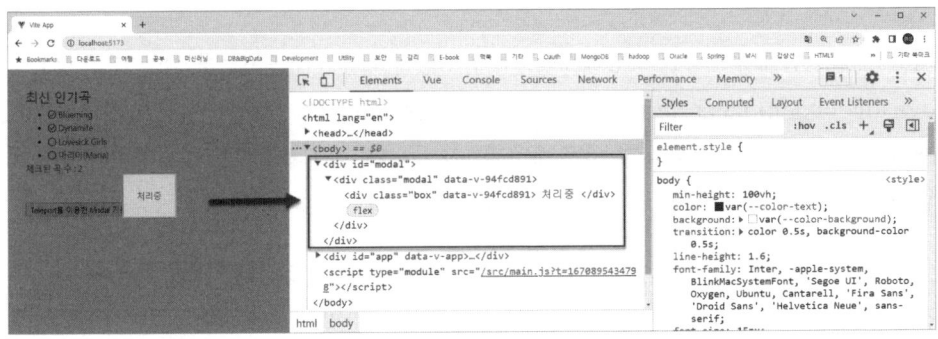

그림 08-26 텔레포트 예제 실행

8.7 비동기 컴포넌트

지금까지 살펴본 컴포넌트들은 모두 index.html을 로드하고 관련된 .js 파일을 로드한 후에 마운트되고 화면에 렌더링됩니다. 화면에서 당장 그 컴포넌트가 필요하지 않는다 하더라도 미리 로딩한다는 뜻입니다. 작은 규모의 애플리케이션인 경우에는 이런 부분이 전혀 문제되지 않지만 규모가 큰 애플리케이션의 경우 초기 화면의 로딩 시간이 지연되는 원인이 됩니다.

이러한 경우에 비동기 컴포넌트를 사용할 수 있습니다. 비동기 컴포넌트는 컴포넌트가 사용되는 시점에 관련된 .js 파일을 로딩합니다. 이를 위해 프로젝트를 빌드할 때 비동기 컴포넌트를 위한 별도의 .js 파일을 분리합니다. 따라서 초기 화면을 위한 꼭 필요한 컴포넌트만을 로딩하게 되므로 화면 로딩 속도가 빨라집니다.

이제 비동기 컴포넌트를 작성하는 방법을 살펴보겠습니다. 비동기 컴포넌트의 사용을 위해 defineAsyncComponent 메서드를 사용합니다.

[일반적인 컴포넌트의 임포트]
```
import SyncComponent from './SyncComponent.vue';
```

[비동기 컴포넌트의 임포트]
```
import { defineAsyncComponent } from 'vue'

const AsyncComponent = defineAsyncComponent(
  () => import('./AsyncComponent.vue')
)
```

이제 예제를 통해서 기능을 확인해보겠습니다. 8.3에서 동적 컴포넌트를 배울 때 작성했던 dynamic-component-test 프로젝트에 비동기 컴포넌트를 추가하겠습니다. 이 프로젝트에서는 동적 컴포넌트를 이용해 탭 UI를 작성해보았는데, 첫 화면에서 모든 탭의 컴포넌트를 로딩할 필요는 없습니다. 각 탭의 컴포넌트를 비동기 컴포넌트로 로딩하도록 하겠습니다.

우선 필요한 라이브러리를 참조하겠습니다. 비동기로 로딩된다는 것을 확인하기 위해 의도적 지연시간을 발생시킬 수 있어야 합니다(실무에서는 일부러 이와 같은 라이브러리를 사용하지 마세요). 이를 위해 p-min-delay라는 라이브러리를 설치하겠습니다.

```
npm install p-min-delay
```

이제 src/App.vue를 변경합니다. 여기서 비동기로 컴포넌트를 로딩하도록 하겠습니다 예제 08-36의 볼드로 표현된 부분을 변경하세요.

예제 08-36 : src/App.vue 변경

```
01: <template>
02:   <div>
03:   ......
04:   <div class="container">
05:     <!-- <keep-alive>는 제거합니다.-->
06:     <component :is="currentTab"></component>
07:     <!-- </keep-alive>는 제거합니다.-->
```

```
08:     </div>
09:   </div>
10: </template>
11: <script>
12: import { defineAsyncComponent } from 'vue'
13: import pMinDelay from 'p-min-delay'
14:
15: const CoralSeaTab = defineAsyncComponent(
16:   () => pMinDelay(import('./components/CoralSeaTab.vue'), 2000)
17: )
18: const LeyteGulfTab = defineAsyncComponent(
19:   () => pMinDelay(import('./components/LeyteGulfTab.vue'), 2000)
20: )
21: const MidwayTab = defineAsyncComponent(
22:   () => pMinDelay(import('./components/MidwayTab.vue'), 2000)
23: )
24:
25: export default {
26: ......(생략)
27: }
28: </script>
29: <style> ......(생략) </style>
```

p-min-delay를 적용하지 않으면 16행은 ()=>import('....')와 같이 작성될 것입니다. 이 예제에서는 의도적 지연 시간을 발생시키기 위해서 사용했습니다. npm run dev 명령어로 실행해서 결과를 확인해보겠습니다.

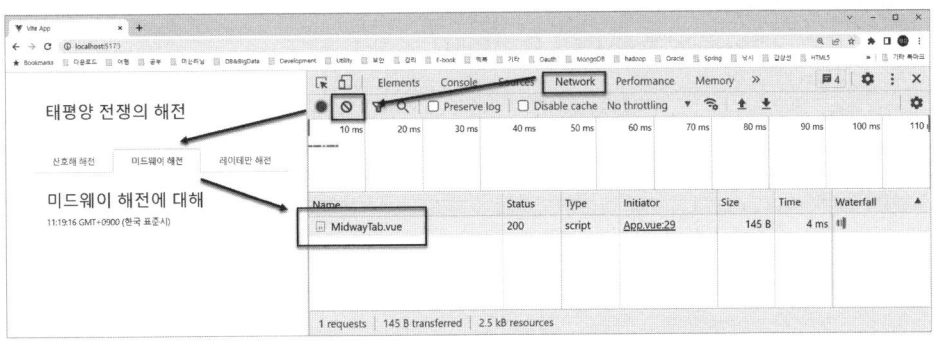

그림 08-27 예제 08-36의 실행

개발자 도구의 Network 탭을 통해서 확인해보세요. 그림 08-27과 같이 실행하면 새로운 탭을 클릭할 때 2초의 지연 시간과 함께 .vue 파일을 로딩하는 것을 확인할 수 있습니다. **다른 탭으로 이동했다가 다시 기존 탭으로 다시 이동할 때는 지연시간이 발생하지 않을 것입니다. 이미 로딩된 컴포넌트는 다시 로드하지 않기 때문입니다.**

하지만 지금까지 작성한 UI에서는 2초의 지연시간 동안 사용자에게 지연되고 있음을 알리지 못했습니다. 이와 같은 기능을 부여할 수 있어야 합니다. 이를 위해 defineAsyncComponent 메서드에서는 몇 가지 옵션을 지원합니다.

[defineAsyncComponent 메서드의 옵션]

```
const AsyncComp = defineAsyncComponent({
  //비동기로 로딩할 대상 컴포넌트
  loader : import('./AsyncComponent.vue'),
  //비동기 컴포넌트를 로딩하는 지연시간동안 보여줄 컴포넌트
  loadingComponent : LoadingComponent,
  //비동기 컴포넌트의 로딩 실패시에 보여줄 컴포넌트
  errorComponent : ErrorComponent,
  //로딩 컴포넌트를 보여주기전 지연 시간
  delay : 200,
  //로딩 제한 시간. 이 시간을 넘으면 errorComponent가 화면에 나타남
  timeout : 5000,
  //컴포넌트가 suspensible 한지 여부를 지정함. 기본값 true
  suspensible : true,
  //비동기 컴포넌트 로딩 실패시 실행할 함수
  // error : 에러메시지 객체, retry : 재시도를 수행할 함수
  // fail : 실패 처리를 할 함수, attempts : 재시도 횟수
  onError(error, retry, fail, attempts) {
    if (error.message.match(/fetch/) && attempts <= 3) {
      retry()
    } else {
      fail()
    }
  }
})
```

이제 이 옵션을 적용하도록 예제를 변경해보겠습니다. 컴포넌트를 로딩하는 지연 시간 동안 보여줄 Loading 컴포넌트도 작성해서 추가하겠습니다. Loading 컴포넌트에서 사용할 Spinner UI를 지원하는 컴포넌트를 다운로드하겠습니다. vue-csspin이라는 컴포넌트입니다. 이것은 필자가 csspin이라는 css 기반의 Spinner UI를 래핑하여 Vue 3에서 사용하도록 만든 것입니다. 자세한 사용 방법은 https://github.com/stepanowon/vue-csspin에서 확인하세요.

CTRL+C를 눌러서 기존 dynamic-component-test 프로젝트의 실행을 중단하고 vue-csspin을 추가하겠습니다.

```
npm install --save vue-csspin
```

vue-csspin을 사용하는 Loading 컴포넌트를 작성하겠습니다.

예제 08-37 : src/components/Loading.vue

```
<template>
    <VueCsspin message="Loading" spin-style="cp-flip" />
</template>

<script>
import { VueCsspin } from 'vue-csspin'
import 'vue-csspin/dist/vue-csspin.css'

export default {
    name : "Loading",
    components : { VueCsspin },
}
</script>
```

이제 App 컴포넌트에서 defineAsyncComponent 메서드의 옵션을 사용하도록 코드를 변경하겠습니다. 2초의 컴포넌트 로딩 시간동안 Loading 컴포넌트가 화면에 나타납니다.

예제 08-38 : src/App.vue 변경

```
import { defineAsyncComponent } from 'vue'
import pMinDelay from 'p-min-delay'
import Loading from './components/Loading.vue';

const CoralSeaTab = defineAsyncComponent({
  loader : () => pMinDelay(import('./components/CoralSeaTab.vue'), 2000),
  loadingComponent : Loading,
})
const LeyteGulfTab = defineAsyncComponent({
  loader : () => pMinDelay(import('./components/LeyteGulfTab.vue'),2000),
  loadingComponent : Loading,
})
const MidwayTab = defineAsyncComponent({
  loader : () => pMinDelay(import('./components/MidwayTab.vue'), 2000),
  loadingComponent : Loading,
})
```

npm run dev 명령으로 개발 서버를 실행하여 결과를 확인해보세요.

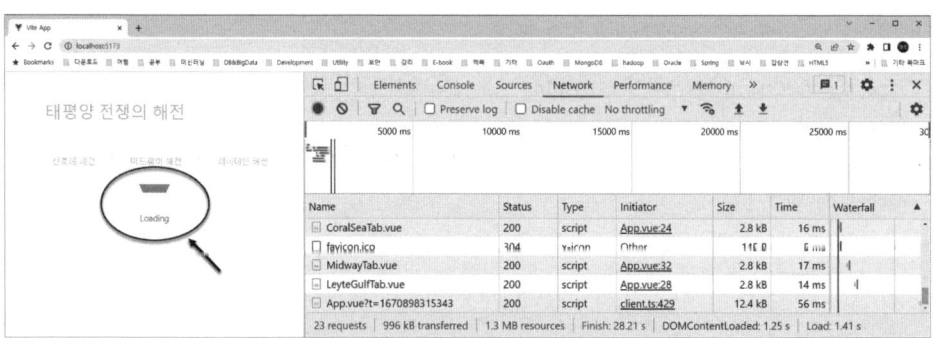

그림 08-28 : 예제 08-37~38의 실행

8.8 마무리

지금까지 학습한 컴포넌트에 대한 심화된 내용은 모두 컴포넌트의 재사용성을 높이기 위한 방법입니다. 분량이 많지만 꼼꼼하게 학습해야 할 내용들입니다.

가장 먼저 학습한 내용은 단일 파일 컴포넌트에서 CSS 스타일의 충돌을 피하는 방법입니다. 범위 CSS, CSS 모듈을 이용해 CSS 클래스명의 이름 충돌을 피하는 방법을 살펴보았습니다.

다음으로 학습한 내용은 슬롯입니다. 슬롯은 부모 컴포넌트에게서 자식 컴포넌트로 템플릿을 전달할 수 있도록 기능을 제공합니다. 또한 명명된 슬롯을 이용하면 여러 개의 슬롯을 사용할 수 있습니다. 범위 슬롯은 부모 컴포넌트에서 템플릿에 바인딩되는 값을 자식 컴포넌트가 제공할 수 있도록 합니다.

동적 컴포넌트는 한 위치에 여러 컴포넌트 중 하나의 컴포넌트를 렌더링하도록 할 수 있습니다. is 특성 값을 컴포넌트의 이름으로 지정하여 제어합니다.

provide/inject 기능은 애플리케이션의 읽기 전용의 공용 데이터를 사용하고자 할 때 적합합니다. 부모 컴포넌트에서 데이터를 제공(provide)하고, 하위 트리의 자식 컴포넌트에서는 필요한 데이터를 주입(inject)하여 사용합니다.

비동기 컴포넌트는 화면에 필요한 컴포넌트를 필요한 때에 로딩하도록 하여 초기화면의 로딩 속도를 빠르게 할 수 있습니다.

원쌤의
Vue.js 퀵스타트

09

Composition API

9.1 Composition API란?

Composition API는 대규모 Vue 애플리케이션에서의 컴포넌트의 로직을 효과적으로 구성하고 재사용할 수 있도록 만든 함수 기반의 API이며, Vue 3에서 새롭게 추가된 기능입니다.

우리가 이제까지 학습한 컴포넌트 작성 방법은 data, methods, computed, watch와 같은 옵션들을 작성하는 옵션 API(Options API)를 이용하는 것이었습니다. 간단한 구조의 Vue 애플리케이션을 개발할 때는 불편함이 없습니다만, 컴포넌트 로직의 재사용이 빈번한 복잡한 구조의 애플리케이션일 때는 몇 가지 측면에서 다음과 같은 불편한 점이 있었습니다.

- **컴포넌트 내부에 동일한 논리적 관심사 코드가 분리하여 존재함.**

    한 컴포넌트에 A, B 두 개의 기능이 존재한다고 가정해봅시다. 만일 옵션 API로 개발한다면 A 기능과 관련된 데이터와 B 기능과 관련된 데이터가 data 옵션에 모여 있게 됩니다. 메서드도 A, B 관련 메서드가 모여 있을 겁니다. 계산된 속성, 관찰 속성 모두 마찬가지입니다.

    이 경우에 개발자가 A와 관련된 기능만을 검토하고 개발하려면 관련된 코드들이 모여 있지 않고 여러 곳에 흩어져 있다는 것을 알 수 있습니다. 생산성과 코드 관리 측면에서 바람직한 상황이 아닙니다.

- 컴포넌트 로직 재사용의 불편함.

  이 책에서는 다루지 않았지만 믹스인(mixin)이라는 기능을 통해 여러 컴포넌트가 공유하는 로직을 재사용할 수 있는 방법을 제공했습니다. 하지만 믹스인은 몇 가지 문제점을 가지고 있습니다. 믹스인을 적용한 컴포넌트에서는 선언하지 않은(믹스인이 제공하는) 속성이나 메서드를 이용할 수 있다는 점입니다. 개발자는 컴포넌트에서 선언되지 않고 사용된 속성, 메서드를 확인하기 위해 믹스인 코드를 직접 열어보아야 합니다. 하나 또는 두 개의 믹스인이라면 별 문제가 되지 않지만, 여러 개의 믹스인을 사용하거나 믹스인이 또 다른 믹스인을 참조하고 있다면 확인하기 쉽지 않습니다.

  또한 여러 믹스인이 동일한 속성명, 메서드명을 사용하고 있다면 충돌의 문제가 발생합니다. 프로젝트 초기라면 쉽게 해결할 수 있지만, 이미 충돌한 이름의 속성을 이용해 여러 컴포넌트가 작성되었다면 수정과 검토가 쉽지 않을 것입니다. 믹스인에 대해서는 다음 문서를 참조하여 학습해보세요.

  - https://v3.vuejs.org/guide/mixins.html#basics

이제 간단한 예시를 통해서 앞에서 언급한 첫 번째 문제점을 확인해보겠습니다.

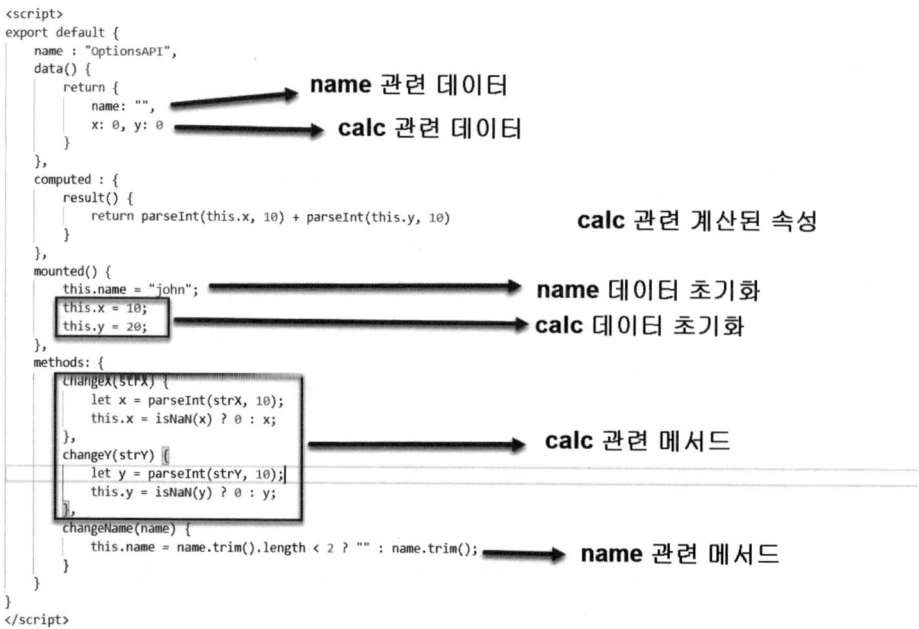

그림 09-01 옵션 API를 사용하는 컴포넌트 예시

그림 09-01의 컴포넌트는 연산(calc) 기능과 이름(name)을 처리하는 기능을 가진 옵션 API로 작성된 간단한 컴포넌트의 예시입니다. 연산과 관련된 기능이 모두 여러 옵션에 흩어져 있는 것을 볼 수 있지요? 이 예시 정도의 코드라면 코드를 분석하는데 어려움이 없겠지만 복잡한 기능을 가진 컴포넌트라면 100행 이상의 코드를 건너뛰면서 검토하고 작성해야만 할 수도 있습니다. 이제 Composition API를 적용한 컴포넌트의 예시와 비교해봅시다.

```
<script>
import { reactive, computed, onMounted } from 'vue';

export default {
    name : "CompositionAPI",
    setup() {
        const nameData = reactive({ name : "" })
        const changeName = (name) => {
            console.log(name)
            nameData.name = name.trim().length < 2 ? "" : name.trim();
        }
        onMounted(()=>nameData.name = "john");

        const calcData = reactive({ x:0, y:0 });
        const result = computed(()=>parseInt(calcData.x, 10) + parseInt(calcData.y, 10));
        onMounted(()=>{
            calcData.x = 10;
            calcData.y = 20;
        })
        const changeX = (strX)=> {
            let x = parseInt(strX, 10);
            calcData.x = isNaN(x) ? 0 : x;
        }
        const changeY = (strY)=> {
            let y = parseInt(strY, 10);
            calcData.y = isNaN(y) ? 0 : y;
        }

        return { nameData, changeName, calcData, result, changeX, changeY }
    }
}
</script>
```

→ **name**과 관련된 데이터. 메서드. 생명주기 메서드

→ **calc**와 관련된 데이터. 메서드. 계산된 속성. 생명주기 메서드

그림 09-02 Composition API를 사용하는 컴포넌트 예시

그림 09-02에서는 데이터, 메서드, 생명주기 메서드들이 관심 기능 별로 모여 있음을 알 수 있습니다. 특정 기능의 코드를 분석하고 작성하는 것은 여러 행을 건너뛰면서 작업하지 않아도 됩니다.

그림 09-02의 예시에서 계산(calc)과 이름(name) 기능이 여러 컴포넌트에서 재사용된다고 가정해봅시다. 그렇다면 다음과 같이 코드를 리팩토링할 수 있습니다.

```
<script>
import { reactive, computed, onMounted } from 'vue';

const useCalc = (x=0, y=0) => {
    const calcData = reactive({ x:0, y:0 });
    onMounted(()=>{
        calcData.x = x;
        calcData.y = y;
    })
    const result = computed(()=>parseInt(calcData.x, 10) + parseInt(calcData.y, 10));
    const changeX = (strX)=> {
        let x = parseInt(strX, 10);
        calcData.x = isNaN(x) ? 0 : x;
    }
    const changeY = (strY)=> {
        let y = parseInt(strY, 10);
        calcData.y = isNaN(y) ? 0 : y;
    }
    return { calcData, result, changeX, changeY };
}

const useName = (name="john") => {
    const nameData = reactive({ name })
    const changeName = (name) => {
        console.log(name)
        nameData.name = name.trim().length < 2 ? "" : name.trim();
    }
    return { nameData, changeName }
}

export default {
    name : "CompositionAPI",
    setup() {
        const nameObj = useName("smith");
        const calcObj = useCalc(100,200);

        return { ...nameObj, ...calcObj }
    }
}
</script>
```

그림 09-03 이전 예시 리팩토링

계산 기능과 이름 기능을 함수 API로 분리시켰습니다. 그리고 컴포넌트 코드에서 호출하여 필요한 데이터와 메서드를 받아서 이용합니다. 여러 컴포넌트에서 재사용하고 싶다면 계산, 이름 함수 API를 별도의 .js 파일로 분리하여 작성하고 여러 컴포넌트에서 import하여 사용할 수 있습니다.

이와 같이 Composition API는 기존 옵션 API의 컴포넌트 구조를 개선하고 컴포넌트 로직의 재사용성을 높일 수 있도록 설계되었습니다.

이제 Composition API를 차근차근 살펴보도록 하겠습니다.

9.2 setup 메서드를 이용한 초기화

Composition API에서는 data, methods, computed 옵션이 사라지고 초기화 작업을 수행하는 setup() 옵션 메서드를 이용해 컴포넌트의 상태를 초기화합니다. 기존 옵션 API의 생명주기와 비교하자면 beforeCreate, created 단계에서 setup() 메서드가 호출됩니다.

setup 옵션 메서드 내부에서 반응성(reactivity)을 가진 상태 데이터, 계산된 속성(computed property), 메서드, 생명주기 훅(Life cycle hook)을 작성할 수 있습니다. setup() 내부에서 작성한 데이터나 메서드를 템플릿에서 이용하고 싶다면 객체 형태로 리턴합니다. 작성 방법의 예시는 다음과 같습니다.

```js
import { ref } from 'vue';
export default {
    name : "Calc",
    setup() {
        const x = ref(10);
        const y = ref(20);
        return { x, y }
    }
}
```

위의 예시는 setup() 내부에서 ref 함수를 이용해 두 개의 반응성을 가진 데이터 x, y를 만들고 템플릿에서 이용할 수 있도록 객체로 리턴합니다. 리턴된 값은 템플릿에서 {{x}}와 같이 보간법이나 디렉티브를 이용해 바인딩할 수 있습니다.

예제를 통해서 직접 확인해보겠습니다. 우선 다음 명령어를 이용해 calc-component-test 프로젝트를 생성합니다. 프로젝트가 생성되고 나면 src/components 디렉터리의 모든 파일, 하위 디렉터리를 삭제하고 VSCode로 열어보세요. 프로젝트 생성 시 옵션은 모두 기본값으로 지정합니다.

```
npm init vue calc-component-test
cd calc-component-test
npm install
```

이제 다음과 같이 Calc 컴포넌트를 작성합니다.

예제 09-01 : src/components/Calc.vue

```
01: <template>
02:     <div>
03:         X : <input type="text" v-model.number="x" /><br/>
04:         Y : <input type="text" v-model.number="y" /><br/>
05:     </div>
06: </template>
07:
08: <script>
09: import { ref } from 'vue'
10:
11: export default {
12:     name : "Calc",
13:     setup() {
14:         const x = ref(10);
15:         const y = ref(20);
16:         return { x, y }
17:     }
18: }
19: </script>
20: <style></style>
```

Calc 컴포넌트의 작성이 끝났다면 이것을 이용한 App 컴포넌트를 새롭게 작성합니다.

예제 09-02 : src/App.vue

```
01: <template>
02:     <div>
03:       <Calc />
04:     </div>
05: </template>
06:
07: <script>
08: import Calc from './components/Calc.vue'
09:
10: export default {
11:     name : "App",
12:     components : { Calc }
13: }
```

```
14: </script>
15: <style></style>
```

컴포넌트를 임포트하여 등록하는 방법은 기존 컴포넌트와 동일합니다. 이제 작성한 컴포넌트를 실행해보겠습니다.

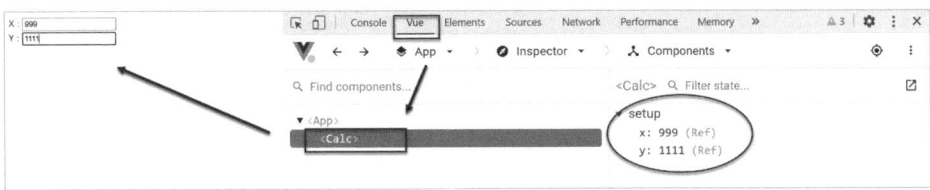

그림 09-04 예제 09-01~02의 실행

예제 09-01에서 반응성을 가진 데이터 x, y를 v-model 디렉티브로 양방향 바인딩했으므로 텍스트박스에서 값을 변경하면 바로 x, y값이 변경됩니다.

setup() 메서드는 두 개의 인자를 사용할 수 있습니다. 첫 번째 인자는 부모 컴포넌트로부터 전달받는 속성(props)입니다. 두 번째는 컴포넌트 컨텍스트(component context)입니다. 속성은 7장에서 이미 학습하였고, 컨텍스트는 기존 옵션 API에서 this 컨텍스트가 제공하던 정보를 setup() 내부에서 이용하기 위해 사용하는 인자입니다. 예를 들면 vue-router, vuex 등의 라이브러리가 제공하는 컨텍스트 정보를 이용할 때 사용할 수 있습니다. 또한 부모 컴포넌트로 이벤트를 발신(emit)할 때도 context의 emit() 메서드를 이용해야 합니다. 컴포넌트 컨텍스트는 다음 그림과 같이 Vue 개발자 도구와 Console을 함께 살펴보면 알 수 있습니다.

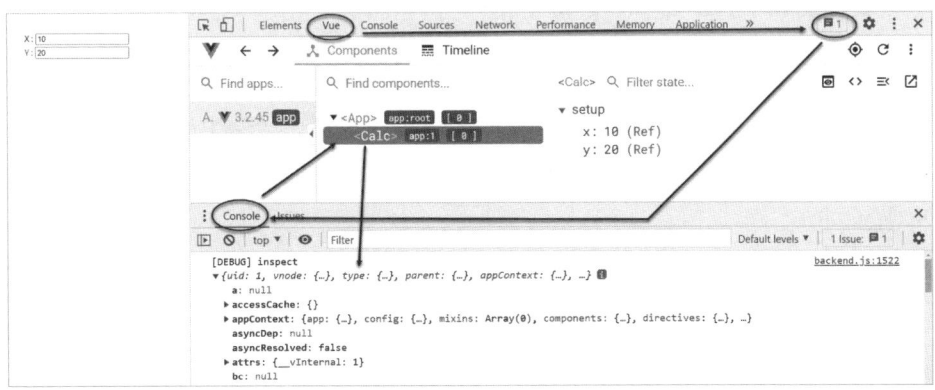

그림 09-05 컴포넌트 컨텍스트 확인

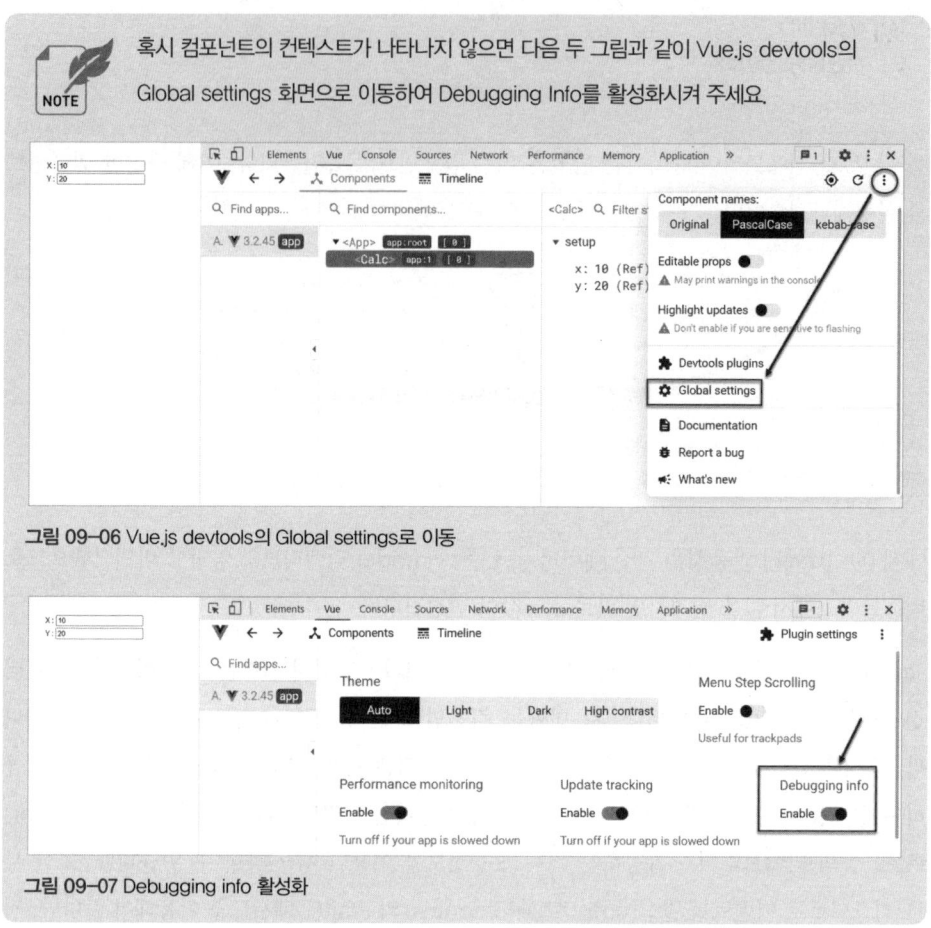

그림 09-06 Vue.js devtools의 Global settings로 이동

그림 09-07 Debugging info 활성화

9.3 반응성을 가진 상태 데이터

이전 예제에서는 ref를 이용해서 반응성을 가진 상태 데이터를 생성했습니다. 옵션 API와 비교하자면 data 옵션에 해당합니다. 반응성을 가진 데이터를 만들기 위해 ref 이외에도 reactive 함수를 이용할 수 있습니다. 이번 절에서는 reactive와 ref를 이용하는 방법을 살펴보겠습니다.

9.3.1 ref

ref는 기본 타입(primitive type)의 값을 이용해 반응성을 가진 참조형 데이터를 생성할 때 사용합니다. 예제 09-01에서 14행의 코드가 ref를 사용한 예입니다. ref()의 인자로는 초깃값을 부여합니다.

이렇게 생성된 값은 setup() 메서드에서 리턴되어 템플릿에서 사용할 수 있고, setup() 메서드 내부에서 정의된 다른 메서드나 계산형 속성에서도 이용할 수 있습니다. 이용할 일이 없을 것이라 생각하지만 심지어는 옵션 API의 methods 옵션에 정의한 메서드에서 예제 09-01의 14행의 x를 this 참조자를 이용해서 this.x와 같이 접근할 수도 있습니다

하지만 setup() 옵션 메서드 내부에서 데이터를 이용할 때는 반드시 x.value와 같이 value 속성을 이용해야 합니다. ref의 단점은 직접 데이터를 이용하지 못하고 value 속성을 통해서 접근해야 한다는 점입니다. 이것을 확인하기 위해 예제 09-01에 버튼을 추가하고 버튼을 클릭했을 때 계산 결과를 출력하도록 메서드를 추가하겠습니다. Calc.vue의 코드를 복사하여 Calc2.vue를 생성하고 다음 예제의 볼드로 표현된 부분을 추가 또는 변경하세요.

예제 09-03 : src/components/Calc2.vue

```
01: <template>
02:     <div>
03:         X : <input type="text" v-model.number="x" /><br/>
04:         Y : <input type="text" v-model.number="y" /><br/>
05:         <button @click="calcAdd">계산</button><br />
06:         <div>결과 : {{result}}</div>
07:     </div>
08: </template>
09:
10: <script>
11: import { ref } from 'vue'
12:
13: export default {
14:     name : "Calc2",
15:     setup() {
16:         const x = ref(10);
17:         const y = ref(20);
18:         const result = ref(30);
```

```
19:
20:         const calcAdd = () => {
21:             result.value = x.value + y.value;
22:         }
23:         return { x, y, result, calcAdd }
24:     }
25: }
26: </script>
27: <style></style>
```

src/App.vue에서 Calc2.vue를 참조하도록 import문을 다음과 같이 변경합니다.

```
//import Calc from './components/Calc'
import Calc from './components/Calc2'
```

20~22행의 메서드를 살펴보면 x가 아닌 x.value와 같이 접근하고 있음을 알 수 있습니다. 이 부분은 처음 Composition API를 접하는 분들은 놓치기 쉬운 부분이므로 주의해야 합니다.

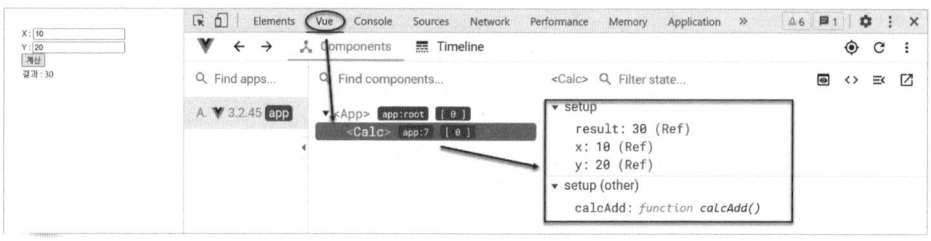

그림 09-08 예제 09-03 실행

9.3.2 reactive

reactive는 기본 타입의 값을 반응성을 가지도록 하는 ref와 달리 객체에 대해 반응성을 가지도록 합니다. 예제를 통해 확인해보겠습니다. 예제 09-03 Calc2.vue를 복사해서 Calc3.vue를 생성하고 예제 09-04의 볼드로 표현된 부분을 변경해주세요. 그리고 App.vue의 import문도 Calc3을 참조하도록 변경합니다.

예제 09-04 ; src/components/Calc3.vue

```
01: <template>
02:     <div>
03:         X : <input type="text" v-model.number="state.x" /><br/>
04:         Y : <input type="text" v-model.number="state.y" /><br/>
05:         <button @click="calcAdd">계산</button><br />
06:         <div>결과 : {{state.result}}</div>
07:     </div>
08: </template>
09:
10: <script>
11: import { reactive } from 'vue'
12:
13: export default {
14:     name : "Calc3",
15:     setup() {
16:         const state = reactive({ x:10, y:20, result:30 })
17:
18:         const calcAdd = () => {
19:             state.result = state.x + state.y;
20:         }
21:         return { state, calcAdd }
22:     }
23: }
24: </script>
25: <style></style>
```

예제 09-04에서는 x, y, result를 포함한 객체를 반응성을 가지도록 reactive()를 이용했습니다. 21행에서 state 객체를 리턴하여 템플릿에서 이용하므로 3,4,6행과 같이 state.x, state.y, state.result와 같이 바인딩합니다.

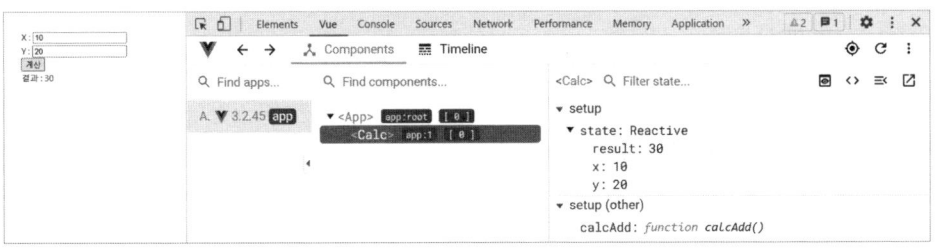

그림 09-09 예제 09-04의 실행

09 _ Composition API

reactive를 이용해 반응성을 가진 객체 내부의 값을 리턴하여 템플릿에서 바인딩하면 반응성을 잃어버린다는 점을 꼭 기억하세요. 반드시 reactive() 하게 만든 객체를 이용해야 반응성이 유지됩니다. 반응성을 잃어버리면 반응성 객체 내부의 값을 변경해도 화면이 갱신되지 않습니다. 반드시 반응성 객체를 리턴하여 템플릿에서 사용하도록 작성해야 합니다.

9.4 computed

옵션 API에서 computed 옵션을 이용해 계산된 속성(computed property)을 사용할 수 있었습니다. Composition API에서도 계산형 속성과 동일한 기능을 computed() 함수를 이용해 작성할 수 있습니다. 기존 Calc 컴포넌트를 이벤트와 메서드를 사용하는 대신 computed()를 이용하도록 변경해보겠습니다. Calc3.vue를 복사하여 Calc4.vue를 작성하겠습니다. 볼드체로 표현된 부분에 주의해서 작성해주세요. 더불어 App.vue의 import문도 Calc4.vue를 참조하도록 변경합니다.

예제 09-05 : src/components/Calc4.vue

```
01: <template>
02:     <div>
03:         X : <input type="text" v-model.number="state.x" /><br/>
04:         Y : <input type="text" v-model.number="state.y" /><br/>
05:         <div>결과 : {{result}}</div>
06:     </div>
07: </template>
08:
09: <script>
10: import { reactive, computed } from 'vue'
11:
12: export default {
13:     name : "Calc4",
14:     setup() {
15:         const state = reactive({ x:10, y:20 })
16:         const result = computed(()=> {
17:             return state.x + state.y;
18:         })
19:         return { result, state }
```

```
20:     }
21: }
22: </script>
```

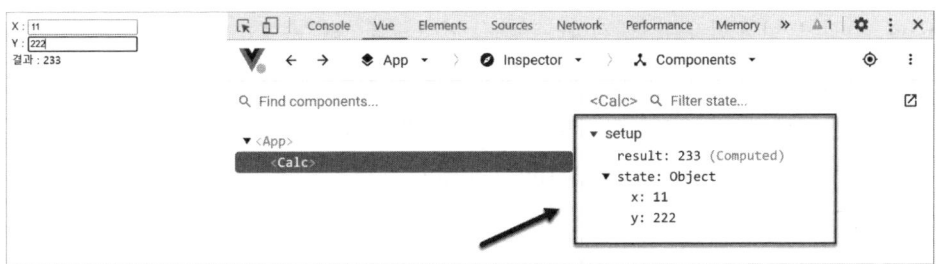

그림 09-10 예제 09-05의 실행

예제 09-05에서는 버튼과 버튼 클릭 시 호출하는 calcAdd 메서드를 제거합니다. 그리고 result를 computed() 메서드를 이용해 계산된 값으로 작성합니다. 이제는 버튼을 클릭하지 않고 텍스트박스에 값을 입력하면 즉시 결과가 바인딩됩니다.

computed()에 의해 생성된 계산된 속성은 템플릿에서는 직접 이용할 수 있지만 〈script〉〈/script〉 내부에서 사용할 때는 반드시 .value 속성을 통해서 접근해야 한다는 점을 주의하세요.

9.5 watch와 watchEffect

9.5.1 watch

기존 옵션 API에서는 watch 옵션을 이용해 감시자(watcher) 기능을 제공하였습니다. watch 옵션은 데이터나 속성, 계산된 속성의 값이 변경되면 반응하는 기능을 정의할 수 있습니다. 또한 watch 옵션을 통해서 변경되기 전 값과 변경된 후의 값을 모두 확인, 이용할 수 있습니다.

옵션 API의 watch 옵션은 Composition API에서도 watch() 함수를 통해서 동일한 기능으로 제공됩니다. watch의 사용 형식은 다음과 같습니다.

```
watch( data, (current, old) => {
    //처리하려는 연산 로직
})
```

watch()의 첫 번째 인자로는 감시하려는 대상 반응성 데이터, 속성, 계산된 속성을 전달합니다. 두 번째 인자로 전달되는 핸들러(handler) 함수의 인자로 두개의 값이 전달되는데, 각각 변경된 값(current), 변경되기 전 값(old)입니다. 감시하려는 대상(data)이 ref()를 이용해 만든 반응성을 가진 데이터 객체라 할지라도 current, old는 ref 객체가 아닌 ref.value에 해당하는 값이라는 점을 꼭 기억하세요.

간단한 예제를 통해서 확인해보도록 하겠습니다. 기존에 작성하던 calc-component-project에 Calc5 컴포넌트를 추가하도록 하겠습니다. App.vue에서 임포트 구문도 함께 변경합니다.

예제 09-06 : src/components/Calc5.vue

```
01: <template>
02:     <div>
03:         x : <input type="text" v-model.number="x" /><br />
04:         결과 : {{result}}
05:     </div>
06: </template>
07:
08: <script>
09: import { watch, ref } from "vue";
10:
11: export default {
12:     name : "Calc5",
13:     setup() {
14:         const x = ref(0);
15:         const result = ref(0);
16:         watch(x, (current, old) => {
17:             console.log(`${old} ==> ${current}`)
18:             result.value = current * 2;
19:         })
20:         return { x, result }
21:     }
```

```
22: }
23: </script>
```

예제 09-06의 16~19행의 watch() 코드를 살펴봅니다. watch()의 첫 번째 인자가 x이므로 x값이 변경될 때 두 번째 인자로 전달된 핸들러(handler) 함수가 실행됩니다. 실행 함수의 current, old는 각각 변경된 후의 값, 변경되기 전의 값입니다. 18행의 코드를 살펴보면 변경된 값(current) X 2한 값을 result에 할당하고 있습니다. result.value로 접근하는 것과는 달리 인자로 전달된 current, old는 value 속성을 이용하지 않고 있음을 알 수 있습니다. 앞에서도 설명한 바와 같이 인자로 전달된 값은 ref 객체가 아닌 값이기 때문입니다.

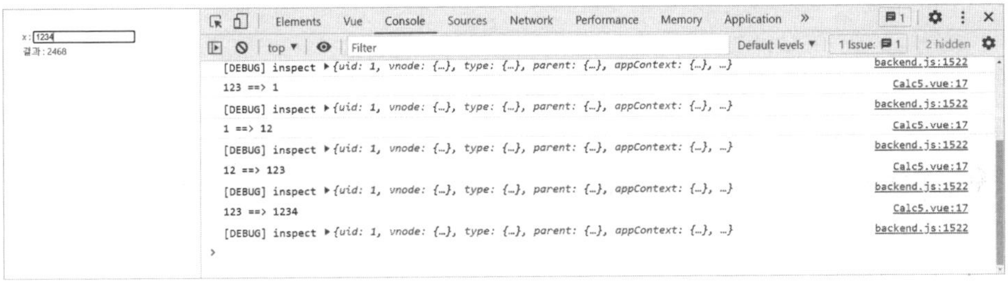

그림 09-11 예제 09-06의 실행

reactive()를 이용해 생성한 반응성 객체에 대한 감시자(watcher)를 설정할 때는 감시 대상에 대한 명확한 지정이 필요합니다. 명확하지 않으면 핸들러(handler) 함수가 불필요하게 여러 번 실행될 수 있습니다. 예제를 통해서 확인해보도록 하겠습니다. 예제 09-06을 복사하여 예제 09-07을 작성합니다. App.vue에서 임포트 구문도 함께 변경합니다.

예제 09-07 src/components/Calc6.vue

```
01: <template>
02:     <div>
03:         x : <input type="text" v-model.number="state.x" /><br />
04:         결과 : {{state.result}}
05:     </div>
06: </template>
07:
08: <script>
09: import { watch, reactive } from "vue";
10:
```

09 _ Composition API 289

```
11: export default {
12:     name : "Calc6",
13:     setup() {
14:         const state = reactive({ x:0, result:0 });
15:         watch(state, (current, old) => {
16:             console.log(`${old.x} ==> ${current.x}`)
17:             state.result = current.x * 2;
18:         })
19:         return { state }
20:     }
21: }
22: </script>
```

예제 09-07은 기존 예제에서 ref 대신 reactive를 사용해 반응성 데이터 객체(state)를 생성했습니다. state 객체 내부의 값이 변경되면 핸들러 함수가 실행됩니다. 하지만 이 코드에는 한 가지 문제가 있습니다. x가 변경되어 result가 바뀌면 result도 state 객체 내부의 데이터이기 때문에 핸들러 함수가 한번 더 실행됩니다. 화면상에서의 결과는 문제가 없어 보이지만 불필요하게 핸들러가 한번 더 실행되는 것은 바람직하지 않습니다.

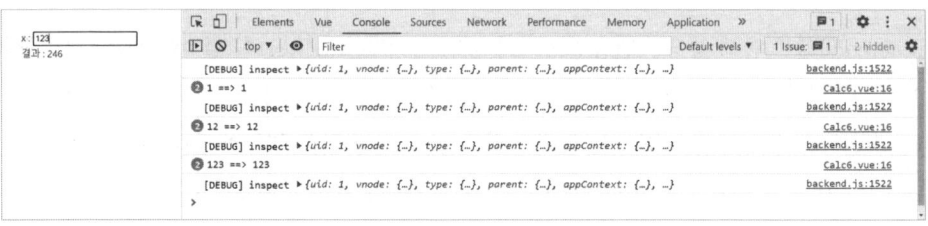

그림 09-12 예제 09-07의 실행 – 핸들러가 두 번 호출됨.

그렇다면 15~18행의 코드를 다음과 같이 변경하면 어떻게 될까요? 감시 대상 데이터를 반응성 데이터 객체(state)가 아닌 객체 내부의 값 state.x로 지정하는 것입니다.

예제 09-08 : src/components/Calc6.vue의 변경 – 오류발생

```
watch( state.x , (current, old) => {
    console.log(`${old} ==> ${current}`)
    state.result = current * 2;
})
```

하지만 이것은 그림 09-13과 같은 오류를 일으킵니다. 바로 감시 대상 데이터는 반응성을 가진 데이터라야 한다는 뜻입니다.

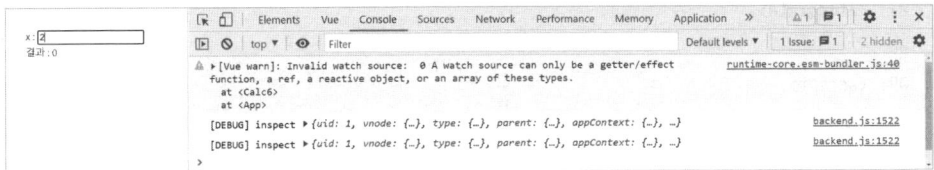

그림 09-13 state.x 를 감시대상으로 지정했을 때의 오류

그렇다면 이 문제는 어떻게 해결할까요? reactive()를 이용해 만든 반응성 데이터 객체 내부의 값의 변경을 감시하는 감시자를 생성하려면 감시 대상을 게터(getter) 함수로 정의하면 됩니다. 게터 함수가 리턴하는 값의 변경에 대해서만 감시하도록 설정하는 것입니다.

예제 09-09 : src/components/Calc6.vue의 변경 – 정상 실행

```
watch( ()=>state.x , (current, old) => {
    console.log(`${old} ==> ${current}`)
    state.result = current * 2;
})
```

여러 개 값을 감시하여 하나의 핸들러를 실행하도록 설정할 수도 있습니다. 이 때에는 다음과 같이 배열 형식을 이용해 인자를 전달합니다.

```
watch( [ a1, a2, ... ] , ( [ currentA1, currentA2, ... ], [ oldA1, oldA2, .... ] ) => {
    ......
})
```

다중 값에 대한 감시자 설정의 예는 예제 09-10을 살펴보겠습니다. 이 예제는 Calc2.vue를 조금 변경한 코드입니다. App.vue에서 임포트 구문도 함께 변경해주세요. 이 예제에 대한 설명은 생략합니다.

예제 09-10 : src/components/Calc7.vue

```
01: <template>
02:     <div>
03:         X : <input type="text" v-model.number="x" /><br/>
```

09 _ Composition API   291

```
04:         Y : <input type="text" v-model.number="y" /><br/>
05:         <div>결과 : {{result}}</div>
06:     </div>
07: </template>
08:
09: <script>
10: import { ref, watch } from 'vue'
11:
12: export default {
13:     name : "Calc7",
14:     setup() {
15:         const x = ref(10);
16:         const y = ref(20);
17:         const result = ref(30);
18:
19:         watch([x, y], ([currentX, currentY], [oldX, oldY] )=>{
20:             if (currentX !== oldX) console.log(`X : ${oldX} ==> ${currentX}`)
21:             if (currentY !== oldY) console.log(`Y: ${oldY} ==> ${currentY}`)
22:             result.value = currentX + currentY;
23:         })
24:         return { x, y, result }
25:     }
26: }
27: </script>
```

9.5.2 watchEffect

watchEffect는 Vue 3에서 반응성 데이터 의존성을 추적하는 기능을 제공하는 새로운 방법입니다. 하지만 기존 watch와는 차이점도 있는데 그 내용은 다음과 같습니다.

구분	watch	watchEffect
감시 대상(의존성) 지정	필요함. 지정된 감시 대상 데이터가 변경되면 핸들러 함수가 실행됨	불필요함. 핸들러 함수 내부에서 이용하는 반응성 데이터가 변경되면 함수가 실행됨
변경전 값	이용 가능. 핸들러 함수의 두 번째 인자값을 이용함.	이용 불가. 핸들러 함수의 인자 없음
감시자 설정 후 즉시 실행 여부	즉시 실행되지 않음	즉시 실행

첫 번째로 기존 watch는 감시 대상 반응성 데이터와 핸들러 함수를 지정했지만 watchEffect는 단지 반응성 데이터를 이용하는 핸들러 함수만을 지정합니다. watchEffect에 등록된 핸들러 함수 내부에서 사용하는 반응성 데이터가 변경되면 자동으로 실행하도록 설정됩니다.

두 번째로 watch는 핸들러 함수를 등록한 후에 데이터가 변경될 때 실행되지만 watchEffect는 등록한 직후에 일단 한번 핸들러 함수를 실행하고 데이터가 변경되면 다시 함수를 실행합니다. 처음 등록하자마자 실행되는지 여부가 다릅니다.

세 번째로 watchEffect는 watch와는 달리 변경되기 전 값을 액세스할 수 없고 변경된 후의 값만을 이용할 수 있습니다. watchEffect에서 지정하는 핸들러 함수는 전달하는 인자가 없기 때문에 반응성 데이터에 직접 접근합니다. 이 값은 변경된 후의 값입니다.

기본적인 작성 형식은 다음과 같습니다.

```
watchEffect( () => {
    //반응성 데이터를 사용하는 코드 작성
})
```

예제 09-10의 Calc7.vue를 복사하여 예제 09-11 Calc8.vue를 작성해보겠습니다. 두 예제를 비교해보면 watch와 watchEffect의 차이점을 알 수 있을 겁니다. 예제 작성이 완료되면 App.vue의 임포트 구문도 변경합니다.

예제 09-11 : src/components/Calc8.vue

```
01: <template>
02:     <div>
03:         X : <input type="text" v-model.number="x" /><br/>
04:         Y : <input type="text" v-model.number="y" /><br/>
05:         <div>결과 : {{result}}</div>
06:     </div>
07: </template>
08: 
09: <script>
10: import { ref, watchEffect } from 'vue'
11: 
12: export default {
13:     name : "Calc8",
```

```
14:     setup() {
15:         const x = ref(10);
16:         const y = ref(20);
17:         const result = ref(0);
18:
19:         watchEffect(()=>{
20:             result.value = x.value + y.value;
21:             console.log(`${x.value} + ${y.value} = ${result.value}`)
22:         })
23:
24:         return { x, y, result }
25:     }
26: }
27: </script>
28: <style></style>
```

Calc7 컴포넌트와 비교해 Calc8 컴포넌트의 차이점을 살펴보면 19행과 같이 감시 대상 데이터를 지정하지 않고 핸들러 함수를 등록합니다. 또한 핸들러 함수에 인자가 없고 반응성 데이터에 직접 액세스합니다. 또 한가지 확인할 것은 17행의 result 데이터입니다. 의도적으로 result의 초깃값을 0으로 설정했습니다. 하지만 실행 후 결과를 확인하면 30으로 바뀐 것을 알 수 있습니다. **바로 19행에서 watchEffect로 핸들러 함수를 등록하자마자 함수가 한번 실행되었기 때문입니다.** 반면 watch는 핸들러 함수 등록 후 감시 대상 의존 데이터로 지정한 값이 바뀔 때만 함수가 실행됩니다.

9.5.3 감시자 설정 해제

옵션 API에서는 watch 옵션을 설정하면 감시자(watcher)가 설정되지만 이것을 해제할 방법을 제공하지 않았습니다. Composition API에서는 watch, watchEffect를 이용하면 설정된 감시자를 해제할 수 있습니다. watch(), watchEffect()를 호출하면 함수가 리턴되는데, 이 함수를 호출하면 감시자가 해제됩니다. 사용 방법은 다음과 같습니다.

```
handler = watchEffect( ( ) => { ...... } )
......
handler()      //설정된 감시자 해제
```

9.6 생명주기 훅(Life Cycle Hook)

Vue 컴포넌트의 생명주기 메서드를 4장에서 이미 학습한 적이 있습니다. 4장에서 학습한 내용은 옵션 API에서의 생명주기 메서드이고 Composition API에서는 조금 다르게 처리합니다. 다음 그림은 옵션 API와 Composition API의 생명주기 메서드를 일대일로 비교한 것입니다.

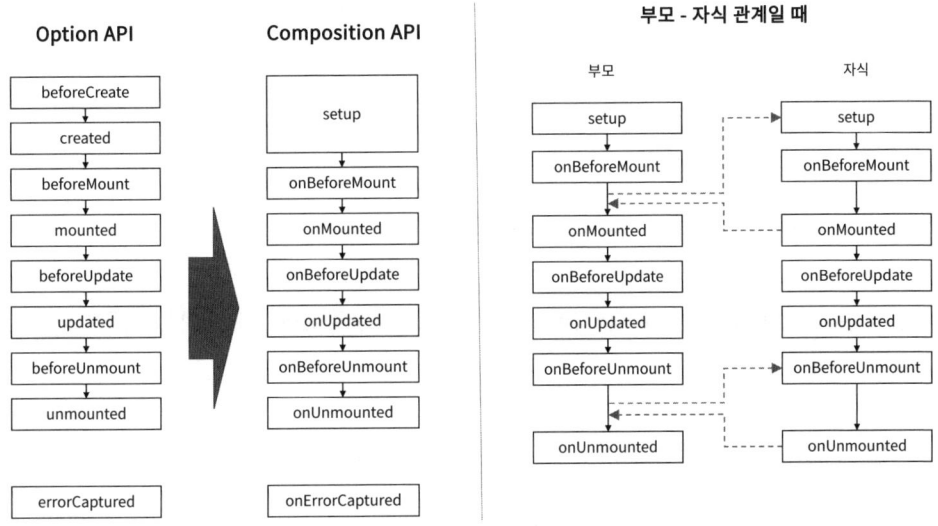

그림 09-14 Composition API의 생명주기와 옵션 API의 생명주기 비교

옵션 API의 생명주기 메서드와 다른 점은 다음과 같습니다.

- beforeCreate(), created() 메서드의 기능을 setup()으로 대체합니다.
- 나머지 생명주기 메서드는 앞에 on 접두어를 붙인 함수로 바뀝니다. 예를 들어 옵션 API의 updated 메서드는 onUpdated 함수로 변경됩니다. 생명주기 각각의 기능은 4장의 4.6 생명주기 메서드를 참조하세요.

생명주기 함수를 사용하는 방법은 다음과 같습니다.

```
setup() {
    //onMounted()만을 예시합니다.
    onMounted(()=> {
        ......
```

```
    });
    ......
}
```

9.7 TodoList App 리팩토링

이제까지 학습한 내용을 바탕으로 7.7.2에서 옵션 API를 사용하여 만든 TodoList App 예제를 Composition API를 적용하도록 변경해보겠습니다. 혹시 이전 예제를 작성하지 않으신 분은 다음 github 페이지에서 예제를 다운로드받아 7장의 todolist-app772 예제로부터 시작하세요.

- https://github.com/stepanowon/vue3-quickstart

우선 기존 7.7.2에서 작성한 TodoList 앱의 계층 구조를 살펴보겠습니다. 다음 그림을 살펴보세요.

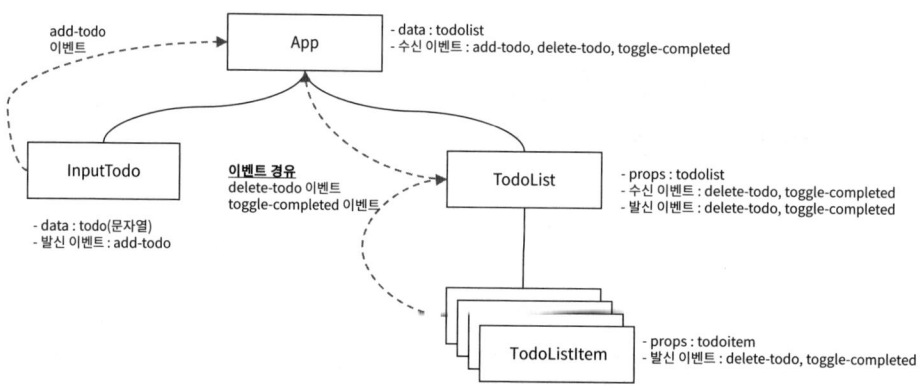

그림 09-15 7.7.2에서 작성한 기존 TodoList 앱 예제 구조

기존 예제에서는 최상위 컴포넌트인 App에서 모든 데이터를 관리했습니다. 이 데이터를 속성을 통해서 자식 컴포넌트로 전달합니다. 하지만 InputTodo 컴포넌트는 자체 데이터(todo)가 있습니다. 이 데이터는 다른 컴포넌트에서는 사용되지 않고 수명주기 관리, 데이터 변경 추적이 불필요하기 때문에 중앙 집중화하여 관리하지 않아도 됩니다.

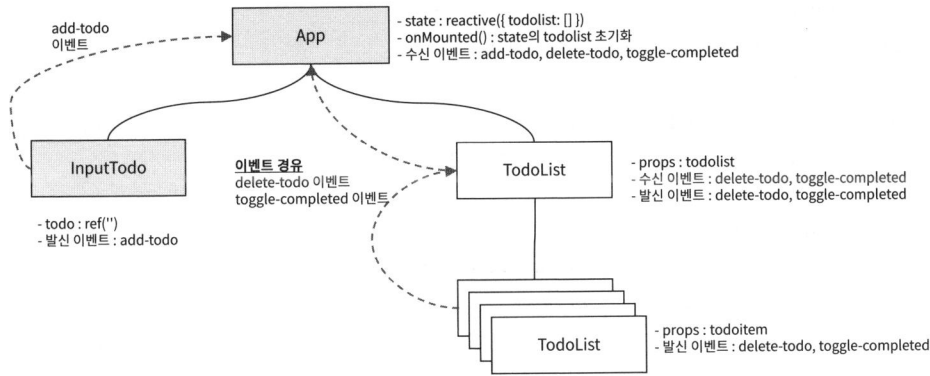

그림 09-16 리팩토링된 TodoList 앱 예제의 구조

기존 예제에서 변경할 컴포넌트는 App, InputTodo 컴포넌트입니다. 나머지 컴포넌트는 변경하지 않아도 됩니다. 우선 App.vue 컴포넌트를 변경합니다.

예제 09-12 : src/App.vue 새롭게 작성

```
01: <template>
02:     <div class="container">
03:         <div class="card card-body bg-light">
04:             <div classe="title">:: Todolist App</div>
05:         </div>
06:         <div class="card card-default card-borderless">
07:             <div class="card-body">
08:                 <InputTodo @add-todo="addTodo"></InputTodo>
09:                 <TodoList :todoList="state.todoList" @delete-todo="deleteTodo"
10:                     @toggle-completed="toggleCompleted"></TodoList>
11:             </div>
12:         </div>
13:     </div>
14: </template>
15:
16: <script>
17: import { reactive, onMounted } from 'vue'
18: import InputTodo from './components/InputTodo.vue'
19: import TodoList from './components/TodoList.vue'
20:
21: export default {
```

09 _ Composition API   297

```
22:    name : "App",
23:    components : { InputTodo, TodoList },
24:    setup() {
25:      const ts = new Date().getTime();
26:      const state = reactive({ todoList : [] })
27:
28:      onMounted(()=>{
29:        state.todoList.push({ id: ts, todo:"자전거 타기", completed: false })
30:        state.todoList.push({ id: ts+1, todo:"딸과 공원 산책", completed: true })
31:        state.todoList.push({ id: ts+2, todo:"일요일 애견 카페", completed: false })
32:        state.todoList.push({ id: ts+3, todo:"Vue 원고 집필", completed: false })
33:      })
34:
35:      const addTodo = (todo)=> {
36:        if (todo.length >= 2) {
37:          state.todoList.push({ id: new Date().getTime(),
38:              todo:todo, completed: false });
39:        }
40:      }
41:      const deleteTodo = (id) => {
42:        let index = state.todoList.findIndex((item)=> id === item.id);
43:        state.todoList.splice(index,1);
44:      }
45:      const toggleCompleted = (id) => {
46:        let index = state.todoList.findIndex((item)=> id === item.id);
47:        state.todoList[index].completed = !state.todoList[index].completed;
48:      }
49:
50:      return { state, addTodo, deleteTodo, toggleCompleted }
51:    }
52: }
53: </script>
```

App 컴포넌트의 name, components 옵션은 기존 코드를 사용합니다만 data, methods 옵션은 사라지고 24행의 setup()을 이용해 초기화를 진행합니다. 반응성 데이터는 26행에서 reactive()를 이용해 생성했습니다. 앞 절에서 학습한 Composition API의 생명주기를 실습하는 차원에서 onMounted 생명주기 훅을 28행에서 사용하여 반응성 데이터 state의 todolist를 초기화합니다. 생명주기 메서드, 이벤트 수신에 의해 실행할 메서드들은 this를 사용하지 않고 반응성 데이터인 state를 이용하도록 새롭게 작성합니다.

마지막으로 50행에서 state와 메서드들을 리턴하여 템플릿에서 이용하도록 변경하고 9행에서와 같이 속성으로 state.todolist를 전달하도록 변경합니다.

이제 InputTodo 컴포넌트를 새롭게 작성해보겠습니다.

예제 09-13 : src/components/InputTodo.vue

```
01: <template>
02:     ......(생략)
03: </template>
04:
05: <script>
06: import { ref } from 'vue'
07:
08: export default {
09:     name : "InputTodo",
10:     setup(props, context) {
11:         const todo = ref("");
12:         const addTodoHandler = () => {
13:             if (todo.value.length >= 3) {
14:                 context.emit('add-todo', todo.value);
15:                 todo.value = "";
16:             }
17:         }
18:         return { todo, addTodoHandler }
19:     }
20: }
21: </script>
```

InputTodo 컴포넌트의 템플릿은 기존 코드를 그대로 사용합니다. 14행의 이벤트 발신 (emit) 코드를 작성하기 위해 컴포넌트 컨텍스트를 이용할 수 있어야 합니다. 기존 옵션 API에서는 this.$emit()과 같이 this를 참조했지만 Composition API에서는 this를 사용하지 않고 setup() 메서드의 두 번째 인자(context)를 이용합니다. 11행에서는 반응성 데이터 todo

를 위해 ref()를 사용해보았습니다. 반응성의 가져야 하는 데이터가 단순한 문자열이므로 ref()를 사용하는 것이 더 간편합니다.

이제 리팩토링이 완료되었습니다. 실행하여 결과를 확인해보세요.

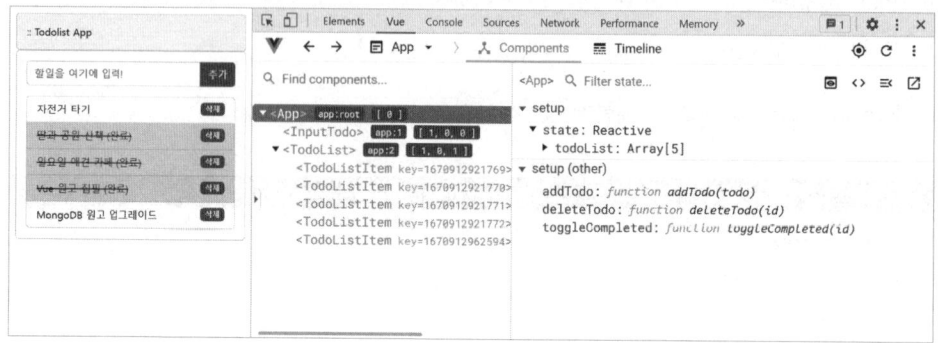

그림 09-17 Compositon API 적용 예제 실행

9.8 〈script setup〉 사용하기

〈script setup〉은 단일 파일 컴포넌트 내부에서 Composition API를 사용하기 위해 사용할 수 있는 좀 더 편리한 문법적 작성 기능을 제공합니다. 〈script setup〉은 다음과 같은 장점을 제공합니다.

- 적은 상용구(boilerplate) 코드 사용으로 간결한 코드를 작성할 수 있습니다.
- 순수 타입스크립트 언어를 사용해 props, 이벤트를 선언할 수 있습니다.
- 런타임 성능이 더 좋습니다.
- IDE에서의 타입 추론 성능이 더 뛰어납니다.

9.8.1 〈script setup〉이 기존과 다른 점

우선 〈script setup〉 방식을 적용하려면 기존 Composition API와 어떤 차이가 있는지를 알아야 합니다. 몇 가지 차이점을 확인해보도록 하겠습니다.

■ 템플릿에서 사용하는 값

기존 Composition API에서는 setup() 함수내에서 객체로 리턴해야 했지만 〈script setup〉에서는 최상위의 변수, 함수는 직접 템플릿에서 사용할 수 있습니다.

■ 컴포넌트 등록

기존에는 import후에 components 옵션으로 등록해야 했지만 〈script setup〉에서는 import한 컴포넌트는 바로 템플릿에서 지역 컴포넌트로 사용할 수 있습니다.

■ 속성과 발신 이벤트 처리

기존 Composition API에서는 속성과 이벤트 발신을 위해서 setup() 함수의 첫번째 인자(props), 두번째 인자(context)의 emit 함수를 이용했지만 〈script setup〉에서는 defineProps, defineEmits 함수를 이용해 속성과 emit함수를 생성하여 사용합니다.

```
//기존 방식
setup(props, context) {
    //이벤트를 발신할 때
    context.emit('add-todo', todo)
```

```
// <script setup> 방식
const props = defineProps({
    todoItem : { type : Object, required: true }
})
const emit = defineEmits(['delete-todo','toggle-completed'])
//이벤트를 발신할 때는 다음과 같이
emit('delete-todo', id)
```

9.8.2 TodoList 앱에 〈script setup〉 적용하기

이제 기존 TodoList 앱 예제를 〈script setup〉을 사용하도록 변경해보겠습니다. 가장 먼저 App 컴포넌트부터 변경해봅니다. 템플릿은 변경할 부분이 없으므로 생략하였습니다.

예제 09-14 : src/App.vue 변경

```
01: <template>
02: ......(생략)
03: </template>
04:
05: <script setup>
06: import { reactive, onMounted } from 'vue'
07: import InputTodo from './components/InputTodo.vue'
08: import TodoList from './components/TodoList.vue'
09:
10: const ts = new Date().getTime();
11: const state = reactive({ todoList : [] })
12:
13: onMounted(()=>{
14:     state.todoList.push({ id: ts, todo:"자전거 타기", completed: false })
15:     state.todoList.push({ id: ts+1, todo:"딸과 공원 산책", completed: true })
16:     state.todoList.push({ id: ts+2, todo:"일요일 애견 카페", completed: false })
17:     state.todoList.push({ id: ts+3, todo:"Vue 원고 집필", completed: false })
18: })
19:
20: const addTodo = (todo)=> {
21:     if (todo.length >= 2) {
22:         state.todoList.push({ id: new Date().getTime(),
23:             todo:todo, completed: false });
24:     }
25: }
26: const deleteTodo = (id) => {
27:     let index = state.todoList.findIndex((item)=> id === item.id);
28:     state.todoList.splice(index,1);
29: }
30: const toggleCompleted = (id) => {
31:     let index = state.todoList.findIndex((item)=> id === item.id);
32:     state.todoList[index].completed = !state.todoList[index].completed;
33: }
34: </script>
```

가장 큰 변화는 setup() 함수가 사라졌다는 것입니다. 또한 setup() 함수의 마지막에 템플릿에서 사용할 값을 객체로 묶어 리턴하는 코드도 사라졌습니다. 〈script setup〉의 최상위 범위에 작성한 변수, 함수는 모두 템플릿에서 이용할 수 있습니다. 생명주기 혹은 const나 let 키워드를 사용하지 않고 13행과 같이 작성합니다. 다음으로 InputTodo 컴포넌트를 변경해보겠습니다. 이 컴포넌트도 템플릿은 변경할 것이 없습니다.

예제 09-15 : src/components/InputTodo.vue 변경

```
01: <template>
02:     ......(생략)
03: </template>
04:
05: <script setup>
06: import { ref } from 'vue'
07:
08: const emit = defineEmits(['add-todo'])
09: const todo = ref("");
10: const addTodoHandler = () => {
11:     if (todo.value.length >= 3) {
12:         emit('add-todo', todo.value);
13:         todo.value = "";
14:     }
15: }
16: </script>
```

InputTodo 컴포넌트는 add-todo라는 이벤트를 발신합니다. 이를 위해 defineEmits() 함수를 이용해 이벤트를 정의하고 emit() 함수를 리턴받았습니다. 이 emit() 함수를 이용해 12행과 같이 이벤트를 발신하면 됩니다. 다음은 TodoList 컴포넌트를 변경해봅니다.

예제 09-16 : src/components/TodoList.vue 변경

```
01: <template>
02:     <div class="row">
03:         <div class="col">
04:             <ul class="list-group">
05:                 <TodoListItem v-for="todoItem in todoList" :key="todoItem.id"
06:                     :todoItem="todoItem"
```

```
07:                    @delete-todo="emit('delete-todo', todoItem.id)"
08:                    @toggle-completed="emit('toggle-completed', todoItem.id)" />
09:            </ul>
10:        </div>
11:    </div>
12: </template>
13:
14: <script setup>
15:     import TodoListItem from './TodoListItem.vue'
16:
17:     const props = defineProps({
18:         todoList : { type : Array, required:true }
19:     })
20:     const emit = defineEmits(['delete-todo','toggle-completed'])
21: </script>
```

TodoList 컴포넌트에서는 전달받을 속성(todoList)이 있으므로 defineProps 함수를 이용해 속성을 정의하였습니다. 또한 delete-todo, toggle-completed 이벤트를 발신해야 하므로 defineEmits 함수를 이용해 정의하고 리턴받은 emit() 함수를 이용해 7, 8행에서 이벤트를 발신합니다. 마지막으로 TodoListItem 컴포넌트를 변경해보겠습니다. TodoListItem 컴포넌트에 대한 설명은 생략하겠습니다.

예제 09-17 : src/components/TodoListItem.vue 변경

```
01: <template>
02:     <li class="list-group-item"
03:         :class="[ 'list-group-item-success': todoItem.completed } "
04:         @click="emit('toggle-completed', todoItem.id)" >
05:         <span class="pointer" :class="{ 'todo-done': todoItem.completed }">
06:             {{todoItem.todo}} {{ todoItem.completed ? "(완료)" : "" }}
07:         </span>
08:         <span class="float-end badge bg-secondary pointer"
09:             @click.stop="emit('delete-todo', todoItem.id)">삭제</span>
10:     </li>
11: </template>
12:
13: <script setup>
```

```
14:     const props = defineProps({
15:         todoItem : { type : Object, required: true }
16:     })
17:     const emit = defineEmits(['delete-todo','toggle-completed'])
18: </script>
```

이제 npm run dev 명령으로 개발용 웹서버를 실행하고 결과를 확인해보세요.

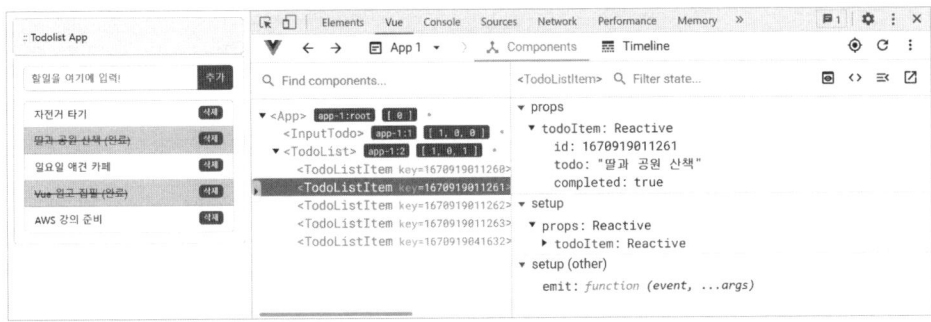

그림 09-18 〈script setup〉 적용 후 실행 결과

9.9 마무리

지금까지 Vue 3에 추가된 Composition API에 대해 살펴보았습니다. Composition API를 반드시 사용할 필요는 없지만 기존 옵션 API보다 장점이 많으므로 권장합니다. 특히 새롭게 Vue 애플리케이션을 개발한다면 Composition API 사용을 적극 권장합니다.

특히 Composition API를 적용할 때 반응성 데이터(reactive, ref)를 직접 만들어야 하고, 반응성을 잃지 않도록 하기 위해 주의할 부분들이 있으니 9.3의 반응성 데이터 부분을 참조하여 확인하세요.

원쌤의
Vue.js 퀵스타트

10

vue-router를 이용한 라우팅

앞서 작성한 예제 대부분은 하나의 화면으로 구성되어 있었습니다. 하지만 일반적인 애플리케이션은 여러 개의 화면을 가지고 있는 경우가 많습니다. 8장에서 학습했던 동적 컴포넌트를 이용하면 어느 정도 여러 화면을 가진 애플리케이션을 만들 수는 있지만 특정 화면으로 직접 이동할 수 없으며, 반드시 초기 화면을 거쳐야만 합니다.

무엇보다 웹 애플리케이션 사용자들은 URL 경로를 이용해 화면을 전환하는 것에 익숙해져 있습니다. 때로는 직접 경로를 입력해 이동하기도 합니다. 하지만 동적 컴포넌트의 조합만으로는 그와 같은 기능을 제공할 수 없습니다.

이 문제를 해결하기 위해서는 라우팅 기능을 적용하여 애플리케이션을 개발해야 합니다. 지금부터 라우팅 기능을 알아봅시다.

10.1 vue-router란?

최근 개발되는 웹 애플리케이션은 SPA(단일 페이지 애플리케이션:Single Page Application) 구조입니다. SPA는 하나의 페이지 안에서 데스크톱 애플리케이션과 같은 사용자 경험을 제공해줄 수 있는 애플리케이션을 말합니다. SPA는 여러 화면을 하나의 페이지 안에서 제공하면서도 화면을 별도로 로딩하지 않습니다. 따라서 화면마다 고유의 식별자를 기반으로 화면을 렌더링해야 합니다. 고유 식별자로 사용하기에 가장 적절한 정보가 바로 URI(Uniform Resource Identifier)입니다.

> **URI, URL, URN의 의미**
>
> 과거에는 URL(Uniform Resource Locator)이란 용어를 주로 사용해왔습니다. URL은 자원의 위치를 나타내는 표기법을 말합니다. URN(Uniform Resource Name)은 고유 식별자로서의 이름을 의미합니다. URI는 URN과 URL을 모두 포함하는 뜻의 용어입니다.
>
> SPA에서는 index.html 하나가 여러 개 화면을 가진 애플리케이션입니다. 따라서 /about과 같은 경로에 어떤 HTML 파일이 있거나 하지 않습니다. 일단 index.html을 로딩한 다음 /about 식별자에 해당하는 화면을 보여줍니다. 따라서 /about는 자원의 경로를 의미하는 것이 아니라 어떤 화면을 보여줄지를 나타내는 고유식별자의 의미를 갖습니다. 그래서 이 책에서는 URL 대신에 URI를 사용합니다.

Vue.js 애플리케이션에서 사용자가 요청한 URI 경로에 따라 각각 다른 화면이 렌더링되도록 하려면 직접 코드로 구현해 사용할 수도 있지만 대부분 잘 만들어진 라이브러리를 사용합니다. Vue.js에서는 vue-router라는 것을 이용하면 됩니다.

vue-router는 vue.js의 공식 라우터 라이브러리이며, Vue.js의 핵심 요소와 깊이 통합되어 SPA를 손쉽게 만들 수 있도록 도와줍니다. 제공하는 기능은 다음과 같습니다.

- 중첩된 경로, 뷰를 매핑할 수 있습니다.
- 컴포넌트 기반의 라우팅을 구현할 수 있습니다.
- Vue.js의 전환 효과(Transition)를 적용할 수 있습니다.
- 히스토리 모드와 해시 모드를 모두 사용할 수 있습니다.
- 쿼리스트링, 파라미터, 와일드 카드를 사용하여 라우팅을 구현할 수 있습니다.

10.2 vue-router의 기본 사용법

vue-router에서 가장 중요한 것은 vue-router 라이브러리의 createRouter() 함수를 호출해 router 객체를 생성하는 것입니다. createRouter() 함수를 호출할 때 전달하는 인자 객체의 history 속성에는 라우터가 사용할 라우팅 모드를 지정하고 routes 속성에는 요청 경로에 따라 어떤 컴포넌트를 렌더링할지를 지정합니다.

```
import { createRouter, createWebHistory } from 'vue-router'
......
const router = createRouter({
    history: createWebHistory(),
    routes : [
        { path: '/', component: Home },
        { path: '/about', component: About },
        { path: '/members', component: Members },
        { path: '/videos', component: Videos },
    ]
})
```

router 객체는 Vue 인스턴스에 등록해야 합니다. 등록을 위해서 src/main.js에서 router 객체를 등록합니다.

```
const app = createApp(App)
app.use(router)
app.mount('#app')
```

컴포넌트에서는 router 객체의 각 경로별 컴포넌트를 렌더링할 위치를 지정해주어야 하는데, 이때 〈router-view〉를 이용합니다. 화면 전환을 위한 링크를 만들고 싶다면 〈router-link〉 컴포넌트를 사용하면 됩니다.

```
//router 객체의 경로별 컴포넌트를 렌더링할 위치 지정
<template>
  <div class="container">
    <Header />
    <router-view></router-view>
  </div>
</template>

//화면 전환을 위한 링크 생성
<router-link to="[이동시킬 URI 경로]">[링크 텍스트]</router-link>
```

이제 vue-router의 기능을 테스트하기 위한 새로운 프로젝트를 생성하겠습니다. 다음 명령어를 이용하여 프로젝트를 생성해주세요. vue-router와 bootstrap도 함께 설치하겠

습니다. 생성 단계의 모든 옵션은 기본값으로 지정합니다. 프로젝트 생성이 완료되면 src/components 디렉터리, src/assets 디렉터리의 모든 파일, 하위 디렉터리를 삭제합니다.

```
npm init vue router-test
cd router-test
npm install
npm install vue-router@4 bootstrap@5
```

이제 VSCode를 실행하고 router-test 프로젝트 디렉터리를 열겠습니다. 예제를 작성하기 전에 우리가 작성할 애플리케이션의 컴포넌트 계층 구조를 살펴보도록 하겠습니다.

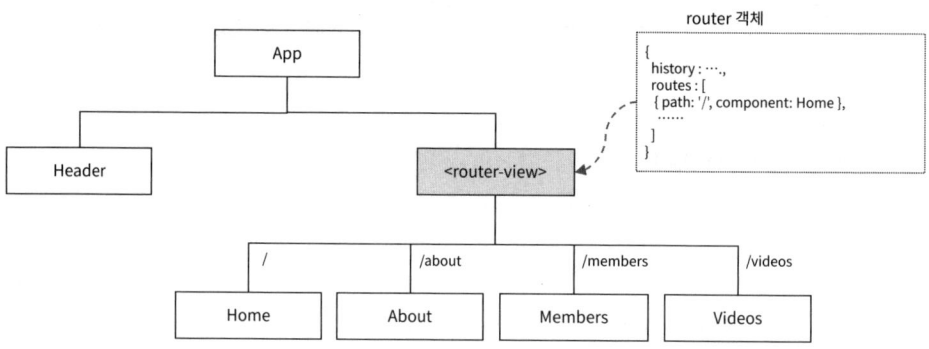

그림 10-01 작성할 예제(이날치 밴드 페이지)의 기본 구조

vue-router를 학습하면서 최근 국악의 현대화로 주목받고 있는 퓨전 밴드 이날치를 위해 간단한 소개, 연혁, 멤버 정보, 곡 영상 정보를 포함하는 가칭 '이날치 밴드 페이지'를 만들어 봅니다. 경로마다 보여줄 페이지 컴포넌트가 달라집니다. 이를 위해 라우터 객체를 들어 라우팅 정보를 제공할 것입니다. vue-router 객체에는 URI 경로에 따라 렌더링할 컴포넌트를 routes 속성에 배열로 지정합니다.

우선 예제 작성을 위해 디렉터리 구조와 컴포넌트, 컴포넌트, 모듈 파일을 미리 생성합니다. 그림 10-02를 참조하세요. components 디렉터리에는 공통 컴포넌트인 Header를 작성합니다. pages 디렉터리에는 라우팅에 의해 보여질 페이지 컴포넌트 파일들을 배치합니다. router 디렉터리에는 vue-router 객체를 생성하고 라우트 정보를 관리하는 기능을 별도의 파일로 분리하여 작성합니다.

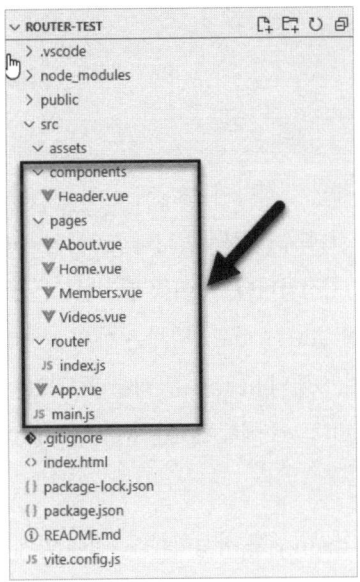

그림 10-02 프로젝트의 디렉터리 구조

이제 예제를 작성해보겠습니다. 가장 먼저 4개의 페이지 컴포넌트를 라우팅할 수 있도록 vue-router 객체를 생성하는 src/router/index.js를 작성합니다.

예제 10-01 : src/router/index.js 작성

```
01: import { createRouter, createWebHistory } from 'vue-router'
02:
03: import Home from '@/pages/Home.vue'
04: import About from '@/pages/About.vue'
05: import Members from '@/pages/Members.vue'
06: import Videos from '@/pages/Videos.vue'
07:
08: const router = createRouter({
09:     history: createWebHistory(),
10:     routes : [
11:         { path: '/', component: Home },
12:         { path: '/about', component: About },
13:         { path: '/members', component: Members },
14:         { path: '/videos', component: Videos },
15:     ]
```

```
16: })
17:
18: export default router;
```

8~16행에서 vue-router 객체를 생성하여 18행과 같이 export합니다. vue-router 객체를 생성하기 위해서 createRouter 함수를 사용합니다. 10행의 routes 속성에는 라우트 경로마다 보여줄 컴포넌트를 배열로 지정합니다. 보여줄 컴포넌트는 3~6행에서 임포트한 컴포넌트들입니다. 18행에서 export한 vue-router 객체는 예제 10-02 src/main.js에서 임포트하여 애플리케이션에 등록합니다. 9행의 history는 라우팅 모드를 지정하는 방법입니다. 라우팅 모드는 10.8에서 자세히 다룹니다. 이 예제에서는 Web의 History API를 이용하도록 설정하였습니다.

다음으로 가장 최상위 요소인 main.js를 작성합니다. 이때 앞에서 생성한 router 객체를 vue 인스턴스에 등록하도록 합니다. src/router/index.js와 같이 기본 파일명 index.js를 사용하는 경우는 4행과 같이 디렉터리명만 임포트할 수 있습니다. 그리고 bootstrap CSS 파일도 전역 스타일로 사용할 수 있도록 임포트합니다.

예제 10-02 : src/main.js 변경

```
01: import { createApp } from 'vue'
02: import 'bootstrap/dist/css/bootstrap.css'
03: import App from './App.vue'
04: import router from './router'
05:
06: const app = createApp(App)
07: app.use(router)
08: app.mount('#app')
```

이제 요청 경로에 따라 각기 라우팅하여 보여줄 페이지 컴포넌트를 작성합니다. **예제 10-03**은 Home.vue 컴포넌트입니다. 이것을 복사하여 **About.vue, Members.vue, Videos.vue를 작성합니다**. 볼드로 표현된 부분만 적절히 변경하면 됩니다.

예제 10-03 : src/pages/Home.vue 작성

```
01: <template>
02:     <div class="card card-body">
03:         <h2>Home</h2>
04:     </div>
05: </template>
06:
07: <script>
08: export default {
09:   name : "Home"
10: }
11: </script>
```

이번에는 공통 컴포넌트인 Header.vue를 작성하겠습니다. 이 컴포넌트에서는 반응형 UI를 이용해 햄버거 UI 스타일의 헤더 메뉴를 지원하기 위해 Bootstrap의 기능을 활용해보았습니다.

예제 10-04 : src/components/Header.vue 작성

```
01: <template>
02:     <nav class="navbar navbar-expand-md bg-dark navbar-dark mt-2">
03:         <span class="navbar-brand">이날치(LeeNalChi)</span>
04:         <button class="navbar-toggler" type="button" @click="changeIsNavShow">
05:             <span class="navbar-toggler-icon"></span>
06:         </button>
07:
08:         <div :class="navClass">
09:             <ul class="navbar-nav">
10:                 <li class="nav-item">
11:                     <router-link class="nav-link" to="/">홈</router-link>
12:                 </li>
13:                 <li class="nav-item">
14:                     <router-link class="nav-link" to="/about">소개</router-link>
15:                 </li>
16:                 <li class="nav-item">
17:                     <router-link class="nav-link" to="/members">멤버</router-link>
18:                 </li>
```

```
19:                <li class="nav-item">
20:                    <router-link class="nav-link" to="/videos">영상</router-link>
21:                </li>
22:            </ul>
23:        </div>
24:    </nav>
25: </template>
26:
27: <script>
28: import { reactive, computed } from 'vue';
29:
30: export default {
31:     setup() {
32:         const state = reactive({
33:             isNavShow: false
34:         })
35:         const navClass = computed(() => state.isNavShow
                    ? "collapse navbar-collapse show" : "collapse navbar-collapse")
36:         const changeIsNavShow = () => {
37:             state.isNavShow = !state.isNavShow;
38:         }
39:
40:         return { state, changeIsNavShow, navClass };
41:     }
42: }
43: </script>
```

Header.vue 컴포넌트에서는 반응형 UI를 만들다보니 조금 복잡한 HTML 요소의 중첩구조가 사용되었습니다. Bootstrap의 CSS와 그리드 설정에 대한 설명은 이 책에서는 자세히 다루지 않습니다. 대신에 다음 github 페이지의 예제를 다운로드한 후 ref-bootstrap의 Bootstrap-ssamz.pdf 파일과 샘플 예제를 확인하세요.

- https://github.com/stepanowon/vue3-quickstart

간단히 코드를 살펴보면 2행에서는 내비게이션 바(nav-bar)의 스타일을 지정합니다. 또한 navbar-expand-md 스타일을 지정하여 브라우저의 가로폭이 중간 크기(md : medium desktop - 768이상)라면 펼쳐지도록 설정합니다. mt-2 스타일을 위 바깥쪽 여백을 2만큼 지정합니다.

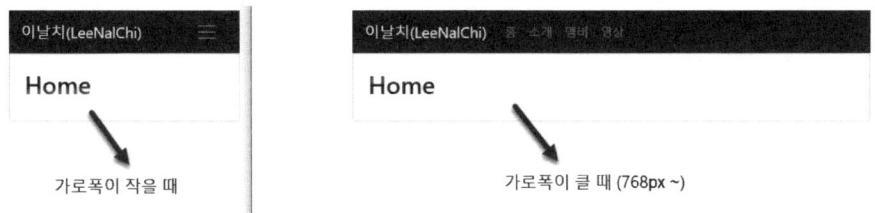

그림 10-03 브라우저의 가로폭에 따라 달라짐

이 컴포넌트에서는 로컬 반응성 데이터도 정의하고 있습니다. 이것은 가로폭이 작을 때 화면 우측의 햄버거 모양의 아이콘만을 나타낼지 내비게이션 바를 펼쳐줄지 여부를 지정하기 위한 것입니다. 햄버거 아이콘을 클릭할 때마다 33행의 isNavShow 데이터를 토글합니다. 이 값에 의해 연동하는 navClass를 computed를 이용해 CSS 클래스 문자열을 리턴하도록 합니다. 평상시에는 nav-collapse에 의해 내비게이션 바를 접어두고 isNavShow가 true일 때는 show 클래스를 추가하여 내비게이션 바를 나타나도록 합니다.

그림 10-04 isNavShow의 값에 따라 달라지는 내비게이션 바

이 예제에서 가장 중요한 부분은 11, 14, 17, 20행의 router-link 컴포넌트입니다. 이 컴포넌트는 클릭하여 이동할 수 있는 기능을 제공합니다. 예제 10-02의 7행에서 app. use(router)로 vue-router 객체를 등록하면 전역 컴포넌트(Global Component)로 등록되기 때문에 앱 내부의 모든 컴포넌트에서 사용할 수 있습니다.

이제 마무리로 App.vue를 작성하겠습니다.

예제 10-05 : src/App.vue

```
01: <template>
02:     <div class="container">
03:         <Header />
04:         <router-view></router-view>
05:     </div>
06: </template>
07:
08: <script>
09: import Header from '@/components/Header.vue'
10:
11: export default {
12:     name : "App",
13:     components : { Header },
14: }
15: </script>
16: <style>
17: .container { text-align: center; margin-top:10px; }
18: </style>
```

4행의 〈router-view〉 컴포넌트는 요청된 URI 경로와 vue-router 객체의 routes 배열에 있는 경로를 비교하여 매칭된 라우트의 컴포넌트를 마운트합니다.

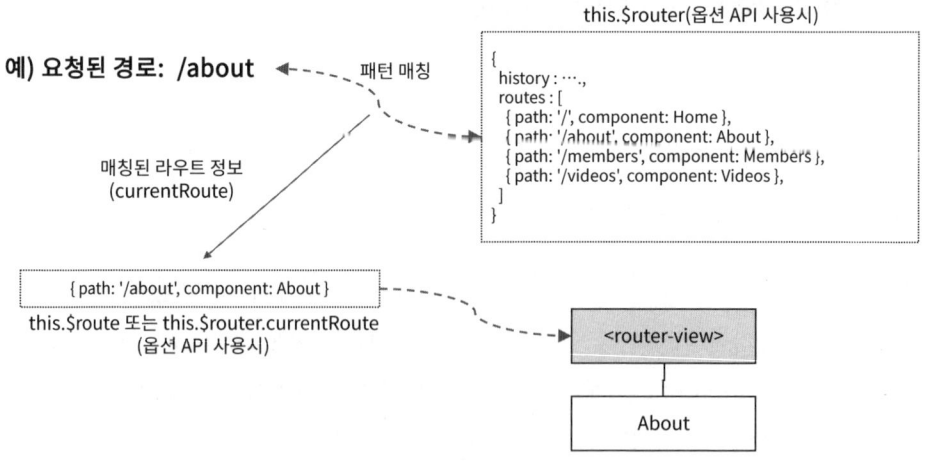

그림 10-05 〈router-view〉의 컴포넌트 마운트 방법

이제 예제 작성이 끝났습니다. npm run dev 명령어로 애플리케이션을 실행하여 작동 여부를 확인해봅니다.

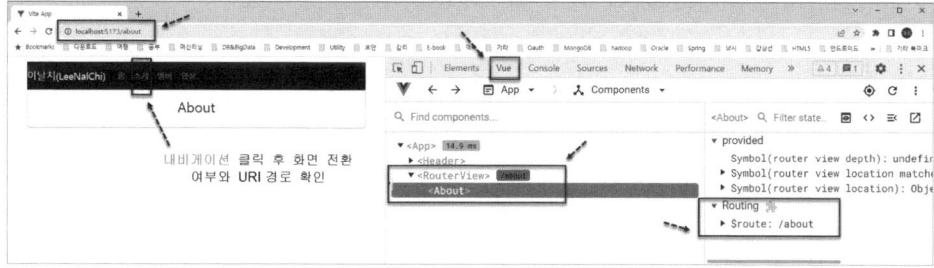

그림 10-06 vue-router 기본 적용 방법 예제 실행

10.3 router 객체와 currentRoute 객체

src/main.js에서 app.use(router)를 통해서 Vue 애플리케이션에 router를 주입하면 모든 컴포넌트 트리에서 vue-router 객체와 매칭된 라우트 정보를 이용할 수 있습니다. 자세한 정보는 표10-01~02를 참조하세요.

표 10-01 컴포넌트에서의 Router 관련 정보 접근

구분	Options API	Composition API
라우터 객체	this.$router	const router = useRouter()
매칭된 라우트 (currentRoute)	this.$route - 또는 - this.$router.currentRoute	const currentRoute = useRoute()

표 10-02 currentRoute 객체의 주요 속성

구분	설명
fullPath	전체 요청 경로. 쿼리문자열까지 포함(ex: /about?a=1&b=2)
matched	vue-router 객체의 routes 배열의 라우트 중 매칭된 라우트
params	URI 경로에 동적으로 전달된 파라미터 정보. 자세한 내용은 다음 절(동적 라우트)에서 다룸
path	요청 URI 경로

구분	설명
query	쿼리 문자열 정보 ?a=1&b=2로 요청되었다면 this.$route.query는 { a:1, b:2 }와 같은 객체임
redirectedFrom	다른 경로에서 리디렉트된 경우 리디렉트시킨 URI 경로 정보를 포함

router 객체는 src/router/index.js에서 작성한 router입니다. 전체 라우트 정보들을 파악하거나 router 객체가 제공하는 메서드를 이용할 수 있습니다. 특히 push(), replace(), go() 등의 메서드를 이용해 내비게이션하는 코드를 자바스크립트로 작성할 수 있습니다. 자세한 내용은 10.7 프로그래밍 방식의 라우팅 제어에서 다루겠습니다.

이제 간단한 예제를 통해서 컴포넌트에서 요청된 경로를 출력하는 예제를 작성해보겠습니다. About 컴포넌트는 옵션 API를 사용하고 Members 컴포넌트는 Composition API를 적용하도록 하겠습니다.

예제 10-06 : src/pages/About.vue 변경

```
01: <template>
02:     <div class="card card-body">
03:         <h2>About</h2>
04:         <p>요청 경로 : {{$route.fullPath}}</p>
05:     </div>
06: </template>
07:
08: <script>
09: export default {
10:     name : "About",
11:     created() {
12:         console.log(this.$route)
13:     }
14: }
15: </script>
16: <style></style>
```

예제 10-07 : src/pages/Members.vue 변경

```
01: <template>
02:     <div class="card card-body">
03:         <h2>Members</h2>
04:         <p>요청 경로 : {{currentRoute.fullPath}}</p>
05:     </div>
06: </template>
07:
08: <script>
09: import { useRoute } from 'vue-router'
10:
11: export default {
12:     name : "Members",
13:     setup() {
14:         const currentRoute = useRoute()
15:         return { currentRoute };
16:     }
17: }
18: </script>
19: <style></style>
```

옵션 API를 적용한 경우는 this를 이용해 즉시 사용할 수 있습니다만 Composition API를 적용한 경우는 vue-router가 제공하는 useRoute 함수를 호출하여 리턴된 currentRoute 객체를 이용해야 합니다. 실행 결과는 다음 그림과 같습니다. 그림처럼 Console에 찍은 currentRoute 정보를 확인하세요.

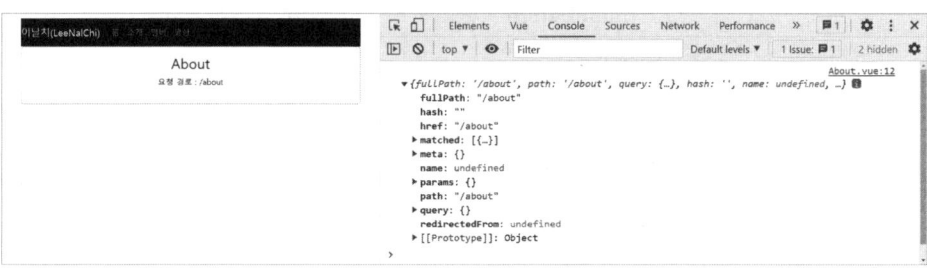

그림 10-07 예제 10-06~07의 실행

10.4 동적 라우트

동적 라우트(Dynamic Route) 기능은 일정한 패턴의 URI 경로를 하나의 라우트에 연결하는 방법입니다. URI 경로의 일부에 실행에 필요한 파라미터 값을 포함하여 컴포넌트에서 이용할 수 있습니다. 사용 방법은 다음과 같습니다. 우선 라우트 정보에 :id와 같이 파라미터가 포함된 URI 경로를 설정합니다. 아래 예시라면 /members/1001, /members/2와 같이 요청하면 MemberInfo 컴포넌트가 〈router-view〉에 마운트될 것입니다. 컴포넌트에서 동적 파라미터 정보 id를 접근하기 위해서는 this.$route 또는 useRoute()로 획득한 currentRoute 객체의 params 정보를 이용합니다.

[vue-router 객체]
```
const router = createRouter({
    history: createWebHistory(),
    routes : [
        ......
        { path: '/members/:id', component: MemberInfo },
        ......
    ]
})
```

[컴포넌트에서]
```
const currentRoute = useRoute()
const id = currentRoute.params.id
```

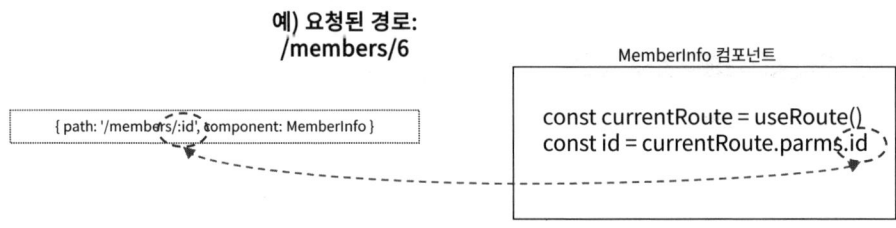

그림 10-08 동적 라우트의 파라미터 정보

이제 예제를 통해서 확인해보겠습니다. 이전 절에서 작성한 router-test 프로젝트에 멤버 정보를 렌더링하고 멤버 한 명을 클릭하면 /members/:id 패턴으로 경로를 이동하여 멤버에 대한 상세 정보를 보여주도록 하겠습니다. 우선 개념 이해를 돕기 위해서 간단한 예제를 먼저 작성하겠습니다. 라우터 객체부터 변경합니다.

예제 10-08 : src/router/index.js 변경

```
01: ......(생략)
02: import MemberInfo from '@/pages/MemberInfo.vue'
03:
04: const router = createRouter({
05:     history: createWebHistory(),
06:     routes : [
07:         { path: '/', component: Home },
08:         { path: '/about', component: About },
09:         { path: '/members', component: Members },
10:         { path: '/members/:id', component: MemberInfo },
11:         { path: '/videos', component: Videos },
12:     ]
13: })
14:
15: export default router;
```

예제 10-09 : src/pages/MemberInfo.vue 작성

```
01: <template>
02:     <div class="card card-body">
03:         <h2>Member Info</h2>
04:         <div>
05:             경로 패턴 : /members/:id<br />
06:             요청 경로 : {{currentRoute.path}}<br />
07:             id 값 : {{currentRoute.params.id}}<br />
08:         </div>
09:     </div>
10: </template>
11:
12: <script>
13: import { useRoute } from 'vue-router'
14:
15: export default {
16:     name : "MemberInfo",
```

```
17:    setup() {
18:        const currentRoute = useRoute()
19:        return { currentRoute }
20:    }
21: }
22: </script>
```

예제의 작성이 완료되었다면 실행하여 다음 그림과 같이 브라우저에 직접 URI 경로를 입력하여 실행하고 결과를 확인해보세요.

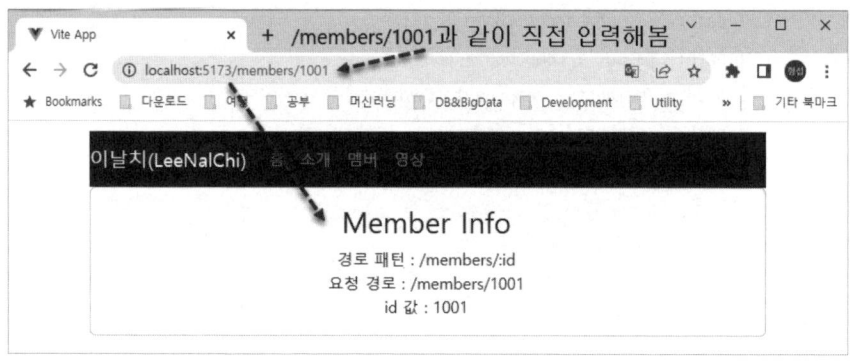

그림 10-09 예제 10-08~09의 실행 결과

작동 여부를 확인했다면 실제 이날치 멤버들의 정보를 사용해 멤버 소개 화면을 꾸며보겠습니다. 이 예제에서는 멤버들의 정보를 .json 파일에 담아서 Members.vue와 MemberInfo.vue에서 사용할 수 있도록 합니다. 예제 10-10은 멤버들의 data를 담은 json 파일입니다. 다음 github 주소에서 다운로드하거나 복사하여 작성하세요.

- https://github.com/stepanowon/vue3-quickstart/blob/main/members.json

예제 10-10 : src/members.json 예시

```
[
  {
    "id":1, "name":"장영규", "role": "베이스",
    "photo":"http://sstatic.naver.net/people/90/200810291643098681.jpg",
    "desc":"음악감독,베이스연주가,가수",
    "insta" : "",
    "facebook":"",
```

```
        "youtube":""
    },
    ......(생략)
]
```

이제 members.json을 임포트하여 데이터를 사용하는 Members.vue와 MemberInfo.vue를 작성합니다.

예제 10-11 : src/pages/Members.vue 변경

```
01: <template>
02:   <div>
03:     <h2 class="m-4">이달치 멤버</h2>
04:     <div class="container">
05:       <div class="row">
06:         <div v-for="m in members" :key="m.id"
07:              class="col-6 col-xs-6 col-sm-4 col-md-3 col-lg-2">
08:           <router-link :to="'/members/'+m.id">
09:             <img class="img-thumbnail"
10:                  style="width:90px; height:110px;"
11:                  :src="m.photo" :title="m.name" /><br/>
12:             <h6 class="display-7">{{m.name}}</h6>
13:           </router-link>
14:         </div>
15:       </div>
16:     </div>
17:   </div>
18: </template>
19:
20: <script>
21: import members from '@/members.json'
22:
23: export default {
24:   name : "Members",
25:   setup() {
26:     return { members };
27:   }
28: }
29: </script>
```

이 예제에서는 members.json 파일을 마치 자바스크립트 코드처럼 임포트하고 있습니다. 이렇게 임포트하면 json 문자열을 js 객체로 자동으로 변환해줍니다.

이렇게 임포트된 멤버 데이터는 6~14행과 같이 setup() 메서드에서 리턴되어 템플릿에서 v-for 디렉티브를 이용해 반복렌더링됩니다. 반복 렌더링될 때는 8행과 같이 〈router-link〉를 이용해 /members/1 형태의 경로로 내비게이션 링크를 동적으로 만들어냅니다. 이제 MemberInfo.vue를 다시 작성하겠습니다. 이 예제에서 SNS 링크 아이콘을 만들기 위해서 Font Awesome CSS 라이브러리와 추가적인 몇몇 스타일을 사용합니다.

예제 10-12 : src/pages/MemberInfo.vue

```
01: <template>
02:     <div className="mt-5">
03:         <img :src="member.photo" class="img" />
04:         <h4 class="mt-2">{{member.name}}({{member.role}})</h4>
05:         <p>{{member.desc}} </p>
06:         <a v-if="member.insta && member.insta !== ''"
07:             class="fa fa-instagram m-1" :href="member.insta"></a>
08:         <a v-if="member.facebook && member.facebook !== ''"
09:             class="fa fa-facebook m-1" :href="member.facebook"></a>
10:         <a v-if="member.youtube && member.youtube !== ''"
11:             class="fa fa-youtube m-1" :href="member.youtube"></a>
12:         <br /><br />
13:         <router-link to="/members">멤버 목록으로</router-link>
14:     </div>
15: </template>
16:
17: <script>
18: import { useRoute } from 'vue-router'
19: import members from '@/members.json'
20:
21: export default {
22:     name : "MemberInfo",
23:     setup() {
24:         const currentRoute = useRoute()
25:         const id = parseInt(currentRoute.params.id, 10);
26:         const member = members.find((m)=>m.id === id)
27:
```

```
28:            return { member }
29:        }
30: }
31: </script>
```

이 예제에서 가장 중요한 부분은 24~26행입니다. 우선 currentRoute의 params.id 정보를 읽어냅니다. 그 후 멤버 배열의 find 메서드를 이용해 한 건의 멤버 정보를 찾아내어 리턴합니다. 이 정보를 사용하여 템플릿에서 렌더링합니다. 이제 실행하여 결과를 확인해보세요. 그림 10-10과 같이 브라우저의 URI 경로를 확인해보세요.

이 컴포넌트에서는 facebook, instagram 등의 아이콘을 출력합니다. 이를 위해 fontawesome CSS 스타일과 추가된 몇몇 스타일을 사용해야 합니다. 또한 이 스타일중 일부는 다른 컴포넌트에서도 사용하므로 다음과 같이 볼드체로 표현된 부분을 App.vue 컴포넌트에서 전역 스타일로 등록해주세요.

```
// App.vue 컴포넌트에 스타일을 추가해주세요.
......(중략)
<style>
@import url("https://cdnjs.cloudflare.com/ajax/libs/font-awesome/4.7.0/css/font-awesome.min.css");
.container { text-align: center; margin-top:10px; }
.fa { padding: 5px; width: 30px; text-align: center;
    text-decoration: none; margin: 5px 2px; }
.fa-facebook { background: #3B5998; color: white; }
.fa-youtube { background: #bb0000; color: white; }
.fa-instagram { background: #125688; color: white; }
</style>
```

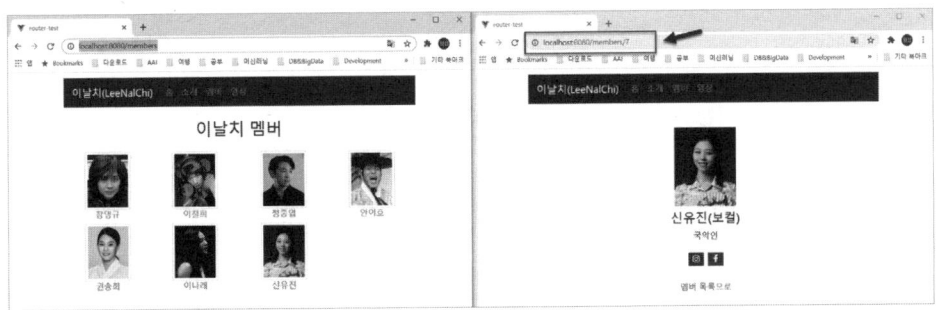

그림 10-10 예제 10-10~12의 실행 결과

동적 파라미터의 값에 대한 형식을 지정하고 싶다면 정규식을 이용하면 됩니다. 동적 파라미터 뒤에 ( ) 내부에 정규식(Regular Expression)으로 형식을 지정합니다. 기존 members/:id 경로에서 :id는 숫자만 허용한다면 다음과 같이 표현하면 됩니다.

```
{ path: '/members/:id(\\d+)', component: MemberInfo }
```

위의 예제는 digit 문자가 한번 이상 반복되는 패턴을 표현한 것입니다. 정규식에서 ₩d는 digit(숫자) 한 글자를 나타내는 패턴이고 +는 1번 이상 반복되는 수량 표현 패턴을 의미합니다.

만일 /members/:id 패턴과 /members 모두를 하나의 라우트로 처리하고 싶다면 다음과 같이 정규식의 수량 표현인 ?를 이용할 수 있습니다. ?는 0 또는 1번 나티니는 패턴입니다.

```
{ path: '/members/:id(\\d+)?', component: MemberInfo }
```

정규식의 수량표현을 이용하면 같은 패턴의 경로가 여러 번 반복되는 것도 처리할 수 있습니다. *은 0 또는 n번 반복되는 패턴이고, +는 1 또는 n번 반복되는 패턴입니다.

```
[ /repeat, /repeat/1, /repeat/1/2/3을 모두 매칭 ]
{ path : '/repeat/:nums(\\d+)*', component: Repeat }
```

```
[ /repeat/1, /repeat/1/2/3 을 모두 매칭. /repeat은 매칭되지 않음 ]
{ path : '/repeat/:nums(\\d+)+', component: Repeat }
```

반복되는 패턴의 파라미터의 값은 배열이 됩니다. 위의 예에서 /repeat/1/2/3/4로 요청했을 경우 파라미터를 출력하면 다음과 같습니다.

```
{ nums : [ "1", "2", "3", "4" ] }
```

정규식에 대한 자세한 내용은 다음 문서를 참조하세요.

- https://developer.mozilla.org/ko/docs/Web/JavaScript/Guide/%EC%A0%95%EA%B7%9C%EC%8B%9D

10.5 중첩 라우트

이전까지의 예제는 /members로 요청했을 때와 /members/1로 요청했을 때에 서로 다른 컴포넌트를 <router-view>에 마운트했기 때문에 화면이 완전히 전환되었습니다. 하지만 때로는 화면을 중첩시켜서 보아야 할 경우도 있습니다. 이런 경우에 중첩 라우트(Nested Route)를 사용합니다. 그림 10-11을 통해서 어떤 경우인지를 살펴보겠습니다.

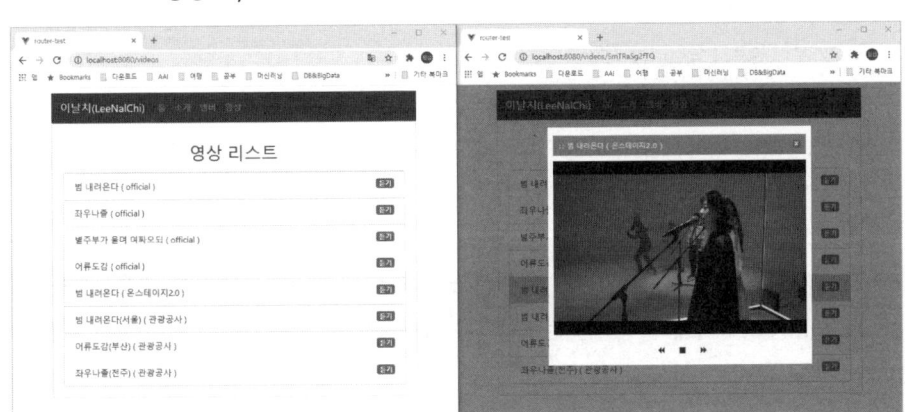

그림 10-11 중첩 라우트 예제 실행

그림 10-11을 살펴보면 요청 경로가 /videos 일 때는 영상 목록(Videos 컴포넌트)만 나타나고 /videos/:id 패턴으로 요청할 때는 영상 목록(Videos 컴포넌트)과 영상 플레이어(VideoPlayer 컴포넌트)가 함께 중첩되어 나타납니다.

중첩 라우트는 router-view에 의해 나타나는 컴포넌트가 다시 router-view를 이용해 자식 라우트의 매칭된 컴포넌트를 렌더링합니다. 그림 10-11의 앱은 그림 10-12와 같은 구조로 작동됩니다.

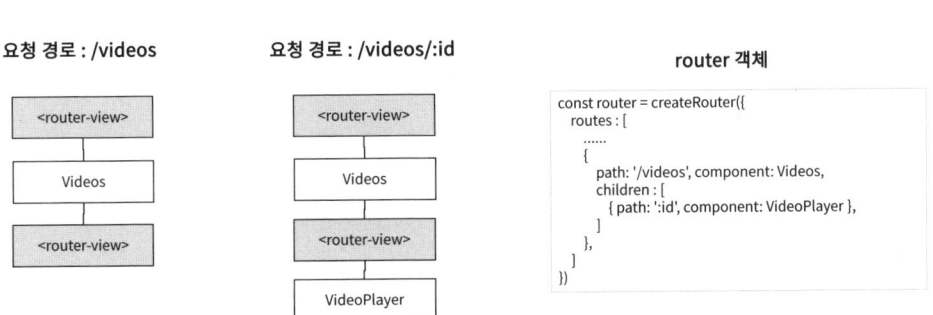

그림 10-12 중첩 라우트의 적용 구조

그림 10-12에서 오른쪽의 router 객체를 보면 중첩 라우트를 정확히 알 수 있습니다. /videos 경로에 매칭되는 라우트에 다시 자식(children)을 가질 수 있습니다. 각 요청 경로에 따라 매칭되는 컴포넌트를 살펴보면 다음과 같습니다.

- /videos로 요청하는 경우

  상위의 router-view에 의해 Videos 컴포넌트가 마운트되지만 children에 해당하는 /videos/:id 패턴에는 부합하지 않으므로 VideoPlayer 컴포넌트는 마운트 되지 않습니다.

- /videos/:id 경로로 요청하는 경우

  상위의 router-view에 의해 Videos 컴포넌트가 마운트되고 Videos 컴포넌트 내부에 포함된 router-view에 children에서 매칭된 VideoPlayer 컴포넌트가 마운트됩니다. 결과적으로 화면에는 Videos, VideoPlayer 컴포넌트가 화면에 모두 나타납니다.

결론적으로 중첩 라우트를 표현하기 위해서는 상위 router-view에 의해 마운트되는 컴포넌트가 children에 의해 매칭되는 컴포넌트를 마운트할 수 있는 router-view를 포함해야 합니다.

이제 예제를 작성하면서 좀 더 자세히 살펴보겠습니다. 그림 10-11과 같은 유튜브 영상 플레이어 기능을 이날치 밴드 페이지에 추가합니다. 우선 router 객체부터 변경하겠습니다.

예제 10-13 : src/router/index.js 변경

```
01: import { createRouter, createWebHistory } from 'vue-router'
02:
03: import Home from '@/pages/Home.vue'
04: import About from '@/pages/About.vue'
05: import Members from '@/pages/Members.vue'
06: import MemberInfo from '@/pages/MemberInfo.vue'
07: import Videos from '@/pages/Videos.vue'
08: import VideoPlayer from '@/pages/VideoPlayer.vue'
09:
10: const router = createRouter({
11:     history: createWebHistory(),
12:     routes : [
13:         { path: '/', component: Home },
```

```
14:        { path: '/about', component: About },
15:        { path: '/members', component: Members },
16:        { path: '/members/:id', component: MemberInfo },
17:        {
18:            path: '/videos', component: Videos,
19:            children : [
20:                { path: ':id', component: VideoPlayer }
21:            ]
22:        },
23:     ]
24: })
25:
26: export default router;
```

아직 VideoPlayer 컴포넌트를 작성하지 않았지만 8행과 같이 미리 임포트한 후에 17~22행과 같이 중첩 라우트를 구성합니다. 이제 Videos, VideoPlayer 컴포넌트에서 사용할 데이터를 App.vue에 설정합니다. 영상 목록 정보는 8장에서 학습했던 provide/inject를 Composition API로 사용합니다.

예제 10-14 : src/App.vue 변경

```
01: <template>
02:   <div class="container">
03:     <Header />
04:     <router-view></router-view>
05:   </div>
06: </template>
07:
08: <script>
09: import Header from '@/components/Header.vue'
10: import { provide } from 'vue';
11:
12: export default {
13:   name : "App",
14:   components : { Header },
15:   setup() {
16:     provide('videos', [
```

```
17:        { "id":"t0BHhqw_Ecc", "title":"범 내려온다", "category":"official" },
18:        { "id":"FrCkLMxnlMI", "title":"좌우나졸", "category":"official" },
19:        { "id":"700hIrgMcCg", "title":"별주부가 울며 여짜오되", "category":"official" },
20:        { "id":"MJD_fAdqNQc", "title":"어류도감", "category":"official" },
21:        { "id":"SmTRaSg2fTQ", "title":"범 내려온다", "category":"온스테이지2.0" },
22:        { "id":"B_X7n0AaLqA", "title":"범 내려온다(서울)", "category":"관광공사" },
23:        { "id":"sV1jq6RFSXc", "title":"어류도감(부산)", "category":"관광공사" },
24:        { "id":"dInPs_VHqSM", "title":"좌우나졸(전주)", "category":"관광공사" }
25:      ])
26:    }
27: }
28: </script>
29: <style>
30: ......(생략)
31: </style>
```

10행과 같이 provide 함수를 임포트하고 16행과 같이 'videos'라는 이름으로 영상 목록 정보를 제공합니다. 이것은 inject를 이용해 자식 컴포넌트에서 읽기 전용으로 이용할 것입니다. 영상 목록 정보는 타이핑하기 힘드니 다음 경로의 문서의 내용을 복사하세요.

- https://github.com/stepanowon/vue3-quickstart/blob/main/videos.json

이제 Videos 컴포넌트 전체를 새롭게 작성하겠습니다.

예제 10-15 : src/pages/Videos.vue

```
01: <template>
02:     <div class="card card-body">
03:         <h2 class="m-3">영상 리스트</h2>
04:         <ul class="list-group">
05:             <li v-for="v in videos" :key="v.id" class="list-group-item text-left"
06:                 :class="playingVideo(v.id)">
07:                 {{v.title}} ( {{v.category}} )
08:                 <router-link :to="'/videos/'+v.id">
09:                     <span class="float-end badge bg-secondary">듣기</span>
10:                 </router-link>
11:             </li>
```

```
12:        </ul>
13:        <router-view></router-view>
14:     </div>
15: </template>
16:
17: <script>
18: import { inject } from 'vue'
19: import { useRoute } from 'vue-router'
20:
21: export default {
22:    name : "Videos",
23:    setup() {
24:       const videos = inject('videos')
25:       const currentRoute = useRoute();
26:       const playingVideo = (id) => {
27:          return id === currentRoute.params.id ? "list-group-item-secondary" : "";
28:       }
29:       return { playingVideo, videos }
30:    }
31:
32: }
33: </script>
```

Videos 컴포넌트에서는 App.vue에서 provide로 제공된 영상 정보를 24행과 같이 inject를 이용해 videos 변수로 로드합니다. videos는 29행에서 리턴되어 템플릿에서 반복 렌더링합니다. 반복 렌더링할 때 플레이 중인 영상은 목록에서 조금 다른 색상으로 나타나도록 합니다. 이를 위해 6행에서 playingVideo 메서드에 id 값을 전달하여 실행하고 현재 플레이중인 곡이라면 list-group-item-secondary 부트스트랩 CSS 클래스를 바인딩합니다. 그림 10-11의 오른쪽 그림에서 플레이중인 곡이 다른 곡들과 구별되어 보이는 것을 확인할 수 있습니다.

이제 youtube-vue3 컴포넌트 패키지를 npm install 명령어로 설치하겠습니다. 이 컴포넌트는 youtube-player라는 라이브러리를 필자가 Vue 3용으로 래핑하여 만든 컴포넌트입니다. youtube-vue3 컴포넌트에 대한 자세한 사용 방법은 https://github.com/stepanowon/youtube-vue3 를 참조하세요.

```
npm install --save youtube-vue3
```

이제 youtube-vue3 컴포넌트를 이용하는 VideoPlayer 컴포넌트를 작성합니다. 이 컴포넌트에서는 다음과 같은 기능을 제공합니다.

- 영상을 플레이하는 컴포넌트는 모달로 화면에 나타냅니다. 그렇기 때문에 VideoPlayer 컴포넌트를 닫기 전까지는 다른 화면의 기능을 사용할 수 없도록 합니다.
- youtube-vue3 컴포넌트를 이용해 유튜브 영상을 플레이합니다.
- 영상을 플레이 중에 다음 영상 버튼을 클릭하면 다음 영상을 플레이합니다.
- 현재 플레이중인 영상이 끝나서 youtube-vue3 컴포넌트에서 ended 이벤트가 발생하면 다음 영상을 플레이합니다.
- 영상 플레이 도중 중지 버튼, 닫기 버튼을 클릭하면 /videos 경로로 이동하면서 플레이어를 닫습니다.

꽤 많은 기능을 작성해야 하기 때문에 조금 복잡하고 많은 코드를 작성해야 합니다. 힘들지만 작성해보도록 합니다.

예제 10-16 : src/pages/VideoPlayer.vue

```
01: <template>
02:     <div class="modal">
03:         <div class="box">
04:             <div class="heading">
05:                 <span class="title">:: {{videoInfo.video.title}}</span>
06:                 <span class="category"> ( {{videoInfo.video.category}} ) </span>
07:                 <span class="float-end badge bg-secondary pointer" @click="stopVideo">
08:                     X
09:                 </span>
10:             </div>
11:             <div class="player">
12:                 <YoutubeVue3 ref="playerRef" :videoid="videoInfo.video.id"
13:                     :autoplay="1" :controls="1" @ended="playNext" />
14:             </div>
15:             <div>
16:                 <div>
```

```
17:                    <i class="fa fa-backward ml-2 pointer" @click="playPrev"></i>
18:                    <i class="fa fa-stop ml-2 pointer" @click="stopVideo"></i>
19:                    <i class="fa fa-forward ml-2 pointer" @click="playNext"></i>
20:                </div>
21:            </div>
22:        </div>
23:    </div>
24: </template>
25:
26: <script>
27: import { reactive, ref, inject } from 'vue';
28: import { useRoute, useRouter } from 'vue-router';
29: import { YoutubeVue3 } from 'youtube-vue3';
30:
31: export default {
32:     name : "VideoPlayer",
33:     components : { YoutubeVue3 },
34:     setup() {
35:         const videos = inject('videos');
36:         const playerRef = ref(null);
37:         const currentRoute = useRoute();
38:         const router = useRouter();
39:
40:         let videoInfo =
41:             reactive({ video: videos.find((v)=>v.id === currentRoute.params.id) });
42:         const stopVideo = () => {
43:             playerRef.value.player.stopVideo();
44:             router.push('/videos');
45:         }
46:         const playNext = () => {
47:             const index = videos.findIndex((v)=>v.id === videoInfo.video.id);
48:             const nextVideo = videos[index+1];
49:             if (nextVideo) {
50:                 videoInfo.video = nextVideo;
51:                 router.push('/videos/' + nextVideo.id);
52:             } else {
53:                 videoInfo.video = videos[0];
54:                 router.push('/videos/' + videos[0].id);
```

```
55:            }
56:        }
57:        const playPrev = () => {
58:            const index = videos.findIndex((v)=>v.id === videoInfo.video.id);
59:            const prevVideo = videos[index-1];
60:            if (prevVideo) {
61:                videoInfo.video = prevVideo;
62:                router.push('/videos/' + prevVideo.id);
63:            }
64:        }
65:
66:        return { videoInfo, playerRef, playNext, stopVideo, playPrev };
67:    }
68: }
69: </script>
70:
71: <style scoped>
72: .modal { display: block; position: fixed; z-index: 1;
73:     left: 0; top: 0; width: 100%; height: 100%;
74:     overflow: auto;
75:     background-color: rgba(0,0,0,0.4); }
76: .box { background-color: white; margin:80px auto;
77:     max-width: 500px; min-width: 100px; min-height: 350px;
78:     font: 13px "verdana";
79:     padding: 10px 10px 10px 10px;  }
80: .box div { padding: 0;  display: block;  margin: 10px 0 0 0; }
81: .box .heading { background: #33A17F; font-weight: 300;
82:     text align: left; color: #fff;
83:     margin:5px 0 5px 0; padding: 10px; min-width:200px;
84:     max-width:500px; }
85: .box .player { background:white; }
86: .pointer { cursor:pointer; }
87: </style>
```

예제 10-16의 44,51,54,62행에서 사용된 router.push() 메서드에 대한 자세한 내용은 10.7 프로그래밍 방식의 라우트에서 다룹니다. 일단 해당 경로로 이동시키는 메서드라고 생각하고 넘어갑니다.

플레이어를 모달 창으로 제공하는 기능은 72~86행의 CSS 클래스를 이용합니다. .modal 클래스가 가장 중요한 CSS 클래스입니다. 화면 가득 100%로 채워서 비활성화된 듯한 효과를 내도록 합니다.

35행에서는 inject를 이용해 App.vue에서 읽기 전용의 공용 데이터로 제공하는 영상 목록 정보를 가져오고 40~41행과 같이 현재 라우트(currentRoute) 정보의 id와 일치하는 영상 하나를 찾아서 영상 하나의 정보를 반응성을 가지도록 하여 videoInfo 객체를 생성합니다. videoInfo 객체 내부의 video 정보는 이전 버튼, 다음 버튼을 클릭할 때 변경되고 반응성에 의해 다시 렌더링하면서 컴포넌트는 새로운 영상을 플레이할 것입니다.

36행의 playerRef는 youtube-vue3 컴포넌트가 제공하는 playVideo(), stopVideo()와 같은 메서드를 이용하기 위해서 12행의 ref 속성을 이용해 DOM 요소를 참조하도록 사용합니다. 영상 중지 버튼 또는 닫기 버튼을 클릭하면 43~44행에서 플레이 중인 영상을 중지하고 /videos 경로로 화면을 전환합니다.

영상 플레이 도중 이전, 다음 버튼을 클릭할 때는 46, 57행의 playPrev, playNext 메서드를 호출합니다. 이 메서드에서는 현재 플레이 중인 영상의 이전 또는 다음의 영상 정보를 알아내어 반응성을 가진 videoInfo 객체의 video 정보를 변경하여 다른 영상을 플레이하도록 하고 브라우저상의 URI 경로도 일치시키기 위해 router.push() 메서드로 경로를 변경합니다. playNext 메서드에서는 다음 플레이할 곡이 없을 경우 첫 번째 영상을 플레이하도록 하고 있습니다.

또한 youtube-vue3 컴포넌트는 몇 가지 이벤트를 제공하는데 그중 ended 이벤트가 발신되면 13행과 같이 @ended로 수신하여 playNext() 메서드를 호출하도록 합니다. 따라서 한 영상의 플레이가 종료되면 즉시 다음 영상을 플레이합니다.

이제 npm run dev 명령어로 실행하여 결과를 확인해봅니다. /videos/:id 경로일 때의 컴포넌트 트리를 살펴보면 그림 10-13 그림과 같습니다.

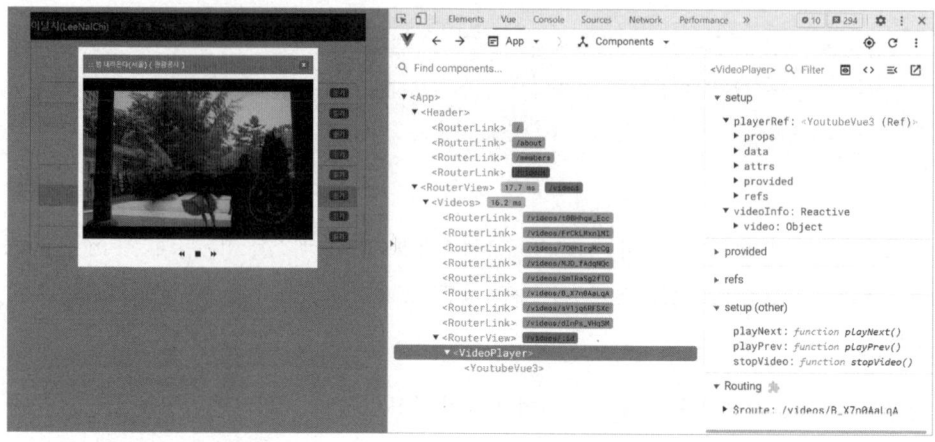

그림 10-13 중첩 라우트의 컴포넌트 트리

10.6 명명된 라우트와 명명된 뷰

10.6.1 명명된 라우트

명명된 라우트(Named Route)는 라우트 정보에 이름을 부여하는 방법을 제공합니다. 이름이 부여된 라우트는 URI 경로가 아닌 이름을 이용해 경로를 전환할 수 있습니다.

예를 들어 이전까지 작성한 예제에서 /videos와 /videos/:id 경로를 /songs, /songs/:id로 변경해야 하는 상황이라고 가정해봅시다. 기존까지는 〈router-link〉 컴포넌트와 router. push() 메서드를 통해 이동하는 경로를 모두 정적인 문자열로 지정하였습니다. 앞에서 언급한 대로 경로를 변경해야 한다면, 이동하는 링크를 가진 모든 컴포넌트의 코드를 변경해야만 합니다. 명명된 라우트는 이와 같은 상황에서 코드의 유지보수를 최소화할 수 있습니다. 각 컴포넌트의 〈router-link〉의 경로, router.push() 코드는 변경하지 않고 router 객체의 경로를 변경하는 것만으로도 전체 URI 경로를 일관되게 변경할 수 있습니다.

이제 사용 방법을 알아보겠습니다. 첫 번째 해야 할 일은 router 객체에서 각 라우트의 이름을 부여하는 것입니다. 각 라우트 정보에 name: 'home' 과 같이 고유한 이름을 부여합니다.

예제 10-17 : src/router/index.js 변경

```
01: ......(생략)
02: const router = createRouter({
03:     history: createWebHistory(),
04:     routes : [
05:         { path: '/', name:'home', component: Home },
06:         { path: '/about', name:'about', component: About },
07:         { path: '/members', name:'members', component: Members },
08:         { path: '/members/:id', name:'members/id', component: MemberInfo },
09:         {
10:             path: '/videos', name:'videos', component: Videos,
11:             children : [
12:                 { path: ':id', name:'videos/id', component: VideoPlayer }
13:             ]
14:         },
15:     ]
16: })
17:
18: export default router;
```

이제 각 컴포넌트에서 모든 경로 이동의 표현 방법을 변경해야 합니다. 가장 먼저 Header 컴포넌트의 〈router-link〉를 변경해봅니다.

예제 10-18 : src/components/Header.vue 변경

```
01: <template>
02: <nav class="navbar navbar-expand-md bg-dark navbar-dark mt-2">
03:     ......(생략)
04:     <div :class="navClass">
05:         <ul class="navbar-nav">
06:             <li class="nav-item">
07:                 <router-link class="nav-link" :to="{ name:'home' }">홈</router-link>
08:             </li>
09:             <li class="nav-item">
10:                 <router-link class="nav-link" :to="{ name:'about' }">소개</router-link>
11:             </li>
12:             <li class="nav-item">
13:                 <router-link class="nav-link" :to="{ name:'members' }">멤버</router-link>
```

```
14:                </li>
15:                <li class="nav-item">
16:                    <router-link class="nav-link" :to="{ name:'videos' }">영상</router-link>
17:                </li>
18:            </ul>
19:        </div>
20: </nav>
21: </template>
22: <script>
23: ...(생략)
24: </script>
25: <style></style>
```

7,10,13,16행의 〈router-link〉의 to 속성을 살펴보면 변경된 router-link는 정적 문자열이 아닌 객체를 바인딩하고 있습니다. 따라서 반드시 v-bind 디렉티브를 이용해 바인딩합니다. 또한 name과 함께 query, params 객체를 전달할 수 있습니다. 아래는 간단한 사례를 정리한 것입니다.

표 10-03 query, params의 표현

URI 패턴	〈router-link〉의 예

/members/:id	`<router-link :to="{ name:'members/id', params: { id: 1 } }">`
	......
	`</router-link>`
	ex) /members/1

/members?a=1&b=2	`<router-link :to="{ name:'members', query: { a: 1, b: 2 } }">`
	......
	`</router-link>`

표 10-03의 내용을 바탕으로 Members, MemberInfo, Videos, VideoPlayer 컴포넌트를 차례로 변경해보겠습니다. **볼드로 표현된 부분을 변경해주세요.**

예제 10-19 : src/pages/Members.vue 변경

```
01: <template>
02:   <div>
03:     <h2 class="m-4">이날치 멤버</h2>
04:     <div class="container">
05:       <div class="row">
06:         <div v-for="m in members" :key="m.id"
07:           class="col-6 col-xs-6 col-sm-4 col-md-3 col-lg-2">
08:           <router-link :to="{ name:'members/id', params: { id: m.id } }">
09:             <img class="img-thumbnail"
10:               style="width:90px; height:110px;"
11:               :src="m.photo" :title="m.name" /><br/>
12:             <h6 class="display-6">{{m.name}}</h6>
13:           </router-link>
14:         </div>
15:       </div>
16:     </div>
17:   </div>
18: </template>
19: <script>
20: ......(생략)
21: </script>
22: <style></style>
```

예제 10-20 : src/pages/MemberInfo.vue 변경

```
01: <template>
02:   <div className="mt-5">
03:     ......(생략)
04:     <router-link :to="{ name: 'members' }">멤버 목록으로</router-link>
05:   </div>
06: </template>
07: <script>
08: ......(생략)
09: </script>
10: <style>
11: ......(생략)
12: </style>
```

예제 10-21 : src/pages/Videos.vue 변경

```
01: <template>
02:     <div class="card card-body">
03:         <h2 class="m-3">영상 리스트</h2>
04:         <ul class="list-group">
05:             <li v-for="v in videos" :key="v.id" class="list-group-item text-left"
06:                 :class="playingVideo(v.id)">
07:                 {{v.title}} ( {{v.category}} )
08:                 <router-link :to="{ name:'videos/id', params: { id: v.id } }">
09:                     <span class="float-right badge badge-secondary">듣기</span>
10:                 </router-link>
11:             </li>
12:         </ul>
13:         <router-view></router-view>
14:     </div>
15: </template>
16: <script>
17: ......(생략)
18: </script>
19: <style></style>
```

예제 10-22 : src/pages/VideoPlayer.vue 변경

```
01: <template>
02: ......(생략)
03: </template>
04:
05: <script>
06: ......(생략)
07: export default {
08:     name : "VideoPlayer",
09:     components : { YoutubeVue3 },
10:     setup() {
11:         ......(생략)
12:         const stopVideo = () => {
13:             playerRef.value.player.stopVideo()
14:             router.push({ name:'videos' });
15:         }
```

```
16:        const playNext = () => {
17:            const index = videos.findIndex((v)=>v.id === videoInfo.video.id);
18:            const nextVideo = videos[index+1];
19:            if (nextVideo) {
20:                videoInfo.video = nextVideo;
21:                router.push({ name:'videos/id', params: { id: nextVideo.id } });
22:            } else {
23:                videoInfo.video = videos[0];
24:                router.push({ name:'videos/id', params: { id: videos[0].id } });
25:            }
26:        }
27:        const playPrev = () => {
28:            const index = videos.findIndex((v)=>v.id === videoInfo.video.id)
29:            const prevVideo = videos[index-1];
30:            if (prevVideo) {
31:                videoInfo.video = prevVideo;
32:                router.push({ name:'videos/id', params: { id: prevVideo.id } });
33:            }
34:        }
35:
36:        return { videoInfo, playerRef, playNext, stopVideo,  playPrev };
37:    }
38: }
39: </script>
40: <style scoped>
41: ......(생략)
42: </style>
```

이제 /viedos, /videos/:id 경로를 /songs, /songs/:id로 변경해보겠습니다. router 객체에서만 경로(path)를 변경하면 모든 링크들이 자동으로 적용됩니다.

예제 10-23 : /src/router/index.js 변경

```
01: ......(생략)
02: const router = createRouter({
03:     history: createWebHistory(),
04:     routes : [
05:         ......(생략)
```

```
06:     {
07:         path: '/songs', name:'videos', component: Videos,
08:         children : [
09:             { path: ':id', name:'videos/id', component: VideoPlayer }
10:         ]
11:     },
12: ]
13: })
14:
15: export default router;
```

이제 예제를 실행해보면 전체적인 경로와 모든 링크, 내비게이션 기능이 /songs로 변경된 것을 알 수 있습니다.

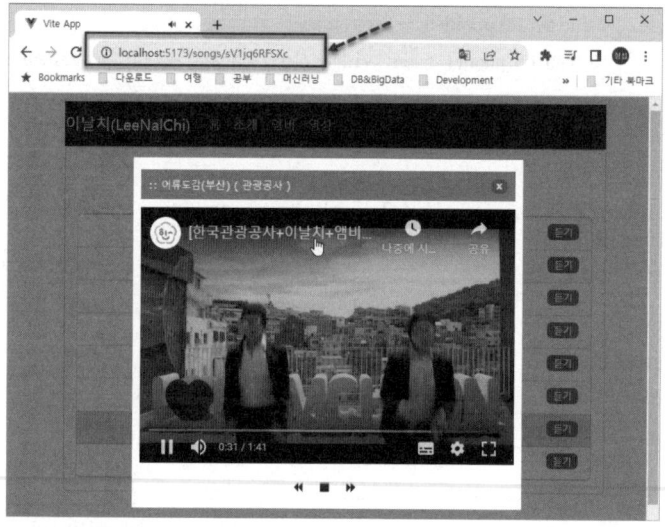

그림 10-14 예제 10-17~23의 실행

10.6.2 명명된 뷰

10.5에서 중첩 라우트를 살펴보았습니다. 때로는 〈router-view〉를 중첩시키지 않고 한꺼번에 화면에 나타내야 하는 경우가 있습니다. 이때 사용할 수 있는 것이 명명된 뷰(Named View)입니다. 〈router-view〉에 이름을 부여하고 여러 컴포넌트를 지정된 이름의 뷰로 나타내도록 합니다.

특히 다음 그림과 같은 상황에서 유용합니다.

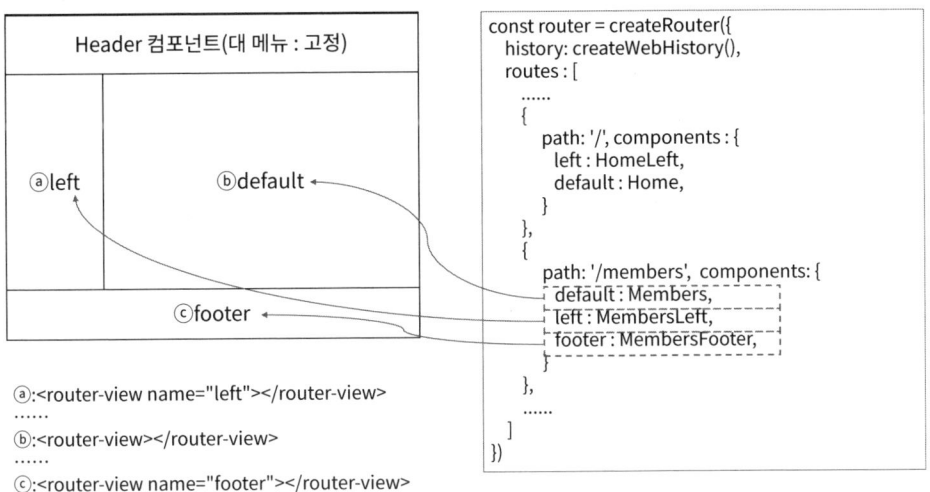

그림 10-15 명명된 뷰의 사용 예

그림 10-15는 일반적인 애플리케이션의 화면 배치를 나타내고 있습니다. 헤더 메뉴는 고정이지만 왼쪽 패널(Left), 콘텐트 패널(default), 꼬리말 패널(footer)에 나타내야 하는 컴포넌트가 달라지는 경우에 명명된 뷰가 유용합니다.

최상위 컴포넌트 내부(예를 들면 App.vue)에 〈router-view〉를 여러 개 배치하고 이름을 부여합니다. 각각의 영역에 배치할 컴포넌트 router 객체의 각 라우트 정보에서 지정할 수 있습니다. 각 라우트의 components 속성에 이름과 나타낼 컴포넌트를 지정합니다.

이름이 지정되지 않은 뷰는 기본 뷰(default view)라고 부르며 components 속성 내부에서 default : Members와 같이 default로 지정합니다.

이 책에서는 명명된 뷰를 이용한 예제는 다루지 않습니다. 대신에 이 책을 통해서 제공되는 예제를 내려받아서 router-test6-2를 확인해보세요. 내려받는 경로는 이 책의 서문에 기재되어 있습니다.

10.7 프로그래밍 방식의 라우팅 제어

10.7.1 라우터 객체의 메서드

〈router-link〉를 이용해 정적인 내비게이션 기능을 구현할 수도 있지만 라우터(router) 객체의 메서드들을 이용하면 프로그래밍 방식으로도 구현할 수 있습니다. 이미 10.3에서도 언급한 바 있는 메서드들을 이용합니다. 라우터 객체는 Vue 컴포넌트에서 다음과 같이 접근할 수 있습니다.

[Options API 적용]

```
const router = this.$router;
```

[Composition API 적용]

```
import { useRouter } from 'vue-router'
......
const router = useRouter();
```

라우터 객체를 콘솔에 출력해보면 그림 10-16과 같이 확인할 수 있습니다.

```
> $router
< ▼{currentRoute: RefImpl, addRoute: f, removeRoute: f, hasRoute: f, getRoutes: f, ...}
    ▶ addRoute: f addRoute(parentOrRoute, route)
    ▶ afterEach: f add(handler)
    ▶ back: () => go(-1)
    ▶ beforeEach: f add(handler)
    ▶ beforeResolve: f add(handler)
    ▶ currentRoute: RefImpl {_rawValue: {...}, _shallow: true, __v_isRef: true, _value: {...}}
    ▶ forward: () => go(1)
    ▶ getRoutes: f getRoutes()
    ▶ go: (delta) => routerHistory.go(delta)
    ▶ hasRoute: f hasRoute(name)
    ▶ install: install(app) { const router = this; app.component('RouterLink', RouterLink); app.component...
    ▶ isReady: f isReady()
    ▶ onError: f add(handler)
    ▶ options: {history: {...}, routes: Array(5)}
    ▶ push: f push(to)
    ▶ removeRoute: f removeRoute(name)
    ▶ replace: f replace(to)
    ▶ resolve: f resolve(rawLocation, currentLocation)
    ▶ __proto__: Object
```

그림 10-16 : 라우터 객체의 멤버들

라우터 객체를 콘솔에 출력하고 메서드들을 직접 호출해보고 싶다면 다음과 같이 라우터 객체를 전역변수에 할당하면 됩니다.

[Options API : created() 생명주기 메서드에서]
```
created() {
    window.$router = this.$router;
}
```

[Composition API : setup() 메서드에서]
```
import { useRouter } from 'vue-router'
......
 setup() {
    window.$router = useRouter();
 }
```

라우터 객체의 주요 메서드를 정리해보면 다음 표와 같습니다.

표 10-04 라우터 객체의 주요 메서드

메서드	설명
addRoute(parentRouter, route)	실행시에 동적으로 부모 라우트에 새로운 라우트 정보를 추가합니다.
removeRoute(name)	실행시에 동적으로 라우트 정보를 삭제합니다.
go(n)	n만큼 브라우저 히스토리를 이용해 이동합니다. go(-1)를 호출하면 이전 방문 경로로 이동합니다.
back()	go(-1)과 같습니다.
forward()	go(1)과 같습니다.
push(to)	지정된 경로로 이동하고 브라우저 히스토리에 이동 경로를 추가합니다.
replace(to)	지정된 경로로 이동하지만 브라우저 히스토리에 새롭게 추가하지 않고 현재의 히스토리를 새로운 경로로 교체합니다.
getRoutes()	현재 설정된 라우트 정보를 조회할 수 있습니다

addRoute()와 removeRoute()를 이용하면 애플리케이션이 실행 중일 때 새로운 경로의 라우트를 추가하거나 기존의 라우트를 삭제할 수 있습니다. 특히 addRoute()를 이용하면 각 경

로 정보와 마운트할 컴포넌트의 정보를 외부(예: 데이터베이스, RestAPI)에서 내려받아 동적으로 라우트를 생성할 수 있습니다. 간단한 예는 다음과 같습니다. 다음 예는 외부 정보를 이용하지 않았지만 경로 정보, 이름, 컴포넌트의 경로 정보만 있다면 동적으로 라우트를 추가할 수 있습니다.

[router 객체 생성 직후에...]

```
import { defineAsyncComponent } from 'vue'
......(생략)
const router = createRouter({
    history: createWebHistory(),
    routes : [
        ......(생략)
    ]
})

router.addRoute({
    path:'/repeat', name:'repeat',
    component: defineAsyncComponent(()=>import('@/pages/Repeat'))
})

export default router;
```

이미 이전 예제에서 router.push() 메서드를 사용해 본 적이 있습니다만 push()와 replace() 메서드는 다른 경로로 이동할 수 있는 기능을 제공합니다. push()와 replace()의 차이는 브라우저 히스토리에 새로운 이동 경로를 추가하는지 여부입니다. push()는 브라우저 히스토리의 마지막에 이동 경로를 추가합니다. 따라서 브라우저의 '이전 페이지' 버튼을 클릭하여 이전 방문 경로로 이동할 수 있습니다. 하지만 replace()는 현재의 히스토리의 기존 경로를 새로운 이동 경로로 대체합니다. 따라서 이전 방문 경로는 히스토리가 없으므로 이동할 수 없습니다.

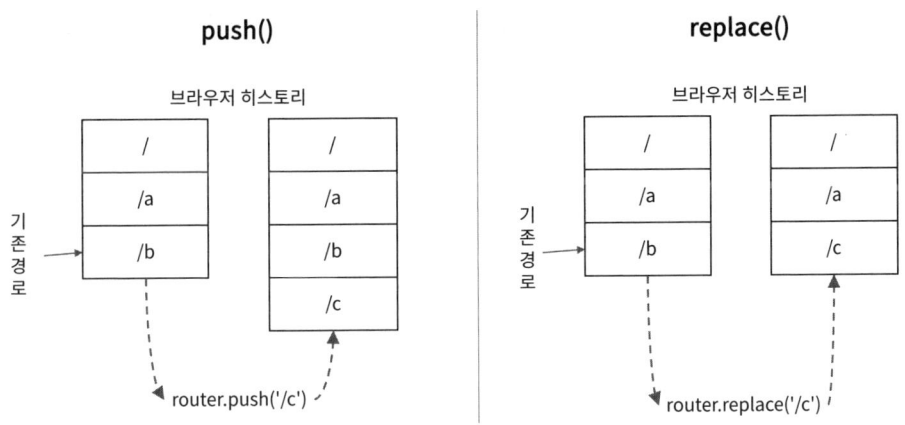

그림 10-17 push()와 replace() 비교

push() 메서드는 이동 경로를 정적인 문자열을 인자로 전달할 수 있지만 경로 정보를 담은 객체를 인자로 전달할 수도 있습니다.

```
// 문자열 직접 전달
router.push('/home')
// 객체 정보로 전달
router.push({ path: '/about' })
// 명명된 라우트 사용
router.push({ name: 'members/id', params: { id: 1 } })
// 쿼리 문자열 전달 ex) /board?pageno=1&pagesize=5
router.push({ path: '/board', query: { pageno: 1, pagesize: 5 }})
```

10.7.2 내비게이션 가드

내비게이션 가드(Navigation Guard)는 라우팅이 일어날 때 프로그래밍 방식으로 내비게이션을 취소하거나 다른 경로로 리디렉션시키도록 하여 내비게이션을 안전하게 보호하는 기능을 수행합니다. 예를 들어 인증된 사용자만이 접근할 수 있는 화면은 인증 토큰을 가지고 있는 경우에만 접근하도록 하고 인증 토큰이 없다면 로그인하는 경로로 이동시킬 수 있습니다.

내비게이션 가드는 라우트하는 경로(path)가 바뀔 때 반응합니다. 동일한 경로에서 파라미터나 쿼리문자열이 변경될 때는 작동하지 않는다는 점을 기억하세요.

내비게이션 가드는 전역 수준, 라우트 수준, 컴포넌트 수준에서 사용할 수 있습니다. 먼저 전역 수준에서 사용하는 방법을 살펴보겠습니다.

■ 전역 수준 내비게이션 가드

전역 내비게이션 가드 기능은 라우터 객체를 이용해서 등록합니다. beforeEach는 내비게이션이 일어나기 전, afterEach는 내비게이션이 일어난 후에 실행됩니다. 전역 수준이므로 모든 경로에 대해 내비게이션할 때 가드 함수가 호출됩니다.

```
import { createRouter, createWebHistory, isNavigationFailure } from 'vue-router'
......
const router = createRouter({ ... })

router.beforeEach((to, from) => {
  // 내비게이션을 취소하려면 명시적으로 false를 리턴합니다.
  return false
})

router.afterEach((to, from, failure)=> {
  // 내비게이션을 실패했을 때 failure 정보를 이용해 실패 처리를 할 수 있습니다.
  if (isNavigationFailure(failure)) {

  }
})
```

beforeEach에 전달하는 함수는 일반적으로 두 개의 인자를 사용합니다. from은 이동 전 현재 경로 정보이며, to는 이동하려는 경로입니다. 경로 정보는 RouteLocationNormalized 객체로 표현됩니다. 이것은 일반적인 라우트 정보와 유사하지만 matched와 같은 추가적인 속성이 포함되어 있습니다. matched 속성은 현재 요청된 경로가 어느 라우트 정보와 매칭되었는지를 배열로 리턴합니다.

내비게이션을 제어하기 위해 beforeEach()에 인자로 전달되는 함수에서 적절한 값을 리턴합니다.

- 내비게이션이 정상적으로 완료되도록 하려면 아무런 값을 리턴하지 않거나 true를 리턴합니다.

- 내비게이션을 취소(Abort)하려면 명시적으로 false를 리턴합니다.
- 다른 경로로 리디렉션시키려면 이동시키려는 경로 문자열 또는 Route 객체를 리턴합니다.

    예1) return '/videos/1'

    예2) return { path: '/' }

    예3) return { name: 'members/id', params: { id: 2 } }

- 함수 내부에서 Error 객체를 throw하면 router.onError()에 등록된 콜백함수가 호출될 것입니다.

beforeResolve 가드는 beforeEach와 유사해보이지만 컴포넌트 수준의 가드, 라우트 수준의 가드가 모두 실행된 후 내비게이션이 수행되기 직전에 실행됩니다. beforeResolve를 이용해 사용자가 특정 경로로 내비게이션하기 직전에 해당 경로의 화면에서 실행 시 필요한 데이터를 가져오거나 필수적인 전처리 작업을 수행할 수 있습니다.

■ 라우트 수준의 내비게이션 가드

라우트 수준의 내비게이션 가드는 각 라우트 단위로 설정합니다. 사용 방법은 다음과 같습니다.

```
const router = createRouter({
    ......
    routes : [
        ......
        {
            path: '/members/:id', name:'members/id', component: MemberInfo,
            beforeEnter : (to, from) => {
                //false를 리턴하면 내비게이션이 중단됩니다.
            }
        },
        ......
    ]
})
```

인자와 기본적인 사용 방법은 전역 수준의 내비게이션 가드와 동일합니다만 여러 개의 내비게이션 가드를 등록할 수 있다는 점을 기억하세요. 사용 방법은 다음과 같이 여러 개의 함수를 배열로 담아서 beforeEnter 라우트 옵션에 지정하면 됩니다. 특히 기능별로 별도의 함수를 만들어 두고 가드를 필요로 하는 라우트에 추가하여 사용하면 편리합니다.

```
const guard1 = (to, from) => {
}

const guard2 = (to, from) => {
}

const router = createRouter({
    ......
    routes : [
        ......
        {
            path: '/members/:id', name:'members/id', component: MemberInfo,
            beforeEnter : [ guard1, guard2 ]
        },
        ......
    ]
})
```

■ **컴포넌트 수준의 내비게이션 가드**

컴포넌트 수준의 내비게이션 가드는 created, mounted 생명주기 이벤트 훅과 동일한 방법으로 사용할 수 있습니다. 다음과 같이 3가지 이벤트 훅을 사용합니다. 우선 Options API 기준으로 살펴보고 Composition API에서의 처리방법을 살펴보겠습니다.

표 10-05 컴포넌트 수준의 내비게이션 가드

내비게이션 가드	설명
beforeRouteEnter	컴포넌트가 렌더링하는 경로가 확정되기 전에 호출됩니다. Options API를 사용하는 경우 이 시점에서는 인스턴스가 생성되지 않았기 때문에 this를 이용할 수 없습니다.
beforeRouteUpdate	컴포넌트를 렌더링하는 경로가 바뀔 때 호출됩니다. 새로운 경로이지만 기존 컴포넌트가 재사용됩니다. 즉 새롭게 마운트되지 않고 컴포넌트는 업데이트됩니다. 예를 들어 앞서 이미 작성한 예제와 같이 /videos/:id 경로에 의해 VideoPlayer 컴포넌트가 마운트되도록 라우트를 설정했을 때, /videos/abc에서 /videos/def로 이동하면 이 이벤트 훅이 실행됩니다. 하지만 VideoPlayer 컴포넌트는 이미 마운트되어 있기 때문에 재사용됩니다.
beforeRouteLeave	현재의 경로에서 다른 경로로 벗어날 때 호출됩니다.

Options API의 경우 사용 방법은 다음과 같습니다. 각 메서드의 인자와 리턴 값의 적용 방법은 전역 수준, 라우트 수준의 내비게이션 가드와 동일합니다.

```
export default {
  beforeRouteEnter(to, from) {
  },
  beforeRouteUpdate(to, from) {
  },
  beforeRouteLeave(to, from) {
  },
}
```

표 10-05는 Options API 기준으로 설명한 것입니다. Composition API를 적용한 경우라면 표 10-06과 같이 적용할 수 있습니다. beforeRouteEnter의 시점에 실행할 코드는 setup() 메서드 내부에 작성합니다.

표 10-06 API 별 내비게이션 가드 사용 비교

Options API	Composition API
beforeRouteEnter	setup() 메서드 내부의 코드로 대체
beforeRouteUpdate	onBeforeRouteUpdate
beforeRouteLeave	onBeforeRouteLeave

이제까지 학습한 내비게이션 가드를 실행 순서대로 나열해보면 다음과 같습니다.

1. 내비게이션 시작됨
2. 비활성화되는 컴포넌트에서 beforeRouteLeave 가드가 호출됨
3. 전역 수준의 beforeEach 가드가 호출됨
4. 재사용되는 컴포넌트에서 beforeRouteUpdate 가드가 호출됨
5. 라우트 정보 수준의 beforeEnter 가드가 호출됨
6. 비동기 라우트 컴포넌트가 분석되고 로딩됨.
7. 활성화된 컴포넌트에서 beforeRouteEnter 가드가 호출됨
8. 전역 수준의 beforeResolve 가드가 호출됨

9. 내비게이션이 수행되고 확정됨
10. 전역 수준의 afterEach 가드가 호출됨
11. DOM이 업데이트됨.
12. 인스턴스에서 beforeRouteEnter 가드에 인자로 전달된 next 콜백 함수를 호출함.

 실행 흐름 중 6번의 비동기 라우트 컴포넌트는 10.10의 지연 로딩(lazy loading)에서 학습할 것입니다. 12번의 next 콜백 함수는 이전 버전의 vue-router에서 사용하던 콜백 함수입니다. vue-router 4 버전에서도 next()를 지원합니다만 vue-router 4 이후 버전에서는 굳이 사용할 필요가 없습니다. next 대신에 false나 라우트 정보를 담은 객체를 리턴하는 방법을 사용하면 됩니다.

10.7.3 내비게이션 가드 적용하기

이제 기존 예제에 내비게이션 가드를 적용해보도록 하겠습니다. 이 예제에는 다음과 같은 3가지 기능을 추가해볼 것입니다.

- 요청 경로에 혹시라도 쿼리 스트링 파라미터가 있다면 모두 제거하도록 기능을 구현합니다. 이 기능은 전역 수준의 내비게이션 가드를 적용합니다.

- 이전 경로가 /members, /members/:id인 경우만 members/:id 경로로 이동할 수 있도록 변경합니다. 이 기능은 라우트 수준의 내비게이션 가드를 적용합니다.

- /videos/:id 경로에 의해 마운트, 렌더링하는 VideoPlayer 컴포넌트에서 이전, 다음 버튼을 클릭하면 플레이할 영상을 onBeforeRouteUpdate를 사용하도록 코드를 변경합니다. 이 기능은 컴포넌트 수준의 내비게이션 가드를 사용합니다.

이제 src/router/index.js 코드를 변경해보도록 합니다. 다음 예제의 22행의 videos 라우터의 경로는 /songs 에서 /videos로 다시 변경하겠습니다.

예제 10-24 : src/router/index.js 변경

```
01: import { createRouter, createWebHistory, isNavigationFailure } from 'vue-router'
02: ......(생략)
03: const membersIdGuard = (to, from) => {
04:     // members/:id 경로는 반드시 이전 경로가
```

```
05:      // /members, /members:id 인 경우만 내비게이션 허용함
06:      if (from.name !== "members" && from.name !== "members/id") {
07:          return false;
08:      }
09: }
10:
11: const router = createRouter({
12:      history: createWebHistory(),
13:      routes : [
14:          { path: '/', name:'home', component: Home },
15:          { path: '/about', name:'about', component: About },
16:          { path: '/members', name:'members', component: Members },
17:          {
18:              path: '/members/:id', name:'members/id', component: MemberInfo,
19:              beforeEnter : membersIdGuard
20:          },
21:          {
22:              path: '/videos', name:'videos', component: Videos,
23:              children : [
24:                  { path: ':id', name:'videos/id', component: VideoPlayer }
25:              ]
26:          }
27:      ]
28: })
29:
30: router.beforeEach((to)=> {
31:      //to.query에 속성이 존재할 경우 제거된 경로로 재이동
32:      if (to.query && Object.keys(to.query).length > 0) {
33:          return { path:to.path, query:{}, params: to.params };
34:      }
35: })
36:
37: router.afterEach((to, from, failure)=> {
38:      if (isNavigationFailure(failure)) {
39:          console.log("@@ 내비게이션 중단 : ", failure)
40:      }
41: })
42:
43: export default router;
```

예제 10-24의 30~41행은 전역 수준의 내비게이션을 적용했습니다. beforeEach 훅에서 이동하려는 경로의 쿼리 문자열(to.query)을 확인한 후 존재하는 값이 있다면 쿼리 문자열을 제거한 새로운 경로를 리턴합니다. afterEach 훅에서는 내비게이션 실패 여부를 확인해 오류 메시지를 콘솔에 출력합니다. isNavigationFailure 메서드는 1행과 같이 임포트한 뒤에 사용합니다.

3~9행의 membersIdGuard 함수는 19행에서 beforeEnter 훅에 등록했습니다. 이 함수는 이전 요청 라우트를 확인하여 라우트명(from.name)이 members 또는 members/id가 아니라면 false를 리턴하여 내비게이션을 강제로 중단시킵니다.

다음으로 VideoPlayer 컴포넌트를 변경합니다. 이 컴포넌트에서는 beforeRouteUpdate 훅을 이용해서 재생할 영상을 지정하도록 할 것입니다.

예제 10-25 : src/pages/VideoPlayer.vue 변경

```
01: <template>
02:     ......(생략)
03: </template>
04:
05: <script>
06: import { reactive, ref, inject } from 'vue'
07: import { useRoute, useRouter, onBeforeRouteUpdate } from 'vue-router'
08: import { YoutubeVue3 } from 'youtube-vue3'
09:
10: export default {
11:     name : "VideoPlayer",
12:     components : { YoutubeVue3 },
13:     setup() {
14:         const videos = inject('videos');
15:         const playerRef = ref(null);
16:         const currentRoute = useRoute()
17:         const router = useRouter();
18:         let videoInfo, currentIndex, prevVideoId, nextVideoId;
19:         videoInfo=reactive({ video: videos.find((v)=>v.id === currentRoute.params.id)
})
20:
21:         const getNavId = (to) => {
```

```
22:            videoInfo.video = videos.find((v)=>v.id === to.params.id);
23:            currentIndex = videos.findIndex((v)=>v.id === videoInfo.video.id)
24:            prevVideoId = videos[currentIndex-1] ? videos[currentIndex-1].id : null;
25:            nextVideoId = videos[currentIndex+1] ? videos[currentIndex+1].id : null;
26:        }
27:        //마운트되었을 때 현재의 라우트 정보를 이용해 이전, 다음 ID 획득
28:        getNavId(currentRoute)
29:        const stopVideo = () => {
30:            playerRef.value.player.stopVideo()
31:            router.push({ name:'videos' });
32:        }
33:        const playNext = () => {
34:            if (nextVideoId)
35:                router.push({ name:'videos/id', params: { id: nextVideoId } })
36:            else
37:                router.push({ name:'videos/id', params: { id: videos[0].id } })
38:        }
39:        const playPrev = () => {
40:            if (prevVideoId)
41:                router.push({ name:'videos/id', params: { id: prevVideoId } })
42:        }
43:
44:        onBeforeRouteUpdate((to) => {
45:            getNavId(to)
46:        })
47:
48:        return { videoInfo, playerRef, playNext, stopVideo,  playPrev };
49:    }
50: }
51: </script>
52: <style scoped>
53:     ......(생략)
54: </style>
```

예제 10-25는 예제 10-16과 비교하여 어떻게 변경되었는지를 살펴보는 것이 좋습니다. 기존 예제에서 이전, 다음 버튼을 클릭하면 호출되는 playPrev, playNext 함수의 코드를 살펴보면 다음과 같습니다.

```
const playNext = () => {
    const index = videos.findIndex((v)=>v.id === videoInfo.video.id);
    const nextVideo = videos[index+1];
    if (nextVideo) {
        videoInfo.video = nextVideo;
        router.push({ name:'videos/id', params: { id: nextVideo.id } });
    } else {
        videoInfo.video = videos[0];
        router.push({ name:'videos/id', params: { id: videos[0].id } });
    }
}
```

playNext 함수에서는 다음 곡을 플레이하는 경로로 내비게이션뿐만 아니라 플레이할 비디오까지 함께 변경해주고 있습니다. /videos/:id에서 /videos/:id 경로로 동일한 라우트로 이동할 경우 이미 VideoPlayer 컴포넌트가 마운트되어 있기 때문에 경로가 바뀌더라도 컴포넌트는 업데이트될 뿐 새롭게 마운트되지 않습니다. 그렇기 때문에 경로로 이동하는 것과 별개로 플레이할 영상도 변경해주어야 합니다. 예제 10-25는 이러한 코드를 변경된 라우트 정보에 의해 플레이할 영상을 변경해주고 playNext, playPrev 함수를 간결하게 바꿔줍니다.

우선 컴포넌트가 마운트될 때와 라우트가 변경(RouteUpdate)될 때 이전 영상 ID, 다음 영상 ID와 플레이할 영상 정보를 변경해주어야 하므로 21~26행에서 getNavId(to)라는 함수를 정의했습니다. 그리고 최초로 마운트될 때의 처리를 위해 28행에서 한번 호출하도록 작성합니다.

44~46행에서 onBeforeRouteUpdate 훅을 이용해 변경된 라우트 정보를 이용해 getNavId 함수를 호출하여 이전, 다음 영상 ID와 플레이할 영상 정보를 설정하도록 합니다.

이제 33~42행과 같이 playNext, playPrev 함수에서는 router.push()를 이용해 내비게이션만을 수행하도록 변경하면 됩니다.

이제 실행하여 결과를 확인해봅니다. 앞에서 미리 지정한 3가지 기능을 테스트해봅니다.

- 다음과 같이 URI 경로에 쿼리문자열을 추가해 직접 요청해봅니다. 최종적인 화면에는 쿼리 문자열이 제거된 것을 볼 수 있습니다. 전역 수준의 beforeEach에 적용한 기능입니다.

    예) http://localhost: 5173/about?a=1&b=2

- /members를 거치지 않고 /members/2 경로로 직접 이동해봅니다. 브라우저에서 경로를 직접 입력하면 됩니다. 다음과 같은 내비게이션 중단 로드가 콘솔에 나타날 것입니다.

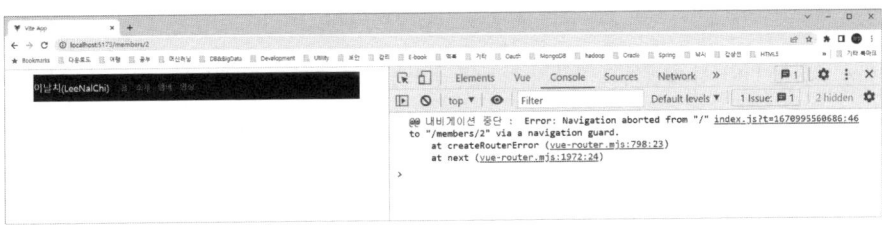

그림 10-18 내비게이션 중단

- 마지막으로 /videos/:id로 이동하여 영상을 플레이하고, 이전, 다음 버튼을 클릭하여 정상 작동 여부를 확인합니다.

내비게이션 가드는 애플리케이션의 인증 처리에도 적용할 수 있습니다. 전역 수준의 가드인 beforeEach()에서 사용자의 인증 여부를 확인하고 인증하지 않거나 접근 권한이 없다면 로그인 화면으로 전환시키도록 할 수 있습니다. 이 내용과 관련된 예제는 이 장의 마지막 절에서 살펴보도록 하겠습니다.

10.8 히스토리 모드와 404 라우트

10.8.1 히스토리 모드

히스토리 모드는 라우팅 모드라고도 부르며 URI 경로와 동기화하여 UI를 나타내기 위해 어떤 정보를 이용할 것인지를 지정하는 방법을 제공합니다. Vue에서는 해시 모드(Hash Mode)와 HTML5 모드, 메모리 모드를 제공합니다.

이미 이전까지 작성한 예제에서 라우터 객체를 생성할 때 history 옵션을 다음과 같이 지정한 것을 기억할 것입니다. 이 모드는 HTML5 모드이며, 브라우저의 HTML5 history API를 이용합니다.

```
import { createRouter, createWebHistory } from 'vue-router'
......
const router = createRouter({
```

```
        history: createWebHistory(),
        ......(생략)
})
```

해시 모드는 URI 경로에서 # 이후의 문자열 정보를 이용해 라우팅합니다. 메모리 모드는 메모리에 저장된 경로 정보를 이용합니다. 그렇기 때문에 브라우저의 URI 경로 입력박스에 경로 정보가 나타나지 않습니다.

해시 히스토리 모드를 적용하고 싶다면 다음과 같이 변경할 수 있습니다.

```
import { createRouter, createWebHashHistory } from 'vue-router'
......
const router = createRouter({
    history: createWebHashHistory(),
    ......(생략)
})
```

그림 10-19 해시 모드일때의 URI 경로

해시 히스토리 모드를 적용하면 그림 10-19와 같이 URI 경로에서 해시(#) 정보를 이용해 라우팅합니다. 그렇지만 /#/about과 같이 # 뒤에 따르는 문자열을 이용하는 방법은 사용자 친화적이지는 않습니다. 그렇기 때문에 HTML5 모드를 사용할 것을 권장합니다. **하지만 HTML5 모드를 사용하려면 Vue 애플리케이션을 호스팅하는 웹서버에 폴백 페이지(Fallback UI)가 올바르게 설정되어 있어야 합니다.** 우리가 지금까지 학습하여 사용한 웹서버는 create-vue 도구에 의해 제공되는 개발용 서버입니다. 이 서버에는 폴백 UI가 이미 설정되어 있습니다. 하지만 실제로 개발이 완료된 후 배포될 서버는 여러분이 직접 설정해야 합니다.

SPA(Single Page Application)는 단 하나의 index.html만을 사용합니다. 브라우저상에서 /about 경로로 요청하더라도 웹서버에 /about에 해당하는 실제 HTML 페이지가 존재하는 것은 아닙니다. 일반적인 웹서버는 대부분 404 Not Found 오류를 일으킬 것입니다. 오류를 일으켜 보기 위해 간단한 테스트를 해보겠습니다.

기존 router-test 프로젝트를 npm run build 명령어로 빌드합니다. 그 후에 dist 디렉터리에 생성된 파일들을 별도의 디렉터리로 복사하겠습니다. 필자는 c:\www 디렉터리로 복사를 하였습니다. 그후에 명령 프롬프트 또는 터미널을 열고 복사한 디렉터리로 이동한 후 다음과 같이 serve라는 테스트용 웹서버를 실행합니다.

```
npx serve
```

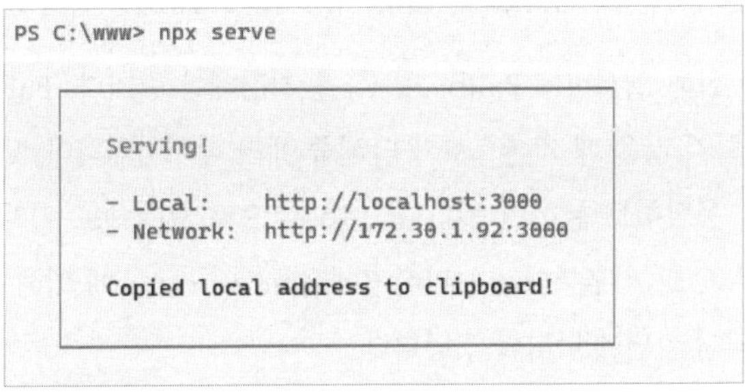

그림 10-20 테스트용 웹서버 실행

웹서버가 구동되면 브라우저를 열고 http://localhost:3000/about과 같이 직접 URI를 입력하여 실행해봅니다. 그림 10-21과 같은 오류가 발생할 것입니다.

그림 10-21 404 Not Found 오류 발생

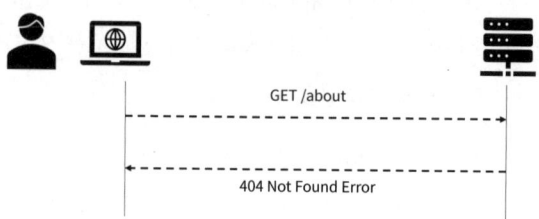

그림 10-22 Fallback UI가 지정되지 않은 경우

이와 같은 오류가 발생하는 이유는 /about 경로에 해당하는 HTML 문서가 없기 때문입니다. SPA(Single Page Application)은 단 하나의 HTML 문서와 자바스크립트 코드만으로 만들어진 애플리케이션입니다. 따라서 index.html 이외에는 HTML 문서가 존재하지 않습니다.

이 문제를 해결하기 위해 웹서버에 Fallback UI를 지정해야 합니다. Fallback UI는 요청한 경로의 문서가 존재하지 않을 때 기본으로 응답해줄 에러 페이지입니다. Vue 애플리케이션에서는 index.html을 응답하도록 하면 됩니다. /about으로 요청해도 일단 웹서버는 /index.html을 응답할 것이고, 그 이후부터는 브라우저에서 vue-router에 의해 /about에 매칭되는 컴포넌트가 마운트되어 화면에 나타날 것입니다.

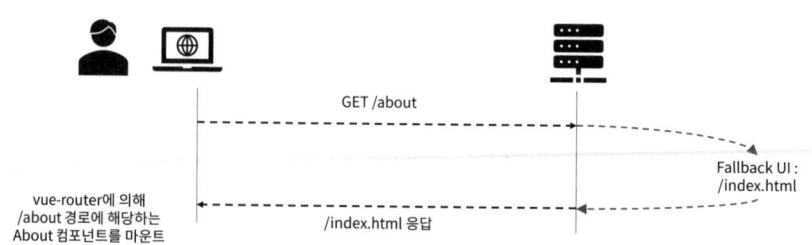

그림 10-23 Fallback UI가 지정된 경우

테스트를 위해 이미 구동했던 테스트 서버를 중단하고 npx serve -s 와 같이 -s 옵션을 부여하여 다시 테스트 서버를 구동합니다. -s 옵션은 single page를 의미합니다. 즉 SPA를 위한 옵션입니다. 이전과 같이 http://localhost:3000/about 경로로 다시 테스트해보세요. 정상적으로 실행되고 있음을 확인할 수 있습니다.

이제 마지막으로 알아둘 것은 여러분이 개발한 애플리케이션을 배포할 웹서버에서의 설정 방법을 확인하는 것입니다. vue-router 공식 문서에는 여러 웹서버 종류 별로 fallback UI를 지정하는 방법을 설명하고 있습니다. 다음 문서를 확인하세요.

- https://router.vuejs-korea.org/ko/guide/essentials/history-mode.html#html5-mode

만일 이 문서에서 사용하고 있는 웹서버가 없다면 '웹서버이름 fallback ui'와 같은 키워드로 인터넷 검색을 해보세요. 어렵지 않게 찾을 수 있습니다.

만일 여러분의 웹서버가 fallback UI를 지원하지 않는다면 해시 모드를 사용해야만 합니다.

10.8.2 404 라우트

기존까지의 예제는 라우트로 설정되지 않은 경로로 요청하면 빈 화면이 나타납니다. 매칭된 라우트가 존재하지 않으므로 아무런 컴포넌트가 마운트되지 않기 때문입니다.

그림 10-24 존재하지 않는 라우트

이와 같은 상황을 방지하기 위해 404 라우트(404 Route)를 추가해야 합니다. 404 라우트는 경로가 매칭되는 것이 없을 때 보여줄 라우트입니다. 라우트의 매칭 여부는 등록된 라우트들의 순서대로 확인하기 때문에 마지막 라우트로 등록해야 합니다. 404 라우트는 파라미터와 정규식(Regular Expression)의 조합으로 작성할 수 있습니다.

기존 router-test 예제에 존재하지 않는 경로일 때 보여줄 NotFound.vue 컴포넌트를 추가합니다.

예제 10-26 : src/pages/NotFound.vue

```
01: <template>
02:     <div class="card card-body">
03:         <h2>404 Not Found</h2>
04:         <p>존재하지 않는 요청 경로 : {{$route.fullPath}}</p>
05:     </div>
06: </template>
07:
08: <script>
09: export default {
10:     name:"NotFound",
11:     created() {
12:         console.log(this.$route.params)
13:     }
14: }
15: </script>
```

이 예제에서는 created 생명주기 메서드에서 파라미터를 출력하도록 했습니다. 이 코드는 다음 예제의 라우트 경로 패턴에 매칭된 경로 문자열 정보를 확인할 수 있도록 합니다. 이제 라우터 객체에 404 라우트를 추가합니다.

예제 10-27 : src/router/index.js 변경

```
01: import { createRouter, createWebHistory } from 'vue-router'
02:
03: ......(생략)
04: import NotFound from '@/pages/NotFound.vue'
05:
06: const router = createRouter({
07:     history: createWebHistory(),
08:     routes : [
09:         ......(생략)
10:         { path: '/:paths(.*)*', name: 'NotFound', component: NotFound },
11:     ]
12: })
13:
14: export default router;
```

예제 10-27의 10행에서 :paths(.*)*로 매칭 패턴을 적용하고 있습니다. :paths는 동적 파라미터 이름이며, ( ) 속의 .*는 임의의 문자(.)가 0번 또는 여러 번 반복되는 패턴을 의미합니다. 따라서 /:paths(.*)는 /abc 또는 /123과 같은 경로를 의미합니다. 마지막 *은 다시 /:paths(.*) 패턴이 다시 0번이상 여러 번 반복하는 패턴을 의미합니다. 따라서 /abc, /abc/def와 같이 모든 경로에 대해 매칭되는 라우트입니다.

이제 실행하여 결과를 확인합니다. 브라우저에서 http://localhost:5173/asdf/qwer/123과 같이 경로를 직접 입력하여 요청하고 404 페이지를 확인합니다.

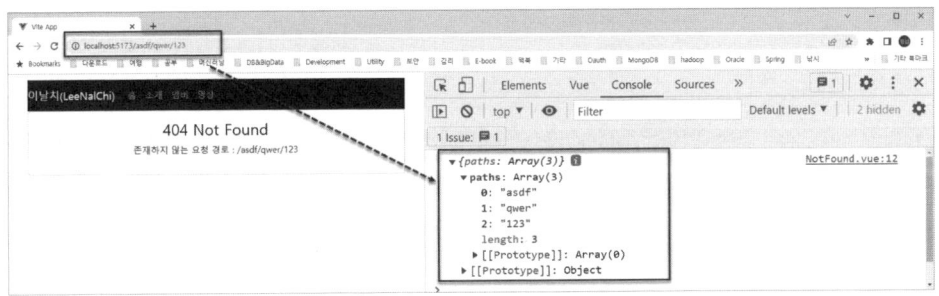

그림 10-25 404 라우트 적용 결과

404 라우트도 정규식을 이용해 파라미터를 지정하였기 때문에 그림 10-25의 콘솔 화면과 같이 currentRoute의 params 속성을 이용할 수 있습니다.

10.9 라우트 정보를 속성으로 연결하기

이제까지의 컴포넌트는 $route값 또는 useRoute() 혹을 이용해 currentRoute를 이용하도록 작성했습니다. 하지만 이렇게 vue-router에 의존적으로 작성된 컴포넌트는 vue-router를 사용하지 않는 프로젝트 환경에서는 사용하기 어렵습니다. 이와 같은 경우에 vue-router와의 결합을 분리시키기 위해 라우트의 동적 파라미터, 쿼리 문자열 정보 등을 속성으로 전달하도록 설정할 수 있습니다.

가장 기본적인 방법은 라우트에 props:true 속성을 추가하는 것입니다. 이 방법으로 동적 파라미터를 동일한 이름의 속성으로 전달할 수 있습니다.

예제 10-28 : src/router/index.js 변경

```
01: const router = createRouter({
02:     history: createWebHistory(),
03:     routes : [
04:         ......(생략)
05:         {
06:             path: '/members/:id', name:'members/id', component: MemberInfo,
07:             beforeEnter:membersIdGuard, props:true
08:         },
09:         ......(생략)
10:     ]
11: })
```

예제 10-29 : src/pages/MemberInfo.vue 변경

```
01: <template>
02: ......(생략)
03: </template>
04:
05: <script>
06: // import { useRoute } from 'vue-router'
07: import members from '@/members.json'
08:
09: export default {
10:     name : "MemberInfo",
11:     props : ['id'],
12:     setup(props) {
13:         // const currentRoute = useRoute()
14:         // const id = parseInt(currentRoute.params.id, 10);
15:         // const member = members.find((m)=>m.id === id);
16:         const member = members.find((m)=>m.id === parseInt(props.id, 10));
17:
18:         return { member }
19:     }
20: }
21: </script>
22: <style>
23: ......(생략)
24: </style>
```

예제 10-29에서 라우트에 의존적인 코드를 모두 주석 처리하고 11, 16행에서와 같이 props를 이용하도록 작성된 것을 볼 수 있습니다.

10.6에서 학습했던 명명된 뷰라면 여러 컴포넌트를 렌더링합니다. 이 경우 객체를 전달할 수 있습니다. 객체에는 명명된 뷰마다 props를 동적으로 전달할지 여부를 true/false 값으로 지정합니다.

```
const router = createRouter({
    history: createWebHistory(),
    routes : [
        ......(생략)
        {
            path: '/members',
            components: {
                default: Members,
                left: MembersLeft,
                footer: MembersFooter,
            },
            props : {
                default:true, left:true, footer:false
            }
        },
    ]
})
```

동적 파라미터가 아닌 다른 값을 속성으로 전달하고 싶다면 props 속성에 함수를 지정합니다. 함수의 리턴 값이 속성으로 전달됩니다. 다음 예시는 pageno 쿼리문자열을 page 속성으로 전달합니다.

```
//요청 경로 : /boards?pageno=2
// pageno 쿼리 문자열 값이 page 속성으로 전달됨.
const router = createRouter({
    history: createWebHistory(),
    routes : [
        ......(생략)
        {
            path : '/boards',
```

```
            component : Board,
            props : (route) => {
                return { page : route.query.pageno }
            }
        }
    ]
})
```

10.10 지연 로딩

지연 로딩(Lazy Loading)은 컴포넌트가 이용되는 시점에 컴포넌트 및 관련된 모듈을 웹서 버로부터 로딩하는 방법입니다.

SPA(Single Page Application)는 HTML 파일 하나와 자바스크립트 코드들로 많은 화면과 컴포넌트를 처리하는 애플리케이션입니다. 수십~수백 개의 컴포넌트와 화면이 작성되더라도 막상 처음 애플리케이션이 로딩될 때는 첫 화면(주로 메인 화면)에 해당하는 컴포넌트만 보여 주면 됩니다. 하지만 Vue CLI 가 사용하는 웹팩(Webpack)의 기본 설정 또는 Vite의 기본 설정으로 빌드하면 단 몇개의 .js 파일로 빌드하고 첫 화면 로딩 시에 전체 앱의 코드를 웹서버로부터 다운로드합니다. 따라서 수백 개의 화면을 가진 대규모 애플리케이션인 경우 첫 화면을 로드하는 데 오랜 지연 시간이 발생하게 됩니다. 지연 로딩(Lazy Loading)은 이러한 문제를 해결할 수 있는 기능을 제공합니다. 이미 여러분은 8장에서 비동기 컴포넌트를 학습한 적이 있습니다. 지연 로딩은 비동기 컴포넌트의 vue-router 버전이라고 생각해도 좋습니다.

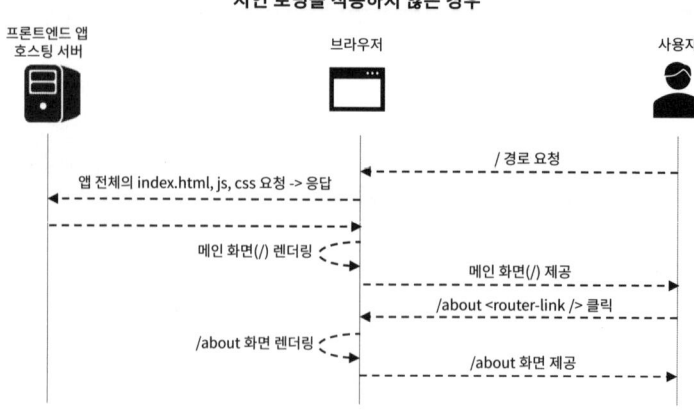

그림 10-26 지연 로딩을 적용하지 않은 경우

vue-router가 지원하는 지연 로딩은 컴포넌트 또는 화면 단위로 분리된 .js 파일로 빌드하고 각 컴포넌트가 사용될 때 서버로부터 .js 파일을 다운로드하도록 합니다. 이 방법을 통해 애플리케이션을 처음 실행하면 초기 화면에 필요한 .js 파일만을 로딩하므로 초기 화면의 로딩 속도를 향상시킬 수 있습니다. 또한 한번 로딩된 .js 파일은 다시 필요하게 되더라도 이미 로딩되었기 때문에 서버로부터 다운로드하지 않습니다.

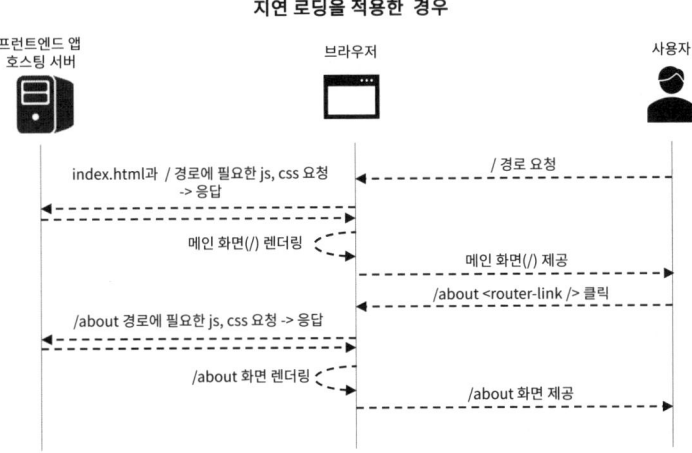

그림 10-27 지연로딩을 적용한 경우

지연 로딩을 적용하기 위해서는 import() 함수를 이용합니다.

```
//import About from '@/pages/About.vue'
//위의 주석 처리된 코드를 아래 코드로 대체합니다.
const About = () => import('@/pages/About.vue')

const router = createRouter({
  // ...
  routes: [
    { path: '/about', name: 'about', component: About },
  ],
})
```

vue-router는 8장의 비동기 컴포넌트와는 달리 defineAsyncComponent() 함수를 이용하면 안 됩니다. 단지 import()를 이용해 동적 임포트(dynamic import) 기능만을 사용해야 합니다.

10.10.1 지연 로딩 적용하기

이제 기존 router-test 예제에 지연 로딩 기능을 추가해보겠습니다. 우선 라우터 객체에서 사용할 컴포넌트를 임포트하는 코드를 적용합니다.

예제 10-30 : src/router/index.js 변경

```
01: import { createRouter, createWebHistory, isNavigationFailure } from 'vue-router'
02:
03: const Home = () => import('@/pages/Home.vue');
04: const About = () => import('@/pages/About.vue');
05: const Members = () => import('@/pages/Members.vue');
06: const MemberInfo = () => import('@/pages/MemberInfo.vue');
07: const Videos = () => import('@/pages/Videos.vue');
08: const VideoPlayer = () => import('@/pages/VideoPlayer.vue');
09: const NotFound = () => import('@/pages/NotFound.vue');
10:
11: ......(생략)
12:
13: const router = createRouter({
14:     history: createWebHistory(),
15:     routes : [
16:         ......(생략)
17:     ]
18: })
19: ......(생략)
20: export default router;
```

필요한 시점에 지연 로딩을 하고 있는지를 확인하기 위해서는 브라우저 개발자 도구의 Network 탭을 이용할 수 있습니다. Network 탭을 열어 놓고 홈 메뉴와 영상 메뉴를 반복적으로 이동해보십시오. 처음 이동할 때 한번 컴포넌트를 다운로드하지만 한번 다운로드한 것을 다시 로딩하지는 않습니다. 다음 그림을 참조해 실행해보세요.

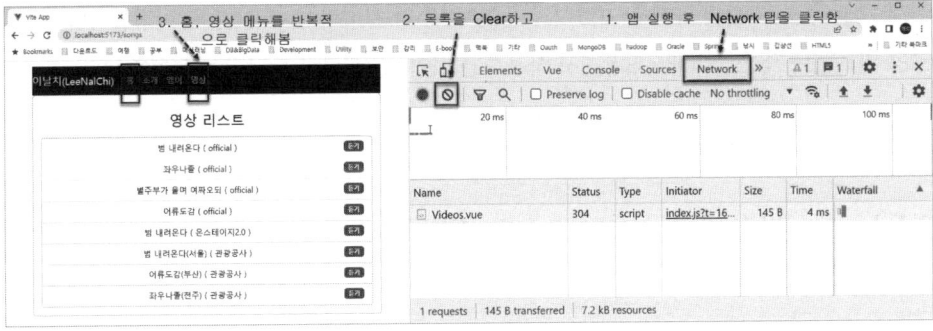

그림 10-28 지연 로딩 여부 확인

10.10.2 Suspense 컴포넌트

지연 시간 동안 로딩 컴포넌트를 보여주려면 〈Suspense〉 컴포넌트를 이용할 수 있습니다. Suspense 컴포넌트의 사용 방법은 다음과 같습니다.

```
<Suspense>
  <!-- 내부에 비동기 의존성을 가진 컴포넌트-->
  <Home />
  <!-- 로딩 도중 보여줄 fallback UI -->
  <template #fallback>
    <Loading />
  </template>
</Suspense>
```

Suspense는 〈router-view〉와도 함께 사용할 수 있습니다. 단 보여줄 컴포넌트가 〈router-view〉에 의해 매번 달라지므로 슬롯과 동적 컴포넌트를 함께 활용해야 합니다.

```
<router-view v-slot="{ Component }">
  <Suspense timeout="0">
    <Component :is="Component"></Component>
    <template #fallback>
      <Loading />
    </template>
  </Suspense>
</router-view>
```

이제 기존 router-test 예제를 지연시간 동안 로딩 컴포넌트가 나타나도록 변경합니다. 우선 로딩 컴포넌트 작성을 위해서 8장에서 사용해본 적이 있는 vue-csspin을 설치하겠습니다.

```
npm install vue-csspin
```

이제 Loading 컴포넌트를 작성합니다. 이미 8장(8.7 비동기 컴포넌트)에서 다루었던 내용이므로 설명은 생략합니다.

예제 10-31 : src/components/Loading.vue 추가

```
<template>
    <VueCsspin message="Loading" spin-style="cp-flip" />
</template>

<script>
import { VueCsspin } from 'vue-csspin'
import 'vue-csspin/dist/vue-csspin.css'

export default {
    name : "Loading",
    components : { VueCsspin },
}
</script>
```

예제 10-32 : src/App.vue 변경

```
01: <template>
02:     <div class="container">
03:         <Header />
04:         <router-view v-slot="{ Component }">
05:             <Suspense timeout="0">
06:                 <Component :is="Component"></component>
07:                 <template #fallback>
08:                     <Loading />
09:                 </template>
10:             </Suspense>
11:         </router-view>
12:     </div>
13: </template>
```

```
14:
15: <script>
16: import Header from '@/components/Header.vue'
17: import Loading from '@/components/Loading.vue'
18: import { provide } from 'vue';
19:
20: export default {
21:     name : "App",
22:     components : { Header, Loading },
23:     setup() {
24:         ......(생략)
25:     }
26: }
27: </script>
28: <style>
29: ......(생략)
30: </style>
```

17행과 같이 Loading 컴포넌트를 임포트하고 〈Suspense〉 컴포넌트의 fallback 템플릿에서 Loading 컴포넌트가 나타나도록 지정하였습니다. 이제 컴포넌트를 비동기로 로딩하는 도중에는 스피너 UI가 나타날 것입니다. 이제 About 컴포넌트를 비동기 지연이 발생하도록 변경해보도록 하겠습니다. 비동기 작업 대상은 필자가 만들어둔 샘플용 백엔드 API입니다. /contacts_long 엔드포인트는 의도적으로 1초의 지연 시간 후에 응답할 것입니다.

예제 10-33 : src/pages/About.vue 변경

```
01: <template>
02:     <div class="card card-body">
03:         <h2>About {{user.name}}</h2>
04:         <p>Tel : {{user.tel}}</p>
05:         <p>Address : {{user.address}}</p>
06:     </div>
07: </template>
08:
09: <script>
10: import { reactive } from "vue";
11:
12: export default {
```

```
13:    async setup() {
14:        const user = reactive({ no:0, name:"", tel:"", address:"" });
15:        const url = "https://contactsvc.bmaster.kro.kr/contacts_long?pageno=1";
16:        const response = await fetch(url);
17:        const contactList = await response.json();
18:        user.no = contactList.contacts[0].no;
19:        user.name = contactList.contacts[0].name;
20:        user.tel = contactList.contacts[0].tel;
21:        user.address = contactList.contacts[0].address;
22:
23:        return { user };
24:    }
25: }
26: </script>
```

About 컴포넌트에서 컴포지션 API를 사용하도록 변경하였고, setup() 내부에서 비동기 처리를 수행할 수 있도록 async setup()과 같이 setup 함수를 작성합니다. 이렇게 작성하면 setup() 함수 내부에서 await~으로 비동기 처리를 손쉽게 진행할 수 있습니다. 이제 npm run dev 명령으로 다시 실행하여 홈 화면에서 소개 메뉴를 클릭해보면 다음 그림과 같은 결과를 확인할 수 있습니다.

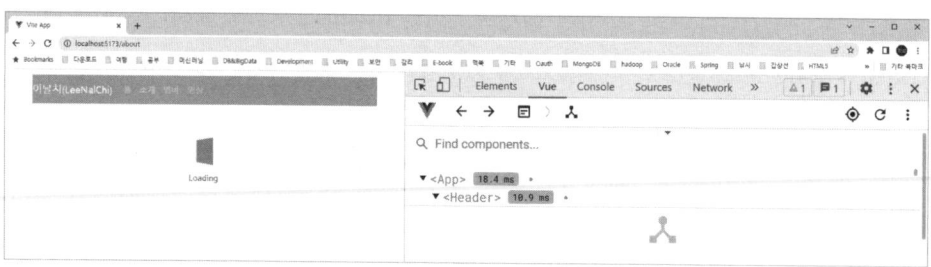

그림 10-29 〈Suspense /〉 적용 결과

> **Suspense 컴포넌트**
>
> Suspense 컴포넌트는 실험적으로 적용하고 있는 기능(experimental feature: 2023/03/21 현재 상태)이라서 약간의 경고, 오류 등이 발생할 수 있습니다. 그렇기 때문에 실제 코드에 적용하는 것은 권장하지 않습니다. 안정된 기능으로 정식 버전으로 출시되기를 기대해봅니다.

10.10.3 청크 스플릿팅

이전까지 router-test 예제를 npm run build 명령어로 빌드하면 dist 디렉터리에 빌드된 배포 가능한 아티팩트가 만들어지는데 지연 로딩한 각각의 컴포넌트 단위로 별도의 .js 파일을 빌드해내는 것을 알 수 있습니다.

이러한 빌드된 .js 파일 조각을 청크(Chunk)라고 부르며, 한 프로젝트의 여러 컴포넌트, 모듈을 여러 개의 청크로 쪼개는 작업을 청크 스플릿팅(Chunk Splitting)이라고 부릅니다. 만일 지연 로딩을 사용하지 않으면 Vite 기반 프로젝트는 롤업(Rollup)이라는 도구를 이용해 단 하나의 .js 파일을 만들어냅니다.

지연 로딩을 적용하면서 만일 몇개의 컴포넌트를 묶어서 하나의 .js 파일로 빌드하려면 어떻게 해야 할까요? 가장 간단한 방법은 webpack이라는 빌드 도구의 청크 스플릿팅 기능인 webpackChunkName을 지정하는 것입니다. 하지만 vite 기반 프로젝트는 webpack을 사용하지 않기 때문에 다음과 같이 vite 기반 프로젝트에서 webpack의 청크 스플릿팅 기능을 제공하는 패키지를 설치하고 vite.config.js에서 추가적인 설정을 해주어야 합니다.

[패키지 추가 설치]

```
npm install -D vite-plugin-webpackchunkname
```

[vite.config.js 설정 추가]

```
import { fileURLToPath, URL } from 'node:url'

import { defineConfig } from 'vite'
import vue from '@vitejs/plugin-vue'
import { manualChunksPlugin } from 'vite-plugin-webpackchunkname'

// https://vitejs.dev/config/
export default defineConfig({
  plugins: [vue(), manualChunksPlugin() ],
  resolve: {
    alias: {
      '@': fileURLToPath(new URL('./src', import.meta.url))
    }
  },
})
```

이제 설정이 되었다면 src/router/index.js에서 webpackChunkName 기능을 적용해보겠습니다. 볼드체로 표현된 부분을 적용하세요.

예제 10-34 : src/router/index.js 변경

```
const Home = () => import(/* webpackChunkName: "home" */ '@/pages/Home.vue');
const About = () => import(/* webpackChunkName: "home" */ '@/pages/About.vue');
const Members = () => import(/* webpackChunkName: "members" */ '@/pages/Members.vue');
const MemberInfo = () => import(/* webpackChunkName: "members" */ '@/pages/MemberInfo.vue');
const Videos = () => import(/* webpackChunkName: "videos" */ '@/pages/Videos.vue');
const VideoPlayer = () => import(/* webpackChunkName: "videos" */ '@/pages/VideoPlayer.vue');
const NotFound = () => import(/* webpackChunkName: "home" */ '@/pages/NotFound.vue');
```

컴포넌트를 지연 로딩할 때 사용한 import() 내부에 /* webpackChunkName : "home" */과 같이 청크의 이름을 지정합니다. 청크 이름이 같은 것들을 모아서 하나의 청크로 빌드해 낼 것입니다. npm run build 명령으로 빌드하여 dist/assets 아래에 빌드된 .js 파일을 검토해보세요.

10.11 라우팅과 인증 처리

10.11.1 토큰 기반 인증 개요

Vue 애플리케이션에서는 인증처리를 수행하려면 인증 처리를 수행하는 백엔드 API 서버를 개발하거나 Firebase와 같은 서버리스 서비스를 이용해야만 합니다. 이 책에서는 백엔드 API 서버 개발과 관련한 내용은 다루지 않습니다.

다음 그림은 일반적인 프런트엔드 애플리케이션과 백엔드 API 간의 인증 처리 과정을 표현한 것입니다.

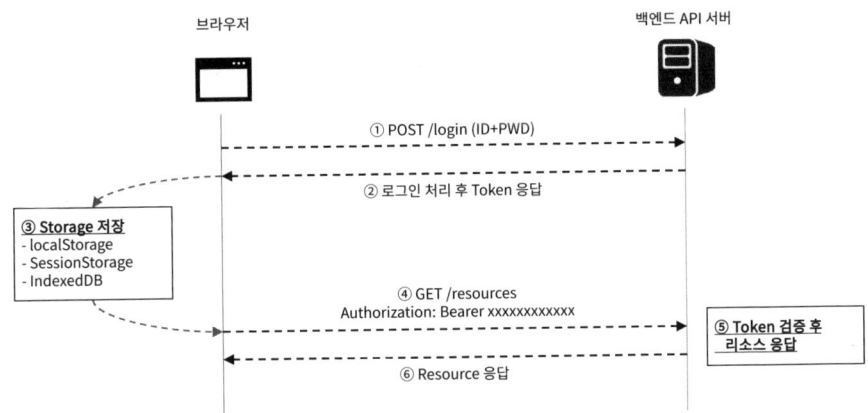

그림 10-30 백엔드 API를 이용한 인증 처리 과정

우선 프런트엔드 애플리케이션에서는 백엔드 인증 API 서버로 ID, PWD를 전달하여 인증 처리를 합니다. 사용자의 자격 증명 정보가 유효하다면 토큰을 생성해 응답합니다. 가장 많이 사용되는 토큰은 JWT(JSON Web Token)입니다. 이 형식을 사용하면 Token 정보를 별도로 백엔드 쪽 데이터베이스 등에 저장하지 않아도 된다는 장점이 있습니다.

> **NOTE** JWT(JSON Web Token)은 사용자 자격증명 정보와 역할 정보 등을 JSON 정보로 생성하고, 이 정보가 브라우저나 클라이언트 애플리케이션에서 위변조가 불가능하도록 무결성 검증을 위한 서명(Signature)를 첨부한 토큰입니다.

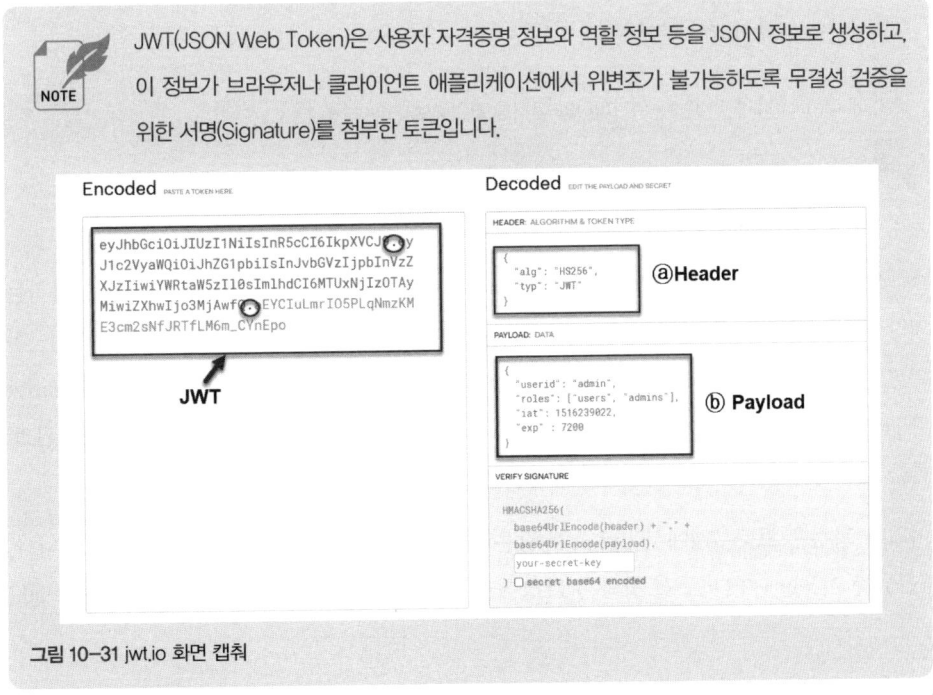

그림 10-31 jwt.io 화면 캡쳐

이 토큰은 헤더(Header), 페이로드(Payload), 서명(Signature)의 3가지 영역으로 구분할 수 있습니다. 그림 10-31은 https://jwt.io 페이지를 캡처한 것인데, 그림 왼쪽의 문자열이 JWT입니다. 이 토큰은 마침표 기호(.)를 기준으로 3개의 영역으로 구성되어 있는데, 첫 번째 영역과 두 번째 영역은 각각 ⓐHeader, ⓑ Payload의 JSON 문자열을 Base64 인코딩한 값입니다. 세 번째 영역 서명은 다음과 같이 작성됩니다.

```
Signature = HMAC( ( Base64(Header) + "." + Base64(Payload) ), Secret)
세 번째 영역 서명 = Base64(Signature)
```

Secret은 백엔드 API 인증 서버만이 가진 비밀키(Secret Key)입니다. 이 비밀키는 클라이언트, 브라우저로 공개되지 않기 때문에 이 토큰을 받은 클라이언트, 브라우저에서는 페이로드의 데이터를 Base64로 디코딩하여 볼 수는 있지만 변경할 수는 없습니다. 변경한다 하더라도 비밀키가 없어서 서명을 생성할 수 없으므로 변조된 JWT를 전달받은 백엔드 API 서버는 서명 검증 과정을 통해서 페이로드 변조 여부를 탐지할 수 있습니다. 따라서 불법적인 프런트엔드 애플리케이션의 백엔드로의 접근을 막을 수 있습니다.

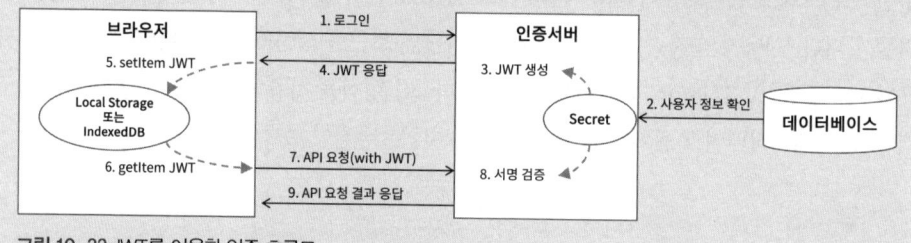

그림 10-32 JWT를 이용한 인증 흐름도

JWT에 대한 더 자세한 내용은 위키피디아 문서를 확인해보세요.

- https://ko.wikipedia.org/wiki/JSON_웹_토큰

백엔드 인증 서버로부터 응답받은 토큰은 브라우저 내의 저장소에 저장합니다. 주로 사용하는 저장소는 IndexedDB, localStorage, sessionStorage 등입니다. 인증된 사용자만이 접근할 수 있는 백엔드 API 쪽 리소스로 요청할 때는 저장한 토큰을 Authorization HTTP Header나 HTTP Cookie에 실어서 요청합니다. 그 후 백엔드 API 에서는 브라우저로부터 전달된 토큰을 검증하고 유효하다면 리소스를 응답할 것입니다.

이러한 과정은 브라우저에서 axios와 같은 라이브러리를 이용해 HTTP 통신해야 합니다. axios를 이용한 HTTP 통신 방법은 11장에서 학습하겠습니다. 우선 10장에서는 프런트엔드

애플리케이션에서 vue-router의 내비게이션 가드를 이용해 라우팅을 제어하는 방법만을 적용해 봅니다.

10.11.2 내비게이션 가드를 이용한 로그인 화면 전환

vue-router의 내비게이션 가드를 이용해 무엇을 해야 할까요? 우선 브라우저에 보유한 토큰이 있는지를 확인하고 토큰이 없거나 파기된 토큰(expired token)이라면 Login 화면의 경로로 자동으로 전환해주어야 합니다. 로그인이 된 후에는 다시 로그인 전에 접근하려 했던 경로로 이동시켜줘야 합니다. 이와 같은 기능을 내비게이션 가드로 구현할 수 있습니다.

우선 예제 프로젝트를 생성해보겠습니다. 다음 명령어로 router-auth-test 프로젝트를 생성하고 vue-router 라이브러리를 다운로드하겠습니다. 그 후에 VSCode로 생성된 프로젝트를 열고 src/components, src/assets 디렉터리를 삭제합니다.

```
npm init vue router-auth-test
cd router-auth-test
npm install
npm install vue-router@4
```

예제의 전체적인 디렉터리 구조는 다음 그림과 같습니다. 그림과 같이 디렉터리와 파일을 미리 생성해주세요.

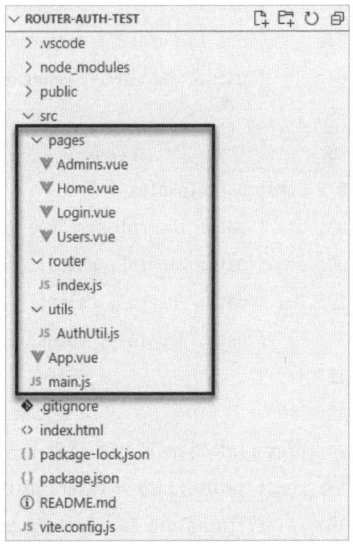

그림 10-33 router-auth-test 예제 디렉터리 구조

예제의 라우팅 정보는 다음과 같습니다. /, /login은 누구나 접근가능한 퍼블릭 액세스 페이지이고 /users, /admins는 지정한 역할(role)을 가진 사용자만 접근 가능하도록 설정하겠습니다.

표 10-07 라우팅 정보

경로	라우트명	컴포넌트	설명
/	home	Home	홈 화면. 누구나 접근 가능(everybody)
/login	login	Login	로그인 화면. 누구나 접근 가능(everybody)
/users	users	Users	사용자 전용 화면. users 역할(role)을 가진 사용자만 접근 가능
/admins	admins	Admins	관리자 전용 화면. adimins 역할(role)을 가진 사용자만 접근 가능

먼저 인증 처리를 지원하기 위한 유틸리티 함수들을 만듭니다. 이 예제에서는 백엔드 API를 이용한 인증은 적용하지 않기 때문에 코드 수준에서 정적인 사용자 정보를 작성하고 로그인 처리를 할 것입니다.

예제 10-35 : src/utils/AuthUtil.js 작성

```
01: const staticUsers = [
02:     { userid:"user1", password:"1234", roles: ["users"] },
03:     { userid:"user2", password:"1234", roles: ["users"] },
04:     { userid:"admin", password:"1234", roles: ["users","admins"] },
05: ]
06:
07: const pathsToRoles = [
08:     { path:"/", roles: ["everybody"] },
09:     { path:"/login", roles: ["everybody"] },
10:     { path:"/users", roles: ["users","admins"] },
11:     { path:"/admins", roles: ["admins"] },
12: ]
13:
14: //userInfo가 null이면 로컬 스토리지 삭제
15: const setUserInfo = (userInfo) => {
16:     if (userInfo && userInfo.authenticated) {
17:         window.localStorage.setItem("userInfo", btoa(JSON.stringify(userInfo)))
18:     } else {
```

```
19:        window.localStorage.removeItem("userInfo")
20:    }
21: }
22:
23: const getUserInfo = () => {
24:    let strUserInfo = window.localStorage.getItem("userInfo");
25:    if (!strUserInfo) {
26:        return { authenticated: false};
27:    } else {
28:        return JSON.parse(window.atob(strUserInfo));
29:    }
30: }
31:
32: const loginProcess = (userid, password, successCallback, failCallback) => {
33:    //이 부분은 백엔드 API 인증 서버와 HTTP로 통신하여 인증 처리해야 함.
34:    const user= staticUsers.find((u) => u.userid===userid && u.password===password);
35:    if (user) {
36:        let userInfo = { authenticated:true, userid:user.userid, roles: user.roles };
37:        setUserInfo(userInfo);
38:        successCallback();
39:    } else {
40:        if (failCallback) failCallback();
41:    }
42: }
43:
44: const logoutProcess = (callback) => {
45:    setUserInfo(null);      //로컬 스토리지 삭제
46:    callback();
47: }
48:
49: //경로와 사용자 정보의 role을 기반으로 접근 허가 여부 결정(true/false)
50: const isMatchToRoles = (reqPath) => {
51:    //{ path:"/", roles: ["everybody"] }
52:    const path = pathsToRoles.find((pr)=>pr.path === reqPath);
53:    //경로가 없다면 접근 불가
54:    if (!path)  return false;
55:
56:    const userInfo = getUserInfo();
```

```
57:        //인증되지 않았다면 everybody 가 지정된 경로만 접근 가능
58:        if (userInfo.authenticated === false) {
59:            return path.roles.find((p)=>p==="everybody") ? true : false;
60:        } else {
61:            //인증이 되었다면 userInfo의 roles와 path.roles에 동일한 것이 있어야 함.
62:            let isAccessible = false;
63:            if (path.roles.indexOf('everybody') > -1) {
64:                isAccessible = true;
65:            } else {
66:                for (let i=0; i < userInfo.roles.length; i++) {
67:                    let role = userInfo.roles[i];
68:                    const index = path.roles.indexOf(role);
69:                    if (index >= 0) {
70:                        isAccessible = true;
71:                        break;
72:                    }
73:                }
74:            }
75:
76:            return isAccessible;
77:    }
78: }
79:
80: export { isMatchToRoles, loginProcess, logoutProcess, getUserInfo };
```

1~3행은 3개의 정적인 사용자 정보를 담은 배열입니다. user1, user2 계정은 users 역할을, admin 계정은 admins, users 역할을 가진 것으로 정의해보았습니다. 이 정보는 추후에 백엔드 API 인증 서버를 이용하도록 변경되어야 할 것입니다.

7~12행은 각 경로로 진입하기 위해서 어떤 역할을 보유해야 하는지를 담은 배열입니다. everybody 역할이 지정된 경로는 누구나 접근할 수 있는 경로이고 나머지는 지정된 역할이 있어야만 진입이 가능하도록 설정합니다.

15~30행의 setUserInfo, getUserInfo 함수는 localStorage에 사용자 정보를 저장하거나 localStorage에 저장된 사용자 정보를 읽어냅니다. localStorage에는 문자열만 저장할 수 있으므로 객체를 JSON 문자열로 변환하고 다시 Base64 인코딩을 수행하여 저장하도록 작성해

보았습니다. 향후에 사용할 JWT의 페이로드 정보도 JSON 문자열을 Base64로 인코딩한 구조입니다.

32~42행의 loginProcess 함수는 로그인 처리를 수행합니다. 인자로 전달받은 ID, PWD를 이용해 정적인 사용자를 조회해 일치하는 정보가 있는지를 확인한 후에 setUserInfo 함수로 사용자 정보를 저장합니다. 3번째 인자와 4번째 인자로 전달받은 콜백 함수는 각각 로그인 성공, 실패 시에 호출할 함수입니다.

44~47행의 logoutProcess 함수는 setUserInfo 함수에 null을 전달하여 localStorage에 저장된 사용자 정보를 삭제합니다.

가장 중요한 함수는 50~78행의 isMatchToRoles입니다. 요청된 경로(reqPath)를 인자로 전달받아 현재의 사용자가 이 경로에 접근할 권한이 있는 사용자인지를 확인한 후에 true/false를 리턴합니다. 요청한 경로가 존재하지 않거나 요청된 경로가 역할이 필요한 경로인데 사용자가 필요한 역할을 보유하고 있지 않다면 false를 리턴합니다. everybody 역할이 있거나 사용자가 요청 경로에 필요한 역할을 보유하고 있다면 true를 리턴합니다.

라우터 객체의 전역 수준 내비게이션 가드인 beforeEach()에서 내비게이션 시작 시점에 isMatchToRoles 함수를 호출하여 요청 경로에 사용자가 접근할 수 있는지를 검증하도록 할 것입니다.

80행에서는 작성한 함수 중 4개의 함수를 익스포트하여 공개합니다.

이제 라우터 객체를 작성할 순서입니다.

예제 10-36 : src/router/index.js 작성

```
01: import { createRouter, createWebHistory } from 'vue-router';
02: import { isMatchToRoles } from '@/utils/AuthUtil.js';
03:
04: import Home from '@/pages/Home.vue';
05: import Users from '@/pages/Users.vue';
06: import Admins from '@/pages/Admins.vue';
07: import Login from '@/pages/Login.vue';
08:
09: const router = createRouter({
10:     history: createWebHistory(),
```

```
11:     routes : [
12:         { path: '/', name:'home', component: Home },
13:         { path: '/login', name:'login', component: Login },
14:         { path: '/users', name:'users', component: Users },
15:         { path: '/admins', name:'admins', component: Admins },
16:     ]
17: })
18:
19: router.beforeEach((to)=>{
20:     if (!isMatchToRoles(to.path)) {
21:         return { name:'login', query: { fromname:to.name } };
22:     }
23: })
24:
25: export default router;
```

이 예제에서 가장 중요한 부분은 19~23행의 beforeEach 내비게이션 가드입니다. 이 시점에서 AuthUtil 모듈에서 임포트한 isMatchToRoles 함수에 현재의 요청 경로를 인자로 전달하여 호출합니다. 리턴값이 false라면 강제로 login 화면으로 이동하도록 객체를 생성해 리턴합니다. 로그인 화면으로 이동할 때 로그인 후 다시 이 경로로 돌아올 수 있도록 요청 경로의 라우트 이름을 쿼리 문자열에 담아 전달하도록 합니다.

이제 라우터 객체를 사용하도록 main.js 파일을 변경하겠습니다. 이 내용은 이 장의 첫 번째 예제에서 적용해보았으므로 설명은 생략합니다.

예제 10-37 : src/main.js 변경

```
import { createApp } from 'vue'
import App from './App.vue'
import router from './router'

const app = createApp(App)
app.use(router)
app.mount('#app')
```

이제 App.vue 컴포넌트를 작성하겠습니다. <rotuer-link>를 이용해 내비게이션할 수 있는 링크를 만들고 <router-view>를 템플릿이 작성하여 라우트 정보의 컴포넌트들이 이 위치에 마운트되도록 합니다.

예제 10-38 : src/App.vue 변경

```
01: <template>
02:   <div class="container">
03:     <div>
04:       <router-link to="/">Home</router-link> 
05:       <router-link to="/login">Login</router-link> 
06:       <router-link to="/users">Users</router-link> 
07:       <router-link to="/admins">Admins</router-link> 
08:     </div>
09:     <hr />
10:     <div>
11:       <router-view />
12:     </div>
13:   </div>
14: </template>
15:
16: <script>
17: export default {
18:   name : "App"
19: }
20: </script>
21:
22: <style>
23: .container { margin:10px; }
24: </style>
```

이제 로그인 화면을 작성하겠습니다. 다음 예제를 작성하세요.

예제 10-39 : src/pages/Login.vue 작성

```
01: <template>
02:   <div>
03:     <h2>로그인</h2>
04:     사용자 : <input type="text" v-model="info.userid" /><br />
05:     암호  : <input type="password" v-model="info.password" /><br />
06:     <br />
07:     <button @click="login">로그인</button>
08:   </div>
```

```
09: </template>
10:
11: <script>
12: import { reactive } from 'vue';
13: import { useRoute, useRouter } from 'vue-router';
14: import { loginProcess } from '@/utils/AuthUtil.js';
15:
16: export default {
17:     name : "Login",
18:     setup() {
19:         const router = useRouter();
20:         const currentRoute = useRoute();
21:         const fromname = currentRoute.query.fromname;
22:
23:         const info = reactive({ userid:"", password:"" });
24:
25:         const successCallback = () => {
26:             if (fromname) router.push({ path: fromname })
27:             else router.push({ name:'home' })
28:         }
29:         const failCallback = () => {
30:             alert('로그인 실패');
31:         }
32:
33:         const login = ()=> {
34:             loginProcess(info.userid, info.password, successCallback, failCallback)
35:         }
36:
37:         return { info, login };
38:     }
39: }
40: </script>
```

21행에서 우선 currentRoute 객체에서 fromname 쿼리 문자열 정보를 읽어냅니다. 이 쿼리 문자열 정보는 로그인 화면으로 이동하기 전에 접근하려 했던 경로입니다. 이 정보가 존재하면 로그인 후 fromname 라우트 이름을 이용해 자동으로 이동시키도록 할 것입니다.

방금 설명한 기능을 34행의 로그인 처리 시에 successCallback 함수로 만들어서 인자로 전달합니다. 로그인 처리가 성공적이라면 successCallback을 실행하고 로그인에 실패하면 failCallback 함수를 실행할 것입니다.

이제 Home 컴포넌트를 작성합니다. Home 컴포넌트는 로그인하지 않아도 접근할 수 있기 때문에 로그인 여부에 따라 사용자 정보를 출력할 수 있도록 v-if 디렉티브로 제어하겠습니다.

예제 10-40 : src/pages/Home.vue 작성

```
01: <template>
02:     <div>
03:         <h2>Home</h2>
04:         <p>인증되지 않아도 접근 가능한 페이지</p>
05:         <div v-if="data.userInfo.authenticated">
06:             <p>사용자 : {{data.userInfo.userid}}</p>
07:             <p>사용자의 역할 : [ {{data.userInfo.roles.join(', ')}} ]</p>
08:             <button @click="logout">로그아웃</button>
09:         </div>
10:     </div>
11: </template>
12:
13: <script>
14: import { getUserInfo, logoutProcess } from '@/utils/AuthUtil.js'
15: import { useRouter } from 'vue-router';
16: import { reactive } from 'vue';
17:
18: export default {
19:     name : "Home",
20:     setup() {
21:         const router = useRouter();
22:         const data = reactive({ userInfo: getUserInfo() })
23:         const logout = () => {
24:             logoutProcess(()=>{
25:                 data.userInfo = {};
26:                 router.push({ name:'home' });
27:             })
28:         }
```

```
29:            return { data, logout }
30:        }
31: }
32: </script>
```

다음으로 Users, Admins 컴포넌트는 인증된 사용자만 접근할 수 있는 컴포넌트입니다. 인증된 사용자 정보를 출력하도록 작성합니다. 예제 10-40를 작성 후 복사해서 Admins 컴포넌트를 작성해보세요. 볼드체로 표현된 부분(3,4,16행)을 'Admins', 'admins 역할이 있어야만 접근할 수 있는 페이지', 'Admins' 등으로 적절하게 변경하시면 됩니다.

예제 10-41 : src/pages/Users.vue 작성

```
01: <template>
02:     <div>
03:         <h2>Users</h2>
04:         <p>users 역할이 있어야만 접근할 수 있는 페이지</p>
05:         <p>사용자 : {{userInfo.userid}}</p>
06:         <p>사용자의 역할 : [ {{userInfo.roles.join(', ')}} ]</p>
07:         <button @click="logout">로그아웃</button>
08:     </div>
09: </template>
10:
11: <script>
12: import { getUserInfo, logoutProcess } from '@/utils/AuthUtil.js'
13: import { useRouter } from 'vue-router';
14:
15: export default {
16:     name : "Users",
17:     setup() {
18:         const router = useRouter();
19:         const userInfo = getUserInfo();
20:         const logout = () => {
21:             logoutProcess(()=>{
22:                 router.push({ name:'home' });
23:             })
24:         }
25:         return { userInfo, logout }
```

```
26:     }
27: }
28: </script>
```

이제 실행해서 결과를 확인해보세요. 사용자 계정을 달리 변경해가면서 여러 경로를 접근해보세요. 그리고 다음 그림과 같이 로그인 후 브라우저 개발자 도구의 Application 탭을 열어서 Local Storage에 저장된 토큰을 확인해봅니다.

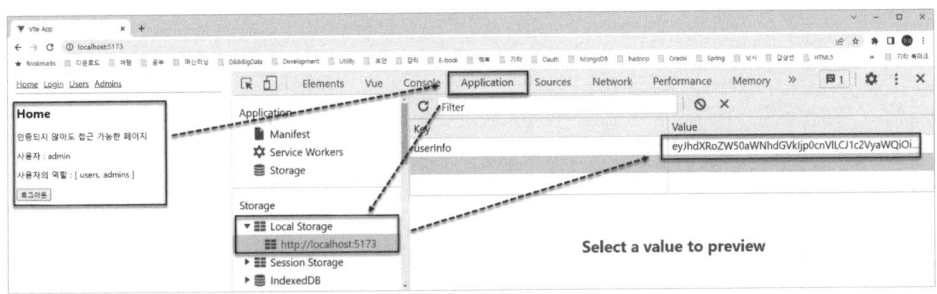

그림 10-34 router-auth-test 예제의 실행

이 예제는 백엔드 API 인증 서버와 연동한 것은 아닙니다만 Vue 애플리케이션에서 인증과 관련된 라우팅 기능을 이해하기에는 충분하리라 생각합니다.

10.12 마무리

SPA(Single Page Application)는 URI 경로 정보를 이용해 효과적으로 화면을 전환해야 하기 때문에 라우팅 기능이 대단히 중요합니다. vue-router의 동적 파라미터, 명명된 라우트, 명명된 뷰 등을 정확히 이해하고 기능을 적용하면 유지보수가 편리한 애플리케이션을 개발할 수 있습니다. 특히 내비게이션 가드를 사용하면 라우팅을 중앙 집중화하여 논리적으로 쉽게 제어할 수 있습니다.

각 컴포넌트에서 현재 라우트(currentRoute) 정보와 라우터 객체 정보를 접근하기 위해서 this.$router, this.$route(Options API 기준), useRouter(), useRoute() (Composition API 기준)을 이용할 수 있습니다.

중첩 라우트를 구성하는 방법과 히스토리, 404 라우트를 구성하는 방법도 잘 익혀두세요. 필수적으로 사용하는 라우팅 기능입니다.

또한 대규모 애플리케이션에서는 지연 로딩을 적용할 것을 고려해보세요. 대규모 애플리케이션의 초기 화면 로딩 속도를 개선하고 전체적인 사용자 경험을 향상시킬 수 있습니다.

11

axios를 이용한 HTTP 통신

11.1 axios란?

axios는 HTTP 기반 통신을 지원하는 가장 많이 사용되는 자바스크립트 라이브러리입니다. axios 이외에도 fetch와 같은 브라우저 내장 API나 jQuery 라이브러리가 제공하는 ajax 함수가 있습니다만 axios가 가장 강력한 기능을 제공합니다. 이 중에서 필자는 axios 라이브러리를 선택했습니다. 표 11-01은 fetch와 axios를 비교한 것입니다.

표 11-01 axios와 fetch 비교

구분	axios	fetch
모듈 설치	설치해야 함 (npm install —save axios)	설치할 필요 없음 (브라우저 내장 API)
Promise API	사용	사용
브라우저 호환성	뛰어남	IE 지원하지 않음 (IE에서 사용하려면 Polyfill 라이브러리를 사용해야 함)
timeout 기능	지원 (timeout 시간 내에 응답이 오지 않으면 중단시킬 수 있음)	지원하지 않음
JSON 자동 변환	지원 (Content-type 정보를 이용해 자동으로 객체로 변환함)	지원하지 않음 (수신한 JSON 데이터를 객체로 변환하는 Promise 체인을 추가해야 함)

axios는 사용을 위해 npm 패키지를 설치해야 한다는 단점이 있지만 브라우저 호환성, timeout을 이용한 중단(Abort) 기능, Content Type을 이용한 JSON 자동 변환 기능 등 장점이 많습니다.

11.2 테스트용 백엔드 API 소개

HTTP 통신을 위해서는 백엔드 API가 준비되어 있거나 모킹(Mocking)해야 합니다. 백엔드 API에 대한 모킹 도구로 json-server, mocky.io, mockoon 등이 있습니다. 이 중에서 json-server와 같은 도구는 json 파일만으로 빠르게 백엔드 API 모형을 생성하고 프론트 엔드 애플리케이션에서 호출할 수 있습니다.

> **NOTE** **Mock과 Mocking이란?**
> 실제 객체를 만들어서 테스트하기가 힘든 경우 의존하는 모듈, 컴포넌트, API를 테스트 모형을 만들 수 있는데, 이 모형을 Mock이라고 부르고 Mock을 만드는 것을 "Mocking한다"라고 부릅니다.

필자는 node.js를 이용해 모두들 이용할 수 있는 RESTful API 서버를 만들어보았습니다. 다음 주소로 이용할 수 있습니다. 할 일 목록 애플리케이션의 데이터를 이 API 서버를 이용해 저장하고 관리할 수 있습니다.

- https://todosvc.bmaster.kro.kr

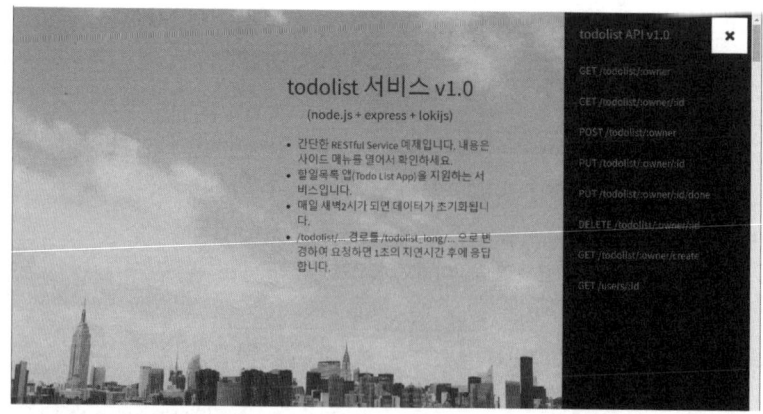

그림 11-01 todosvc Mock Backend API

만일 인터넷 통신이 원활하지 않아서 주소로 접근할 수 없다면 다음 주소에서 직접 다운로드 하여 로컬 PC에 설치할 수 있습니다.

- https://github.com/stepanowon/todosvc

앞의 github 페이지의 첫 화면의 Readme.MD 파일의 내용을 참조해서 테스트용 API 서버를 구동하세요. 구동된 서버는 웹브라우저에 http://localhost:8000과 같이 요청해 확인할 수 있습니다.

테스트용 API 화면의 오른쪽 사이드 메뉴를 열어보면 간단한 사용 방법을 확인할 수 있습니다. 지원하는 API는 다음과 같습니다.

표 11-02 : todosvc가 제공하는 API 목록

API	설명
GET /todolist/:owner	특정 사용자(owner)의 todolis(할 일 목록)을 조회합니다. 서비스가 처음 시작하면 gdhong 사용자의 할 일 4건이 포함되어 있습니다.
GET /todolist/:owner/:id	특정 사용자(owner)의 todo(할 일) 한 건을 조회합니다. id 파라미터는 todo의 고유 키입니다.
POST /todolist/:owner	사용자의 todolist에 새로운 todo 한 건을 추가합니다.
PUT /todolist/:owner/:id	사용자의 id에 해당하는 todo 한 건을 변경합니다.
PUT /todolist/:owner/:id/done	todo 한 건의 완료 여부인 true/false 값을 토글합니다.
DELETE /todolist/:owner/:id	todo 한 건을 삭제합니다
GET /todolist/:owner/create	새로운 사용자(owner)를 위한 샘플 todo 데이터 3건을 생성합니다.

이 API는 경로 문자열 중에서 /todolist를 /todolist_long으로 변경하면 1초의 의도적 지연 시간이 발생되도록 만들어져 있습니다. 테스트를 위해 다음과 두 주소로 요청하고 지연 시간을 비교해보세요

- https://todosvc.bmaster.kro.kr/todolist/gdhong
- https://todosvc.bmaster.kro.kr/todolist_long/gdhong

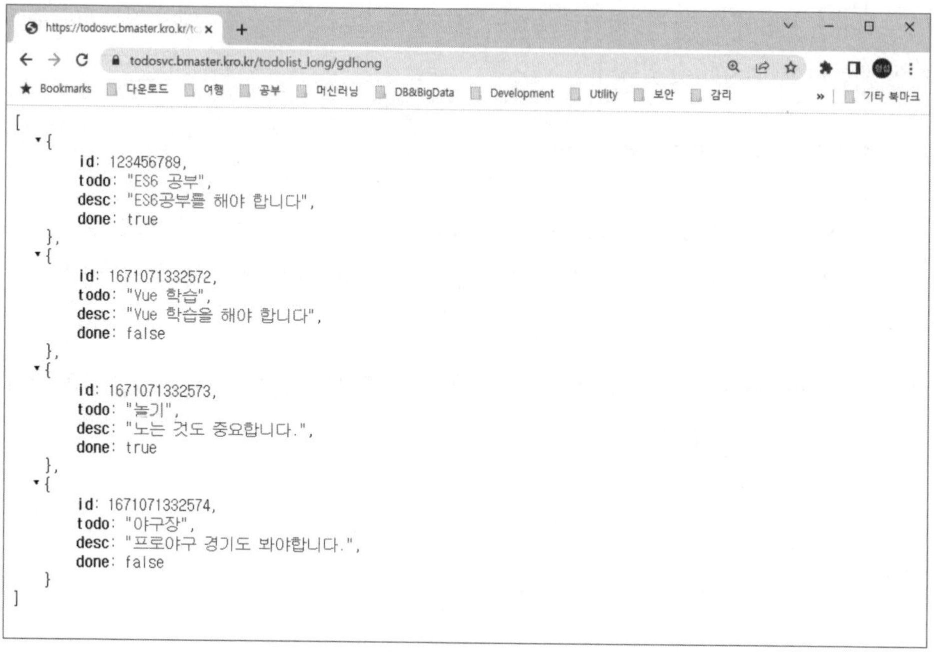

```
[
    ▼{
        id: 123456789,
        todo: "ES6 공부",
        desc: "ES6공부를 해야 합니다",
        done: true
    },
    ▼{
        id: 1671071332572,
        todo: "Vue 학습",
        desc: "Vue 학습을 해야 합니다",
        done: false
    },
    ▼{
        id: 1671071332573,
        todo: "놀기",
        desc: "노는 것도 중요합니다.",
        done: true
    },
    ▼{
        id: 1671071332574,
        todo: "야구장",
        desc: "프로야구 경기도 봐야합니다.",
        done: false
    }
]
```

그림 11-02 gdhong 사용자의 할 일 목록 조회

이 책에서는 로컬 컴퓨터에서 백엔드 API 서버를 사용하는 상황에 맞춰서 예제를 작성할 것입니다.

11.3 프로젝트 생성과 크로스 오리진 오류 발생

이제 axios의 사용 방법을 살펴보도록 하겠습니다. 다음 명령을 실행해서 axios-test app 프로젝트를 생성하고 의존성 패키지와 axios를 설치해주세요. 프로젝트 생성 시 옵션들은 모두 기본값으로 입력합니다.

```
npm init vue axios-test-app
cd axios-test-app
npm install
npm install axios
```

이제 VSCode로 생성된 프로젝트를 열고 src/components 디렉터리의 파일과 하위 디렉터리를 모두 삭제합니다. 그 후 src/App.vue를 새롭게 작성하겠습니다. 11~14행의 axios.

get() 함수로 gdhong 사용자의 할 일 4건을 조회하는 코드에 주목하여 작성하세요. 이 예제는 브라우저 화면에는 3행과 같이 간단한 메시지만을 출력합니다. 반드시 브라우저의 개발자 도구를 열어서 Console 탭을 확인해보세요.

예제 11-01 : src/App.vue 변경

```
01: <template>
02:     <div>
03:         <h2>콘솔을 확인합니다.</h2>
04:     </div>
05: </template>
06:
07: <script setup>
08: import axios from 'axios'
09:
10: const requestAPI = () => {
11:     const url = "http://localhost:8000/todolist/gdhong";
12:     axios.get(url).then((response) => {
13:         console.log("# 응답객체 : ", response);
14:     });
15: };
16:
17: requestAPI();
18: </script>
```

실행 결과를 살펴보면 다음 그림과 같은 오류가 발생할 것입니다. 11행의 URL을 브라우저에 직접 입력해보면 정상적으로 4건의 할 일 목록이 응답되는데도 말입니다. 이 오류는 무엇이고, 왜 발생하는 것일까요?

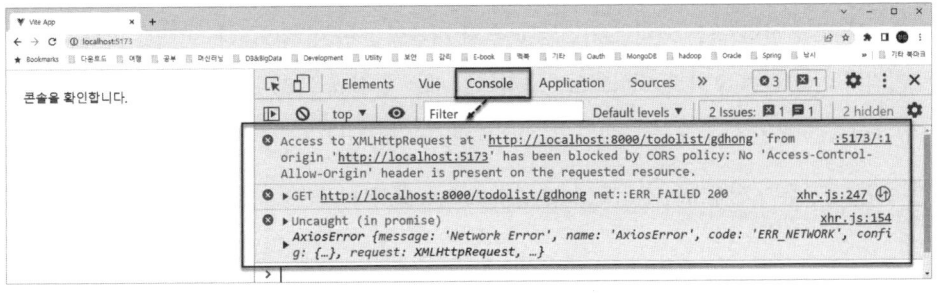

그림 11-03 크로스 오리진 오류 발생 확인

11.4 크로스 오리진 문제란?

크로스 오리진(Cross Origin) 문제는 "브라우저는 자신의 오리진과 다른 오리진의 API 서버와 통신할 때 문제가 발생한다"는 개념입니다. 이렇게 함으로써 잠재적인 위험을 가진 문서의 로딩을 제한해 공격의 가능성을 줄일 수 있습니다.

크로스 오리진 문제는 웹브라우저에 내장된 SOP(Same Origin Policy: 동일 근원 정책)이라는 보안 정책 때문에 발생합니다. 크로스 오리진과 SOP를 이해하려면 브라우저의 오리진(Origin)이라는 개념부터 이해해야 합니다.

브라우저가 웹서버에 요청(Request)를 전송하면 이에 대해 웹서버는 응답(Response)을 합니다. 일반적인 경우라면 웹서버는 HTML 문서 형태를 응답할 것입니다.

그림 11-04 브라우저의 Origin

웹브라우저는 HTML 문서를 제공한 웹서버의 URL 정보 중 가장 앞에서부터 포트 번호까지의 문자열 정보를 오리진으로 저장합니다. 이것은 "HTML 문서를 내려받은 원천지는 이곳입니다"라는 뜻을 가지고 있습니다. 오리진 정보는 그림 11-04이 왼쪽처럼 브라우저 콘솔에서 location.origin 명령을 실행해보면 확인할 수 있습니다.

SOP(Same Origin Policy)는 "브라우저의 오리진과 동일한 오리진을 가진 서버일 때만 통신을 가능하게 한다"라는 의미를 가진 브라우저 내부의 보안 정책입니다. 반대로 말하면 동일 오리진이 아닌 다른 오리진, 즉 크로스 오리진일 때는 통신에 무언가 문제가 발생한다는 것이고, 그림 11-03이 실제 오류 발생의 경우라고 할 수 있습니다.

자 그럼 왜 오류가 발생했는지 그림으로 살펴보도록 합시다.

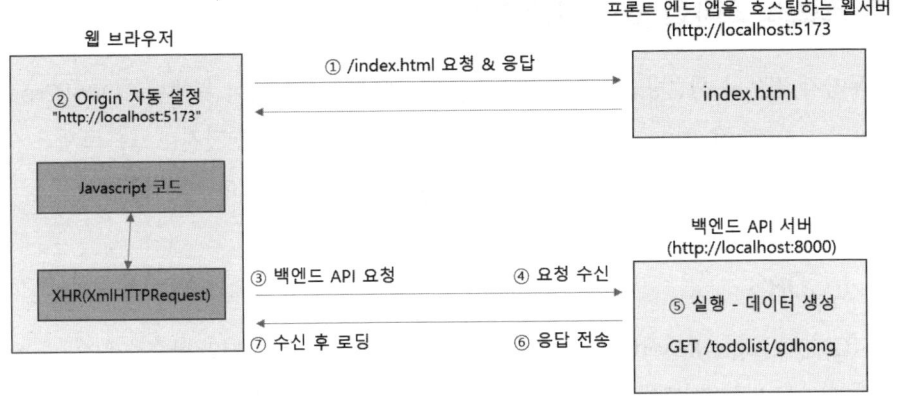

그림 11-05 크로스 오리진 오류 발생 개요도

이 그림에서 웹브라우저는 http://localhost:5173으로 index.html 을 요청하여 응답받았습니다. 따라서 2번처럼 브라우저의 오리진은 "http://localhost:5173"의 문자열로 지정되었습니다. 이 오리진을 가진 브라우저는 자바스크립트 코드로 "http://localhost:8000" 오리진을 가진 백엔드 API 서버에 요청을 하였습니다. 이때 3~7번까지의 단계가 수행되어야 하지만 3~6까지만 수행하고 7번 단계에서 응답 데이터를 로딩할 때 오류가 발생한 것입니다. 이때 찍힌 오류 메시지가 바로 다음 그림의 오류입니다.

> ⊗ Access to XMLHttpRequest at 'http://localhost:8000/todolist/ :5173/:1
> gdhong' from origin 'http://localhost:5173' has been blocked by CORS
> policy: No 'Access-Control-Allow-Origin' header is present on the
> requested resource.

그림 11-06 크로스 오리진 오류 메시지

혹자는 크로스 오리진 문제를 크로스 도메인(Cross Domain)라고 부르기도 합니다만 이것은 정확한 표현이 아닙니다. 도메인은 같아도 포트 번호가 다르다면 오류가 발생하기 때문입니다. URI 경로 중에서 "앞에서 포트번호까지의 문자열"이 바로 오리진입니다. 이 문자열이 1바이트라도 다르면 오류가 발생합니다.

11.5 크로스 오리진 문제 해결 방법

크게 두가지 경우의 해결방법이 있습니다. 하나는 백엔드 API 서버 측에서 CORS(Cross Origin Resource Sharing)라는 기능을 제공해주는 방법이고, 또 한가지는 프론트 엔드 애플리케이션을 호스팅하는 웹서버에 프록시(Proxy)를 설치 또는 설정하는 방법입니다.

11.5.1 CORS

CORS(Cross Origin Resource Sharing)에 대해서 이 책에서는 개념만 학습하겠습니다. 이것은 백엔드 API 측에서 제공해주어야 하는 기능이기 때문에 이 책의 내용 범주를 벗어난 내용입니다.

CORS는 "크로스 오리진의 브라우저가 백엔드 API 서버로 요청했을 때, 서버에서 Access-Control-Allow-Origin HTTP 헤더로 브라우저의 오리진을 응답하여 브라우저가 통신 및 데이터 로딩을 할 수 있도록 허용하는 방법"입니다.

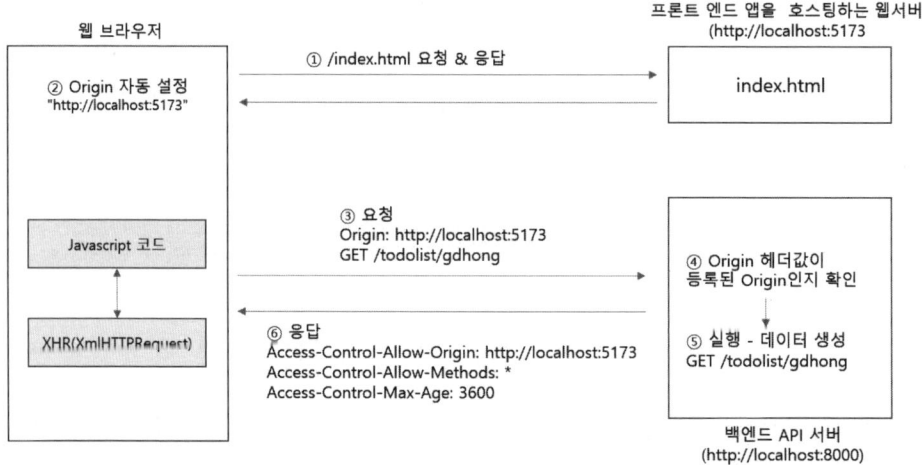

그림 11-07 CORS 개요도

그림 11-07을 살펴보면 프런트엔드 애플리케이션을 호스팅 하는 서버(이하 프론트 서버)에서 로딩한 HTML 문서의 자바스크립트 코드로 백엔드 API 서버로 직접 통신하는 것을 볼 수 있습니다. 요청 흐름을 간략하게 단계적으로 살펴보면 다음과 같습니다.

- 브라우저는 프런트 서버에서 HTML 문서를 받아와 자신의 오리진을 설정합니다.
- 자바스크립트 코드로 백엔드 API 서버로 요청합니다. 이때 자신의 오리진을 Origin HTTP 헤더에 추가합니다.
- 백엔드 API 서버는 전송된 Origin 헤더를 읽어내어 등록된 리스트에 일치하는 것이 있는지 확인합니다(이 단계는 선택적입니다).
- 백엔드 API 서버는 Access-Control-Allow-Origin 응답 헤더를 추가하고 * 또는 브라우저의 오리진을 값으로 지정하여 응답합니다.
- 브라우저는 자신의 오리진과 백엔드 API 서버로부터 전송받은 Access-Control-Allow-Origin 헤더가 일치하면 허가된 것으로 간주하고 데이터를 로딩합니다.

여러분이 백엔드 API 서버에 대한 변경 권한을 가지고 있다면 이 방법을 사용할 것을 권장합니다. CORS에 대한 자세한 내용은 Mozilla 공식 문서를 확인해주세요

- Mozilla 공식문서: https://developer.mozilla.org/ko/docs/Web/HTTP/Access_control_CORS

CORS를 설정하는 방법은 백엔드 API 서버를 구성할 때마다 다릅니다. 백엔드 개발 기술 이름과 CORS를 검색어로 하여 구글링하면 찾으실 수 있을 것입니다.

11.5.2 프록시를 이용한 우회

이 책에서 중점적으로 다룰 내용은 프런트엔드 쪽에서 해결해주는 프록시 방법입니다. **프런트엔드 애플리케이션을 호스팅하는 서버(이하 프런트 서버)에 프록시를 설치하여 브라우저가 백엔드 API 서버와 직접 통신하는 것이 아니라 프런트 서버의 프록시를 거쳐서 백엔드 API와 통신하도록 해서 브라우저 측에서는 동일 오리진과 통신하도록 하는 방법입니다.**

독자분 중에서 "프런트엔드 애플리케이션을 백엔드 API 서버에 호스팅하면 크로스 오리진 문제는 발생하지 않을 거야"라고 생각하는 분들이 계시겠지만, **실제로 운영 환경에서 백엔드 API 서버와 프런트엔드 호스팅 서버가 분리된 경우도 많고, 적어도 개발 중에 npm run dev로 실행한 개발 서버는 백엔드 API 서버와 분리될 수밖에 없습니다.** 따라서 프록시를 개발 서버와 다양한 운영 환경의 프런트엔드 호스팅 서버에 설정하는 방법을 알고 있어야 합니다.

다음은 프록시를 개발 서버에 적용했을 때의 아키텍처를 그림으로 표현한 것입니다. 프록시를 이용하면 브라우저 입장에서는 동일한 오리진과 통신할 수 있습니다.

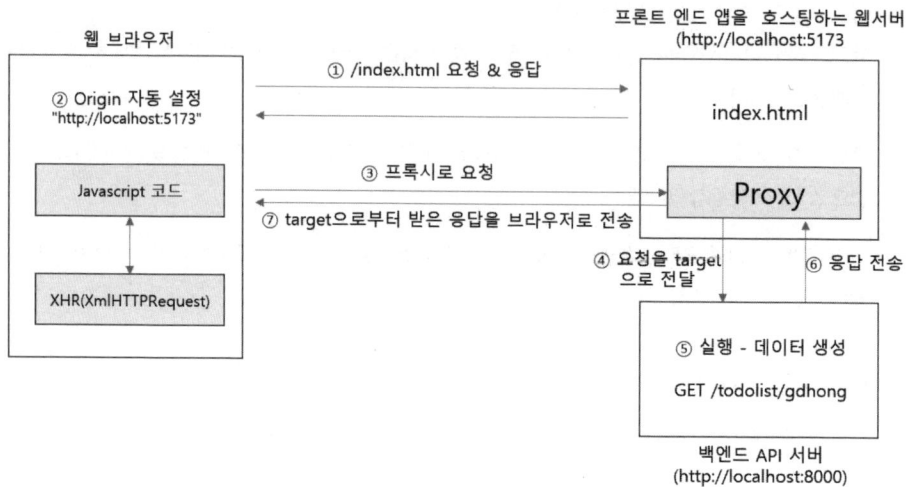

그림 11-08 프록시를 이용한 우회 방법

그럼 이제 npm run dev 또는 npm run start로 실행되는 개발 서버에 프록시를 추가하도록 개발 서버를 설정해보도록 하겠습니다. Vite로 프로젝트를 생성한 경우에는 vite.config.js에 설정합니다.

```
예제 11-02 : vite.config.js 변경
01: import { fileURLToPath, URL } from 'node:url'
02:
03: import { defineConfig } from 'vite'
04: import vue from '@vitejs/plugin-vue'
05:
06: // https://vitejs.dev/config/
07: export default defineConfig({
08:   plugins: [vue()],
09:   resolve: {
10:     alias: {
11:       '@': fileURLToPath(new URL('./src', import.meta.url))
12:     }
13:   },
```

```
14:    server: {
15:      proxy: {
16:        "/api": {
17:          target: "http://localhost:8000",
18:          changeOrigin: true,
19:          rewrite: (path) => path.replace(/^\/api/, ""),
20:        },
21:      },
22:    },
23: })
24:
```

16행의 "/api"는 요청 경로가 /api로 시작하는 경우 프록시를 통해 target 경로로 전달하겠다는 것을 의미합니다. /api/todolist/gdhong과 같이 요청하면 http://localhost:8000 뒤에 요청 경로를 붙여서 http://localhost:8000/api/todolist/gdhong으로 요청을 전달하는 것입니다. 만일 요청 경로를 바꾸고 싶다면 19행과 같이 rewrite 속성을 추가해 정규식(Regular Expression)을 이용해 경로를 변경하는 패턴을 등록해야 합니다. 19행은 최초 요청 경로에서 "/api" 부분을 찾아 빈문자열로 변경하고(즉 /api 문자열을 제거합니다) 나머지 부분만 경로로 덧붙여 요청을 전달한다는 뜻입니다.

- **최초 요청 경로**: /api/todolist/gdhong
- **타깃**: http://localhost:8000
- **최종 전달 경로**: http://localhost:8000/todolist/gdhong

이제 App 컴포넌트의 요청 경로를 프록시 경로로 바꿔서 실행해봅니다. 정상적으로 응답을 수신할 것입니다.

예제 11-03 : src/App.vue 변경

```
<script setup>
import axios from 'axios'

const requestAPI = () => {
    //const url = "http://localhost:8000/todolist/gdhong";
    const url = "/api/todolist/gdhong";
```

```
        axios.get(url).then((response) => {
            console.log("# 응답객체 : ", response);
        });
    };

    requestAPI();
</script>
```

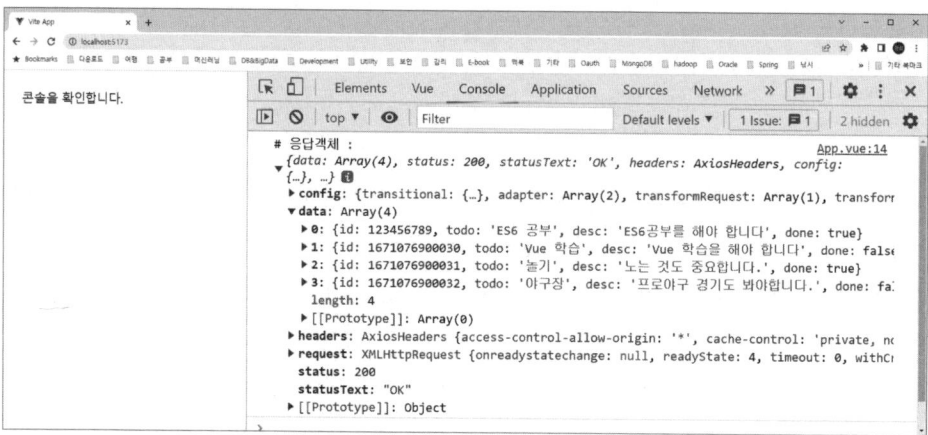

그림 11-09 정상적인 응답 수신

운영 환경의 프런트 서버에 프록시를 설정하는 것은 어떻게 해야 할까요? Vue 애플리케이션은 Node.js, Apache 서버, Apache Tomcat 등 다양한 웹서버 및 플랫폼에 호스팅할 수 있는데, 모든 것을 살펴보는 것은 불가능합니다. 다행스러운 것은 [웹서버 기술명] + http proxy라는 검색어로 구글링해보면 대부분의 웹서버 기술의 프록시 설정 방법을 찾으실 수 있다는 점입니다. 다음은 필자가 찾아본 주요 서버 기술의 프록시 기능입니다.

- Node.js + express 기반의 웹서버

    https://github.com/chimurai/http-proxy-middleware

- Python Django

    https://github.com/mjumbewu/django-proxy

- JSP/Servlet

    https://github.com/mitre/HTTP-Proxy-Servlet

11.6 axios 라이브러리 사용법

11.6.1 Promise와 async~await

Promise는 비동기 처리를 수행하는 패턴을 지원하는 ES6의 기능입니다. Promise에 대해서는 2장에서 ES6를 다룰 때 살펴본 적이 있으므로 이 장에서는 자세히 다루지 않겠습니다.

Promise가 비동기 처리를 수행하는 좋은 패턴이긴 하지만 순차적으로 작업이 실행되도록 할 때는 then()이 반복되는 어려움이 있습니다. App 컴포넌트를 변경해보면서 예제를 작성해보도록 하겠습니다. /todolist_long/gdhong 경로로 요청하여 전체 할 일 목록 데이터를 조회한 후 첫 번째 할 일과 두 번째 할 일을 순차적으로 출력해보는 것입니다. 순차적인 실행을 확인할 수 있도록 /todolist_long으로 시작하는 경로로 요청하도록 하여 1초씩의 지연 시간을 발생시켰습니다.

예제 11-04 : src/App.vue 변경

```
01: <script setup>
02: import axios from 'axios'
03:
04: const listUrl = "/api/todolist_long/gdhong";
05: const todoUrlPrefix = "/api/todolist_long/gdhong/";
06:
07: //4건의 목록을 조회한 후 첫번째, 두번째 할일을 순차적으로 조회합니다.
08: const requestAPI = () => {
09:   let todoList = [];
10:   axios
11:     .get(listUrl)
12:     .then((response) => {
13:       todoList = response.data;
14:       console.log("# TodoList : ", todoList);
15:       return todoList[0].id;
16:     })
17:     .then((id) => {
18:       return axios.get(todoUrlPrefix + id);
19:     })
20:     .then((response) => {
21:       console.log("## 첫번째 Todo : ", response.data);
```

```
22:        return todoList[1].id;
23:      })
24:      .then((id) => {
25:        axios.get(todoUrlPrefix + id).then((response) => {
26:          console.log("## 두번째 Todo : ", response.data);
27:        });
28:      });
29: };
30:
31: requestAPI();
32: </script>
```

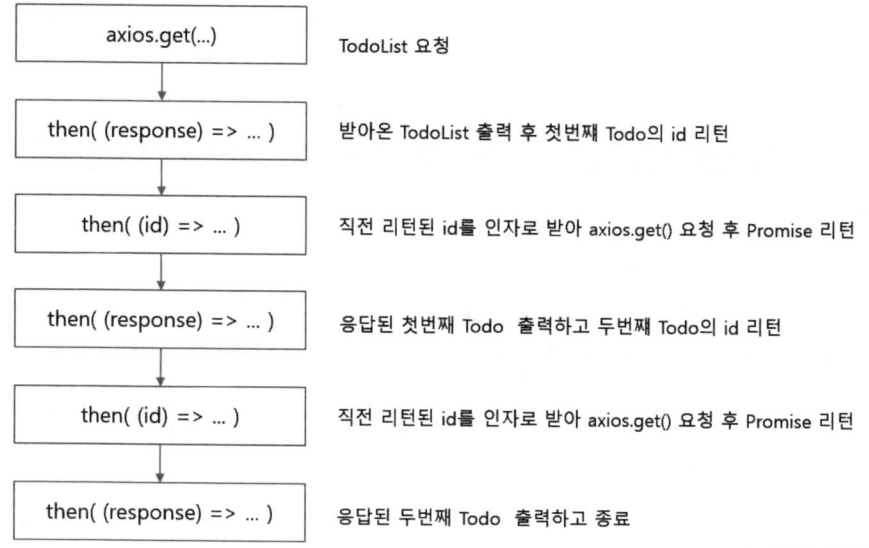

그림 11-10 예제 11-04의 실행 흐름

이 예제를 실행해보면 1초 간격으로 순차적으로 결과가 출력되는 것을 알 수 있습니다. 잘 실행이 되지만 그림 11-10과 같이 뭔가 복잡하고 관리가 어려워 보입니다. 특히 TodoList를 모두 받아온 뒤 하나씩 순차적으로 접근하려면 재귀 함수로 순회하도록 작성해야 해서 더욱 복잡해집니다.

이러한 문제는 ES2017에서 추가된 async/await 문법을 이용하면 손쉽게 해결할 수 있습니다. 비동기로 처리하려면 함수의 앞부분에 async 키워드를 추가하고 함수 내부에서는 Promise를 리턴하는 함수 호출 구문 앞에 await를 붙이면 됩니다.

async를 붙이는 것은 함수가 Promise를 리턴한다는 것을 뜻합니다. Promise를 리턴하지 않는다 하더라도 Promise 기반으로 비동기 실행을 한다는 것으로 해석합니다. await 키워드를 붙인 호출 구문은 Promise가 처리될 때까지 대기하고 결과는 처리가 완료된 후에 받을 수 있습니다.

바로 예제로 확인해보겠습니다. App2.vue를 추가하여 작성해보겠습니다.

예제 11-05 : src/App2.vue 추가

```
01: <template>
02:     <div>
03:         <h2>콘솔을 확인합니다.</h2>
04:     </div>
05: </template>
06:
07: <script setup>
08: import axios from 'axios'
09:
10: const listUrl = "/api/todolist_long/gdhong";
11: const todoUrlPrefix = "/api/todolist_long/gdhong/";
12:
13: //4건의 목록을 조회한 후 첫번째, 두번째 할일을 순차적으로 조회합니다.
14: const requestAPI = async () => {
15:     let todoList;
16:
17:     let response = await axios.get(listUrl);
18:     todoList = response.data;
19:     console.log("# TodoList : ", todoList);
20:
21:     response = await axios.get(todoUrlPrefix + todoList[0].id);
22:     console.log("## 첫번째 Todo : ", response.data);
23:
24:     response = await axios.get(todoUrlPrefix + todoList[1].id);
25:     console.log("## 두번째 Todo : ", response.data);
26: };
27:
28: requestAPI();
29: </script>
```

먼저 14행의 함수의 머리 부분에 async 키워드가 추가된 것을 확인할 수 있습니다. 비동기 처리를 필요로 하는 호출 구문 앞에서는 17, 21, 24 행과 같이 await 키워드를 붙여서 Promise가 처리될 때까지 대기했다가 결과를 받아내도록 작성하였습니다.

특히 전체 데이터를 순회하면서 순차적으로 비동기 처리할 때 편리합니다. 재귀 함수 등을 사용하지 않고 일반적인 for 문을 사용해 순회하면 되기 때문입니다. 다음은 순회 처리하는 코드입니다.

```js
//전체 목록을 조회한 후 한 건씩 순차적으로 순회하며 조회하기
const requestAPI = async () => {
  let todoList: Array<TodoType>;

  let response = await axios.get(listUrl);
  todoList = response.data;
  console.log("# TodoList : ", todoList);
  for (let i = 0; i < todoList.length; i++) {
    response = await axios.get(todoUrlPrefix + todoList[i].id);
    console.log(`# ${i + 1}번째 Todo : `, response.data);
  }
};
```

결과 확인을 위해서는 src/main.js의 임포트 구문을 다음과 같이 App2를 참조하도록 변경한 후 실행해보세요.

```js
//import App from "./App";
import App from "./App2";
```

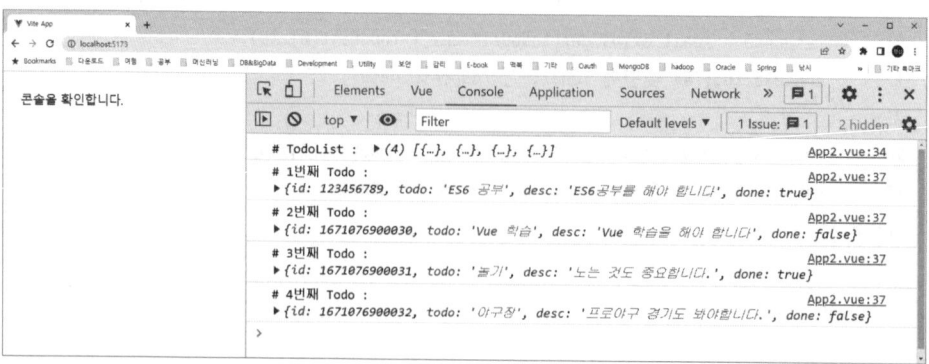

그림 11-11 async/await으로 전체 데이터 비동기 순회 처리

async/await를 사용하면 직접 Promise를 사용할 때와 비교해 예외 처리도 간결해집니다. Promise를 사용할 때는 then과 같은 수준에서 catch 메서드를 이용하지만 async/await을 사용하면 Promise에서 예외가 발생하면 예외를 throw하기 때문에 try ~ catch 문을 사용할 수 있습니다. try~ catch 문을 사용하는 것이 훨씬 간결하고 처리가 쉽습니다.

```
// promise의 catch 블록
axios.get( ...... )
.then((response)=> { ...... })
.catch((e) => {
if (e instanceof Error) console.log(e.message);
     else console.log(e);
})


//async/await 예외 처리
//11장 예제 코드 axios-test-app61 폴더의 App21.vue를 참조하세요
const requestAPI = async () => {
  let todoList;

  try {
    let response = await axios.get(listUrl);
    todoList = response.data;
    console.log("# TodoList : ", todoList);
    for (let i = 0; i < todoList.length; i++) {
      response = await axios.get(todoUrlPrefix + todoList[i].id);
      console.log(`# ${i + 1}번째 Todo : `, response.data);
    }
  } catch (e) {
    if (e instanceof Error) console.log(e.message);
    else console.log(e);
  }
};
```

11.6.2 axios 라이브러리 사용 방법

이제 본격적으로 axios 라이브러리가 제공하는 API를 살펴보도록 하겠습니다. 이 책에서는 axios의 모든 기능을 살펴보지는 않고 Vue 애플리케이션 개발에 필수적인 기능만을 살펴봅니다.

■ axios.get() 메서드

GET 요청 처리를 수행해주는 axios 메서드입니다. 사용 방법과 사용 예시는 다음과 같습니다.

[사용방법]

```
// url : 요청하는 백엔드 API 의 URL을 지정합니다
// config : 요청시에 지정할 설정값들입니다.
// 요청 후에는 Promise를 리턴하며 처리가 완료된 후에는 response 객체를 응답받습니다.
axios.get( url, config )
```

[사용 예시 : Promise]

```
const requestAPI = () => {
  const url = "/api/todolist/gdhong";
  axios.get(url)
  .then((response) => {
    console.log("# 응답객체 : ", response);
  });
};
requestAPI();
```

[사용 예시 : async/await]

```
const requestAPI = async () => {
  const url = "/api/todolist/gdhong";
  const response = await axios.get(url);
  console.log("# 응답객체 : ", response);
};
requestAPI();
```

여기서 자세히 살펴봐야 할 것은 axios.get()의 두 번째 인자인 config와 수신된 결과인 응답 (response) 객체입니다. App3.vue를 다음과 같이 작성하고 실행하여 응답 객체를 살펴보

도록 하겠습니다. src/main.js에서 App3를 App으로 임포트하도록 변경하는 것을 잊지 마세요.

예제 11-06 : src/App3.vue

```
01: <template>
02:     <div>
03:         <h2>콘솔을 확인합니다.</h2>
04:     </div>
05: </template>
06:
07: <script setup>
08: import axios from "axios";
09:
10: const requestAPI = async () => {
11:     const url = "/api/todolist/gdhong";
12:     const response = await axios.get(url);
13:     console.log("# 응답객체 : ", response);
14: };
15:
16: requestAPI();
17: </script>
```

```
# 응답객체 :                                                                                          App3.vue:13
▼{data: Array(4), status: 200, statusText: 'OK', headers: AxiosHeaders, config: {…}, …}
  ▼config:
    ▶ adapter: (2) ['xhr', 'http']
      data: undefined
    ▶ env: {FormData: f, Blob: f}
    ▶ headers: AxiosHeaders {Accept: 'application/json, text/plain, */*', Content-Type: null}
      maxBodyLength: -1
      maxContentLength: -1
      method: "get"
      timeout: 0
    ▶ transformRequest: [f]
    ▶ transformResponse: [f]
    ▶ transitional: {silentJSONParsing: true, forcedJSONParsing: true, clarifyTimeoutError: false}
      url: "/api/todolist/gdhong"
    ▶ validateStatus: f validateStatus(status)
      xsrfCookieName: "XSRF-TOKEN"
      xsrfHeaderName: "X-XSRF-TOKEN"
    ▶ [[Prototype]]: Object
  ▶ data: (4) [{…}, {…}, {…}, {…}]
  ▶ headers: AxiosHeaders {access-control-allow-origin: '*', cache-control: 'private, no-cache, no-store, must-revalidate
  ▶ request: XMLHttpRequest {onreadystatechange: null, readyState: 4, timeout: 0, withCredentials: false, upload: XMLHttp
    status: 200
    statusText: "OK"
  ▶ [[Prototype]]: Object
```

그림 11-12 요청 후 수신된 응답(response) 객체

그림 11-12를 살펴보면 응답 객체는 6가지 속성을 가지고 있습니다. 각각의 내용은 다음과 같습니다.

- data: 수신된 응답 데이터입니다.
- config: 요청시에 사용된 config 옵션입니다.
- headers: 백엔드 API 서버가 응답할 때 사용된 응답 HTTP 헤더입니다.
- request: 서버와의 통신에 사용된 XMLHttpRequest 객체의 정보입니다.
- status: 서버가 응답한 HTTP 상태 코드입니다.
- statusText: 서버의 HTTP 상태를 나타내는 문자열 정보입니다.

특히 6개 속성 중에서 그림 11-12에서 강조하고 싶은 것이 config이고, axios.get()의 두 번째 인자로 전달된 정보입니다. 현재 그림으로 나타나고 있는 값들은 config를 전달하지 않았을 때의 기본값입니다. 이 그림으로 config 옵션으로 전달할 수 있는 값들을 한눈에 파악할 수 있습니다.

예를 들어 요청할 때 timeout, Authorization Header 값을 지정하려면 다음과 같이 요청할 수 있습니다.

```
axios.get( url, {
   timeout : 2000,
   headers : { Authorization : "Bearer xxxxxxxxx" }
} )
```

요청 Config 옵션에 대한 자세한 내용은 다음 문서를 참조합니다. Config 옵션의 각각의 값과 전달하지 않을 때의 기본값을 확인할 수 있습니다.

- https://axios-http.com/kr/docs/req_config

■ **axios.post() 메서드**

axios.post() 함수는 POST 요청을 처리합니다. 주로 백엔드 API 서버로 데이터를 전달해 데이터를 추가할 때 사용합니다. 사용 방법은 다음과 같습니다.

```
// url, config는 axios.get()과 동일합니다.
// data는 POST 요청의 HTTP Content Body로 전송할 데이터입니다.
axios.post( url, data, config )
```

src/App4.vue 를 추가하여 작성해보겠습니다. src/main.js에서 App4를 App으로 임포트 하도록 변경하는 것을 잊지 마세요.

예제 11-07 : src/App4.vue 추가

```
01: <template>
02:     <div>
03:         <h2>콘솔을 확인합니다.</h2>
04:     </div>
05: </template>
06:
07: <script setup>
08: import axios from "axios";
09:
10: const requestAPI = async () => {
11:     const url = "/api/todolist_long/gdhong";
12:     let data = { todo: "윗몸일으키기 3세트", desc: "너무 빠르지 않게..." };
13:     const resp1 = await axios.post(url, data);
14:     console.log(resp1.data);
15: };
16: requestAPI();
17: </script>
```

```
▼ {status: 'success', message: '추가 성공', item: {…}}
  ▶ item: {id: 1671080104568, todo: '윗몸일으키기 3세트', desc: '너무 빠르지 않게...'}
    message: "추가 성공"
    status: "success"
  ▶ [[Prototype]]: Object
```

그림 11-13 추가 성공 후 응답 결과

■ 기타 axios 함수

axios.get(), axios.post() 이외에도 axios.put(), axios.delete()를 사용할 수 있습니다. axios.put()는 PUT 요청을 처리하는 함수이며 axios.post()와 같은 방법으로 사용하면 됩

니다. axios.delete()는 DELETE 요청을 처리하는 함수이며 axios.get()과 같은 방법으로 사용합니다.

```
axios.delete( url, config );
axios.put( url, data, config );
```

■ **axios 기본 설정 변경**

axios로 요청할 때 전달하는 config 옵션은 axios.get()을 설명하면서 이미 다루었습니다. 그때 config 값을 전달하시 않으면 기본값(default value)이 있다는 점을 기억할 것입니다. 이번에는 config 옵션의 기본값을 설정하는 방법을 살펴보겠습니다. 사용 예시는 다음과 같습니다.

```
// todolist_long 은 1초의 의도적 지연시간을 일으키는 엔드포인트임
axios.defaults.baseURL = '/api/todolist_long';

//인증 토큰은 백엔드 API 요청시 항상 전달하므로 기본값으로 설정할 수 있음
axios.defaults.headers.common['Authorization'] = JWT;

//timeout에 설정된 시간내에 응답이 오지 않으면 연결을 중단(abort)시킴
axios.defaults.timeout = 2000;
```

baseURL을 지정해두면 axios로 요청할 때는 나머지 경로만을 지정해도 됩니다. 위의 예시에서 baseURL을 '/api/todolist_long'으로 지정했다면 axios.get("/gdhong")와 같이 나머지 경로만으로 요청할 수 있습니다. 또한 미리 기본값을 설정해두면 매번 요청 헤더나 timeout 값을 지정하지 않아도 됩니다.

11.6.3 에러 처리

만일 /todolist_long/gdhong 으로 요청하면서 timeout 옵션은 900밀리초로 지정하거나 잘못된 URI 경로로 요청하면 어떻게 될까요? /todolist_long으로 시작하는 경로는 1초의 지연시간 후에 응답하므로 900밀리초가 지난 후 타임아웃되면서 에러가 발생됩니다. 잘못된 경로로 요청하는 경우는 404 오류가 발생할 것입니다 이와 같은 경우에는 예외 처리를 해주어야 합니다. 이미 앞에서 예외 처리 방법에 대해 학습한 적이 있기 때문에 이번에는 예제로 바로

확인하도록 하겠습니다. async/await, try~catch로 처리한 것과 Promise, catch 함수를 이용한 것을 모두 작성했습니다. 두 코드 모두 실행 결과는 같습니다.

예제 11-08 : src/App5.vue 추가 – try~catch 적용

```
01: <template>
02:     <div>
03:         <h2>콘솔을 확인합니다.</h2>
04:     </div>
05: </template>
06:
07: <script setup>
08: import axios from "axios";
09:
10: const requestAPI = async () => {
11:     const url = "/api/todolist_long/gdhong";
12:     try {
13:         const response = await axios.get(url, { timeout: 900 });
14:         console.log("# 응답객체 : ", response);
15:     } catch (e) {
16:         console.log("## 다음 오류가 발생했습니다.");
17:         if (e instanceof Error) console.log(e.message);
18:         else console.log(e);
19:     }
20: };
21:
22: requestAPI();
23: </script>
```

예제 11-09 : src/App6.vue – Promise의 catch 함수 이용

```
01: <template>
02:     <div>
03:         <h2>콘솔을 확인합니다.</h2>
04:     </div>
05: </template>
06:
07: <script setup>
08: import axios from "axios";
09:
```

```
10: const requestAPI = async () => {
11:   const url = "/api/todolist_long/gdhong";
12:   axios
13:     .get(url, { timeout: 900 })
14:     .then((response) => {
15:       console.log("# 응답객체 : ", response);
16:     })
17:     .catch((e) => {
18:       if (e instanceof Error) console.log(e.message);
19:       else console.log(e);
20:     });
21: };
22:
23: requestAPI();
24: </script>
```

```
⊗ ▶ Uncaught (in promise)                                        xhr.js:167
   AxiosError {message: 'timeout of 900ms exceeded', name: 'AxiosError', code: 'ECONNABOR
   TED', config: {…}, request: XMLHttpRequest, …}
```

그림 11-14 예외 처리를 하지 않았을 때의 오류 발생

```
## 다음 오류가 발생했습니다.                                    App5.vue:16
timeout of 900ms exceeded                                     App5.vue:17
```

그림 11-15 예외 처리를 수행한 경우

11.7 마무리

Vue와 같은 프런트엔드 애플리케이션은 영속성을 가진 데이터를 처리하기 위해 반드시 외부 API와 통신해야 합니다. 따라서 axios와 같은 HTTP 통신 라이브러리를 반드시 다룰 줄 알아야 합니다. 여러 가지 라이브러리리들이 있지만 axios가 가장 강력하고 Vue의 창시자인 에반 유도 사용을 추천하고 있습니다.

또한 크로스 오리진 문제의 해결 방법도 숙지하고 해결할 수 있어야 합니다. 특히 개발 서버이든 Vue애플리케이션을 호스팅하는 웹서버이든 HTTP 프록시를 설정하는 방법을 익히고 적용할 수 있어야 합니다. Vite 기반의 Vue 프로젝트에서는 vite.config.js 파일을 통해 손쉽게 프록시를 설정할 수 있습니다.

12

vue-router와
axios를 사용한 예제

7장과 9장을 학습하면서 작성했던 TodoList 애플리케이션은 화면 전환없이 단 하나의 화면을 사용하는 애플리케이션이었습니다. 이제 지금까지 학습한 내용을 바탕으로 vue-router와 axios를 적용한 버전으로 변경해보도록 하겠습니다.

1단계로는 vue-router만을 적용해 작성해보고, 2단계에서 axios까지 적용하도록 하겠습니다. 마지막 3단계에서는 비동기 호출로 인한 지연 시간 동안 화면에 스피너 UI를 보여주도록 변경할 것입니다.

12.1 애플리케이션 아키텍처와 프로젝트 생성

12.1.1 작성할 화면들

우선 작성할 화면들을 살펴보겠습니다. 크게 4가지 유형 화면이 있습니다. /home, /about으로 요청했을 때의 화면은 제목만 출력하여 어떤 경로로 요청하였는지를 알 수 있도록 간단하게 작성합니다. /todos로 요청했을 때는 할 일 목록(TodoList)를 나타내도록 합니다.

/todos/add 경로로 요청한 경우에는 새로운 할 일을 추가하는 화면으로 이동하도록 합니다. /todos/edit/:id로 요청하면 특정한 할 일의 편집화면을 나타내도록 합니다.

그림 12-01 작성할 화면 예시

12.1.2 컴포넌트 계층 구조

이 예제에서는 App 컴포넌트에서 상태와 상태 변경 기능을 정의하고 이것들을 provide/inject를 이용해 자식 컴포넌트에서 사용하도록 작성합니다. 이렇게 함으로써 속성을 통해서 전달을 반복하지 않아도 됩니다. provide/inject는 읽기 전용의 데이터를 이용하는 경우에 적합하므로 13장을 학습한 후에는 pinia라는 상태 관리 라이브러리를 이용하도록 다시 변경할 것입니다. 그때까지만 provide/inject를 사용하도록 합니다.

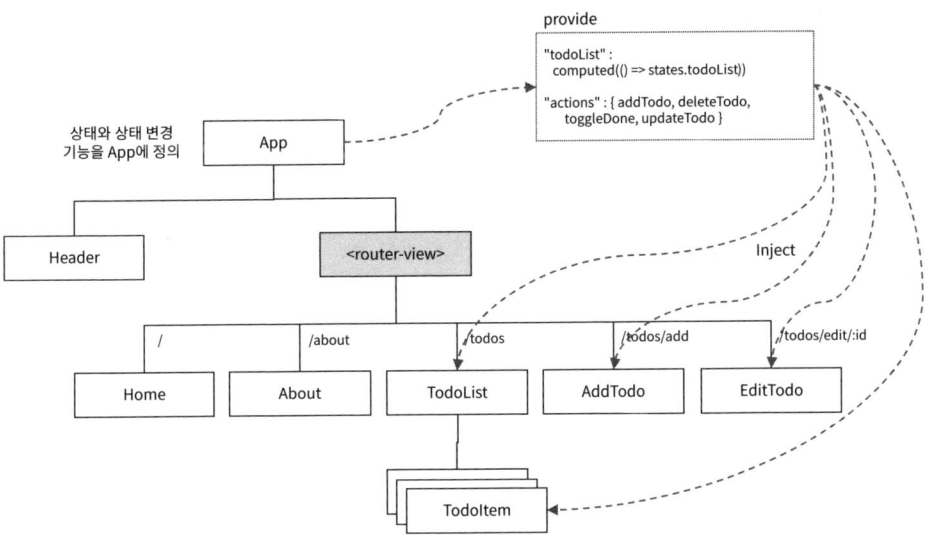

그림 12-02 작성할 예제의 컴포넌트 구조

이 앱에서 사용할 상태와 상태 변경 기능은 다음과 같습니다. 7장, 9장에서 작성했던 예제와 비교하면 desc 필드가 하나 더 있을 뿐입니다.

[상태 데이터]

```
{
  todoList : [
    { id: 1, todo: "ES6학습", desc: "설명1", done: false },
    ......
  ]
}
```

[상태 변경 기능]

```
addTodo : ({ todo, desc }) => { }
updateTodo : ({ id, todo, desc, done }) => { }
deleteTodo : (id) => { }
toggleDone : (id) => { }
```

12 _ vue-router와 axios를 사용한 예제 | 415

12.1.3 프로젝트 생성

이제 다음 명령어를 사용하여 todolist-app-router 프로젝트를 생성하겠습니다. 프로젝트 생성 후에는 VSCode로 생성된 프로젝트를 열고 src/components, src/assets 디렉터리의 모든 파일을 삭제합니다.

```
npm init vue todolist-app-router
cd todolist-app-router
npm install
npm install vue-router@4 bootstrap@5
```

이제 다음 그림과 같이 디렉터리와 파일을 생성해주세요.

그림 12-03 프로젝트 파일 구조

12.2 1단계 예제 작성

이제 vue-router를 적용한 TodoList 앱 예제를 작성합니다. 가장 먼저 요청 경로별로 어떤 컴포넌트를 렌더링할지를 결정하는 router 객체를 생성하도록 src/router/index.js를 작성합니다. 아직 요청된 경로 별로 렌더링할 컴포넌트를 작성하지는 않았지만 파일은 생성해두었으므로 미리 작성하도록 합니다.

예제 12-01 : src/router/index.js 작성

```
01: import { createRouter, createWebHistory } from 'vue-router'
02: import Home from '@/pages/Home.vue';
03: import About from '@/pages/About.vue';
04: import TodoList from '@/pages/TodoList.vue';
05: import AddTodo from '@/pages/AddTodo.vue';
06: import EditTodo from '@/pages/EditTodo.vue';
07: import NotFound from '@/pages/NotFound.vue';
08:
09: const router = createRouter({
10:     history: createWebHistory(),
11:     routes: [
12:         { path: '/', component: Home },
13:         { path: '/about', component: About },
14:         { path: '/todos', component: TodoList },
15:         { path: '/todos/add', component: AddTodo },
16:         { path: '/todos/edit/:id', component: EditTodo },
17:         { path: '/:paths(.*)*', component: NotFound },
18:     ]
19: })
20:
21: export default router;
```

이제 src/main.js에서 라우터 객체를 사용하도록 Vue 애플리케이션 인스턴스에 등록합니다. 그리고 boostrap.css도 참조하도록 작성하세요. 그리고 기반이 되는 스타일은 bootstrap을 이용하지만 추가적으로 사용할 src/main.css도 작성합니다.

예제 12-02 : src/main.js 변경

```
01: import { createApp } from 'vue'
02: import App from './App.vue'
03: import 'bootstrap/dist/css/bootstrap.css'
04: import router from './router/index.js'
05: import './main.css';
06:
07: const app = createApp(App)
08: app.use(router);
09: app.mount('#app')
```

예제 12-03 : src/main.css

```
01: body {   margin: 0; padding: 0; font-family: sans-serif;   }
02: .title {   text-align: center; font-weight: bold; font-size: 20pt;   }
03: .todo-done {   text-decoration: line-through;   }
04: .container {   padding: 10px 10px 10px 10px;   }
05: .panel-borderless {   border: 0; box-shadow: none;   }
06: .pointer {   cursor: pointer;   }
```

이제 App 컴포넌트를 작성해야 합니다. App 컴포넌트에서는 상태와 상태 변경 기능을 작성하고 provide 함수를 이용해 공용 값으로 등록합니다. 또한 Header 컴포넌트와 router-view 컴포넌트를 배치하도록 작성합니다. router-view에는 roueter 객체에서의 요청 경로별 컴포넌트가 렌더링될 것입니다.

예제 12-04 : src/App.vue 변경

```
01: <template>
02:     <div class="container">
03:         <Header />
04:         <router-view />
05:     </div>
06: </template>
07:
08: <script setup>
09: import { reactive, computed, provide } from 'vue'
10: import Header from '@/components/Header.vue'
```

```
11:
12: const states = reactive({
13:    todoList : [
14:       { id: 1, todo: "ES6학습", desc: "설명1", done: false },
15:       { id: 2, todo: "React학습", desc: "설명2", done: false },
16:       { id: 3, todo: "ContextAPI 학습", desc: "설명3", done: true },
17:       { id: 4, todo: "야구경기 관람", desc: "설명4", done: false },
18:    ]
19: })
20:
21: const addTodo = ({ todo, desc }) => {
22:    states.todoList.push({ id: new Date().getTime(), todo, desc, done: false })
23: };
24:
25: const updateTodo = ({ id, todo, desc, done }) => {
26:    let index = states.todoList.findIndex((todo) => todo.id === id);
27:    states.todoList[index] = { ...states.todoList[index], todo, desc, done };
28: };
29:
30: const deleteTodo = (id) => {
31:    let index = states.todoList.findIndex((todo) => todo.id === id);
32:    states.todoList.splice(index, 1);
33: }
34:
35: const toggleDone = (id) => {
36:    let index = states.todoList.findIndex((todo) => todo.id === id);
37:    states.todoList[index].done = !states.todoList[index].done;
38: }
39:
40: provide('todoList', computed(()=>states.todoList))
41: provide('actions', { addTodo, deleteTodo, toggleDone, updateTodo })
42: </script>
```

40행에서 상태 데이터를 provide에 주입할 때 computed()를 이용해 계산된 속성으로 처리하여 반응성(reactivity)을 유지하도록 해야 합니다. 상태라 할지라도 provide로 주입하는 경우 반응성(reactivity)을 잃어버리기 때문입니다.

이제 헤더 UI를 담당하는 Header 컴포넌트를 작성합니다. 이미 vue-router를 학습하면서 사용해본 스타일로 router-link를 만들면 됩니다.

예제 12-05 : src/components/Header.vue 작성

```
01: <template>
02:     <nav class="navbar navbar-expand-sm bg-dark navbar-dark">
03:         <span class="navbar-brand ps-2">TodoList App</span>
04:         <button class="navbar-toggler" type="button" @click="isNavShow = !isNavShow">
05:             <span class="navbar-toggler-icon"></span>
06:         </button>
07:         <div :class="isNavShow ? 'collapse navbar-collapse show' : 'collapse navbar-collapse'">
08:             <ul class="navbar-nav">
09:                 <li class="nav-item">
10:                     <router-link class="nav-link" to="/">Home</router-link>
11:                 </li>
12:                 <li class="nav-item">
13:                     <router-link class="nav-link" to="/about">About</router-link>
14:                 </li>
15:                 <li class="nav-item">
16:                     <router-link class="nav-link" to="/todos">TodoList</router-link>
17:                 </li>
18:             </ul>
19:         </div>
20:     </nav>
21: </template>
22:
23: <script setup>
24: import { ref } from 'vue';
25: const isNavShow = ref(false);
26: </script>
```

이제 Home, About 컴포넌트를 작성합니다. 두 컴포넌트는 다음 예제의 볼드 부분을 제외한 나머지는 동일한 코드입니다.

예제 12-06 : src/pages/Home.vue, src/pages/About.vue 작성

```
01: <template>
02:     <div class="card card-body">
03:         <h2>Home</h2>
04:     </div>
05: </template>
```

NotFound 컴포넌트는 잘못 요청된 경로를 사용자에게 알려줄 수 있도록 작성합니다. 이때 요청된 경로는 vue-router의 useRoute 훅을 사용하면 요청 경로를 확인할 수 있습니다.

예제 12-07 : src/pages/NotFound.vue 작성

```
01: <template>
02:     <div class="m-3">
03:         <h3>존재하지 않는 경로</h3>
04:         <p>요청 경로 : {{currentRoute.path}}</p>
05:     </div>
06: </template>
07:
08: <script setup>
09: import { useRoute } from 'vue-router'
10: const currentRoute = useRoute();
11: </script>
```

이제 TodoList 컴포넌트를 작성합니다. TodoList 컴포넌트에서는 App 컴포넌트에서 등록한 상태 데이터를 주입(inject)시켜서 v-for 디렉티브로 여러 TodoItem 컴포넌트를 반복 렌더링합니다. 이때 속성으로 TodoList의 할 일 한 건 정보를 전달하도록 작성합니다. provide/inject를 이용해 todoList 상태 데이터 전체를 전달받을 수 있지만, 반복 렌더링할 때는 속성으로 전달하는 것이 바람직합니다.

예제 12-08 : src/pages/TodoList.vue 작성

```
01: <template>
02:     <div class="row">
03:         <div class="col p-3">
04:             <router-link class="btn btn-primary" to="/todos/add">
05:                 할일 추가
```

```
06:                </router-link>
07:            </div>
08:        </div>
09:        <div class="row">
10:            <div class="col">
11:                <ul class="list-group">
12:                    <TodoItem v-for="todoItem in todoList"
13:                        :key="todoItem.id" :todoItem="todoItem" />
14:                </ul>
15:            </div>
16:        </div>
17: </template>
18:
19: <script setup>
20: import {inject} from 'vue';
21: import TodoItem from '@/pages/TodoItem.vue'
22:
23: const todoList = inject('todoList');
24: </script>
```

이제 다음 예제와 같이 TodoItem 컴포넌트를 작성합니다. TodoItem 컴포넌트에서는 TodoList 컴포넌트로부터 전달받은 todoItem 속성을 이용해 UI를 렌더링합니다. 이때 todoItem 속성의 done 값에 따라 다르게 나타낼 수 있도록 2, 3행과 같이 3항 연산을 사용합니다. 이 컴포넌트에서 사용할 deleteTodo, toggleDone 메서드는 App 컴포넌트에서 등록해둔 'actions' 객체로부터 주입(inject)하여 사용합니다. 편집 화면으로 이동하는 기능은 useRouter() 훅으로 받아낸 router 객체의 push() 메서드를 사용하여 9행과 같이 작성하세요.

예제 12-09 : src/pages/TodoItem.vue 작성

```
01: <template>
02:    <li :class="todoItem.done ? 'list-group-item list-group-item-success' : 'list-group-item'">
03:        <span :class="todoItem.done ? 'todo-done pointer' : 'pointer'"
04:            @click="toggleDone(todoItem.id)">
05:            {{todoItem.todo}}
06:            {{todoItem.done ? '(완료)' : '' }}
```

```
07:        </span>
08:        <span class="float-end badge bg-secondary pointer m-1"
09:          @click="router.push(`/todos/edit/${todoItem.id}`)">
10:          편집</span>
11:        <span class="float-end badge bg-secondary pointer m-1"
12:          @click="deleteTodo(todoItem.id)">
13:          삭제</span>
14:      </li>
15: </template>
16:
17: <script setup>
18: import { useRouter } from 'vue-router';
19: import { inject } from 'vue';
20:
21: defineProps({
22:     todoItem: { Type: Object, required:true }
23: })
24:
25: const router = useRouter();
26: const { deleteTodo, toggleDone } = inject('actions');
27: </script>
28:
```

이제 새로운 할 일을 추가하는 기능을 수행하는 AddTodo 컴포넌트를 작성합니다. 이 컴포넌트에서는 App 컴포넌트에서 provide로 등록한 addTodo 메서드를 이용하기 위해 inject()를 이용합니다. 사용자로부터의 입력 값을 받아내기 위해 상태를 정의하고 v-model 디렉티브로 양방향 데이터 바인딩합니다.

할 일 추가 기능을 수행하고 나면 다시 /todos 경로로 이동할 수 있도록 router.push() 메서드를 이용합니다.

예제 12-10 : src/pages/AddTodo.vue 작성

```
01: <template>
02:     <div class="row">
03:         <div class="col p-3">
04:             <h2>할일 추가</h2>
```

```
05:        </div>
06:      </div>
07:      <div class="row">
08:        <div class="col">
09:          <div class="form-group">
10:            <label htmlFor="todo">할일 :</label>
11:            <input type="text" class="form-control" id="todo"
12:              v-model="todoItem.todo" />
13:          </div>
14:          <div class="form-group">
15:            <label htmlFor="desc">설명 :</label>
16:            <textarea class="form-control" rows="3" id="desc"
17:              v-model="todoItem.desc"></textarea>
18:          </div>
19:          <div class="form-group">
20:            <button type="button" class="btn btn-primary m-1"
21:              @click="addTodoHandler">추 가</button>
22:            <button type="button" class="btn btn-primary m-1"
23:              @click="router.push('/todos')">취 소</button>
24:          </div>
25:        </div>
26:      </div>
27: </template>
28:
29: <script setup>
30: import { inject, reactive } from 'vue';
31: import { useRouter } from 'vue-router';
32:
33: const router = useRouter();
34: const { addTodo } = inject('actions');
35: const todoItem = reactive({ todo:"", desc:"" })
36:
37: const addTodoHandler = () => {
38:    let { todo } = todoItem;
39:    if (!todo || todo.trim()==="") {
40:       alert('할일은 반드시 입력해야 합니다');
41:       return;
42:    }
```

```
43:        addTodo({ ...todoItem });
44:        router.push('/todos')
45:    }
46: </script>
```

이제 마지막으로 EditTodo 컴포넌트를 작성합니다. 이 컴포넌트에서는 다음과 같은 순서로 화면을 만들어냅니다.

- 현재 라우트(currentRoute) 정보를 이용해 /todos/edit/:id에 해당하는 동적 파라미터 params.id 값을 받아냅니다.
- todoList 전체에서 params.id와 일치하는 id를 가진 할 일 한 건(matchedTodoItem)을 찾아냅니다.
- todoItem 한 건으로 reactive()를 이용해 상태 데이터로 설정합니다. 이것은 v-model 디렉티브로 양방향 데이터 바인딩하여 사용자가 직접 변경할 수 있도록 합니다.

예제 12-11 : src/pages/EditTodo.vue 작성

```
01: <template>
02:    <div class="row">
03:        <div class="col p-3">
04:            <h2>할일 수정</h2>
05:        </div>
06:    </div>
07:    <div class="row">
08:        <div class="col">
09:            <div class="form-group">
10:                <label htmlFor="todo">할일:</label>
11:                <input type="text" class="form-control" id="todo"
12:                    v-model="todoItem.todo" />
13:            </div>
14:            <div class="form-group">
15:                <label htmlFor="desc">설명:</label>
16:                <textarea class="form-control" rows="3" id="desc"
17:                    v-model="todoItem.desc"></textarea>
18:            </div>
19:            <div class="form-group">
20:                <label htmlFor="done">완료여부 : </label> 
```

```
21:                <input type="checkbox" v-model="todoItem.done" />
22:            </div>
23:            <div class="form-group">
24:                <button type="button" class="btn btn-primary m-1"
25:                    @click="updateTodoHandler">수 정</button>
26:                <button type="button" class="btn btn-primary m-1"
27:                    @click="router.push('/todos')">취 소</button>
28:            </div>
29:        </div>
30:    </div>
31: </template>
32:
33: <script setup>
34: import { inject, reactive } from 'vue';
35: import { useRouter, useRoute } from 'vue-router';
36:
37: const todoList = inject('todoList');
38: const { updateTodo } = inject('actions');
39: const router = useRouter();
40: const currentRoute = useRoute();
41:
42: const matchedTodoItem =
43:     todoList.value.find((item)=> item.id === parseInt(currentRoute.params.id));
44: if (!matchedTodoItem)  {
45:     router.push('/todos');
46: }
47: const todoItem =  reactive({ ...matchedTodoItem })
48:
49: const updateTodoHandler = () => {
50:     let { todo } = todoItem;
51:     if (!todo || todo.trim()==="") {
52:         alert('할일은 반드시 입력해야 합니다');
53:         return;
54:     }
55:     updateTodo({ ...todoItem });
56:     router.push('/todos');
57: }
58: </script>
```

todoList 데이터 중에서 id가 일치하는 것을 찾아 그 데이터를 화면에 보여주고 수정할 수 있도록 해야 하므로 47행과 같이 reactive() 함수를 이용해 상태 데이터로 지정합니다. **이때 기존 todoItem이 직접 변경되지 않도록 전개 연산자(Spread Operator)를 사용해 새로운 객체를 만들어야 한다는 점에 주의하세요.** 만일 새로운 객체를 상태 데이터로 설정하지 않으면 편집 화면에서 값을 변경한 뒤 취소 버튼을 클릭해도 todoList 상태 데이터가 바뀔 것입니다.

이제 실행하여 결과를 확인합니다.

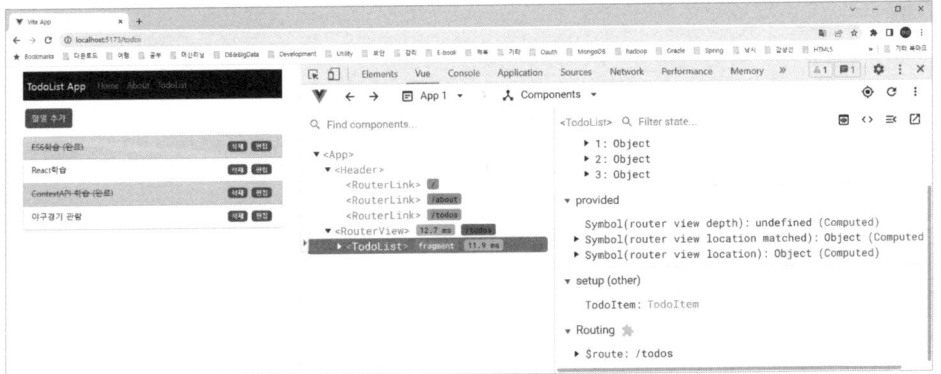

그림 12-04 1단계 실행 결과

12.3 2단계 axios 적용

12.3.1 백엔드 API 실행과 프록시 설정

이제 1단계 작성한 예제에 axios를 이용해 백엔드 API 서버와 통신하도록 기능을 추가하겠습니다. 백엔드 API 서버는 11장을 학습할 때 사용했던 todosvc를 그대로 활용하도록 하겠습니다. 만일 11장을 학습하지 않았다면 다음 github 페이지의 코드를 다운로드하세요.

- https://github.com/stepanowon/todosvc

다운로드 받은 코드는 다음 명령어로 실행하면 됩니다.

```
npm install
npm run start:dev
```

다음 단계로 todolist-app-router 프로젝트의 vite.config.js를 다음과 같이 변경하여 프록시를 설정합니다.

예제 12-12 : vite.config.js 변경

```
01: import { fileURLToPath, URL } from 'node:url'
02:
03: import { defineConfig } from 'vite'
04: import vue from '@vitejs/plugin-vue'
05:
06: // https://vitejs.dev/config/
07: export default defineConfig({
08:   plugins: [vue()],
09:   resolve: {
10:     alias: {
11:       '@': fileURLToPath(new URL('./src', import.meta.url))
12:     }
13:   },
14:   server: {
15:     proxy: {
16:       "/api": {
17:         target: "http://localhost:8000",
18:         changeOrigin: true,
19:         rewrite: (path) => path.replace(/^\/api/, ""),
20:       },
21:     },
22:   },
23: })
24:
```

또한 다음 명령어를 실행하여 todolist-app-router 프로젝트에 axios 라이브러리를 설치합니다.

```
npm install --save axios
```

12.3.2 App 컴포넌트 변경

이제 App 컴포넌트에 작성된 상태와 상태 변경 기능을 axios를 사용하도록 변경합니다. 기존의 addTodo, updateTodo, deleteTodo, toggleDone 함수 이외에 fetchTodoList라는 함수를 추가할 것입니다. 이 함수는 백엔드 API에서 특정 사용자의 할 일 정보를 읽어오는 기능을 수행합니다.

예제 12-13 : src/App.vue 변경

```
01: <template>
02:     <div class="container">
03:         <Header />
04:         <router-view />
05:     </div>
06: </template>
07:
08: <script setup>
09: import { reactive, provide, computed } from 'vue'
10: import Header from '@/components/Header.vue'
11: import axios from 'axios';
12:
13: const owner = "gdhong";
14: //의도적 지연 시간을 발생시키는 /todolist_long 이용
15: const BASEURI = "/api/todolist_long";
16: const states = reactive({ todoList:[] })
17: //TodoList 목록을 조회합니다.
18: const fetchTodoList = async () => {
19:     try {
20:         const response = await axios.get(BASEURI + `/${owner}`);
21:         if (response.status === 200) {
22:             states.todoList = response.data;
23:         } else {
24:             alert('데이터 조회 실패');
25:         }
26:     } catch(error) {
27:         alert('에러발생 :' + error);
28:     }
29: }
```

```
30:  // 새로운 TodoItem을 추가합니다.
31:  const addTodo = async ({ todo, desc }, successCallback) => {
32:    try {
33:      const payload = { todo, desc };
34:      const response = await axios.post(BASEURI + `/${owner}`, payload)
35:      if (response.data.status === "success") {
36:        states.todoList.push({ id: response.data.item.id, todo, desc, done: false })
37:        successCallback();
38:      } else {
39:        alert('Todo 추가 실패 : ' + response.data.message);
40:      }
41:    } catch(error) {
42:      alert('에러발생 :' + error);
43:    }
44:  }
45:  // 기존 TodoItem을 변경합니다.
46:  const updateTodo = async ({ id, todo, desc, done }, successCallback) => {
47:    try {
48:      const payload = { todo, desc, done };
49:      const response = await axios.put(BASEURI + `/${owner}/${id}`, payload)
50:      if (response.data.status === "success") {
51:        let index = states.todoList.findIndex((todo) => todo.id === id);
52:        states.todoList[index] = { id, todo, desc, done };
53:        successCallback();
54:      } else {
55:        alert('Todo 변경 실패 : ' + response.data.message);
56:      }
57:    } catch(error) {
58:      alert('에러발생 :' + error);
59:    }
60:  }
61:  //기존 TodoItem을 삭제합니다.
62:  const deleteTodo = async (id) => {
63:    try {
64:      const response = await axios.delete(BASEURI + `/${owner}/${id}`)
65:      if (response.data.status === "success") {
66:        let index = states.todoList.findIndex((todo) => todo.id === id);
67:        states.todoList.splice(index, 1);
68:      } else {
```

```
69:        alert('Todo 삭제 실패 : ' + response.data.message);
70:      }
71:    } catch(error) {
72:      alert('에러발생 :' + error);
73:    }
74: }
75: //기존 TodoItem의 완료여부(done) 값을 토글합니다.
76: const toggleDone = async (id) => {
77:    try {
78:      const response = await axios.put(BASEURI + `/${owner}/${id}/done`)
79:      if (response.data.status === "success") {
80:        let index = states.todoList.findIndex((todo) => todo.id === id);
81:        states.todoList[index].done = !states.todoList[index].done;
82:      } else {
83:        alert('Todo 완료 변경 실패 : ' + response.data.message);
84:      }
85:    } catch(error) {
86:      alert('에러발생 :' + error);
87:    }
88: }
89:
90:
91: provide('todoList', computed(()=>states.todoList));
92: provide('actions', { addTodo, deleteTodo, toggleDone, updateTodo, fetchTodoList })
93:
94: fetchTodoList();
95: </script>
```

이 예제에서 addTodo, updateTodo 함수를 살펴보면 기존과 달리 successCallback이라는 인자를 추가하고 있음을 알 수 있습니다. 백엔드 API의 호출은 네트워크 상태, 서버의 상태에 따라 약간의 지연이 발생할 수 있는데, 이 예제에서는 15행에서 1초의 의도적인 지연 시간 후에 응답하는 /todolist_long API를 사용합니다. 이 경우 추가, 수정하는 화면에서 다시 할 일을 조회하는 화면으로의 전환은 추가, 수정이 완료된 이후여야 합니다. successCallback은 바로 비동기 처리가 완료된 후 수행할 작업을 전달하기 위해 사용하는 것입니다. 예를 들어 AddTodo 컴포넌트에서 새로운 TodoItem을 추가할 때 백엔드에서의 비동기 처리가 완료된 이후에 successCallback 함수를 호출하여 화면을 전환합니다.

이제 AddTodo, UpdateTodo 컴포넌트를 변경하겠습니다. 이전 문단에서 설명한 내용을 반영합니다.

예제 12-14 : src/pages/AddTodo.vue 변경

```
01: <template>
02: ......(생략)
03: </template>
04:
05: <script setup>
06: import { inject, reactive } from 'vue';
07: import { useRouter } from 'vue-router';
08:
09: const router = useRouter();
10: const { addTodo } = inject('actions');
11: const todoItem =  reactive({ todo:"", desc:"" })
12:
13: const addTodoHandler = () => {
14:     let { todo } = todoItem;
15:     if (!todo || todo.trim()==="") {
16:         alert('할일은 반드시 입력해야 합니다');
17:         return;
18:     }
19:     addTodo({ ...todoItem }, ()=>{
20:         router.push('/todos')
21:     });
22: }
23: </script>
```

예제 12-15 : src/pages/EditTodo.vue 변경

```
01: <template>
02: ......(생략)
03: </template>
04:
05: <script setup>
06: import { inject, reactive } from 'vue';
07: import { useRouter, useRoute } from 'vue-router';
08:
09: const todoList = inject('todoList');
```

```
10: const { updateTodo } = inject('actions');
11: const router = useRouter();
12: const currentRoute = useRoute();
13:
14: const matchedTodoItem =
15:     todoList.value.find((item)=> item.id === parseInt(currentRoute.params.id))
16: if (!matchedTodoItem)  {
17:     router.push('/todos');
18: }
19: const todoItem =  reactive({ ...matchedTodoItem })
20:
21: const updateTodoHandler = () => {
22:     let { todo } = todoItem;
23:     if (!todo || todo.trim()==="") {
24:         alert('할일은 반드시 입력해야 합니다');
25:         return;
26:     }
27:     updateTodo({ ...todoItem }, ()=>{
28:         router.push('/todos');
29:     });
30: }
31: </script>
```

마지막으로 TodoList 컴포넌트에 '새로 고침' 버튼을 추가하겠습니다.

예제 12-16 : src/pages/TodoList.vue 변경

```
01: <template>
02:     <div class="row">
03:         <div class="col p-3">
04:             <router-link class="btn btn-primary" to="/todos/add">
05:                 할일 추가
06:             </router-link>
07:             <button class="btn btn-primary ms-1" @click="fetchTodoList">
08:                 새로 고침
09:             </button>
10:         </div>
11:     </div>
12:     <div class="row">
13:         <div class="col p-3">
```

```
14:                <ul class="list-group">
15:                    <TodoItem v-for="todoItem in todoList"
16:                        :key="todoItem.id" :todoItem="todoItem" />
17:                </ul>
18:            </div>
19:        </div>
20: </template>
21:
22: <script setup>
23: import {inject} from 'vue';
24: import TodoItem from '@/pages/TodoItem.vue'
25:
26: const todoList = inject('todoList');
27: const { fetchTodoList } = inject('actions');
28: </script>
```

이제 npm run dev 명령으로 실행하여 결과를 확인해보세요. 새로운 할 일을 추가하면 목록 화면으로 전환되는 시점이 비동기 추가가 완료된 시점 이후인 것을 확인할 수 있습니다.

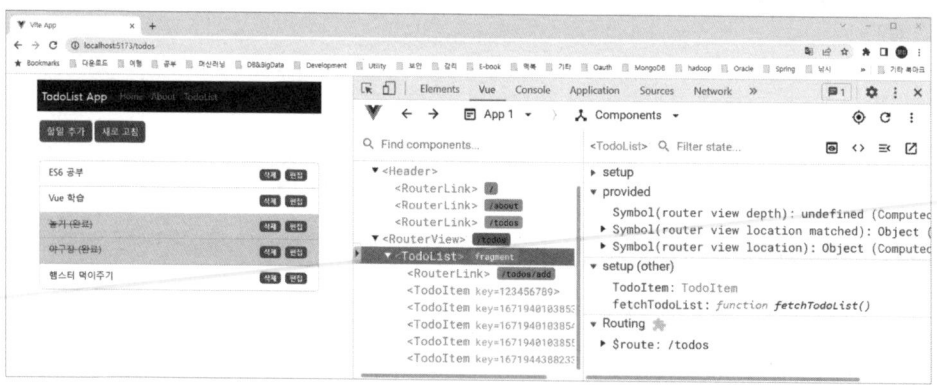

그림 12-05 : 2단계 적용 결과

12.4 3단계 지연 시간에 대한 스피너 UI 구현

2단계까지의 작업에서는 백엔드 API에서의 지연 시간 동안 화면이 정지한 듯한 느낌을 줍니다. 비동기 처리를 진행하는 동안 시각적으로 작업을 처리 중이라는 정보를 사용자에게 제공하는 것이 좋습니다. 이를 위해 이미 사용해본 적이 있는 vue-csspin을 설치하겠습니다.

```
npm install --save vue-csspin
```

다음 단계로 Loading 컴포넌트를 추가하겠습니다.

예제 12-17 : src/components/Loading.vue 추가

```
01: <template>
02:     <VueCsspin message="Loading" spin-style="cp-flip" />
03: </template>
04:
05: <script setup>
06: import { VueCsspin } from 'vue-csspin'
07: import 'vue-csspin/dist/vue-csspin.css'
08: </script>
```

이제 App 컴포넌트를 변경해보겠습니다. Loading 컴포넌트를 보여줄지 여부를 결정하기 위한 isLoading이라는 상태를 추가할 것입니다. 그리고 비동기처리를 시작할 때 이 값을 true로 설정하고 비동기 처리가 완료되는 시점에 false로 변경할 것입니다. isLoading 상태로 v-if 디렉티브로 Loading 컴포넌트를 보여줄지를 결정하면 됩니다.

예제 12-18 : src/App.vue 변경

```
001: <template>
002:     <div class="container">
003:         <Header />
004:         <router-view />
005:         <Loading v-if="states.isLoading" />
006:     </div>
007: </template>
008:
009: <script setup>
010: import { reactive, provide, computed } from 'vue'
011: import Header from '@/components/Header.vue'
012: import Loading from '@/components/Loading.vue'
013: import axios from 'axios';
014:
015: const owner = "gdhong";
016: const BASEURI = "/api/todolist_long";
017:
```

```
018: const states = reactive({ todoList:[], isLoading:false })
019:
020: //TodoList 목록을 조회합니다.
021: const fetchTodoList = async () => {
022:     states.isLoading = true;
023:     try {
024:         const response = await axios.get(BASEURI + `/${owner}`);
025:         if (response.status === 200) {
026:             states.todoList = response.data;
027:         } else {
028:             alert('데이터 조회 실패');
029:         }
030:     } catch(error) {
031:         alert('에러발생 :' + error);
032:     }
033:     states.isLoading = false;
034: }
035:
036: // 새로운 TodoItem을 추가합니다.
037: const addTodo = async ({ todo, desc }, successCallback) => {
038:     states.isLoading = true;
039:     try {
040:         const payload = { todo, desc };
041:         const response = await axios.post(BASEURI + `/${owner}`, payload)
042:         if (response.data.status === "success") {
043:             states.todoList.push({ id: response.data.item.id, todo, desc, done: false })
044:             successCallback();
045:         } else {
046:             alert('Todo 추가 실패 : ' + response.data.message);
047:         }
048:     } catch(error) {
049:         alert('에러발생 :' + error);
050:     }
051:     states.isLoading = false;
052: }
053: // 기존 TodoItem을 변경합니다.
054: const updateTodo = async ({ id, todo, desc, done }, successCallback) => {
055:     states.isLoading = true;
056:     try {
```

```
057:    const payload = { todo, desc, done };
058:    const response = await axios.put(BASEURI + `/${owner}/${id}`, payload)
059:    if (response.data.status === "success") {
060:        let index = states.todoList.findIndex((todo) => todo.id === id);
061:        states.todoList[index] = { id, todo, desc, done };
062:        successCallback();
063:    } else {
064:        alert('Todo 변경 실패 : ' + response.data.message);
065:    }
066:  } catch(error) {
067:    alert('에러발생 :' + error);
068:  }
069:  states.isLoading = false;
070: }
071: //기존 TodoItem을 삭제합니다.
072: const deleteTodo = async (id) => {
073:   states.isLoading = true;
074:   try {
075:     const response = await axios.delete(BASEURI + `/${owner}/${id}`)
076:     if (response.data.status === "success") {
077:         let index = states.todoList.findIndex((todo) => todo.id === id);
078:         states.todoList.splice(index, 1);
079:     } else {
080:         alert('Todo 삭제 실패 : ' + response.data.message);
081:     }
082:   } catch(error) {
083:     alert('에러발생 :' + error);
084:   }
085:   states.isLoading = false;
086: }
087: //기존 TodoItem의 완료여부(done) 값을 토글합니다.
088: const toggleDone = async (id) => {
089:   states.isLoading = true;
090:   try {
091:     const response = await axios.put(BASEURI + `/${owner}/${id}/done`)
092:     if (response.data.status === "success") {
093:         let index = states.todoList.findIndex((todo) => todo.id === id);
094:         states.todoList[index].done = !states.todoList[index].done;
095:     } else {
```

```
096:         alert('Todo 완료 변경 실패 : ' + response.data.message);
097:       }
098:     } catch(error) {
099:       alert('에러발생 :' + error);
100:     }
101:     states.isLoading = false;
102: }
103:
104: provide('todoList', computed(()=>states.todoList));
105: provide('actions', { addTodo, deleteTodo, toggleDone, updateTodo, fetchTodoList })
106:
107: fetchTodoList();
108: </script>
```

이제 다시 npm run dev 명령어로 실행하여 결과를 확인해봅니다.

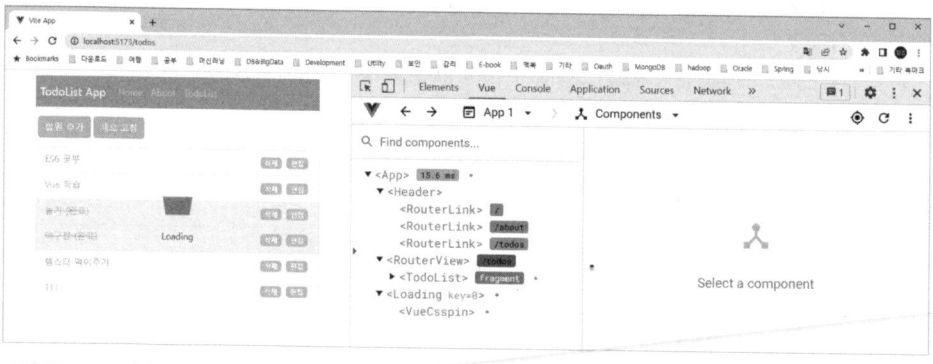

그림 12-06 : 3단계 적용 결과

12.5 마무리

10장과 11장에서 학습한 내용을 바탕으로 TodoList 애플리케이션을 vue-router와 axios를 이용하도록 다시 작성해보았습니다. 하지만 조금 아쉬운 부분이라면 상태관리를 provide/inject를 사용한 것입니다. provide/inject는 주로 읽기 전용의 데이터를 공유하기 위한 용도로 사용합니다. 애플리케이션 수준의 중앙 집중화된 상태 관리 용도로는 적합하지 않습니다. 그렇기 때문에 다음 장에서는 이 예제를 pinia라는 상태 관리 라이브러리를 적용하도록 변경해볼 것입니다.

13

pinia를 이용한 상태 관리

13.1 pinia란?

pinia는 Composition API 방식으로 Vue 애플리케이션을 위한 중앙 집중화된 상태 관리 기능을 제공하도록 설계된 라이브러리입니다. pinia 이전에는 vuex라는 상태 관리 라이브러리가 주로 사용되었지만 현재는 pinia가 Vue 애플리케이션을 위한 공식 상태 관리 라이브러리입니다. 이것은 다음 그림과 같이 vuex 메인 페이지에서 언급하고 있습니다.

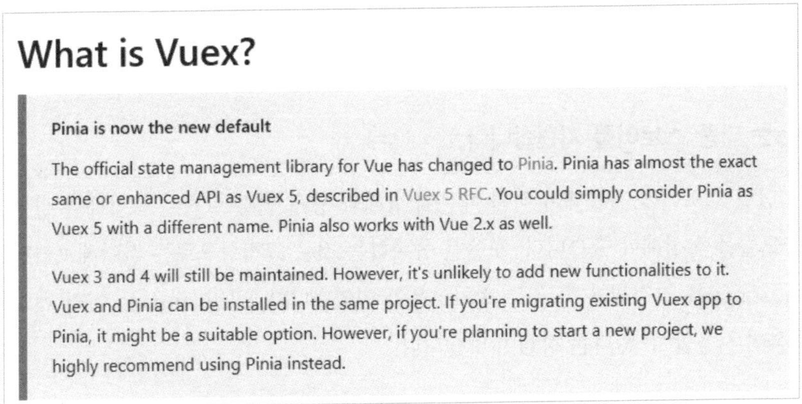

> **What is Vuex?**
>
> **Pinia is now the new default**
>
> The official state management library for Vue has changed to Pinia. Pinia has almost the exact same or enhanced API as Vuex 5, described in Vuex 5 RFC. You could simply consider Pinia as Vuex 5 with a different name. Pinia also works with Vue 2.x as well.
>
> Vuex 3 and 4 will still be maintained. However, it's unlikely to add new functionalities to it. Vuex and Pinia can be installed in the same project. If you're migrating existing Vuex app to Pinia, it might be a suitable option. However, if you're planning to start a new project, we highly recommend using Pinia instead.

그림 13-01 Vuex 소개 페이지 화면(https://vuex.vuejs.org/)

그렇다면 vuex와 비교하여 pinia는 어떤 장점이 있는 걸까요?

■ **pinia는 vuex보다 더 간단한 구조입니다.**

vuex는 스토어 내부에 상태(state), 상태를 변경하기 위한 변이(mutations), 컴포넌트에서 호출하기 위한 액션(action)을 포함합니다. 또한 다음과 같이 스토어 객체의 dispatch()라는 메서드를 이용해 액션 타입과 페이로드를 전달하는 방법으로 호출해야 했습니다. 변이를 호출할 때도 commit()이라는 메서드를 이용해 dispatch()와 비슷한 방법을 사용합니다.

```
this.$store.dispatch("addTodo", { todo: this.todo, done: false })
```

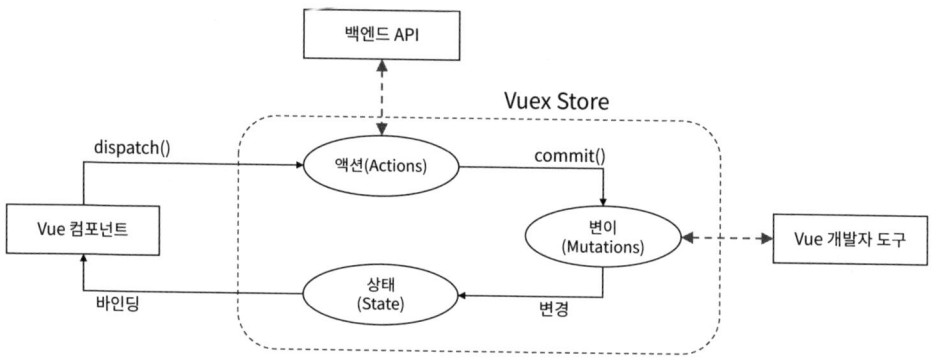

그림 13-02 Vuex 아키텍처

반면 pinia는 스토어 내부에 액션과 상태만을 정의하면 되며, vuex와 같이 dispatch() 메서드를 이용하는 것이 아니라 액션 메서드를 직접 호출합니다. 또한 액션에서 상태를 직접 변경합니다. 그렇기 때문에 더 간단하고 직관적입니다.

■ **pinia는 다중 스토어를 지원합니다.**

vuex는 단일 스토어를 사용해야 하기 때문에 상태와 상태 변경 로직이 복잡해질 경우 스토어에 하위 모듈을 작성해야 했습니다. 모듈을 등록하는 것은 그림상으로는 간단해보일지 모르지만 namespace를 지정해야 하는 등 번거로움이 있었습니다. 반면 pinia는 여러 개의 스토어를 등록하여 사용할 수 있다는 장점이 있습니다.

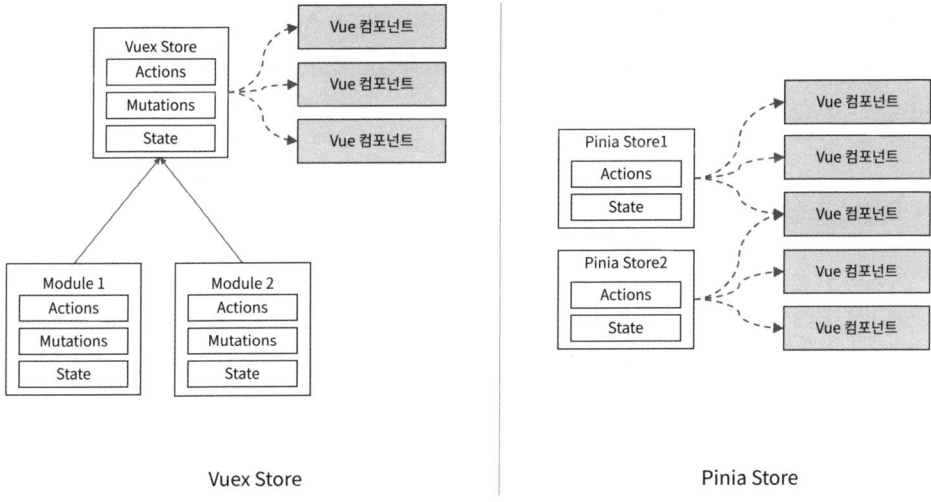

그림 13-03 Vuex의 단일 스토어 vs Pinia의 다중 스토어

■ **Composition API를 지원합니다.**

vuex는 스토어를 생성할 때 다음과 같이 옵션 API 방식만을 지원했습니다. 이것은 Vue 3 Composition API를 이용해 Vue 컴포넌트를 개발하는 개발자들에게는 이질적으로 느껴질 것입니다.

[Vuex의 옵션 API 방식의 스토어 생성]

```
const store = createStore({
  state: { count: 0 },
  mutations: {
    increment (state, { num }) {
      state.count += payload.num;
    }
  },
  actions: {
    increment (context, { num }) {
      context.commit('increment', { num : num } )
    }
  }
})
```

13 _ pinia를 이용한 상태 관리   441

pinia는 스토어를 정의할 때 옵션 API 방식과 Composition API를 모두 사용할 수 있으므로 개발자의 취향에 따라 선택할 수 있습니다. 자세한 작성 방법은 잠시 후에 살펴보도록 하겠습니다.

■ **타입스크립트 지원이 vuex보다 강력합니다.**

Vuex는 상태와 상태 변경 기능이 복잡해질 경우 모듈을 등록하는 방법을 사용했습니다. 스토어에 모듈들을 등록하고 컴포넌트에서는 스토어 객체를 참조하여 사용했습니다. 이러한 스토어-모듈 구조는 스토어를 통해 여러 개의 분산된 모듈 상의 액션, 변이, 상태 타입의 추론을 어렵게 합니다.

이 책에서는 타입스크립트를 사용하지는 않지만 최근에 타입스크립트의 사용이 증가하고 있는데, 타입 추론의 어려움은 타입스크립트를 이용한 코드 자동 완성 기능과 같은 부분을 어렵게 합니다. 특히 모듈의 상태 트리가 변경되면 스토어 상태의 타입을 매번 재정의해야 하는 번거로움이 있습니다.

pinia는 다중 스토어를 지원하고 각 스토어마다 독자적인 상태를 정의하므로 스토어의 상태마다 타입을 정의하면 됩니다. 한 스토어의 상태 트리의 구조 변경이 되더라도 다른 스토어의 상태 타입에 영향을 주지 않으므로 번거롭지 않습니다.

■ **pinia는 vuex에 비해 가볍습니다.**

pinia 라이브러리 파일의 크기는 6KB보다 작습니다. vuex의 크기와 비교하면 1/3 이하의 크기입니다.

13.2 pinia 아키텍처와 구성 요소

13.2.1 pinia 아키텍처

이미 앞에서도 설명했지만 상태와 액션만으로 구성된 단순한 구조를 가지고 있습니다. 추가적으로 게터(Getter)를 작성할 수 있지만 필수는 아닙니다. 게터는 Vue 컴포넌트의 요소와 비교하자면 스토어 내부의 계산된 속성(Computed Property)과 같은 것입니다. 다음 그림은 pinia 아키텍처를 단순하게 표현한 그림입니다.

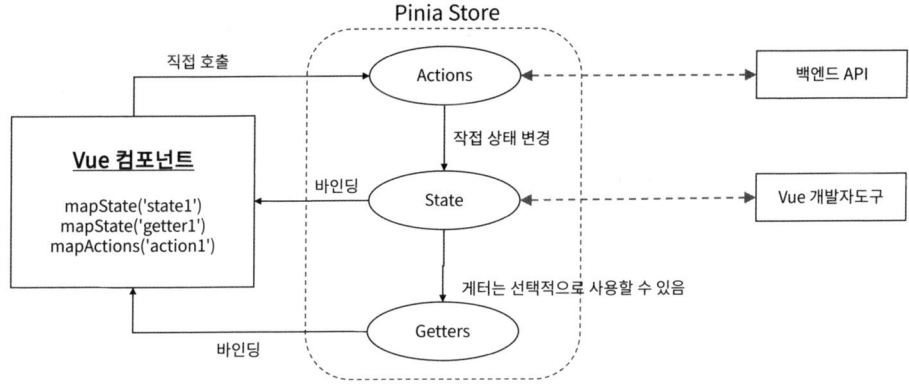

그림 13-04 pinia 아키텍처(옵션 API를 사용하는 경우)

pinia 스토어의 각 구성요소를 Vue 컴포넌트에서 사용할 때는 옵션 API의 경우 mapState, mapActions와 같은 유틸리티 함수를 이용해 계산된 속성, 메서드로 매핑할 수 있습니다.

13.2.2 스토어 정의

pinia 스토어를 정의할 때는 defineStore라는 함수를 이용합니다. 사용하는 방법을 옵션 API 방법과 컴포지션 API 방법으로 나누어 살펴보면 다음과 같습니다.

```
import { defineStore } from 'pinia'
import { reactive, computed } from 'vue'

// [ 옵션 API 방법 적용 ]
export const useCount1Store = defineStore('count1', {
  state: () => ({
    count: 0
  }),
  actions: {
    increment({ num }) {
      this.count += num;
    },
  }
})
```

```
// [ 컴포지션 API 방법 적용 ]
export const useCount2Store = defineStore('count2', ()=>{
    const state = reactive({ count : 0 });
    const increment = ({ num }) => {
        state.count +=num;
    }
    const count = computed(()=>state.count);

    return { count, increment };
})
```

defineStore() 함수의 첫 번째 인자는 스토어의 이름입니다. Vue 개발자 도구에서 이 스토어의 이름으로 스토어들을 식별할 수 있습니다. 두 번째 인자를 객체 타입으로 전달하면 옵션 API 방식입니다. Vue 컴포넌트를 작성할 때와 유사한 방법으로 상태(state)와 액션(actions)을 정의합니다. 두 번째 인자가 함수 타입일 때는 이 함수를 컴포지션 API의 setup() 함수처럼 간주하고 작성하면 됩니다. 이 함수 내부에서 reactive(), ref()를 이용해 상태를 정의하고 computed()를 이용해 반응성을 가진 읽기 전용의 값을 정의할 수 있습니다. **최종적으로 defineStore() 호출 결과 혹(Hook) 형태의 함수를 리턴합니다.**

만일 Vue 2.x를 지원해야 하거나 pinia를 처음 접한다면 옵션 API로 시작하시는 것이 좋습니다. 옵션 API로 개발하는 것이 더 뛰어나거나 바람직하다기보다는 더 많은 개발자들이 옵션 API를 사용하고 있으며 하위 호환성도 잘 지원하기 때문입니다. 또한 Vue 개발자 도구에서도 옵션 API를 사용할 때만 상태를 초기화하거나 액션을 추적할 수 있는 기능을 제공하고 있기 때문에 디버깅할 때도 더 편리합니다. (2023년 3월 기준)

13.2.3 pinia를 사용하도록 Vue 애플리케이션 인스턴스 설정

이제 Vue 애플리케이션에서 pinia를 사용하도록 등록하는 방법을 살펴보겠습니다. src/main.js에서 Vue 애플리케이션 인스턴스를 생성할 때 pinia를 사용하도록 등록해야 합니다. 등록 방법은 pinia 라이브러리에서 임포트한 createPinia() 함수를 호출하여 생성한 pinia 객체를 Vue 애플리케이션 인스턴스의 use 메서드의 인자로 전달하여 호출하면 됩니다.

```
import { createApp } from 'vue'
import App from './App.vue'
import './assets/main.css'
import { createPinia } from 'pinia'

const pinia = createPinia()
const app = createApp(App)

app.use(pinia)
app.mount('#app')
```

13.2.4 컴포넌트에서 스토어 사용

옵션 API를 사용하는 컴포넌트인지 컴포지션 API를 사용하는 컴포넌트인지에 관계없이 두가지 방식의 스토어를 모두 이용할 수 있습니다.

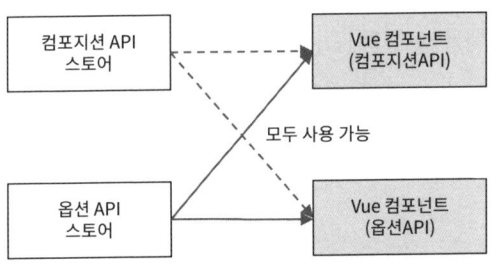

그림 13-05 Vue 컴포넌트에서의 스토어 사용 가능 여부

우선 옵션 API를 사용하는 컴포넌트에서 스토어의 상태, 액션을 이용하는 방법은 pinia가 제공하는 mapState, mapActions 함수를 이용하는 것입니다. mapState는 스토어의 상태와 게터를 컴포넌트의 계산된 속성(Computed Property)에 지정하는 형식의 객체를 생성하고, mapActions는 스토어의 액션을 컴포넌트의 메서드에 지정하는 형식의 객체를 생성합니다. 기존의 계산된 속성, 메서드와 결합해야 하므로 전개 연산자(Spread Operator)를 사용하는 습관을 가지도록 하세요.

[옵션 API를 사용한 컴포넌트에서의 스토어 사용]

```
<script>
import { useCount1Store} from '@/store/counter.js'
import { mapState, mapActions } from 'pinia';

export default {
  name:"App",
  computed : {
    ...mapState(useCount1Store, ['count'])
  },
  methods : {
    ...mapActions(useCount1Store, ['increment'])
  }
}
</script>
```

컴포지션 API를 사용하는 컴포넌트에서는 defineStore() 함수 호출 후 리턴된 훅 형태의 함수를 호출해 스토어 객체를 받아내어 이용하면 됩니다. 이때 주의할 점은 상태 데이터를 컴포넌트에서 사용할 때 computed()를 이용해야 한다는 것입니다. 옵션 API에서도 계산된 속성으로 연결하는 것과 마찬가지로 반응성을 잃지 않도록 하기 위해서 반드시 이 점에 주의해야 합니다.

[컴포지션 API를 사용한 컴포넌트에서의 스토어 사용]

```
<script>
import { useCount1Store} from '@/store/counter.js'
import { computed } from 'vue';

export default {
  setup() {
    const store = useCount1Store();
    const count =  computed(()=>store.count);
    const increment = store.increment;

    return { count, increment };
  }
}
</script>
```

13.3 간단한 pinia 예제 작성

이제 학습한 내용을 리뷰할 수 있도록 간단한 pinia 적용 앱을 작성해보도록 하겠습니다. 이 예제에서는 TodoList 애플리케이션과 동일한 상태와 상태 변경 기능을 테스트합니다. 우선 다음 명령어를 이용해 프로젝트를 생성하고 pinia 라이브러리를 설치하도록 하겠습니다.

```
npm init vue pinia-test-app
cd pinia-test-app
npm install
npm install pinia
```

프로젝트 생성이 완료된 후 VSCode를 열어서 src/components, src/assets 디렉터리와 src/App.vue를 삭제하고, src/App1.vue, src/App2.vue, src/stores/todoList.js 디렉터리와 파일을 생성합니다.

우선 src/store/todoList.js 스토어 코드를 작성하겠습니다. 이 예제에서는 동일한 todoList 데이터관리 기능을 제공하는 옵션 API 방식의 스토어와 컴포지션 API 방식의 스토어를 모두 작성하겠습니다.

예제 13-01 : src/stores/todoList.js 작성

```
01: import { defineStore } from "pinia";
02: import { reactive, computed } from 'vue';
03:
04: // 옵션 API 방식의 todoList1 스토어
05: export const useTodoList1Store = defineStore("todoList1", {
06:     state : () => ({
07:         todoList : [
08:             { id: 1, todo: "ES6학습",  done: false },
09:             { id: 2, todo: "React학습",  done: false },
10:             { id: 3, todo: "ContextAPI 학습",  done: true },
11:             { id: 4, todo: "야구경기 관람", done: false },
12:         ]
13:     }),
14:     getters : {
15:         doneCount : (state)=> {
16:             return state.todoList.filter((todoItem)=>todoItem.done === true).length;
```

```
17:         }
18:     },
19:     actions : {
20:         addTodo(todo) {
21:             this.todoList.push({ id: new Date().getTime(), todo, done: false })
22:         },
23:         deleteTodo(id) {
24:             let index = this.todoList.findIndex((todo) => todo.id === id);
25:             this.todoList.splice(index, 1);
26:         },
27:         toggleDone(id) {
28:             let index = this.todoList.findIndex((todo) => todo.id === id);
29:             this.todoList[index].done = !this.todoList[index].done;
30:         }
31:     }
32: })
33:
34: // 컴포지션 API 방식의 todoList2 스토어
35: export const useTodoList2Store = defineStore("todoList2", ()=> {
36:     const state = reactive({
37:         todoList : [
38:             { id: 1, todo: "ES6학습",  done: false },
39:             { id: 2, todo: "React학습",  done: false },
40:             { id: 3, todo: "ContextAPI 학습",  done: true },
41:             { id: 4, todo: "야구경기 관람", done: false },
42:         ]
43:     })
44:
45:     const addTodo = (todo) => {
46:         state.todoList.push({ id: new Date().getTime(), todo, done: false })
47:     }
48:
49:     const deleteTodo = (id) => {
50:         let index = state.todoList.findIndex((todo) => todo.id === id);
51:         state.todoList.splice(index, 1);
52:     }
53:
54:     const toggleDone = (id) => {
```

```
55:        let index = state.todoList.findIndex((todo) => todo.id === id);
56:        state.todoList[index].done = !state.todoList[index].done;
57:    }
58:
59:    const doneCount = computed(()=> {
60:        return state.todoList.filter((todoItem)=>todoItem.done === true).length;
61:    })
62:
63:    const todoList = computed(()=> state.todoList);
64:
65:    return { todoList, doneCount, addTodo, deleteTodo, toggleDone };
66: })
```

이번에는 옵션 API 형태의 App1 컴포넌트를 작성해봅니다. mapState와 mapActions 부분에 유의해서 작성해보세요. 특히 33~37행과 같이 mapActions로 스토어의 액션을 매핑한 메서드와 추가적인 메서드를 정의할 때를 위해 …mapActions(…)와 같이 전개 연산자를 이용해 기존 메서드와 결합하도록 해야 합니다.

예제 13-02 : src/App1.vue

```
01: <template>
02:    <div>
03:        <h2>TodoList 테스트(Option API)</h2>
04:        <hr />
05:        할일 추가 :
06:        <input type="text" v-model="todo" />
07:        <button @click="addTodoHandler">추가</button>
08:        <hr />
09:        <ul>
10:            <li v-for="todoItem in todoList">
11:                <span style="cursor:pointer" @click="toggleDone(todoItem.id)">
12:                    {{ todoItem.todo}} {{ todoItem.done ? "(완료)" : "" }}
13:                </span>
14:                   
15:                <button @click="deleteTodo(todoItem.id)">삭제</button>
16:            </li>
17:        </ul>
```

```
18:        <div>완료된 할일 수 : {{doneCount}}</div>
19:    </div>
20: </template>
21:
22: <script>
23: import { useTodoList1Store } from '@/stores/todoList.js'
24: import { mapState, mapActions } from 'pinia';
25:
26: export default {
27:    name:"App1",
28:    data : ()=>({ todo:"" }),
29:    computed : {
30:        ...mapState(useTodoList1Store, ['todoList', 'doneCount'])
31:    },
32:    methods : {
33:        ...mapActions(useTodoList1Store, ['addTodo', 'deleteTodo', 'toggleDone']),
34:        addTodoHandler() {
35:            this.addTodo(this.todo);
36:            this.todo = "";
37:        }
38:    }
39: }
40: </script>
```

이번에는 컴포지션 API를 사용하는 App2 컴포넌트를 작성해보겠습니다. 컴포넌트의 <template></template> 영역은 App1.vue 코드의 것을 복사하여 사용해도 됩니다. 31행에서 useTodoList2Store() 훅을 호출해 리턴된 스토어 객체를 이용해 필요한 값, 메서드를 템플릿에서 이용할 수 있도록 39행과 같이 리턴하면 됩니다. 33행의 doneCount와 같이 한번 연산된 데이터는 상태가 아니므로 반드시 computed()로 반응성을 잃지 않도록 해야 한다는 점에 주의하세요.

예제 13-03 : src/App2.vue

```
01: <template>
02:    <div>
03:        <h2>TodoList 테스트(Composition API)</h2>
04:        <hr />
```

```
05:        할일 추가 :
06:        <input type="text" v-model="todo" />
07:        <button @click="addTodoHandler">추가</button>
08:        <hr />
09:        <ul>
10:            <li v-for="todoItem in todoList">
11:                <span style="cursor:pointer" @click="toggleDone(todoItem.id)">
12:                {{ todoItem.todo}} {{ todoItem.done ? "(완료)" : "" }}
13:                </span>
14:                   
15:                <button @click="deleteTodo(todoItem.id)">삭제</button>
16:            </li>
17:        </ul>
18:        <div>완료된 할일 수 : {{doneCount}}</div>
19:    </div>
20: </template>
21:
22: <script>
23: import { useTodoList2Store } from '@/stores/todoList.js'
24: import { ref, computed } from 'vue';
25:
26: export default {
27:   name:"App2",
28:   setup() {
29:        const todo = ref("");
30:
31:        const todoListStore = useTodoList2Store();
32:        const { todoList, addTodo, deleteTodo, toggleDone } = todoListStore;
33:        const doneCount = computed(()=>todoListStore.doneCount);
34:
35:        const addTodoHandler = () => {
36:            addTodo(todo.value);
37:            todo.value = "";
38:        }
39:        return { todo, todoList, doneCount, addTodoHandler, deleteTodo, toggleDone }
40:    }
41: }
42: </script>
```

이제 마지막으로 src/main.js에서 pinia를 사용하도록 코드를 변경하겠습니다. 3~4행의 코드를 주석을 변경하면서 App1과 App2 모두를 테스트해보세요.

예제 13-04 : src/main.js 변경

```
01: import { createApp } from 'vue'
02: import { createPinia } from 'pinia'
03: //import App from './App1.vue'
04: import App from './App2.vue'
05:
06: const pinia = createPinia()
07:
08: const app = createApp(App)
09:
10: app.use(pinia)
11: app.mount('#app')
```

작성이 완료되었다면 npm run dev 명령으로 실행하여 브라우저를 통해 확인해보세요. 만일 App1 컴포넌트를 사용하도록 실행했다면 다음과 같이 Vue 개발자 도구에서 상태를 변경하거나 초기화시킬 수 있도록 UI가 제공될 것입니다.

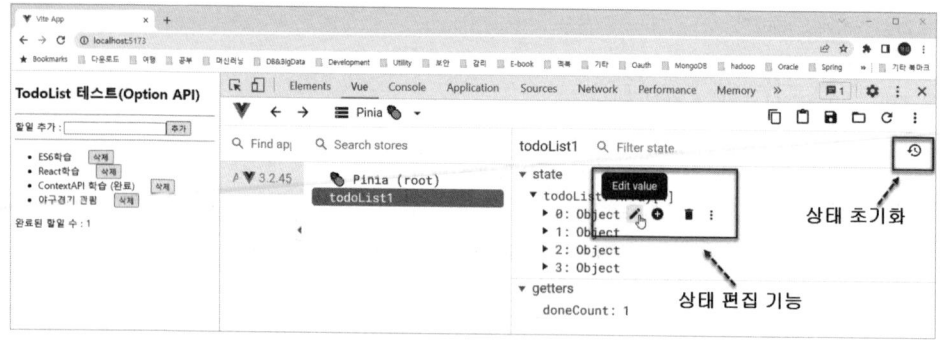

그림 13-06 예제 13-01~04 실행 결과(옵션 API 방식의 스토어 사용)

13.4 todolist-app-router 예제에 pinia 적용하기

13.4.1 기존 예제 구조 검토

이제 12장에서 작성했던 기존 todolist-app-router 예제에 pinia를 적용하도록 변경해보겠습니다. 예제를 변경하기 전에 기존 예제의 구조와 변경할 예제의 구조를 확인해보도록 하겠습니다.

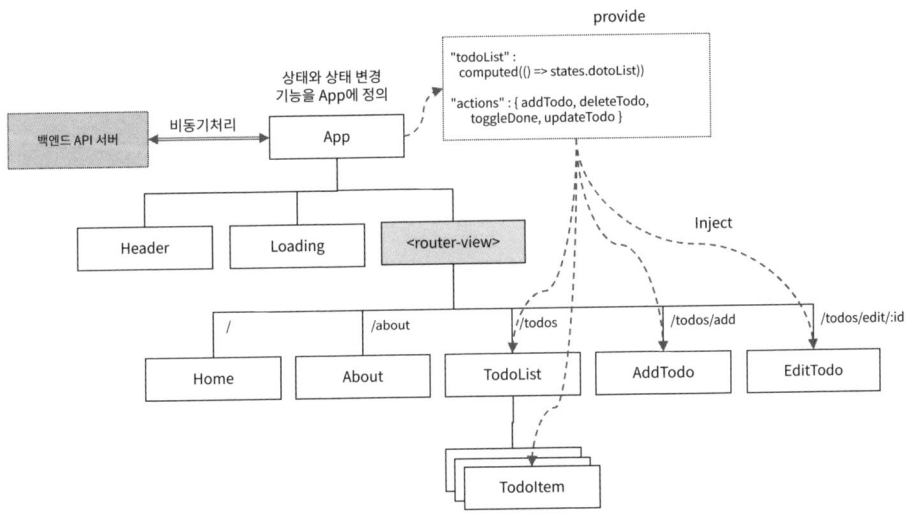

그림 13-07 12장까지의 todolist-app-router 예제의 구조

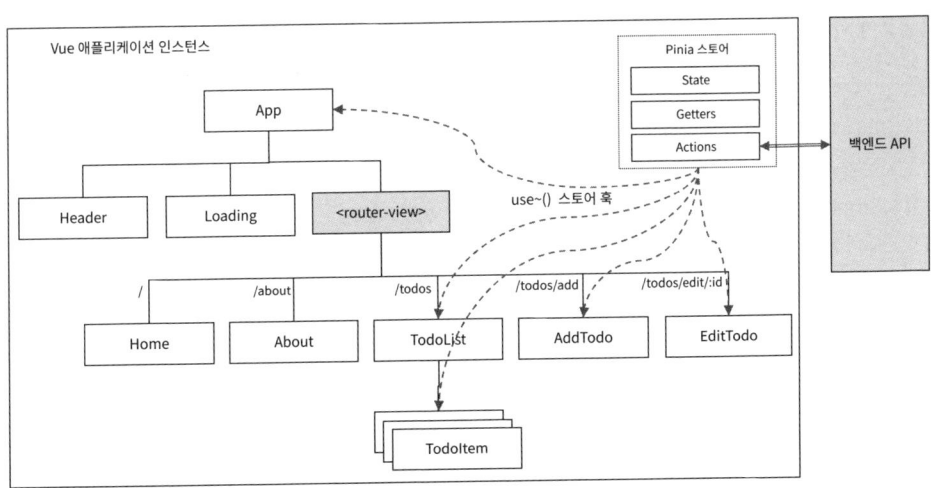

그림 13-08 새롭게 변경할 pinia를 적용한 예제 구조

기존 예제는 상태와 상태 변경 기능을 App 컴포넌트에 집중시키고 provide/inject를 이용해 속성을 이용해 전달하지 않고 직접 상태, 메서드를 주입(inject) 시켰습니다. 하지만 provide/inject는 주로 읽기 전용의 데이터를 자식 컴포넌트에서 이용할 수 있도록 하기 위해 사용하기 때문에 이 상황에서는 적합하지 않습니다.

이제 App 컴포넌트에 관리하던 상태와 상태 변경 기능을 pinia 스토어로 분리하고 각 자식 컴포넌트에서 스토어를 이용해 참조하도록 변경합니다. 스토어에 상태를 초기화하고, 액션을 이용해 백엔드 API와 비동기 통신하도록 합니다. 또한 완료된 할 일의 카운트를 게터를 이용해 읽기 전용의 데이터로 사용합니다.

13.4.2 백엔드 API 서버 실행

이 예제는 백엔드 API를 필요로 합니다. 12장에서 사용했던 todosvc 서버를 구동하겠습니다. 11, 12장을 학습하지 않으신 분은 https://github.com/stepanowon/todosvc 예제를 내려받아서 압축을 풀고 다음 명령어를 실행하여 샘플 백엔드 API 서버를 구동해주세요.

```
npm install
npm run start:dev
```

13.4.3 기초 작업

12장에서 작성한 todolist-app-router 예제를 이어서 시작하세요. 만일 12장에서 todolist-app-router 예제를 작성하지 않았다면 다음 github 리포지토리에서 12장 예제 중 todolist-app-router4 예제를 기반으로 시작하면 됩니다.

- https://github.com/stepanowon/vue3-quickstart

가장 먼저 todolist-app-router 예제 디렉터리에서 다음 명령어를 실행하여 pinia 라이브러리를 설치합니다.

```
npm install --save pinia
```

다음으로 src/main.js에서 pinia를 Vue 애플리케이션 인스턴스에 등록하도록 코드를 변경하세요.

예제 13-05 : src/main.js 변경

```
01: import { createApp } from 'vue'
02: import App from './App.vue'
03: import 'bootstrap/dist/css/bootstrap.css'
04: import router from './router/index.js'
05: import './main.css';
06: import { createPinia } from 'pinia';
07:
08: const pinia = createPinia();
09: const app = createApp(App);
10: app.use(pinia);
11: app.use(router);
12: app.mount('#app')
```

13.4.4 스토어 작성

이제 가장 중요한 스토어를 작성할 단계입니다. 다음과 같이 스토어를 작성하세요. 기존 App 컴포넌트에 작성되어 있던 상태와 상태 변경기능(백엔드 API 호출 기능 포함)을 각각 상태와 액션으로 옮겨주면 됩니다.

예제 13-06 : src/stores/todoList.js 추가

```
001: import { defineStore } from "pinia";
002: import axios from 'axios';
003:
004: //1. BASEURI는 vite.config.js의 프록시 설정에 맞추어 지정합니다.
005: //2. owner는 샘플 백엔드 API 서버(https://sample.bmaster.kro.kr)의
006: //   문서를 참조하여 지정합니다. 기본값 gdhong 데이터는 존재합니다.
007: const owner = "gdhong";
008: //의도적 1초의 지연시간을 발생시키는 API 사용
009: const BASEURI = "/api/todolist_long";
010:
011: //todoList1 스토어 정의
```

```
012: export const useTodoListStore = defineStore("todoList1", {
013:     //상태 정의(todoList, isLoading)
014:     //isLoading : Loading 컴포넌트를 보여줄지 여부 결정을 위한 상태
015:     state : () => {
016:         return {
017:             todoList : [],
018:             isLoading: false
019:         }
020:     },
021:     //읽기 전용의 게터
022:     //doneCount : 완료된 할일의 건수를 읽기 전용으로 제공
023:     getters : {
024:         doneCount : (state)=> {
025:             const filtered = state.todoList.filter((todoItem)=>todoItem.done === true);
026:             return filtered.length;
027:         }
028:     },
029:     //액션
030:     //비동기처리 시작에서 isLoading=true, 비동기 처리 완료 후 isLoading=false
031:     actions : {
032:         async fetchTodoList() {
033:             this.isLoading = true;
034:             try {
035:                 const response = await axios.get(BASEURI + `/${owner}`);
036:                 if (response.status === 200) {
037:                     this.todoList = response.data;
038:                 } else {
039:                     alert('데이터 조회 실패');
040:                 }
041:                 this.isLoading = false;
042:             } catch(error) {
043:                 alert('에러발생 :' + error);
044:                 this.isLoading = false;
045:             }
046:         },
047:         async addTodo({ todo, desc }, successCallback) {
048:             if (!todo || todo.trim()==="") {
049:                 alert('할일은 반드시 입력해야 합니다');
```

```
050:            return;
051:        }
052:        this.isLoading = true;
053:        try {
054:            const payload = { todo, desc };
055:            const response = await axios.post(BASEURI + `/${owner}`, payload)
056:            if (response.data.status === "success") {
057:                this.todoList.push({ id: response.data.item.id, todo, desc, done: false })
058:                successCallback();
059:            } else {
060:                alert('Todo 추가 실패 : ' + response.data.message);
061:            }
062:            this.isLoading = false;
063:        } catch(error) {
064:            alert('에러발생 :' + error);
065:            this.isLoading = false;
066:        }
067:    },
068:    async updateTodo({ id, todo, desc, done }, successCallback) {
069:        if (!todo || todo.trim()==="") {
070:            alert('할일은 반드시 입력해야 합니다');
071:            return;
072:        }
073:        this.isLoading = true;
074:        try {
075:            const payload = { todo, desc, done };
076:            const response = await axios.put(BASEURI + '/${owner}/${id}', payload)
077:            if (response.data.status === "success") {
078:                let index = this.todoList.findIndex((todo) => todo.id === id);
079:                this.todoList[index] = { id, todo, desc, done };
080:                successCallback();
081:            } else {
082:                alert('Todo 변경 실패 : ' + response.data.message);
083:            }
084:            this.isLoading = false;
085:        } catch(error) {
086:            alert('에러발생 :' + error);
087:            this.isLoading = false;
```

```
088:            }
089:        },
090:        async deleteTodo(id) {
091:            this.isLoading = true;
092:            try {
093:                const response = await axios.delete(BASEURI + `/${owner}/${id}`)
094:                if (response.data.status === "success") {
095:                    let index = this.todoList.findIndex((todo) => todo.id === id);
096:                    this.todoList.splice(index, 1);
097:                } else {
098:                    alert('Todo 삭제 실패 : ' + response.data.message);
099:                }
100:                this.isLoading = false;
101:            } catch(error) {
102:                alert('에러발생 :' + error);
103:                this.isLoading = false;
104:            }
105:        },
106:        async toggleDone(id) {
107:            this.isLoading = true;
108:            try {
109:                const response = await axios.put(BASEURI + `/${owner}/${id}/done`)
110:                if (response.data.status === "success") {
111:                    let index = this.todoList.findIndex((todo) => todo.id === id);
112:                    this.todoList[index].done = !this.todoList[index].done;
113:                } else {
114:                    alert('Todo 완료 변경 실패 : ' + response.data.message);
115:                }
116:                this.isLoading = false;
117:            } catch(error) {
118:                alert('에러발생 :' + error);
119:                this.isLoading = false;
120:            }
121:        },
122:    }
123: })
```

이 예제에서는 옵션 API 방식의 스토어를 작성하였습니다. 컴포지션 API 방식의 스토어 예제는 다음 github에서 예제를 다운로드하여 ch13/todolist-app-router5 예제의 src/stores/todoList2.js를 확인해보세요. 컴포지션 API 예제는 옵션 API를 대체해서 실행할 수 있도록 작성되었습니다. 참조하세요.

- https://github.com/stepanowon/vue3-quickstart

13.4.5 App 컴포넌트 변경

App 컴포넌트의 상태와 상태 변경 기능은 스토어로 모두 이전했기 때문에 제거해야 합니다. 그리고 스토어의 isLoading 상태를 컴포넌트에서 참조해 Loading 컴포넌트를 렌더링할지 여부를 결정하도록 변경해야 합니다. 또한 애플리케이션이 실행하자마자 백엔드 API를 통해 데이터를 읽어올 수 있도록 스토어의 액션 중에서 fetchTodoList()를 호출합니다.

예제 13-07 : src/App.vue 변경

```
01: <template>
02:    <div class="container">
03:        <Header />
04:        <router-view />
05:        <Loading v-if="isLoading" />
06:    </div>
07: </template>
08:
09: <script setup>
10: import { computed } from 'vue';
11: import Header from '@/components/Header.vue'
12: import { useTodoListStore } from '@/stores/todoList.js'
13: import Loading from '@/components/Loading.vue'
14:
15: const todoListStore = useTodoListStore();
16: const isLoading = computed(()=>todoListStore.isLoading);
17: const fetchTodoList = todoListStore.fetchTodoList;
18: fetchTodoList();
19: </script>
```

13.4.6 TodoList, TodoItem 컴포넌트 변경

이번에는 TodoList 컴포넌트와 TodoItem 컴포넌트를 변경합니다. TodoList 컴포넌트는 기존 코드의 템플릿 영역은 변경할 부분이 없습니다. 다만 예제 13-08의 7행과 같이 '완료된 할일'의 카운트를 출력할 수 있도록 작성합니다. useTodoListStore() 훅을 이용해 받아낸 스토어 객체를 이용해 fetchTodoList() 액션 함수, todoList 상태 데이터, doneCount 게터를 받아냅니다. 특히 doneCount를 반응성을 잃지 않도록 하려면 computed()를 사용한다는 점에 주의하세요.

예제 13-08 : src/pages/TodoList.vue 변경

```
01: <template>
02:     <div class="row">
03:         ......(생략)
04:     </div>
05:     <div class="row">
06:         ......(생략)
07:         <span>완료된 할일 : {{doneCount}}</span>
08:     </div>
09: </template>
10:
11: <script setup>
12: import { computed } from 'vue';
13: import { useTodoListStore } from '@/stores/todoList.js'
14: import TodoItem from '@/pages/TodoItem.vue'
15:
16: const todoListStore = useTodoListStore();
17: const { fetchTodoList } = todoListStore;
18: const doneCount = computed(()=>todoListStore.doneCount);
19: const todoList = computed(()=>todoListStore.todoList);
20: </script>
```

TodoItem 컴포넌트는 TodoList 컴포넌트로부터 TodoItem 속성을 전달받도록 작성된 부분을 그대로 유지합니다. 그리고 스토어의 액션에서 deleteTodo, toggleDone을 받아내어 템플릿에서 이용하도록 합니다.

예제 13-09 : src/pages/TodoItem.vue 변경

```
01: <template>
02:     ......(생략)
03: </template>
04:
05: <script setup>
06: import { useRouter } from 'vue-router';
07: import { useTodoListStore } from '@/stores/todoList.js'
08:
09: defineProps({
10:     todoItem: { Type: Object, required:true }
11: })
12:
13: const router = useRouter();
14: const todoListStore = useTodoListStore();
15: const { deleteTodo, toggleDone } = todoListStore;
16: </script>
```

13.4.7 AddTodo, EditTodo 컴포넌트 변경

이제 마지막으로 AddTodo 컴포넌트와 EditTodo 컴포넌트를 변경합니다. 이 두 컴포넌트는 〈template〉〈/template〉 영역은 변경하지 않아도 됩니다. 〈script〉〈/script〉 영역만 적절히 변경하세요. AddTodo 컴포넌트에서는 스토어의 addTodo 액션 메서드만 참조하여 사용하도록 변경하면 됩니다.

예제 13-10 : src/pages/AddTodo.vue 변경

```
01: <template>
02:     ......(생략)
03: </template>
04:
05: <script setup>
06: import { reactive } from 'vue';
07: import { useRouter } from 'vue-router';
08: import { useTodoListStore } from '@/stores/todoList.js'
09:
```

```
10: const router = useRouter();
11: const { addTodo } = useTodoListStore();
12: const todoItem =  reactive({ todo:"", desc:"" })
13:
14: const addTodoHandler = () => {
15:     let { todo } = todoItem;
16:     if (!todo || todo.trim()==="") {
17:         alert('할일은 반드시 입력해야 합니다');
18:         return;
19:     }
20:     addTodo({ ...todoItem }, ()=>{
21:         router.push('/todos')
22:     });
23: }
24: </script>
```

EditTodo 컴포넌트도 〈template〉〈/template〉 영역은 변경할 내용이 없습니다. 스토어의 todoList 상태 데이터와 updateTodo 액션 메서드를 참조하여 사용하도록 변경하면 됩니다. 기존 provide/inject를 이용한 예제에서는 App 컴포넌트에서 todoList 상태를 provide()로 등록할 때 computed()를 이용해 반응성을 잃지 않도록 작성했기 때문에 데이터를 이용할 때 todoList.value로 접근해야 했지만 변경된 예제에서는 상태를 참조하기 때문에 예제 13-11의 16행과 같이 todoList를 직접 이용하도록 작성한다는 점에 주의하세요.

```
// 기존 예제 App 컴포넌트에서의 provide 호출 코드
provide('todoList', computed(()=>states.todoList));

// 기존 예제의 matchedTodoItem 변수 생성 코드
const matchedTodoItem =
    todoList.value.find((item)=> item.id === parseInt(currentRoute.params.id))
```

예제 13-11 : src/pages/EditTodo.vue 변경

```
01: <template>
02:     ......(생략)
03: </template>
04:
```

```
05: <script setup>
06: import { reactive } from 'vue';
07: import { useRouter, useRoute } from 'vue-router';
08: import { useTodoListStore } from '@/stores/todoList.js'
09:
10: const router = useRouter();
11: const currentRoute = useRoute();
12:
13: const { todoList, updateTodo, } = useTodoListStore();
14:
15: const matchedTodoItem =
16:     todoList.find((item)=> item.id === parseInt(currentRoute.params.id));
17: if (!matchedTodoItem)  {
18:     router.push('/todos');
19: }
20: const todoItem =  reactive({ ...matchedTodoItem })
21:
22: const updateTodoHandler = () => {
23:     let { todo } = todoItem;
24:     if (!todo || todo.trim()==="") {
25:         alert('할일은 반드시 입력해야 합니다');
26:         return;
27:     }
28:     updateTodo({ ...todoItem }, ()=>{
29:         router.push('/todos');
30:     });
31: }
32: </script>
```

이제 모든 코드의 작성이 끝났습니다. npm run dev 명령으로 실행하여 결과를 확인해보세요. 실행 화면 자체는 12장의 예제와 달라진 것이 없습니다만, 상태 관리는 pinia가 전담하여 처리합니다. 단순히 실행만 해볼 것이 아니라 Vue 개발자 도구를 이용해 pinia 지원 기능도 확인해보세요. 다음 그림과 같이 상태를 직접 변경해보거나 초기화해볼 수 있습니다.

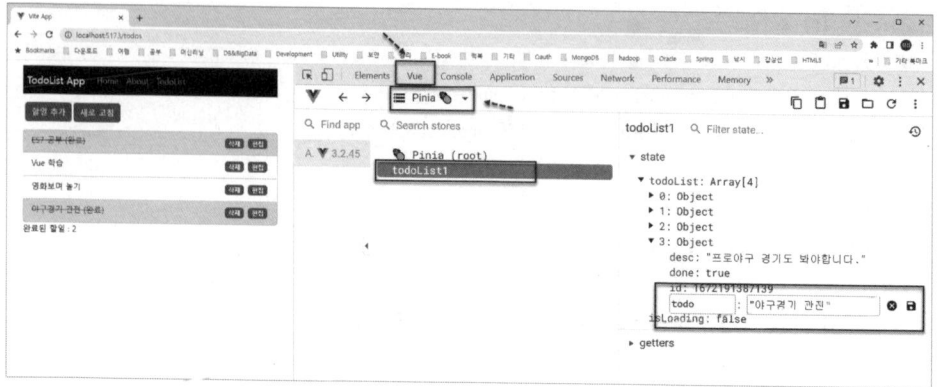

그림 13-09 Pinia 적용 예제 실행

13.5 마무리

이제까지 차세대 Vue 애플리케이션을 위한 상태 관리 라이브러리인 pinia에 대해 살펴보았습니다. 사용 방법이 간단하고 적용하기 쉬워서 꼭 한번 실무에 적용해보시라고 추천드립니다. 특히 Vue나 React와 같은 프런트엔드 애플리케이션의 특징이 상태(State)가 바뀌면 UI를 렌더링하는 구조입니다. 애플리케이션을 디버깅할 때 가장 많이 참조하고 추적해야 하는 대상 데이터가 상태입니다. pinia와 같은 애플리케이션 수준의 상태 관리 라이브러리를 사용하면 상태의 추적이 더 편리해질 것입니다.

기호

⟨keep-alive⟩	251
⟨router-link⟩	309
⟨router-view⟩	309
⟨script setup⟩	300
⟨teleport⟩	263
$route	317
$router	317, 345
404 라우트	361
.capture	132
_.debounce()	108
.self	132
.stop	132

A

afterEach	348
apply( )	37
async/await	402
axios	105, 108, 389
axios.delete()	410
axios.get()	406
axios.post()	408
axios.put()	409

B

Babel REPL	17
beforeEach	348
beforeEnter	349
beforeRouteEnter	350
beforeRouteLeave	350
beforeRouteUpdate	350
bind( )	37
Bootstrap	314
BUBBLING_PHASE	129
Bundling	169

C

call( )	37
CAPTURING_PHASE	128
Chunk Splitting	373
Composition API	275
computed	97, 286
Computed Property	97
const	28
CORS	396
createPinia()	444
createRouter	309
create-vue	170
Cross Domain	395
Cross Origin	394
Cross Origin Resource Sharing	396
CSS 모듈	227
currentRoute	317

D

data 옵션	95
deep compare	110
Default Event	126
defineAsyncComponent	268
defineStore	443
Dynamic Argument	89
dynamic component	247
Dynamic Route	320

E

ECMAScript	15
ES6	15
event	180
Event Emitter	202
Event Modifier	128
exact 수식어	140
export	44

F – L

Fallback UI	360
history	308
HMR	171
HTML DOM Event	123
import	44
inject	256
Interpolation	58
JSON Web Token	375
JWT	375
key 특성	81
Lazy Loading	366
let	26
live-server	372, 375
localStorage	380
lodash	108

M

mapActions	445
mapState	445
methods	102
mitt	203
Mock	390
Modifier	68
Module	43
Mustache Expression	58
MVVM	3

N

Named Route	336
Named Slot	235
Named View	342
Native ESM	169
Navigation Guard	347
Nested Route	327
Node.js	5
npm	20
npx	24

O

once 수식어	133
Origin	394

P

package.json	20
pinia	439
preventDefault()	127
Promise	46, 401
props	180
provide	256
Proxy	52
push()	347

R

RAISING_PHASE	128
reactive	284
Reactivity	53
ref	283
replace()	347
router	309, 317
routes	308

S – T

Same Origin Policy	394
Scoped CSS	223
Scoped Slot	243
setup()	279
Single File Component	167
slot	229
SOP	394
SPA	2
Spread Operator	51
stopPropagation()	131
Suspense 컴포넌트	369
Template Literal	42
this	35

U – V

URI	308
URL	308
useRoute()	317
useRouter()	317, 345
var	24
v-bind	61
v-cloak	88
v-else	74
v-else-if	74
v-for	75
v-html	59
v-if	73
Visual Studio Code	6
Vite	169
vite.config.js	172
v-model	63, 252
v-on 디렉티브	117
v-once	88
v-pre	86
v-show	71
v-text	59
Vue 디렉티브	59
Vue 인스턴스	93
Vue CLI	167
Vue.js Devtools	8
vue-router	307
vuex	439

W

watch	287
watch 옵션	103
watched Property	103
watchEffect	292
webpack	168, 373
webpackChunkName	373

ㄱ

가변 파라미터	30
객체 리터럴	40
계산된 속성	97
관찰 속성	103
구조분해 할당	31
그리드	314
기본 이벤트	126
기본 파라미터	30

ㄴ

내비게이션 가드	347

ㄷ

단일 파일 컴포넌트	167
동적 라우트	320
동적 스타일 바인딩	156
동적 아규먼트	89
동적 컴포넌트	247

ㄹ

라우트 수준의 내비게이션 가드	349
라우팅 제어	344
렌더링 최적화	207

ㅁ

마우스 관련 수식어	137
메서드	101
명명된 라우트	336
명명된 뷰	342
명명된 슬롯	235
모듈	43

ㅂ

반복 렌더링	75
반응성	52, 83
버블링	128
번들링	169
범위 슬롯	243
범위 CSS	223
보간법	57
비동기 컴포넌트	267

ㅅ

사용자 정의 이벤트	117, 180, 196
생명주기	111
생명주기 훅	295
속성	180
수식어	68
스토어	443
슬롯	229

ㅇ

양방향 데이터 바인딩	63
오리진	394
옵션 객체	93
유효성 검증	188
이벤트 객체	123
이벤트 수식어	128, 133
이벤트 에미터	202
이벤트 유효성 검증	200
이벤트 전파	128
이벤트 핸들러	119
인라인 스타일	146
인라인 이벤트	117

ㅈ

전개 연산자	51
전역 수준 내비게이션 가드	348
전역 컴포넌트	177
조건 렌더링	71
중첩 라우트	327
지역 컴포넌트	178
지연 로딩	366

ㅊ — ㅋ

청크 스플릿팅	373
컴포넌트 분할	207
컴포넌트 수준의 내비게이션 가드	350
콧수염 표현식	58
크로스 도메인	395
크로스 오리진	394
키코드 관련 수식어	134

ㅌ — ㅎ

텔레포트	263
템플릿 리터럴	42
트랜스파일러	16
프록시	397
화살표 함수	34
히스토리 모드	357